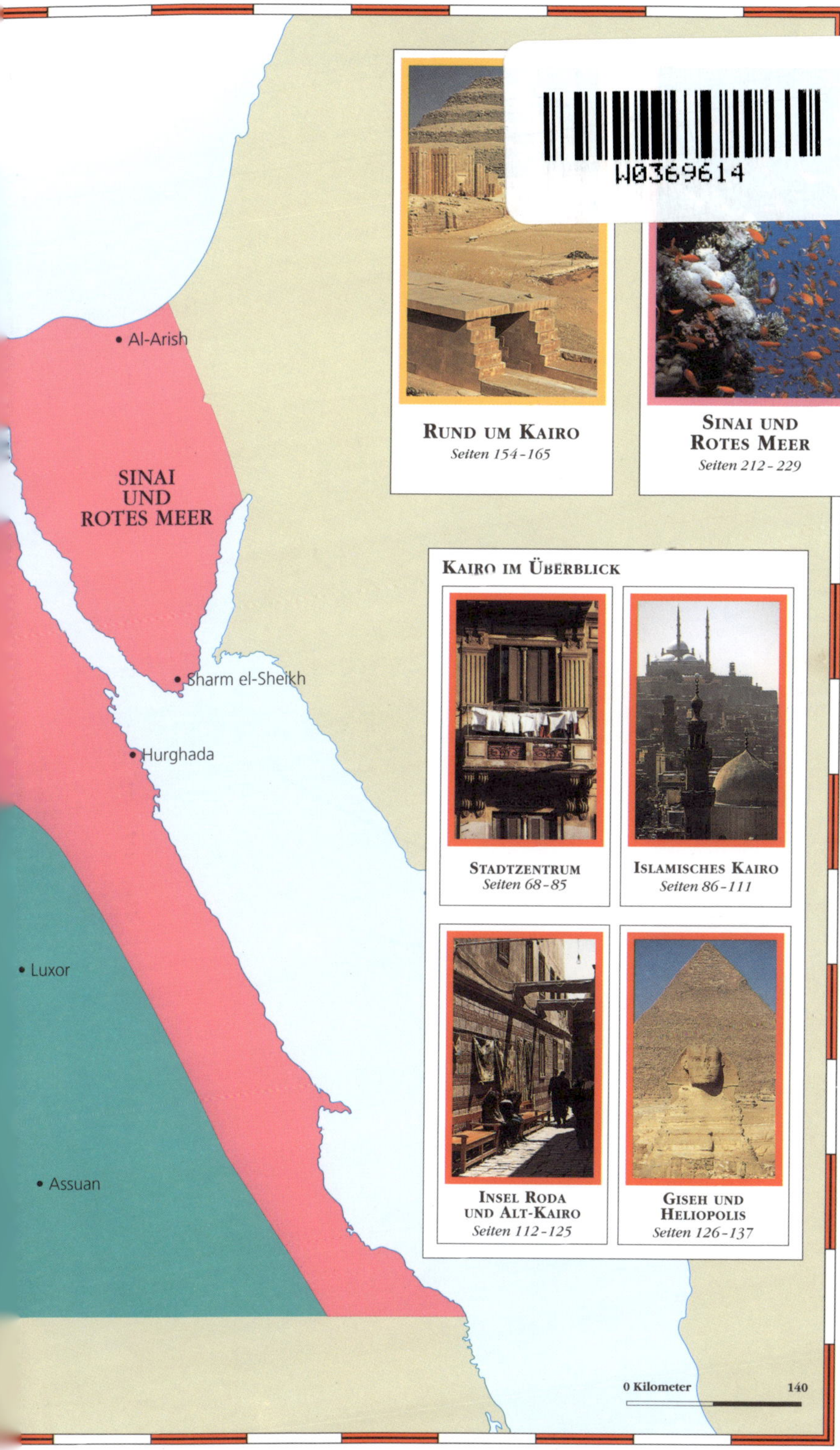

Al-Arish
SINAI UND ROTES MEER
Sharm el-Sheikh
Hurghada
Luxor
Assuan
RUND UM KAIRO
Seiten 154-165
SINAI UND ROTES MEER
Seiten 212-229
KAIRO IM ÜBERBLICK
STADTZENTRUM
Seiten 68-85
ISLAMISCHES KAIRO
Seiten 86-111
INSEL RODA UND ALT-KAIRO
Seiten 112-125
GISEH UND HELIOPOLIS
Seiten 126-137
0 Kilometer 140

VIS à VIS

ÄGYPTEN

VIS à VIS

ÄGYPTEN

DK

DORLING KINDERSLEY

www.dk.com

EIN DORLING KINDERSLEY BUCH

www.dk.com

TEXTE
Jane Dunford, Dr. Joann Fletcher,
Andrew Humphreys, Kyle Pakka

FOTOGRAFIEN
Max Alexander, Jon Spaull,
Peter Wilson

ILLUSTRATIONEN
Gary Cross, Richard Draper, Claire Littlejohn,
Maltings Partnership, Chris Orr & Associates,
John Woodcock

KARTOGRAFIE
ERA-Maptec Ltd

•

ÜBERSETZUNG Brigitte Maier, Konzept & Text, München
Harald von Wieckowski, München
REDAKTIONSLEITUNG Dr. Jörg Theilacker, Dorling Kindersley Verlag
REDAKTION Gerhard Bruschke, München
SCHLUSSREDAKTION Linde Wiesner, Pullach
SATZ UND PRODUKTION Dorling Kindersley Verlag
LITHOGRAFIE Colourscan, Singapur
DRUCK UND VERARBEITUNG South China Printing, China

ISBN 3-8310-0244-4

3 4 5 6 7 08 07 06 05 04

Dieser Reiseführer wird regelmäßig aktualisiert. Angaben wie Telefonnummern, Öffnungszeiten, Adressen, Preise und Fahrpläne können sich jedoch ändern. Der Verlag kann für fehlerhafte oder veraltete Angaben nicht haftbar gemacht werden. Für Hinweise, Verbesserungsvorschläge und Korrekturen ist der Verlag dankbar. Bitte richten Sie Ihr Schreiben an:

Dorling Kindersley Verlag GmbH
Redaktion Reiseführer
Gautinger Straße 6
D-82319 Starnberg

Fruchtbare Felder am Nil bei Luxor

INHALT

Blick vom Kairo-Turm auf das Arab Television Building

◁ Im Schatten der Tempelanlage von Luxor wartet ein Führer auf Besucher

Kairo

Altägyptisches Fries mit Lotusblume – Symbol der Wiedergeburt

Die Regionen Ägyptens

Zu Gast in Ägypten

Farbenprächtiger Obst- und Gemüsestand in der Oase Dakhla

Kamelritt in der Wüste

Grundinformationen

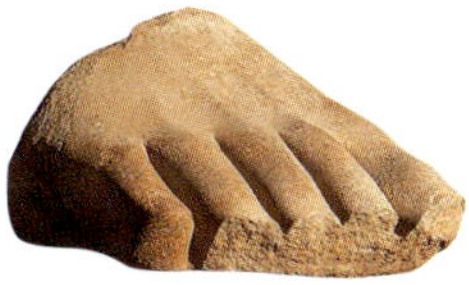

Riesenfuß im Ramesseum

Die »Schwebende« Kirche (El-Moallaka) im Koptischen Kairo

BENUTZERHINWEISE

FÜR EINEN ÄGYPTENBESUCH sind praktische Tipps und fundierte Hintergrundinformationen unentbehrlich. Das Kapitel *Ägypten stellt sich vor* zeigt Geografie und kulturellen Kontext des Landes. Die Hauptstadt Kairo wird ausführlich vorgestellt, die touristischen Attraktionen des Landes sind in fünf weiteren Kapiteln beschrieben und mit Landkarten, Fotos und Illustrationen versehen. Einzelne Artikel gehen u.a. auf Geschichte, Flora und Fauna, altägyptische Mythologie sowie auf die typischen Speisen ein. Empfehlenswerte Restaurants und Hotels finden Sie im Kapitel *Zu Gast in Ägypten*, vielerlei hilfreiche Tipps für Ihre Reise in den *Grundinformationen*.

KAIRO
Die Stadt ist in drei Viertel unterteilt, die in eigenen Kapiteln beschrieben werden. Ein viertes Kapitel geht auf die Vororte Giseh und Heliopolis ein. Alle Sehenswürdigkeiten sind auf der Karte hervorgehoben und nummeriert. Die Beschreibungen folgen der Reihenfolge auf der Karte.

Alle Seiten für Kairo haben eine rote Griffmarke.

Sehenswürdigkeiten auf einen Blick fassen die Ziele zusammen: Straßen und Plätze, Museen, historische Gebäude, Moscheen usw.

Eine Karte zur Orientierung zeigt Ihnen, wo Sie sich gerade befinden.

1 Übersichtskarte
Hier sind alle Sehenswürdigkeiten mit Nummern versehen. Die Hauptattraktionen werden auch im Kartenteil *auf den Seiten 140–149 aufgeführt.*

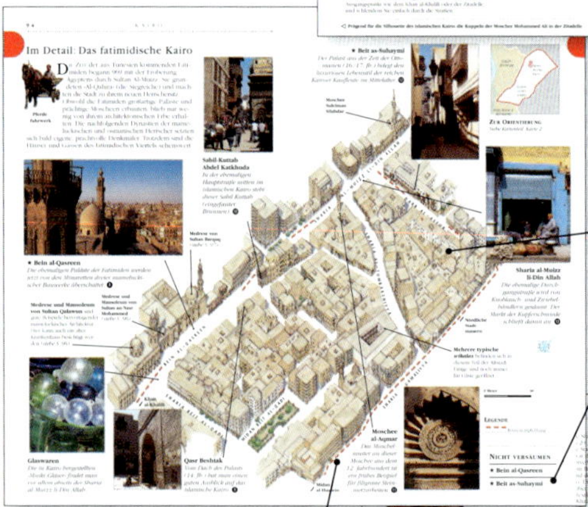

2 Detailkarten
Sie stellen Gebäude, Straßen oder Stadtteile dreidimensional wie aus der Vogelperspektive dar.

Sterne markieren die Sehenswürdigkeiten, die Sie auf keinen Fall versäumen sollten.

Routenempfehlungen führen Sie durch die interessantesten Straßen.

3 Detaillierte Beschreibungen
Sie enthalten auch Infos über Adressen, Öffnungszeiten, Eintritt, Führungen, Fotograﬁererlaubnis, behindertengerechten Zugang und öffentliche Verkehrsmittel.

Die Regionen Ägyptens

Neben Kairo wird das Land in fünf Regionen unterteilt; jeder Region ist ein eigenes Kapitel gewidmet. Die interessantesten Städte, wichtige historische und religiöse Zentren und die spannendsten touristischen Ziele sind auf einer Karte übersichtlich verzeichnet.

1 Einführung
Landschaft, Charakter und geschichtliche Entwicklung jeder Region werden kurz beschrieben. Dazu bekommen Sie einen Überblick über die wichtigsten Sehenswürdigkeiten.

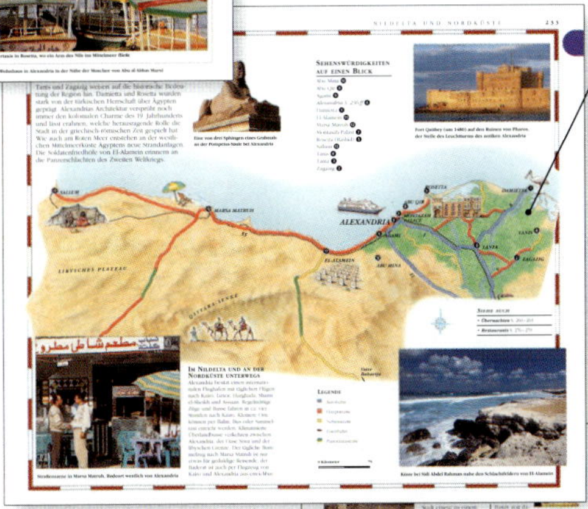

2 Erlebniskarte
Die anschaulich illustrierten Karten geben einen Überblick über das Straßennetz und die größeren touristischen Destinationen. Die einzelnen Ziele sind nummeriert und mit nützlichen Tipps zur Anreise versehen.

Die Farbkodierung ermöglicht es, jede Region schnell nachzuschlagen.

3 Detailinformationen
über alle interessanten Städte und historischen Orte erfolgen in der Reihenfolge ihrer Nummerierung auf der Übersichtskarte. Die wichtigsten Gebäude und Sehenswürdigkeiten jeder Stadt sind ausführlich beschrieben.

Die Infobox versorgt Sie mit allen praktischen Einzelheiten und Hinweisen, die Sie zur Planung eines Besuchs benötigen.

4 Ägyptens Highlights
sind zwei oder mehr Seiten gewidmet. Historische Gebäude sehen Sie auf der Schnittzeichnung teilweise von innen. Wichtige Tempelanlagen werden in der Vogelperspektive gezeigt.

ÄGYPTEN STELLT SICH VOR

Ägypten auf der Karte

In der nordöstlichen Ecke des afrikanischen Kontinents wird Ägypten im Norden vom Mittelmeer, im Osten von Israel und dem Roten Meer, im Westen von Libyen und im Süden vom Sudan begrenzt. Über 90 Prozent der Fläche Ägyptens ist Wüste. Deshalb lebt die überwiegende Mehrheit der rund 69 Millionen Einwohner im schmalen Grünstreifen beiderseits des Nils und im fruchtbaren Nildelta.

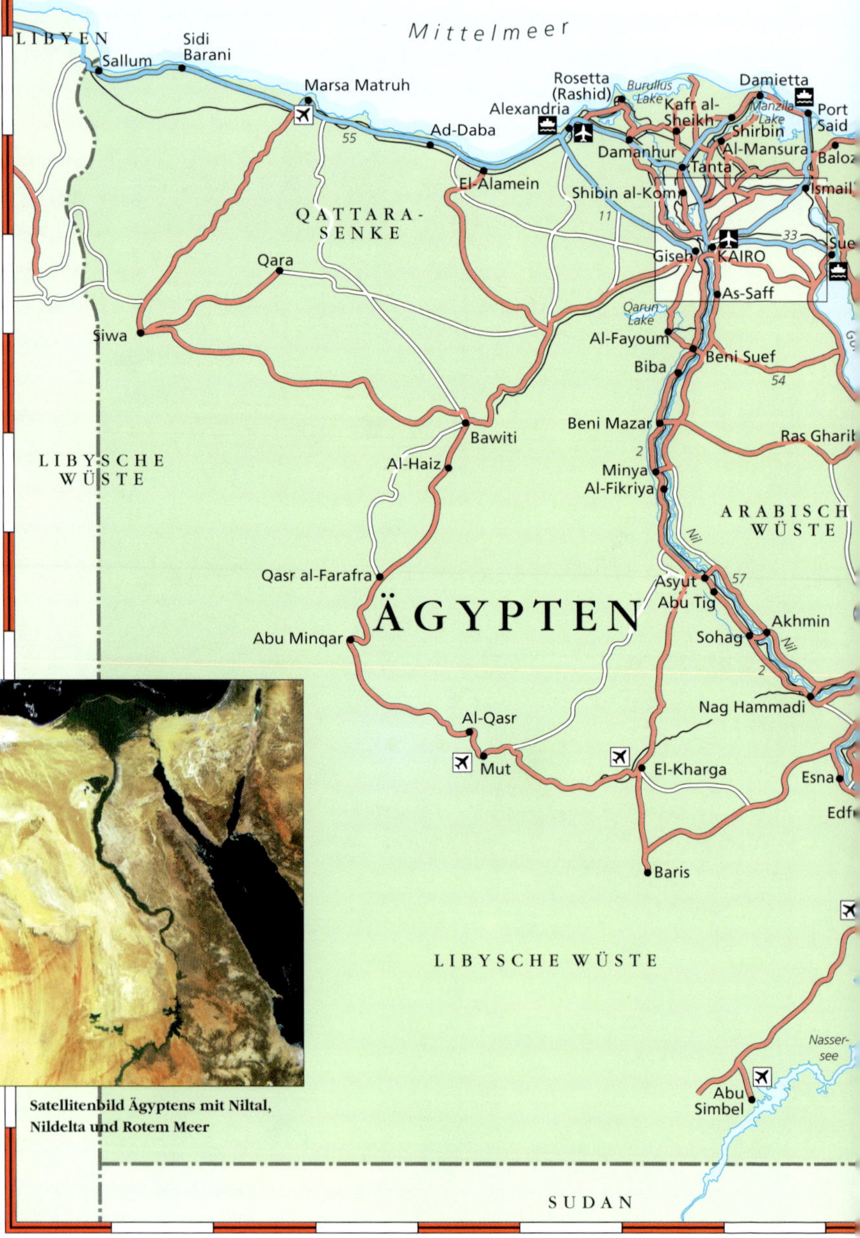

Satellitenbild Ägyptens mit Niltal, Nildelta und Rotem Meer

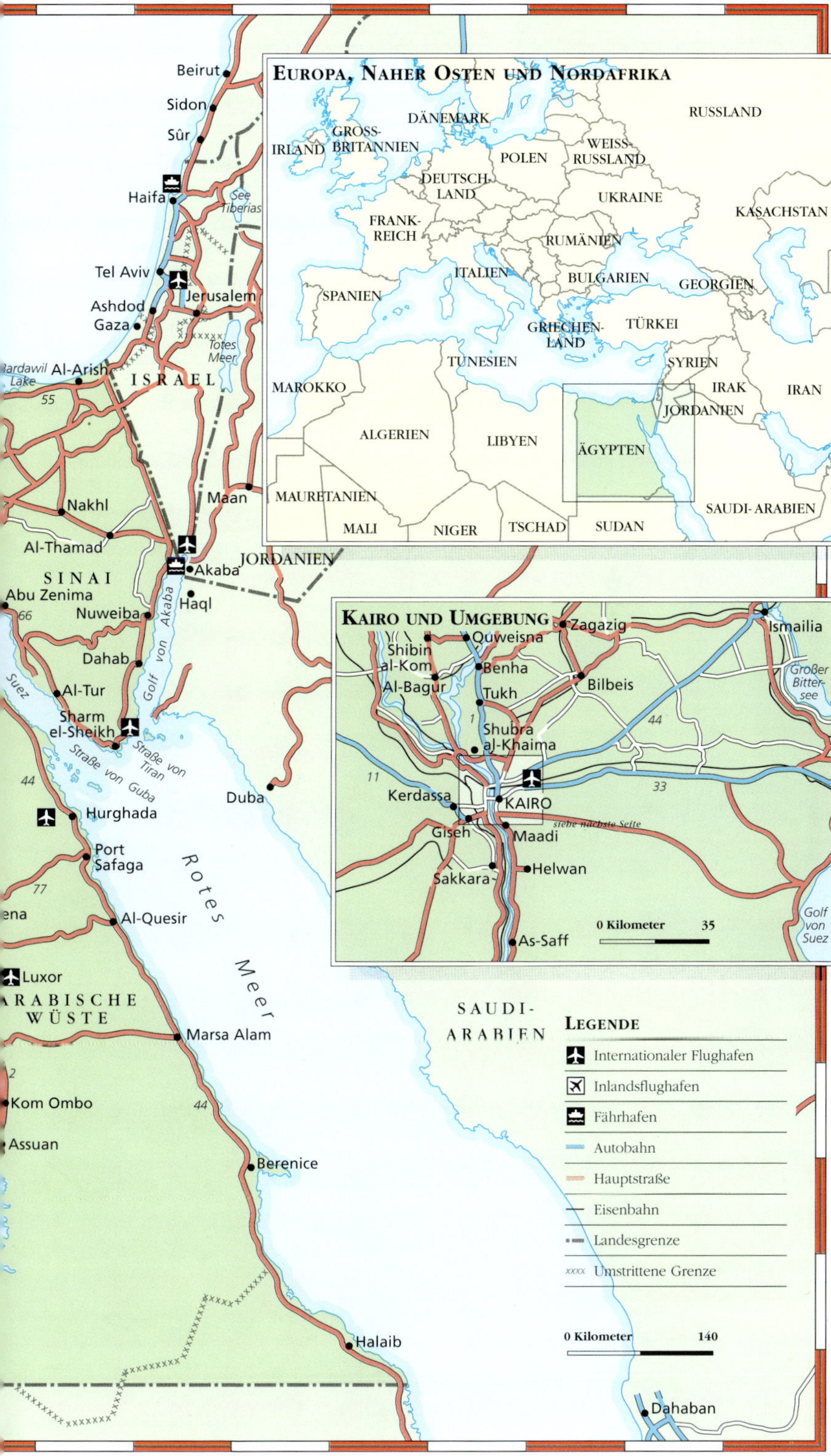
Beirut
Sidon
Sûr
Haifa
See Tiberias
Tel Aviv
Jerusalem
Ashdod
Gaza
Totes Meer
Bardawil Lake
Al-Arish
ISRAEL
55
Nakhl
Maan
Al-Thamad
JORDANIEN
Akaba
SINAI
Abu Zenima
66
Nuweiba
Haql
Dahab
Golf von Akaba
Suez
Al-Tur
Sharm el-Sheikh
Straße von Tiran
Straße von Guba
44
Hurghada
Duba
Port Safaga
Rotes Meer
77
ena
Al-Quesir
Luxor
ARABISCHE WÜSTE
Marsa Alam
SAUDI-ARABIEN
Kom Ombo
44
Assuan
Berenice
Halaib
Dahaban
EUROPA, NAHER OSTEN UND NORDAFRIKA
RUSSLAND
DÄNEMARK
GROSS-BRITANNIEN
IRLAND
WEISS-RUSSLAND
POLEN
DEUTSCH-LAND
UKRAINE
KASACHSTAN
FRANK-REICH
RUMÄNIEN
ITALIEN
BULGARIEN
GEORGIEN
SPANIEN
GRIECHEN-LAND
TÜRKEI
TUNESIEN
SYRIEN
MAROKKO
IRAK
IRAN
JORDANIEN
ALGERIEN
LIBYEN
ÄGYPTEN
MAURETANIEN
SAUDI-ARABIEN
MALI
NIGER
TSCHAD
SUDAN
KAIRO UND UMGEBUNG
Zagazig
Ismailia
Quweisna
Shibin al-Kom
Benha
Al-Bagur
Tukh
Bilbeis
Großer Bittersee
44
Shubra al-Khaima
11
33
Kerdassa
KAIRO
Giseh
siehe nächste Seite
Maadi
Helwan
Sakkara
Golf von Suez
0 Kilometer 35
As-Saff
LEGENDE
Internationaler Flughafen
Inlandsflughafen
Fährhafen
Autobahn
Hauptstraße
Eisenbahn
Landesgrenze
Umstrittene Grenze
0 Kilometer 140

Großraum Kairo

Etwa 200 Kilometer südlich der Mündung des Nils ins Mittelmeer liegt die Hauptstadt Kairo. Die Stadt und ihre Vororte bedecken eine Fläche von 457 Quadratkilometern. Die Einwohnerzahl der größten Stadt Ägyptens wird auf 16 Millionen geschätzt. Im Osten begrenzen die Mokattam-Hügel, im Westen die Pyramiden von Giseh das Stadtgebiet. Zwischen Kairo und Alexandria bestimmen Tausende von agrarisch geprägten Dörfern das Bild des Nildeltas. Hier werden rund 85 Prozent der Nahrungsmittel Ägyptens erzeugt.

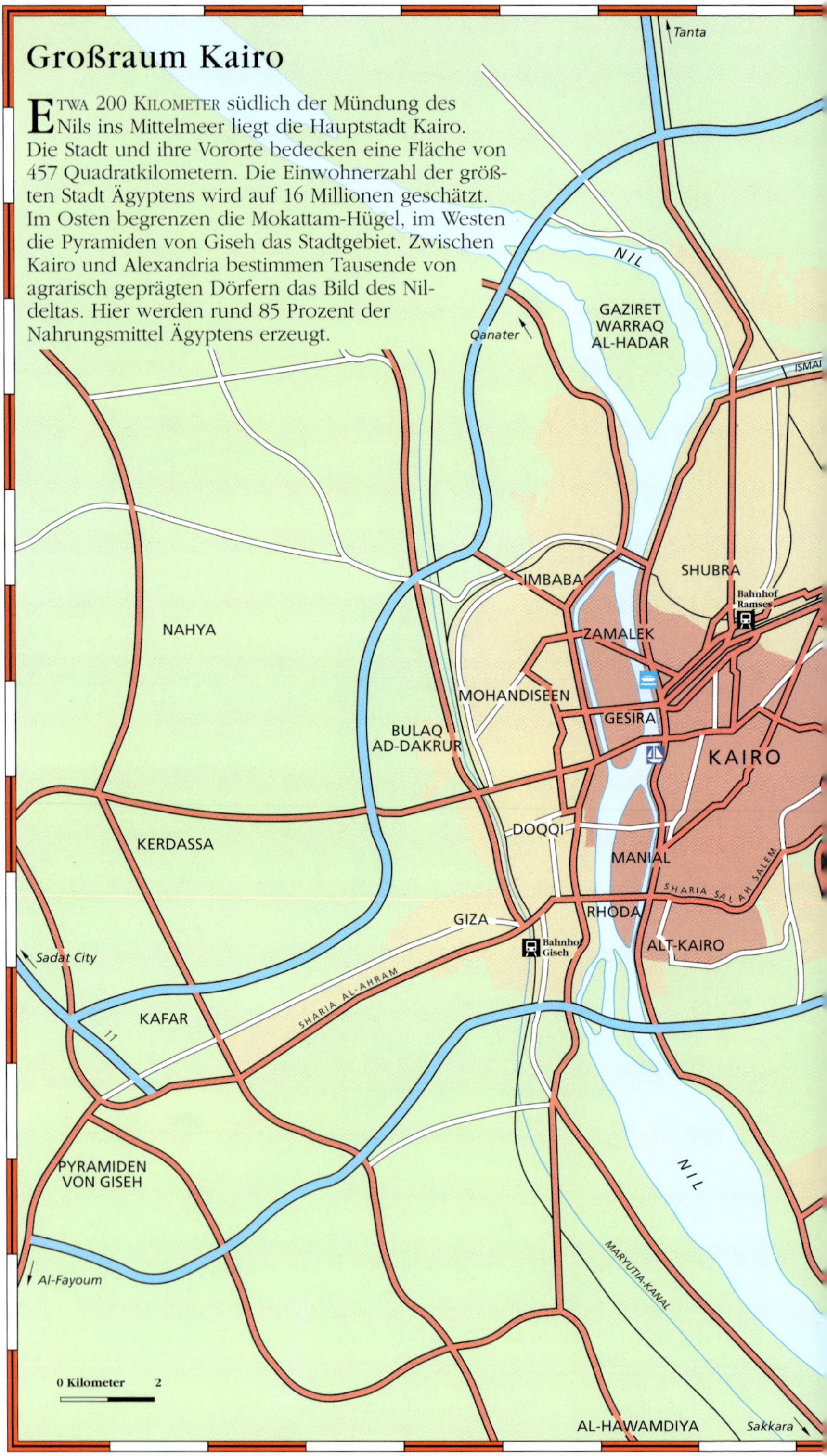

Luftansicht der Zitadelle inmitten der eng stehenden Häuser des islamischen Kairo

EIN PORTRÄT ÄGYPTENS

AN DEN UFERN DES NILS *entwickelte sich über Jahrtausende eine einzigartige Hochkultur, deren Bauwerke und Mythen bis heute die Fantasie beflügeln. Obwohl Ägypten in der Gegenwart angekommen ist, kann und will es seine faszinierende Vergangenheit nicht verleugnen. Dieser Gegensatz schafft vielfarbige Kontraste, die Ägypten zu einem einzigartigen Reiseziel machen.*

Die Faszination, die das Land am Nil ausübt, beruht vor allem auf einer uralten Kultur, die sich etwa zwischen 3000 und 30 v.Chr. entwickelt hat. Rund 30 Dynastien hinterließen unvergleichliche Zeugnisse dieser Hochkultur. Der Nil war die Grundlage der kulturellen Entwicklungen der altägyptischen Reiche. Seine alljährlichen Überschwemmungen bewässerten das Land und düngten den Boden beiderseits des Flusses. Dieses Naturgeschenk bescherte den Menschen am Nil materiellen Überfluss, der die Entwicklung zur Hochkultur ermöglichte. Mehrere Wellen fremder Eroberer – Perser, Griechen, Römer, Kreuzritter, Araber und Türken – hinterließen ihre Spuren. Die meisten Ägypter stammen von der hamitosemitischen Volksgruppe ab, die sich mit den Arabern vermischte. Die ehemals nomadisierenden Berber und Beduinen der westlichen Sahara bilden die zweitgrößte Bevölkerungsgruppe, die aus dem heutigen Sudan stammenden Nubier (weniger als 200 000) die drittgrößte.

Schmuck des Tutanchamun (1336–1327 v. Chr.)

DER ÄGYPTISCHE ALLTAG

Auch heute noch ist der Nil die Lebensader Ägyptens. Etwa 96 Prozent der Bevölkerung leben im Niltal oder im fruchtbaren Delta zwischen Kairo und Alexandria.

Das fruchtbare Nildelta, eines der am intensivsten bewirtschafteten Gebiete der Welt

◁ **Händler auf einem der faszinierenden Kamelmärkte Ägyptens**

Feluke auf den ruhigen Wassern des Nils

Der ewige Rhythmus der Nilüberschwemmungen wurde erst 1971 durch den Bau des Staudamms von Assuan beendet. Ägyptens Bauern, die Fellachen, waren danach gezwungen, zum Erhalt stabiler Ernteerträge Kunstdünger zu verwenden. Trotzdem verläuft das Leben hier oft noch wie vor Tausenden von Jahren.

Die unzähligen Dörfer und Kleinstädte liegen inmitten intensiv bewirtschafteter Anbauflächen und werden üblicherweise von 500 bis 10 000 Menschen bewohnt. Die Lehmhäuser vieler Bauern haben meist nicht mehr als zwei Stockwerke. Jede Siedlung besitzt ihre eigene Moschee oder Kirche, einen kleinen Basar sowie einige Verwaltungsgebäude, zu denen auch Polizei- und Poststationen sowie Schulen und Krankenhäuser zählen. Die Bauern tragen bei der Arbeit auf den Feldern ihre farbigen *galabias* (lange Hemdkittel), die vor Sonne und Staub schützen. Ihr ganzer Stolz sind ihre Tiere – Wasserbüffel, Schafe und Ziegen. Ägyptens Landbevölkerung ist seit 1980 stark gewachsen. Das hat zu einer regelrechten Landflucht geführt, die durch den Bedarf an Arbeitskräften in den Städten noch verstärkt wird. Die Wohnraumknappheit in den Ballungsräumen hat dadurch geradezu katastrophale Ausmaße angenommen. Die hohe Bevölkerungsdichte in den Städten führte auch zu einem dramatischen Anstieg der Wasser- und Luftverschmutzung, die nirgendwo spürbarer ist als in Kairo.

Männer in einem Kaffeehaus in Kairo, die übliche Freizeitbeschäftigung

Die Familie spielt in der patriarchalischen Gesellschaft Ägyptens noch immer eine zentrale Rolle. Die soziale Stellung des Einzelnen wurde und wird weitgehend durch die verwandtschaftlichen Verknüpfungen der Familien bestimmt. Doch auch das Ideal der Großfamilie unterliegt dem inneren Wandel. Vor allem junge Ägypter beiderlei Geschlechts versuchen zunehmend, sich der Kontrolle durch die Familienoberhäupter zu entziehen.

Vertrauter Anblick: Frau mit *begab*, dem traditionellen Kopftuch

Religion und Kultur

Grundlage der ägyptischen Gesellschaft ist der Islam. Er ist seit langem als Staatsreligion etabliert, rund 90 Prozent der Bevölkerung gehören der Glaubensrichtung der Sunniten *(siehe S. 91)* an. Eine christliche Minderheit, meist Kopten *(siehe S. 122)*, lebt seit Jahrhunderten friedlich mit der muslimischen Majorität zusammen. Verabschiedet man sich von einem Ägypter mit den Worten »bis morgen«, so werden Muslime und Christen mit dem gleichen islamischen »inschallah« (»so Gott will«) antworten. Für westliche Besucher scheinen die vielen Bars, Spielbanken, Nachtklubs und Luxushotels offensichtliche Belege dafür zu sein, dass sich Ägypten dem Westen geöffnet hat. Die große Mehrheit der Bevölkerung ist jedoch noch immer in ihren traditionellen und religiösen Wertvorstellungen verwurzelt. Auch die weltweit publizierten An- und Übergriffe auf Touristen haben ihre Ursache oft in diesem traditionellen Wertesystem. Öffentlicher Alkoholkonsum oder Glücksspiel sind verpönt. Außer am Strand zeigen sich ägyptische Männer so gut wie nie in kurzen Hosen, Frauen niemals in knappen Bikinis.

Umm Kolthum, die »Mutter Ägyptens«

Die ägyptische Frau bleibt in der Öffentlichkeit generell züchtig bedeckt. Nur das traditionelle Kopftuch *(begab)* verschwand für einige Zeit aus dem Straßenbild. Seit ihnen in den 70er Jahren des 20. Jahrhunderts größere Unabhängigkeit zugestanden wurde, machen junge Ägypterinnen ihren männlichen Altersgenossen im Kampf um die Jobs im Büro- und Managementsektor Konkurrenz. Aber da seit 1991 die muslimischen Fundamentalisten wieder an Einfluss gewinnen, passen sich viele Frauen an und besinnen sich – selbst in Kairo – erneut auf die traditionelle Kleiderordnung. Ihre Jobs in Verwaltung und Dienstleistung haben die Frauen allerdings in der Regel behalten.

Das moderne Kairo, schemenhaft im Hintergrund die Umrisse der Pyramiden von Giseh

Brotauslieferung in den Kairoer Straßen um Midan Ataba

Nach mehr als einem Jahrtausend unter fremder Herrschaft gewann Ägypten erstmals 1952 unter Präsident Gamal Abd el-Nasser seine volle staatliche Souveränität. Trotz der politischen und ökonomischen Krisen jener Zeit war es eine Ära größter kultureller Vitalität und Produktivität. Die weibliche Stimme der arabischen Welt, die Sängerin Umm Kolthum, gab Openair-Konzerte vor 150 000 Zuschauern, Nagib Mahfus, 1988 Nobelpreisträger für Literatur, veröffentlichte um 1960 seine ersten Romane und Theaterstücke. Die ägyptische Filmindustrie konnte bisher nicht wieder an die Erfolge der 40er und 50er Jahre anknüpfen. Damals hatten die Filmstudios in Alexandria und Kairo die gesamte arabische Welt mit Liebesdramen auf Zelluloid versorgt, heute sind ägyptische Filme selten auf internationalen Festivals zu sehen.

Politik und Wirtschaft

Nach Abschaffung der Monarchie im Jahr 1952 löste Gamal Abd el-Nasser alle Parteien auf und gab Ägypten erstmals eine eigene Verfassung. Im Jahr 1958 schlossen sich Ägypten und Syrien zur Vereinigten Arabischen Republik (VAR) zusammen.

Nasser, 1956–70 Präsident von Ägypten

Die offizielle Staatspartei, die Arabische Sozialistische Union (ASU), entwickelte sich zum Herrschaftsinstrument des charismatischen Präsidenten. Nasser blieb bis zu seinem Tod 1970 Präsident, Nachfolger wurde Anwar el-Sadat. 1971 trat eine neue Verfassung in Kraft, die aus Ägypten

Hochhausviertel des modernen Kairo

Alte Grabstätten direkt an einer Straße

einen demokratischen sozialistischen Staat machte. Tatsächlich wurden aber erst 1977 weitere politische Parteien zugelassen. Die neue Regierungspartei, die Nationale Demokratische Partei (NDP) unter Präsident Mohammed Hosni Mubarak, ging direkt aus der 1980 aufgelösten ASU hervor. Ägyptens politisches Modell sieht eine dominierende Staatspartei vor, kleine Parteien können nur eingeschränkte Kontrollfunktion übernehmen. Seit 1990 wurde die Staatsverschuldung deutlich gesenkt, doch die Schuldenlast ist noch immer etwa doppelt so hoch wie der Staatshaushalt.

Fast 70 Prozent der ägyptischen Bevölkerung arbeiten in der Landwirtschaft. Die Selbstversorgung ist damit weitgehend gesichert, landwirtschaftliche Produkte wie Baumwolle und Datteln bringen sogar wichtige Devisen ins Land. Der Assuandamm hat seit 1971 die Anbauflächen um mehrere tausend Quadratkilometer vermehrt, zugleich ging jedoch eine ähnlich große Fläche durch die unkontrollierte Ausdehnung der Städte verloren. Das rasante Bevölkerungswachstum gefährdet bis heute eine wirkliche Wirtschaftsreform. Neben Öl, Gas und Erzen kommt dem Land jedoch seine glorreiche Vergangenheit zu Hilfe: Die Tourismusindustrie ist zum wichtigsten Devisenbringer und zum zweitwichtigsten Wirtschaftsfaktor Ägyptens geworden.

Urlaub am Roten Meer: schöne Strände und fast das ganze Jahr über Sonne

Ägypten heute

Gemessen an der Rolle, die Religion und Tradition in der ägyptischen Gesellschaft spielen, verwundert der wachsende Einfluss westlichen Lifestyles auf das Alltagsleben. Internationale Fastfood-Ketten sind bereits von Alexandria bis nach Abu Simbel anzutreffen, westliche TV-Programme und Filme haben die ägyptische Fernsehlandschaft erobert. Aber die Kluft zwischen Arm und Reich bleibt offensichtlich weiter bestehen, und luxuriöse Strandhotels, in denen wohlhabende Touristen Erholung suchen, tragen nicht unbedingt zu einer realistischen Sichtweise mancher Ägypter auf die westliche Welt bei. Doch wie auch immer man es betrachten mag – die einzigartige Mischung aus antiken Monumenten, einer modernen Kultur arabischer Prägung und nicht zuletzt die bezaubernde Gastfreundschaft der Menschen sichern Ägypten zweifellos auch in Zukunft einen Platz unter den beliebten Reisezielen der Welt.

Dem alten Ägypten auf der Spur

Der Historiker Herodot

Die Zeugnisse der altägyptischen Kultur haben bis heute nichts von ihrer Faszination eingebüßt. Schon 1400 v. Chr. begann König Thutmosis IV. mit Ausgrabungen in Giseh. Der berühmte griechische Historiker Herodot beschrieb im Jahr 450 v. Chr. seine Reise zu den grandiosen Tempelanlagen und Grabmälern von Amarna, Theben, Heliopolis und Karnak. Die moderne Ägyptologie begann aber erst 1798, als sich Wissenschaftler im Gefolge der Armee Napoleons der versunkenen Kultur annahmen.

***Napoleons Wissenschaftler** sammelten während des Ägyptenfeldzugs (1798–1802) Material für das Standardwerk* Description de l'Egypte.

***Jean-François Champollion** (1790–1832) war ein brillanter französischer Sprachwissenschaftler, dessen Werk über die Entzifferung der Hieroglyphen noch heute als Meilenstein der Ägyptologie gefeiert wird.*

***Hieroglyphen** wurden schon 3200 v. Chr. benutzt. Sie gelten als ältestes Schriftsystem und waren bis zum Jahr 394 n. Chr. in Gebrauch. In einem Tempel nahe Philae wurden über 6000 Hieroglyphen katalogisiert und entziffert.*

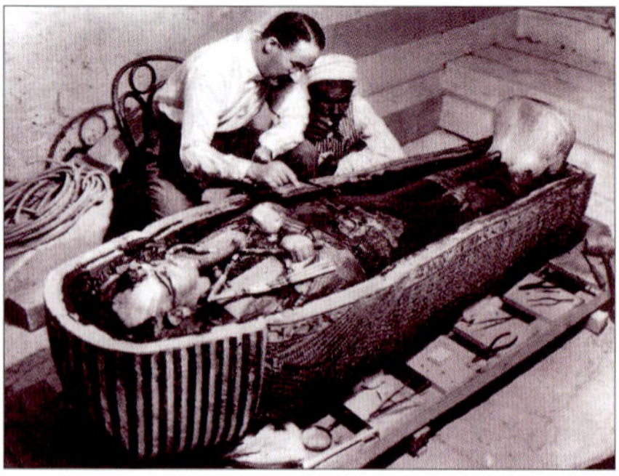

***Howard Carter** musste mehrere Lagen Leinen entfernen, ehe die Totenmaske und der Sarkophag Tutanchamuns zum Vorschein kamen. Die Mumie war von mehreren Särgen geschützt, der innerste bestand aus purem Gold.*

Howard Carter (1873–1939) war bildender Künstler und schloss sich erst 1891 der Archäologischen Gesellschaft zur Erforschung Ägyptens an. 1922 entdeckte er das Grab von Tutanchamun im Tal der Könige in der Nähe von Luxor.

***Die Schätze** im Inneren der Grabkammer waren unermesslich. Viele Grabbeigaben sind im Ägyptischen Museum von Kairo* (siehe S. 74ff) *ausgestellt.*

Der so genannte Trajanskiosk in Philae vor seiner Umsetzung

Die Rettung antiker Tempel

Der Bau des Assuan-Staudamms und die Errichtung des Nasser-Stausees (1960–71) bedrohten zahlreiche Tempelbauten. Angesichts der drohenden Überflutung der archäologischen Schätze rief die UNESCO zu einem Rettungsprogramm auf. Die Operation wurde in drei Stufen durchgeführt: neue Standortbestimmung, Ausgrabung und Präparierung der Bauten und schließlich die Versetzung bzw. der Wiederaufbau. Zwanzig Tempel in Südägypten und vier Tempel im Sudan wurden vorsichtig auseinander genommen und an anderer Stelle wieder aufgebaut. Die spektakulärsten Rettungsaktionen betrafen die Tempelanlage von Abu Simbel *(siehe S. 210f)* und den Tempelkomplex von Philae *(siehe S. 208)*.

Unterwasser-Archäologie

Der französische Meeresarchäologe Franck Goddio begann 1996 mit der Erforschung der vor Alexandria versunkenen Königsstadt der letzten Pharaonen. Bis jetzt wurden große Sphinx-Skulpturen, drei Obelisken und kostbare Keramiken geborgen.

Tutanchamuns Totenmaske *war das Prunkstück unter den Grabbeigaben. 1972 wurde die Ausstellung des Britischen Museums in allen großen Museen der Welt gezeigt. Sie führte zu einem Ägypten-Boom, der bis heute anhält.*

Archäologie und Technologie

Ägyptologie ist eine relativ junge Wissenschaft, die sich rasant entwickelt hat. Champollions Arbeit öffnete im Jahr 1822 die Tür zur Welt des antiken Ägypten. Die moderne Ägyptologie bedient sich aller technischer Möglichkeiten – einschließlich der Unterwasser-Archäologie.

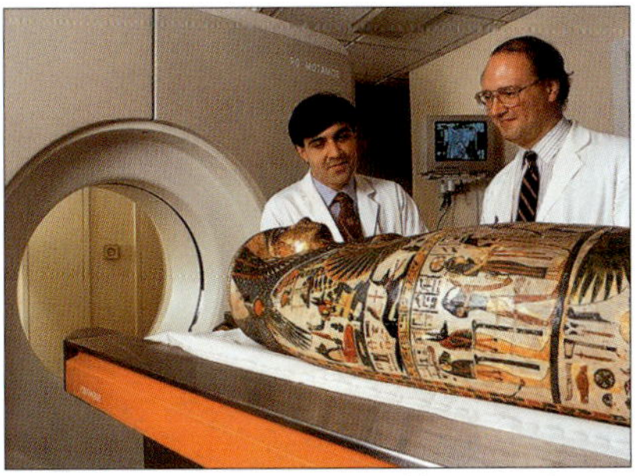

Modernste Technologien *wie Elektronenmikroskop, CAT-Scanning, Radio-Karbon-Methode zur präzisen Zeitbestimmung, Endoskopie und molekulare Zellanalyse haben entscheidend dazu beigetragen, die Rätsel der Funde zu entschlüsseln.*

Restaurierung
Archäologische Artefakte müssen oft in mühseliger Kleinarbeit freigelegt und restauriert werden. Die Präzisionsarbeit erfordert mitunter Laborbedingungen.

Hieroglyphen

Hieroglyphe für Bewegung

DIE ERSTEN HIEROGLYPHEN stammen aus der Zeit um 3200 v. Chr. und sind damit das älteste zusammenhängende Schriftsystem der Menschheit. Das altgriechische Wort *hieroglyphika* bedeutet so viel wie »heilige Schriftzeichen«. Die altägyptischen Wort-Bild-Symbole wurden lange Zeit nur für sakrale Texte benutzt. Hieroglyphen geben komplexe Inhalte wieder und können von links nach rechts, von rechts nach links und von oben nach unten gelesen werden, ohne ihre semantische Bedeutung zu verlieren. Über die Jahrhunderte entwickelte man eine vereinfachte Schreibweise, die sich u.a. der Symbolik der sumerischen Keilschrift bediente. Der letzte bekannte Hieroglyphen-Text wurde 394 n. Chr. ins Hadrianstor von Philae gemeißelt.

***Thot**, der ibisköpfige Gott der Weisheit und Schutzgottheit der Schreiber, ist hier mit dem Zepter der Macht dargestellt.*

***Ägyptische Schreiber** genossen in einer Gesellschaft von Analphabeten eine herausragende Stellung. Die Beherrschung der Schrift zahlte sich aus: Selbst der ägyptische König Horemheb begann seine Karriere als Hofschreiber.*

DER STEIN VON ROSETTA

Bis 1822 konnten die Hieroglyphen nicht »gelesen« werden. Ein Mitglied der Armee Napoleons entdeckte 1799 in Rosetta eine schwarze Granitstele, auf deren Oberfläche drei gleich lautende Texte mit Hieroglyphen sowie auf Griechisch und Demotisch eingemeißelt waren. Der Wettlauf um die Entschlüsselung der Hieroglyphen wurde zwischen dem englischen Arzt Thomas Young und dem französischen Linguisten Jean-François Champollion ausgetragen. Young entschlüsselte den demotischen Text und die hieroglyphischen Namenskartuschen von Ptolemäus und Kleopatra. Der Franzose erstellte ein Symbol-Alphabet, mit dessen Hilfe er herausfand, dass Hieroglyphen verschiedene Bedeutungen haben können. Damit legte er den Grundstein zur Entschlüsselung des hieroglyphischen Symbol- und Schriftsystems.

Rosetta-Stein, Werk der Priester von Ptolemäus V. (196 v. Chr.)

***Ptolemäische Schreiber** vermehrten die Hieroglyphen von 700 auf 6000, um ihre Schlüsselstellung am Hof auszubauen.*

Namen – Symbole der Unsterblichkeit

Ägypter glaubten, dass der Name ebenso wichtig sei wie die Seele. Sprach man ihn aus, so kam der Tote aus dem Jenseits zurück. Deshalb wurden bei Grabinschriften die Namen der Toten mehrmals eingemeißelt, um so für immer in Erinnerung zu bleiben und ein Weiterleben im Totenreich zu sichern.

Die ovale Kartusche bildet Rand und Untergrund.

Die Hieroglyphen nennen den Namen »Ramses, Liebling des Amun«.

Ägyptische Könige *ließen all ihre Namen in Kartuschen verewigen. Eine große Anzahl an Namensymbolen verhieß das ewige Leben.*

Die Königsliste *aus Abydos gibt die Namen des Pharao Ramses II. wieder. Er war »König von Ober- und Unterägypten«, »Sohn des Gottes Ra« und »Ramses, Liebling des Gottes Amun«.*

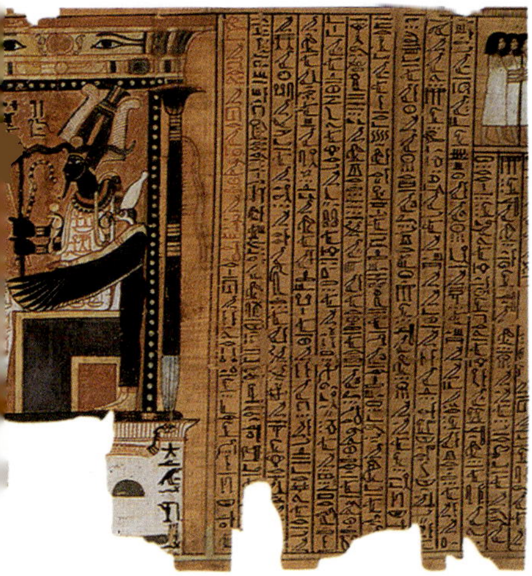

Hieroglyphen-Texte

Hieroglyphen waren gleichermaßen kunstvolle Dekoration wie ritualiserte Darstellung. Die Inhalte spielten bei religiösen Zeremonien eine wichtige Rolle. Bestimmte Textpassagen sollten die Toten auf ihrem Weg in die Unterwelt beschützen. Der Auszug aus dem Epitaph des Schreibers Nebked (um 1400 v. Chr.) zeigt den Verstorbenen mit Schreibzeug. Gemeinsam mit Frau und Mutter huldigt er der Gottheit Osiris.

Die hieratische Schrift *schrieb sich viel schneller und einfacher als Hieroglyphen. Die »Alltagsschrift« war von 2600 bis 600 v. Chr. in Gebrauch. Danach wurde die noch einfachere demotische Schrift eingeführt.*

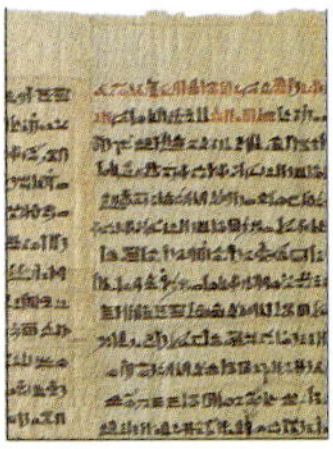

Entschlüsselung der Hieroglyphen

Der Einfachheit halber werden die Hieroglyphen in drei Kategorien unterteilt. Die »Phonogramme« vermitteln das Lautzeichen der Silben. Das Wort »Sohn« wurde »sa« ausgesprochen und wird im Symbol der Ente dargestellt. Die »Ideogramme« oder Wortzeichen stellen den Gegenstand oder das Geschehen dar. Eine Sonne am Horizont steht z. B. für den Begriff »Erscheinung«. Die dritte Gruppe sind die so genannten »Determinative« oder Deutzeichen, die die Wortbedeutung innerhalb der Textbotschaft festlegen. Allerdings können alle drei Kategorien in ihrer Funktion untereinander ausgetauscht werden. So kann das Symbol eines Korbes »Meister«, aber auch einfach nur »Korb« bedeuten. Drei Striche bezeichnen immer eine unbestimmte Mehrzahl.

Hieroglyphen für »Sohn des Ra, Herr der Erscheinungen«

Tempel und religiöse Riten

Statue eines Priesters

FÜR DIE ALTEN ÄGYPTER war das Universum in Gegensätze aufgeteilt – fruchtbar und unfruchtbar, Leben und Tod, Ordnung und Chaos. Die Göttin Maat hält diese ewig widerstreitenden Dualitäten im Gleichgewicht, als Dank baute man Maat gewaltige Tempel. Im Mittelpunkt jeder Siedlung wurden Tempel zu Ehren eines Gottes errichtet. Sie waren der Sitz der göttlichen Kräfte, die Priester dienten den Göttern im Auftrag aller Menschen. Darüber hinaus waren die Tempelbezirke auch regionale Verwaltungszentren, politische Foren, Schulen und Krankenstationen.

***Die Göttin Maat** war Hüterin der kosmischen Ordnung und der göttlichen Gesetze, nach denen die Pharaonen regieren mussten. Sie regelte die Jahreszeiten und den Lauf der Sterne.*

Ein Priester im Leopardenfell führt die heiligen Bestattungsriten aus

Ein Tag im Leben eines Tempelpriesters

Priester waren »Diener« eines Gottes oder einer Göttin. Sie verrichteten die täglichen Rituale, die den Fortbestand des Universums sichern sollten. Obwohl allein der König als Mittler zwischen den Göttern und den Menschen stand, gab er seine Pflichten als oberster Wächter der sakralen Rituale an die Hohepriester der Tempel ab. Der Priester war damit für die wichtigste aller Aufgaben verantwortlich: die streng ritualisierte Gottesverehrung im inneren Tempelschrein. Zweimal täglich wurde die Kultstatue des Gottes gebadet und eingekleidet, ehe man ihm Opfergaben darreichte. Dabei wurde kostbares Räucherwerk verbrannt und der Boden mit Wasser aus dem heiligen Tempelsee benetzt.

Kulttempel (Rekonstruktion)

Der Tempelkomplex war der Wohnsitz der Gottheit, darüber hinaus aber auch Abbild des Universums. Die Konzeption der Anlage beinhaltete die Elemente Wasser, Sonne, Sterne, Wald und ewige Dunkelheit.

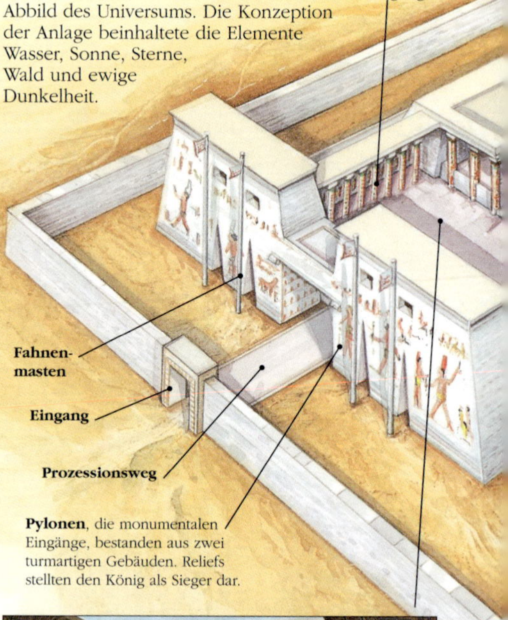

Überdachter Säulengang

Fahnenmasten

Eingang

Prozessionsweg

Pylonen, die monumentalen Eingänge, bestanden aus zwei turmartigen Gebäuden. Reliefs stellten den König als Sieger dar.

***Der große Innenhof**, hier in einer Rekonstruktion des Tempels von Philae* (siehe S. 208)*, war ein Vorplatz mit Säulenkolonnaden hinter dem Eingang des Tempelbezirks. Die Reliefs zeigen den König beim Opferritus.*

***Las decoraciones funerarias,** como ésta que muestra una ofrenda de patos, encontrada en una tumba de Luxor* (ver pp. 180-181), *describían los rituales. Los relieves y las pinturas aseguraban la repetición eterna de las ceremonias.*

***El altar,** como éste del templo de Edfu* (ver pp. 200-201), *constituía la parte esencial de los templos. Se ubicaba en el santuario más sagrado del templo y albergaba la estatua del dios tutelar. Las ofrendas diarias tenían por objeto persuadir a la esencia benéfica de la divinidad de que habitara la estatua.*

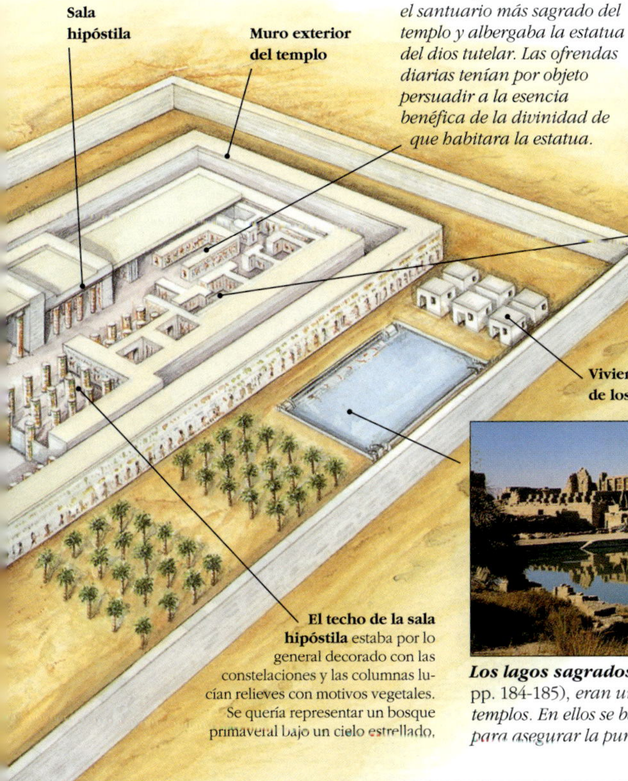

Las cámaras interiores estaban en penumbra y señalaban la proximidad del santuario sagrado. Se utilizaban como almacén o como capillas de deidades subsidiarias.

El techo de la sala hipóstila estaba por lo general decorado con las constelaciones y las columnas lucían relieves con motivos vegetales. Se quería representar un bosque primaveral bajo un cielo estrellado.

***Los lagos sagrados,** como el de Karnak* (ver pp. 184-185), *eran una parte importante de los templos. En ellos se bañaban los sacerdotes para asegurar la pureza de los rituales.*

El Rameseo, en Tebas *(ver pp. 196-197)*, templo mortuorio de Ramsés II

Templos Mortuorios

Además de los templos dedicados al culto, todos los faraones construían un templo mortuorio donde, a su muerte, se efectuaban ofrendas por su alma. Durante los imperios Antiguo y Medio se erigían junto a las tumbas reales, pero alrededor de 1500 a.C. ya se habían convertido en vastos complejos construidos a cierta distancia de las tumbas, ocultas en valles aislados y desérticos. Los grandes templos de la margen occidental de Luxor *(ver pp. 180-181)* constituyen espléndidos ejemplos de los templos mortuorios del Imperio Nuevo. El magnífico templo de la reina Hatshepsut *(ver pp. 192-193)*, en Deir al Bahri, es uno de los más originales.

Mitología

El dios Bes

LA ANTIGUA RELIGIÓN EGIPCIA consistía en un complejo sistema de creencias y en gran número de deidades relacionadas con diversos aspectos del mundo natural. Con el paso del tiempo, cada localidad desarrolló mitos relativos a sus deidades particulares. El mito de la fundación del mundo tiene tres versiones distintas, todas ellas basadas en la creencia de que la vida surgió de las aguas del caos, de las que emergió un montículo de tierra –diversas poblaciones reclamaron la propiedad de este montículo fundacional–. A continuación, los primeros dioses crearon la vida. En Heliópolis se consideraba que estos primeros dioses fueron nueve, en Hermópolis, ocho, y uno solo en Menfis.

***Amón** se convirtió en deidad nacional cuando Tebas pasó a ser capital de Egipto, en un intento de unificar el país.*

El Mito de la Creación

Esta imagen de uno de los mitos de la creación ilustra la relación de los dioses con el mundo. Al principio no había nada excepto el mar del caos, Nun. Entonces Atum (o Ra) surgió del caos y se dio el ser, creando a Shu y a Tefenet. Atum hizo retroceder las aguas y descubrió las plantas y los animales. Shu y Tefenet dieron a luz a Geb, la tierra, y a Nut, el cielo, que dieron nacimiento a las estrellas.

Neftis derrama las aguas de la fertilidad sobre Egipto, donde los hombres aran la tierra.

Nut, madre universal, traga el sol cada noche para que nazca a la mañana siguiente.

Geb, el dios de la tierra. Su pierna doblada representa las montañas.

Estatuilla de Osiris (en el centro) con su hijo Horus y su esposa Isis

Osiris, Isis y Horus

Uno de los mitos egipcios más universales es el de Isis y Osiris. Osiris, faraón que enseñó a los egipcios la religión, la agricultura y su forma de vida, fue asesinado por su hermano Seth, celoso de él. Seth lo descuartizó y desperdigó su cuerpo por todo Egipto. La esposa de Osiris, Isis, y la hermana de ésta, Neftis, buscaron los miembros de Osiris, y con la ayuda de Anubis y Tot, lo momificaron. Isis recurrió a la magia para resucitarlo y concibió un hijo al mismo tiempo, Horus, que vengaría a su padre. Osiris volvió a la vida y bajó al inframundo para convertirse en señor y juzgar a los muertos.

Pose típica de Osiris

EL SOL

Fundamental para los egipcios, el sol era considerado fuente de vida. Conquistaba las fuerzas de las tinieblas todas las noches antes de emerger victorioso a la mañana siguiente, en un ciclo eterno. Adorado bajo diversos nombres y apariencias, su apelativo más extendido era Ra, representado con una cabeza de halcón, aunque también se le llamaba Atum, Harajty, Jepri o Atón (el disco solar). El faraón, representación del dios sol en la tierra, era saludado como hijo de Ra. Cuando, por razones políticas, Amón se convirtió en deidad suprema, se unió su nombre al de Ra para conseguir prestigio, creando así el dios Amón-Ra, el rey de los dioses.

Jepri *era representado como un escarabajo pelotero. Identificado con Ra, dios del sol, se decía que hacía girar el sol sobre la bóveda celeste.*

Ra-Harajty *era una combinación de dos dioses: Horus, dios del cielo –su ojo derecho era el sol, el izquierdo, la luna–, y el todopoderoso dios del sol, Ra.*

Ra, el creador del universo, lleva el sol sobre la frente.

Maat mantiene el equilibrio del mundo.

Shu, celoso de Geb y de Nut, los mantiene separados.

DIOSES PRINCIPALES

- **Amón:** poderosa deidad local de Tebas.
- **Anubis:** dios de los embalsamadores, con cabeza de chacal.
- **Atum:** el dios sol como creador.
- **Bes:** dios doméstico de las embarazadas.
- **Geb:** dios de la tierra.
- **Hathor:** diosa del amor, el placer y la belleza.
- **Horus:** dios identificado con el faraón, con cabeza de halcón.
- **Isis:** diosa de la magia.
- **Jepri:** dios del sol en forma de escarabajo.
- **Maat:** diosa de la verdad y el equilibrio universal.
- **Nejbet:** diosa buitre del Alto Egipto.
- **Neftis:** con Isis, protectora de los muertos.
- **Nut:** diosa del cielo.
- **Osiris:** dios del inframundo.
- **Ptah:** dios creador y patrón de los artesanos.
- **Ra:** forma dominante del dios del sol.
- **Sejmet:** diosa leona de la destrucción.
- **Seth:** dios del caos.
- **Shu:** dios del aire.
- **Tefenet:** diosa de la humedad.
- **Tot:** dios de la sabiduría, con cabeza de ibis.
- **Uadyet:** diosa cobra del Bajo Egipto.

Pintura que muestra la adoración del pájaro Benu

EL PÁJARO BENU

Benu atravesó las aguas de Nun en el alba de la creación y vio cómo la tierra emergía de las aguas. Se le identificaba con el sol, mientras el montículo primigenio era simbolizado por la roca de Benben, en Heliópolis, donde los rayos del sol iluminaron la tierra por vez primera. Esta roca mítica servía de prototipo a los obeliscos, cuyos pináculos eran dorados para captar los primeros rayos del sol.

Obelisco, la tierra primigenia

Tradiciones funerarias

Amuleto en forma de ojo de Horus

Los antiguos egipcios creían en la vida eterna y desarrollaron un complejo culto funerario destinado a hacerla posible. El proceso de momificación pretendía la conservación del cadáver, para que el alma pudiera habitar en el cuerpo embalsamado. Al difunto se le equipaba con todo cuanto pudiera necesitar en la otra vida, antes de enviarlo a la eternidad mediante un elaborado conjunto de rituales funerarios.

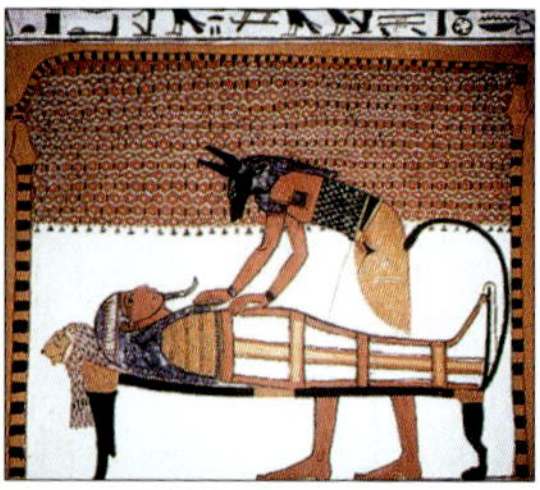

Anubis, *el dios con cabeza de chacal de los embalsamadores, retoca a una momia en este relieve de una tumba de la dinastía XIX.*

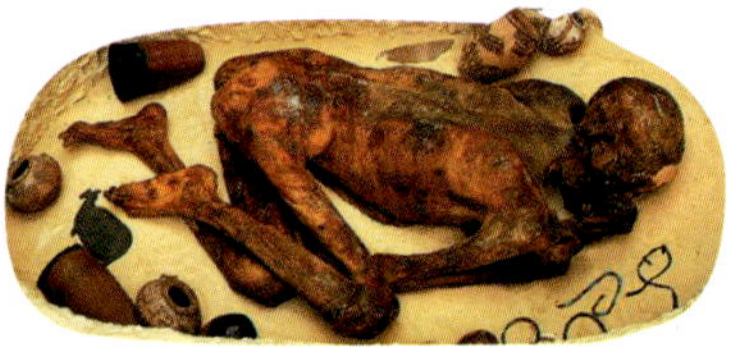

La momificación natural *sucedía cuando se enterraban los cadáveres en contacto directo con la arena. La arena absorbía la humedad corporal, secaba el cadáver y preservaba los tejidos.*

Técnicas de momificación

Probablemente, las primeras momias se formaron de modo accidental. La primera momificación comenzó en la dinastía IV, con el desarrollo de las técnicas de embalsamamiento artificial. Los sacerdotes retiraban los órganos internos del difunto, dejándole sólo el corazón. Más tarde, el cadáver se secaba con natrón y, por último, se vendaba.

El natrón *es una mezcla natural de sales ricas en sodio. Se colocaba en el interior y alrededor del cadáver, que se secaba al cabo de 40 días.*

En los vasos canopes *se introducían los órganos internos embalsamados. Intestinos, estómago, hígado y pulmones se guardaban en vasos distintos que se enterraban junto al cadáver.*

La momia de Ramsés III, *una de las mejor conservadas, fue descubierta en 1881 en Deir al Bahri. Está expuesta en el Museo de Antigüedades Egipcias* (ver pp. 74-77).

El cadáver momificado *se rellenaba de telas y serrín antes de envolverlo con vendas muy prietas. Por último, la momia se colocaba en un ataúd decorado.*

Animales momificados

Los antiguos egipcios creían que una esencia divina habitaba en los seres vivos. Todos ellos, por tanto, eran dignos de respeto. Al compartir los atributos de los dioses que simbolizaban, los animales eran venerados como representantes de la divinidad en la tierra y, por ello, momificados. Durante el Periodo Tardío (664-332 a.C.), se momificaron y enterraron en catacumbas animales de todas clases: ibis, gatos, toros, leones, serpientes, cocodrilos.

Momia de ibis

Gato momificado

Máscaras Mortuorias

Sobre la cabeza de la momia se colocaba una máscara, de este modo el espíritu del muerto podía reconocer el cuerpo al que pertenecía. Todas las máscaras, desde las de oro de los faraones, como la de Tutankamón, hasta las de cartón, reflejan una imagen idealizada del difunto.

La máscara mortuoria *mostraba el rostro adornado con peluca y collar.*

Las máscaras del periodo romano *estaban pintadas en tablas y se colocaban sobre la cabeza de la momia. Con frecuencia, el retrato se hacía en vida y era más realista que en periodos anteriores* (ver p. 165).

Accesorios

Además de junto a objetos de uso cotidiano, la momia era enterrada con artículos funerarios, amuletos, figuras *ushebti* y la maqueta de la barca que habría de transportarla a Abydos.

Las figuras ushebti *representaban a los sirvientes encargados de trabajar en beneficio del muerto en la otra vida.*

Los amuletos *se enterraban para proteger el cuerpo de los malos espíritus y atraer la buena suerte.*

Maqueta de una barca funeraria, *símbolo del viaje a Abydos, hogar de Osiris, dios de los muertos* (ver p. 26).

Ritos Funerarios y Ceremonias

Durante el funeral, los familiares ofrecían alimentos y los sacerdotes oficiaban las ceremonias de enterramiento. Estos rituales amparaban al difunto y garantizaban su seguridad en el trayecto hacia el más allá. Para mayor protección, se colocaban imágenes y textos rituales junto al cuerpo o decorando la tumba.

El libro de los muertos *era la guía para el viaje hacia el inframundo. Aquí, el difunto atraviesa el lago de las Ofrendas cargado de regalos.*

El ritual de apertura de la boca *se llevaba a cabo justo antes del enterramiento en la creencia de que con ello se reactivarían los sentidos del difunto, que podría disponer de ellos en la otra vida.*

La ponderación del corazón *era la última etapa en el camino al más allá. Un jurado de dioses decidía si el difunto merecía o no la vida eterna. El dios chacal Anubis ponderaba el corazón con la pluma de la verdad. Si el corazón pesaba demasiado, era entregado al monstruo Amut, que lo devoraba; sólo si el peso resultaba equilibrado alcanzaba el difunto la vida eterna.*

La vida cotidiana en el Antiguo Egipto

Figura de un hombre con bueyes encontrada en una tumba

EN UNA SOCIEDAD TAN JERARQUIZADA COMO la del Antiguo Egipto, se concedía a la familia una importancia fundamental. Se alentaba el matrimonio a edad temprana con el fin de que los descendientes pudieran proseguir el linaje familiar y, lo más importante, organizar un funeral apropiado. Para casarse bastaba con iniciar la vida en común, no había ceremonias. Los niños gozaban de una breve infancia antes de afrontar las responsabilidades de la vida adulta. La educación era principalmente vocacional y los hijos solían aprender el oficio de sus padres.

Este grupo familiar *está compuesto por el matrimonio* (centro), *su hijo* (derecha) *y otro hombre* (izquierda).

Viviendas Egipcias

Las casas egipcias estaban construidas con ladrillos de barro cocido y, por lo tanto, no han resistido el paso del tiempo. De los vestigios se deduce que eran de planta cuadrada, con una sala central, dormitorios y bodegas y, a veces, escaleras que conducen al tejado o a la planta de arriba. Algunas contaban con un primitivo baño.

Las casas egipcias *contaban con un sistema de circulación del aire, gracias a unos ventanucos y a la ventilación del tejado, como muestra esta pintura de la tumba del escriba Najt, de la dinastía XVIII.*

Ventilación en el tejado, diseñada para recoger la brisa proveniente del norte.

Ventanas altas y pequeñas que dejan pasar el aire y la luz, pero no el sol.

Se cocinaba en el exterior o en construcciones separadas de la vivienda.

Las casas para el alma *servían como moradas del alma de los difuntos. Las maquetas desvelan muchos detalles de la arquitectura civil del Antiguo Egipto, aunque en el Egipto rural de hoy en día pueden encontrarse modelos similares.*

Las viviendas más complejas, *como esta maqueta de casa urbana, reflejaban una posición más acomodada.*

Poblado de Deir al Medina, fundado en el siglo XVI a.C. para los trabajadores del Valle de los Reyes

Poblado de Artesanos de Deir al Medina

Frente a Luxor, en un aislado valle de la margen occidental del Nilo, se conservan todavía los cimientos de una aldea habitada por los artesanos y albañiles que construyeron las tumbas del Valle de los Reyes. En este temprano ejemplo de planificación urbana, las viviendas, protegidas por un muro exterior, están dispuestas en hileras y dan a una calle central. La vivienda típica solía tener entre cuatro y seis habitaciones y una o dos bodegas. Alrededor de la aldea se encuentran las tumbas de los funcionarios del estado.

***Las mujeres** solían trabajar y cuidar de sus hijos. En este relieve encontrado en una tumba de la dinastía XXVI, una madre recoge fruta mientras sostiene en brazos a su hija.*

La Mujer en la Sociedad

Aunque su posición dependía por lo general de la de sus padres o esposos, en el Antiguo Egipto las mujeres gozaban de gran consideración. Eran iguales que los hombres ante la ley, podían alquilar o comprar propiedades, emprender negocios, compartían la herencia en igualdad de derechos y algunas llegaron a gobernar la nación. Existían el divorcio –con derecho a una pensión– y el matrimonio en segundas nupcias. Se esperaba de ellas la gestión de la casa y de la familia y las más pobres trabajaban en igualdad de condiciones que los hombres.

***Dos mujeres** utilizan una prensa de torniquete para extraer aceite perfumado de margaritas en este relieve de la dinastía XXX.*

***Tres nobles** se deleitan con el aroma de unas flores de loto y la fruta de la mandrágora en este detalle pictórico de la dinastía XVIII.*

El Trabajo en el Antiguo Egipto

La mayor parte de la tierra cultivable pertenecía al faraón, a los templos y a los hombres más poderosos. La inmensa mayoría de la población se ocupaba de su labranza, trabajando directamente para el propietario o arrendando los terrenos a cambio de altos alquileres y fuertes impuestos. Los artesanos, empleados al servicio del faraón, los templos y la nobleza, gozaban de mejor situación. Había carpinteros, joyeros y canteros. Una élite de profesionales, situada cerca de la cumbre del poder, gestionaba la nación: los escribas *(ver p. 22)*, los sacerdotes *(ver p. 24)* y los altos funcionarios.

***La agricultura en el Nilo,** en esta pintura de la tumba de Senedjem e Iyneferti, de la dinastía XIX, muestra los métodos utilizados para arar, cosechar trigo y recoger lino.*

***El Nilo** proporcionaba pescado y suelo fértil, pero también tenía sus peligros. Como refleja este relieve funerario del Imperio Antiguo, los pastores debían proteger su ganado del peligro que representaban los cocodrilos.*

***La leche de vaca,** como indica este relieve funerario, tenía gran importancia en la dieta. Otros animales de granja del Antiguo Egipto eran las ovejas, las cabras y los cerdos.*

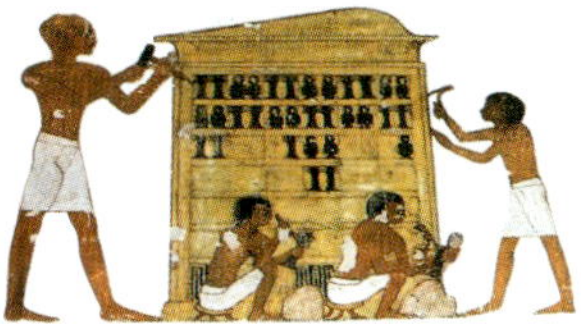

***Los artesanos** solían trabajar en talleres o agruparse en comunidades como la de Deir al Medina.*

***Los campesinos** también trabajaban en las grandes construcciones, una obligación de todos excepto para los funcionarios. En esta pintura funeraria un grupo de trabajadores no especializados fabrica ladrillos.*

El Egipto islámico

EN EL SIGLO VII de la era cristiana, un mercader llamado Mahoma nacido en La Meca en el año 570 fundó el islam. A la edad de 40 años comenzó a recibir revelaciones directamente de Alá y las transcribió en el Corán. Las predicaciones de Mahoma no fueron bien acogidas en La Meca y en el año 622 huyó junto a sus seguidores a Medina. Esta huida (la Hégira) marca el año cero del calendario musulmán. Antes de morir, en el año 632, Mahoma volvió para conquistar La Meca. En 640, después de apoderarse de las provincias bizantinas de Oriente Próximo, los ejércitos musulmanes llegaron a Egipto.

La media luna creciente, *símbolo del islam, recuerda la relación con el calendario lunar, que rige la vida religiosa de los musulmanes.*

El Corán, *libro sagrado del islam, refleja la palabra directa de Alá. Los musulmanes creen que sólo se puede comprender si se lee en árabe. Está dividido en 114 capítulos o suras que se ocupan de muchas cuestiones, entre ellas, asuntos relativos a la familia, el matrimonio y aspectos éticos y legales.*

Esta casa *está decorada con escenas de peregrinaje, incluyendo un dibujo de la gran mezquita de La Meca. Indica que su propietario ya ha peregrinado a este lugar.*

Musulmanes en la mezquita de Sayeda al Hussein

LOS CINCO PILARES DE LA FE

El islam se asienta en los cinco pilares de la fe. El primero de ellos, *Shahada,* consiste en la siguiente declaración: "Alá es el único dios y Mahoma su profeta". El segundo es el conjunto de prédicas que deben entonarse cinco veces al día mirando a La Meca. El tercero es el ayuno durante las horas diurnas del mes sagrado de *ramadán*. El cuarto, dar limosna. El quinto es el *Haj:* los musulmanes deben peregrinar, al menos una vez en la vida, a La Meca, ciudad natal de Mahoma.

Visita de una Mezquita

Fuera de las horas de oración y de la congregación de los viernes, casi todas las mezquitas de Egipto están abiertas al público. Además de abonar la entrada, es costumbre darle una pequeña propina al portero y a la persona que cuida de los zapatos o proporciona un pañuelo para cubrirse la cabeza. Las mezquitas están abiertas las 24 horas, pero sólo pueden visitarse de 9.00 a 19.00. En invierno y durante el Ramadán cierran antes *(ver p. 312)*.

Patio con arcada de la mezquita de al Azhar, El Cairo

Las festividades musulmanas *son escasas, sólo hay cuatro días señalados* (ver p. 41). *Las más importantes son Aid al Adha, que indica la fecha de la peregrinación* (Haj), *y Aid al Fetr, que se celebra al final del Ramadán. Las celebraciones tienden a realizarse en grupo, en grandes fiestas que, por lo general, son al aire libre.*

La Llamada a la Oración

Ligada tradicionalmente a las fases de la luna, el almuédano efectuaba la llamada a la oración desde los alminares. En la actualidad, la llamada suele estar grabada y se emite a través de altavoces.

Las mezquitas *siguen diversos estilos arquitectónicos, pero todas ellas comparten algunos rasgos. La parte esencial es el mihrab, una hornacina que indica la dirección de La Meca. La mayoría de las mezquitas tiene también un almimbar, desde el cual el imán pronuncia el sermón de los viernes.*

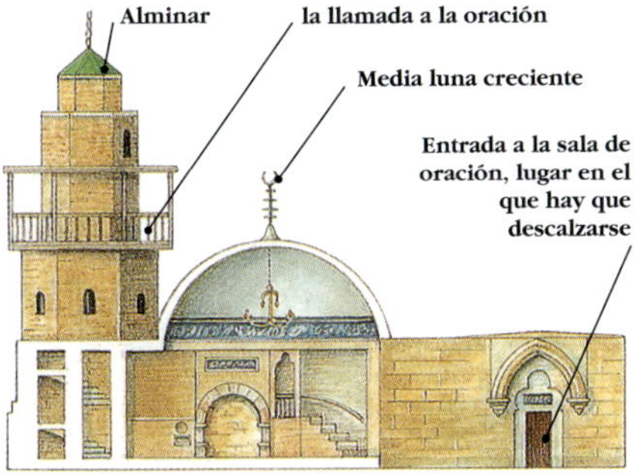

Alminar

Balcón desde donde, tradicionalmente, se efectúa la llamada a la oración

Media luna creciente

Entrada a la sala de oración, lugar en el que hay que descalzarse

Arquitectura islámica

Detalle del techo de una madraza

El término arquitectura islámica se refiere no sólo a las mezquitas, sino a un amplio número de edificios de gran interés. Los diversos estilos se desarrollaron sobre todo durante las primeras dinastías islámicas (los tuluníes, los fatimíes y los ayubíes), para alcanzar su mayor esplendor con los mamelucos *(ver p. 57)*. Artesanos de todo Oriente Próximo se trasladaron a Egipto para construir palacios y mausoleos para los ricos y poderosos sultanes. Se crearon instituciones públicas, muchas de las cuales siguen en funcionamiento. El último gran periodo de la arquitectura islámica se produjo bajo el dominio otomano *(ver p. 58)*. Aunque reservaron las mejores obras para su capital, Constantinopla, los otomanos dejaron en Egipto construcciones impresionantes.

Típico estilo de una mezquita, con cúpulas y alminares *(ver p. 93)*

Arquitectura de las Viviendas

Las viviendas (en árabe, *bait)* deben su diseño tanto al clima como a las condiciones sociales. Ciertos elementos, como las pequeñas ventanas cubiertas por celosías, las grandes salas muy ventiladas, las umbrías arcadas y las fuentes, mantenían el frescor en el interior de las casas. Por lo general, las estancias masculinas *(salamlek)* estaban separadas de las femeninas *(haramlek)*.

Las celosías permitían a las mujeres de la casa mirar sin ser vistas.

La ventilación en el tejado permitía la entrada de aire fresco en las habitaciones.

Las casas privadas más lujosas *podían contar con tres o cuatro plantas. Tenían en común algunos elementos como las arcadas, las fuentes y el* ablaq *(franja de colores en piedra).*

La casa de Amasyali *es uno de los numerosos ejemplos de las lujosas viviendas pertenecientes a mercaderes otomanos que aún quedan en la ciudad de Rosetta* (ver p. 233).

Los techos de madera *solían tener una intrincada decoración geométrica y estaban pintados en vistosos colores.*

Las fuentes se construían en los salones de las casas más lujosas para rebajar la temperatura.

El qaa o sala de recepción *solía conformar la pieza central de las casas de los mercaderes más acaudalados.*

'Sabil-Kuttab' (Fuente y Escuela)

Las *sabils* (fuentes públicas) son un elemento típico de la arquitectura árabe. Algunas eran poco más que un grifo y una pila, pero había otras tan magníficas como el Sabil-kuttab de Abdel Katjuda. El *kuttab* era un patio o galería donde se enseñaba el Corán.

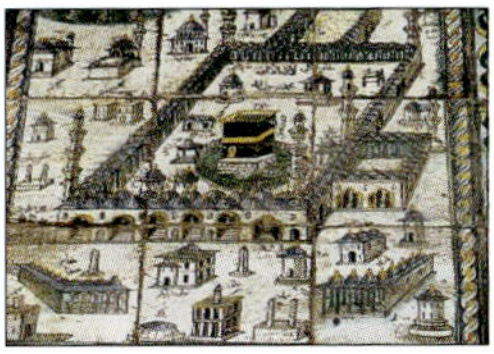

***Azulejos decorados** con escenas de La Meca. Se utilizaban en la decoración de algunos* sabil-kuttabs, *como correspondía al carácter religioso de estos edificios.*

Sabil-kuttab de Abdel Katjuda *(ver p. 98)*

Madraza (Escuela de Derecho)

Una madraza es una escuela coránica en la que se enseña teología y derecho. Por lo general, la madraza y la mezquita cohabitan en un único edificio. La suní, rama del islam seguida en Egipto, cuenta con cuatro escuelas distintas de derecho (Hanafi, Malaki, Shafi y Hanbali), por lo tanto, una madraza típica tiene cuatro zonas académicas bien diferenciadas. A menudo, éstas adoptan la forma de *iwans*, grandes espacios abovedados dispuestos en torno a un patio central.

Las fuentes estaban destinadas a las abluciones, que se realizaban antes de la oración.

Madraza del sultán Barquq *(ver p. 97)*

'Wikala' (Hotel)

Conocido también como caravasar, la *wikala* es un precursor de las modernas posadas. Hospedaba a las caravanas de mercaderes, que tanta riqueza aportaron en el Egipto medieval. La planta baja estaba destinada a los animales y al almacenaje de los artículos; en las plantas superiores se alojaban los clientes. Por seguridad, el edificio tenía acceso por una única puerta que se cerraba todas las noches.

Las habitaciones de los viajeros daban al patio alicatado de la *wikala*.

Las fuentes proveían de agua a los animales.

Wikala de Al Ghuri *(ver p. 92)*

Mausoleo

Algunos mausoleos se encuentran entre las obras arquitectónicas más espléndidas de Egipto. Del mismo modo que los faraones con sus pirámides e inmensos templos mortuorios, los sultanes medievales querían también glorificarse en la muerte. Para ello gastaban ingentes sumas de dinero en enormes complejos funerarios que, a menudo, incorporaban, además de la cámara funeraria, mezquitas y madrazas. El cadáver se colocaba en una posición elevada, en un cenotafio señalado por unas columnas. Durante el dominio otomano, las lápidas de los soldados se decoraban con un turbante en piedra.

Una intrincada decoración en hierro forjado adornaba la tumba.

La media luna, símbolo del islam, era componente esencial de toda construcción funeraria islámica.

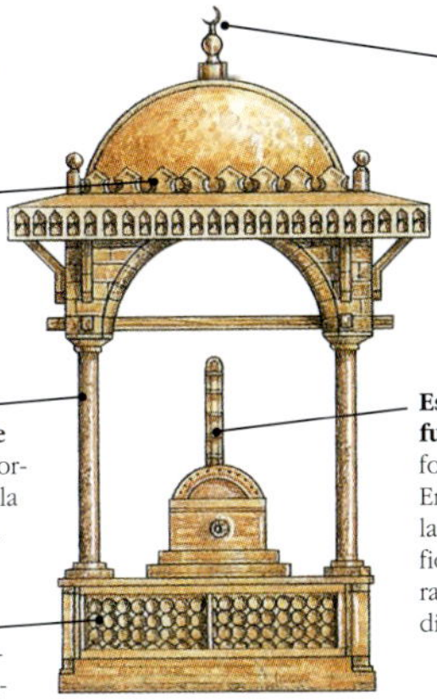

Cuatro columnas de mármol soportaban la cúpula del cenotafio.

Estela funeraria, en forma de cipo. Erigida a ambos lados del cenotafio, indicaba el rango del difunto.

Un entramado decorativo adornaba con frecuencia los cenotafios.

Tumba tardotomana

Paisaje y naturaleza

Aunque el desierto ocupa un 90% de su territorio, en Egipto existen también otros hábitats. Muchos seres vivos han desarrollado estrategias para soportar las temperaturas extremas y los largos periodos de sequía. El ser humano, sin embargo, es menos adaptable, y aunque una pequeña parte de la población reside en los oasis *(ver p. 257)*, el 96% habita en el delta y el valle del Nilo. Estas regiones donde el agua es abundante y el suelo muy fértil tienen que alimentar a una población cada vez más numerosa. En el litoral, la fauna y flora marinas, con espectaculares arrecifes de coral *(ver p. 223)*, constituyen uno de los entornos naturales más variados del planeta.

El camello y las datileras son fundamentales en el desierto

Desiertos

La imagen típica del desierto es una interminable extensión de arena. Sin embargo, el rocoso interior del Sinaí es también un desierto, es decir, una zona con una pluviosidad anual inferior a 25 mm. Los fuertes vientos son característicos del desierto, erosionan las rocas provocando la formación de arena y ésta, al acumularse, forma las típicas dunas.

La agricultura *de los oasis es vital para la economía del país. En ellos se cultivan caña de azúcar, dátiles, higos y otras frutas y verduras.*

El zorro del Sáhara *duerme durante el día y abandona la madriguera al anochecer. Un oído excepcional le capacita para cazar insectos y mamíferos en la oscuridad.*

Los escorpiones *se han adaptado perfectamente al hábitat desértico: apenas necesitan beber, pues obtienen sus fluidos de su dieta de insectos.*

El macizo rojizo del Sinaí *se eleva en algunos lugares hasta los 2.000 m. Los* uadis *(lechos fluviales) revitalizan la zona con inundaciones esporádicas.*

Las datileras *proliferan en el desierto rocoso. Crecen "con la copa entre llamas y el pie metido en agua"; son señal segura de la presencia de agua.*

El Valle y el Delta del Nilo

Entre el lago Nasser y el delta, el Nilo origina una franja habitable de unos 20 kilómetros. En el pasado, las crecidas del río nutrían el suelo con un limo rico en minerales y permitían un hábitat para la fauna y la flora. La presa de Asuán *(ver p. 207)* acabó con estas crecidas y ahora se utilizan fertilizantes químicos. El delta es una región de gran explotación agrícola.

La tierra *se riega mediante un complicado sistema de regadíos. La humedad de los cultivos proporciona un entorno ideal para las garzas, que cazan ranas, insectos y pequeños roedores.*

Las acacias *abundan en la ribera del Nilo. Se identifican por sus vistosas flores amarillas.*

El papiro, *utilizado en la antigüedad y muy extendido en el siglo XIX, crece ahora en zonas muy restringidas.*

El calamón *es una polla de agua del tamaño de un pato que se encuentra en todo el cauce del Nilo. Sus largos dedos le permiten caminar sobre el limo.*

Cobra de cuello negro, *símbolo del Bajo Egipto. Caza de noche en los campos cultivados. No suele ser peligrosa para el hombre, pero puede atacar si se siente amenazada, escupiendo veneno a los ojos de su atacante.*

Regiones Costeras

La actividad predominante en la costa norte de Egipto, bañada por el Mediterráneo, es la pesca. En el litoral del mar Rojo también abunda la pesca, pero el mayor recurso de esta región es el turismo. Destacan los arrecifes de coral *(ver p. 223)*, que atraen a buceadores del mundo entero. Se trata, no obstante, de un ecosistema muy frágil, amenazado por la sobreexplotación de la costa.

Los arrecifes de coral *proporcionan un hermoso hábitat para un conjunto de fauna marina también espectacular.*

Manglares

Los manglares de la península del Sinaí cumplen una importante función ecológica al proteger la costa de la erosión y filtrar los agentes contaminantes del agua. En las marismas que originan habitan crustáceos y aves zancudas. Sobreviven en el agua salada gracias a la secreción de la sal que efectúan a través de las hojas.

Los manglares jalonan la costa del Sinaí

EGIPTO MES A MES

EL CALENDARIO EGIPCIO está repleto de festividades musulmanas, cristianas, estatales y locales. La fecha exacta de estos acontecimientos es difícil de prever, ya que suele calcularse de distinto modo. Mientras el calendario islámico se basa en 12 meses lunares de 29 o 30 días, la iglesia copta egipcia usa el calendario juliano y el calendario solar copto. La confusión aumenta porque las fechas de los eventos y festivales no religiosos cambian con frecuencia, por lo que se aconseja confirmarlas *in situ*. Sea cual fuere el calendario al que pertenezcan, hay muchas celebraciones y constituyen una de las mejores formas de aproximación a la cultura egipcia. Musulmanes y coptos suelen celebrar juntos sus festividades o *mulids*. A lo largo del año se organizan diversas competiciones deportivas que van desde lo interesante a lo estrambótico, como las carreras de camellos o la prueba de natación de larga distancia del Nilo, en El Cairo.

Un artesano prepara dulces

PRIMAVERA

LA PRIMAVERA ES UNA ÉPOCA muy agradable para visitar Egipto. Los principales destinos turísticos, como las pirámides, Asuán o Luxor, no están demasiado abarrotados y las temperaturas son mucho más suaves que durante el verano. Sin embargo, puede resultar problemático un curioso fenómeno meteorológico, el *jamasin*, un viento cálido y seco procedente del sur, del desierto del Sáhara, que levanta nubes de polvo de color naranja y obliga a recluirse en las casas. Los principales festividades de la primavera se organizan con ocasión del año nuevo islámico, en marzo, y de la Pascua cristiana. El lunes siguiente al domingo de Pascua, todos los egipcios celebran el Sham al Nessin o *aspirar la brisa:* salen de excursión o se reúnen al aire libre para disfrutar del aire primaveral.

MARZO

Muestra Floral en los jardines de Orman, Sharia Giza, Giza.
Fiesta de la Anunciación *(23 mar)*. Los coptos celebran la Anunciación.
La Pascua es la fecha más importante del calendario copto. El Pope celebra la misa de Pascua en la catedral de San Marcos, en El Cairo.
Sham al Nessim, fiesta en la que las familias disfrutan de un día en el campo. Su origen se remonta a la época de los faraones y la celebran tanto musulmanes como coptos.

ABRIL

Carrera Internacional de Camellos. La competición más accidentada del mundo. Sharm al Sheij.
Día de la Liberación del Sinaí *(25 abr)*. Conmemora la retirada de Israel del Sinaí en 1982.

Los coptos en el Domingo de Ramos, una semana antes de Pascua

MAYO

Día del Trabajo *(1 may)*. Fiesta oficial en la que cierran casi todos los comercios.
Mulid de San Damián *(15-20 may)*. Fiesta copta en honor de uno de sus santos.
Campeonato Nacional de Pesca, Sharm al Sheij.
Competición de natación en el Nilo, Zamalek, El Cairo. Muchos nadadores internacionales participan en esta popular competición de larga distancia en las cenagosas aguas del Nilo.
Ragabiyya, fiesta local de Tanta. Dura tres días y se honra al santo sufí Sayyid Ahmad al Badawi; se celebra durante la crecida del Nilo, a finales de la primavera.

Las familias saludan la llegada de la primavera durante el Sham al Nessim

Fiestas Musulmanas

Celebradas con grandes fastos, reuniones familiares, música y procesiones por las calles, las fiestas musulmanas resultan muy animadas. Las más importantes son Aid al Fetr, que se celebra al final del *ramadán,* el mes de ayuno, y Aid al Adha, que señala el momento de la peregrinación a La Meca. Otras fiestas musulmanas son Mulid al Nabi, que conmemora el nacimiento del profeta Mahoma, Ras al Sana, el año nuevo islámico, y los *mulid,* varios días dedicados a los santos.

Los pasteles para Aid al Fetr *se hornean y se consumen en los tres días que marcan el final del Ramadán. La comida es fundamental en las fiestas musulmanas y su preparación se convierte en un acto social más.*

Los derviches *son uno de los principales atractivos de los* mulids. *Ataviados con vestiduras de vivos colores, cantan y giran durante horas con el fin de alcanzar la unidad con Dios. Muchas veces, los bailarines son llevados en procesión a través de la ciudad.*

Aid al Fetr *es una de las fiestas más alegres: se conmemora el final del Ramadán y durante los tres días de celebraciones es costumbre estrenar ropa e intercambiar regalos.*

Las festividades religiosas *son la ocasión idónea para que las familias se reúnan. Los musulmanes gustan de hacerlo en torno a la mesa y son muy populares las salidas al campo.*

Calendario Islámico

El calendario islámico tiene doce meses de 29 o 30 días. Basado en los ciclos de la luna, el año islámico tiene once días menos que el occidental. Dado que se basa en la observación real de la luna en cuarto creciente en un punto determinado, resulta muy difícil ubicar las fiestas. Los centros islámicos suelen proporcionar las fechas para el año en curso.

Aid al Adha
Señala el momento del *Haj,* o peregrinación a La Meca.

Ras al Sana
Es el equivalente islámico del día de año nuevo y se celebra discretamente.

Mulid al Nabi
Conmemora el nacimiento del profeta y es una de las principales fiestas del año. Las calles están rebosantes de animación durante este día.

Ramadán
Noveno mes del calendario musulmán, en el que los fieles deben practicar el ayuno y la abstinencia. El *iftar* o fin del ayuno se celebra cada tarde con la puesta del sol.

Aid al Fetr
Es el final del Ramadán, que se celebra con el mayor bullicio durante tres días.

Excursión en burro bajo el aplastante calor, Valle de los Reyes, Luxor

Verano

Desde junio hasta agosto, las temperaturas son insoportables en el Alto Egipto, lo que provoca que los lugares turísticos estén menos masificados. Muchos egipcios escogen la costa norte para pasar sus vacaciones, ya que el calor no es tan extremado. Las localidades de la costa del mar Rojo, a pesar del intenso calor, cuentan con hermosas playas de aguas transparentes. El calor y la contaminación hacen que la estancia en El Cairo resulte incómoda; además, se celebran menos fiestas de interés.

Junio

Campeonato internacional de squash de Al Ahram, Giza. Atrae a mucho público y cuenta con la presencia de jugadores internacionales. Se desarrolla en pistas acristaladas.
Día de la Retirada Inglesa *(18 jun)*. Conmemora la salida de las tropas británicas de la zona del canal en 1956 y la fundación de la República de Egipto.

Julio

Día de la Revolución *(23 jul)*. Conmemora el golpe de Estado que acabó con la monarquía en 1952 *(ver p. 62)*.
Feria de Compras y Turismo, El Cairo *(jul-ago)*.

Agosto

Festival Internacional Folclórico, Ismailiya. Grupos folclóricos de todo el mundo.
Festival Internacional de la Canción, El Cairo.

Otoño

El otoño se caracteriza por temperaturas más suaves y la celebración de numerosas fiestas y eventos. Aunque la mayoría tiene el propósito declarado de atraer al turismo, merece la pena asistir a las mejores, que son todo un acontecimiento. Sin embargo, hay que advertir que, al arbitrio de las autoridades egipcias, la fecha de celebración de algunas de estas fiestas es susceptible de ser modificada.

Septiembre

Día del Nilo, o Wafaa al Nil, El Cairo. Se realizan procesiones, cabalgatas y competiciones deportivas en el río Nilo.
Festival Internacional de

Fiestas Coptas

Navidad, Epifanía, Pascua y la Anunciación son las principales fiestas cristianas del año, y todas ellas son celebradas por los coptos, para quienes la Pascua es la más importante. Las fiestas de los santos también se conmemoran y, tal como ocurre con las celebraciones islámicas, se suelen celebrar con un *mulid*. Los principales son el Mulid de San Damián, la fiesta de los apóstoles Pedro y Pablo, y diversos *mulids* en honor de la Virgen y san Jorge durante todo el mes de agosto. La fiesta primaveral de Sham al Nessim la celebran tanto los musulmanes como los coptos con comidas campestres en las que hay huevos pintados y pescado frito.

El pope Shenuda III, *patriarca de la Iglesia copta cristiana, preside las ceremonias y festividades religiosas más importantes.*

Las fiestas coptas *tienen, sobre todo, carácter religioso: el momento más importante es la ceremonia que se celebra en las iglesias.*

Calendario Copto

Mientras algunas fiestas coptas pertenecen al calendario juliano, otras se relacionan con el copto, de carácter solar. Este último tiene 13 meses, de 12 o 30 días cada uno, con un mes de 5 o 6 días intercalado al final del año, según si éste es bisiesto o no.

Pascua
Es la fecha más importante del calendario copto. Sin embargo, puede variar hasta un mes con respecto al momento en que lo celebra la Iglesia ortodoxa.

Espléndida cabalgata en el Festival del Caballo Árabe, en Al Zahraa

Cine, Alejandría. Los egipcios están muy orgullosos de su industria cinematográfica y en este festival se exhiben más películas de producción nacional que en el popular festival de diciembre de El Cairo.

Octubre

Ópera *Aida*, Giza. Esta espectacular obra inspirada en el Antiguo Egipto fue compuesta por Verdi para la inauguración del canal de Suez. Se representa junto a las pirámides y goza de gran popularidad.
Bienal Mediterránea de Alejandría (para artistas). Brinda a los creadores mediterráneos la oportunidad de reunirse e intercambiar ideas.
Día de las Fuerzas Armadas *(6 oct).* Jornada de desfiles, exhibiciones aéreas, canciones y películas patrióticas.
Conmemoración de la Batalla de El Alamein. Participan representantes de los países aliados y del Eje en recuerdo de los que murieron en las campañas del Norte de África durante la II Guerra Mundial.
Festival de Ramsés, Abu Simbel *(22 oct).* En este día el sol penetra 55 m en el interior del Gran Templo de Ramsés e ilumina las estatuas de la cámara interior, fenómeno que se repite en el mes de febrero.
Mulid de Sayyid Ahmed al Badawi, Tanta. La fiesta más concurrida de todo Egipto. Las celebraciones duran una semana, al final de la cosecha de algodón, y congregan a más de dos millones de personas.
Día de la Liberación *(23 oct)* y **Día de la Victoria de Suez** *(24 oct).* Fiestas nacionales relacionadas con la historia militar de Egipto.
Rally de los Faraones (Rally Internacional de Egipto). Reñida carrera de coches de 12 días de duración y 6.400 km de recorrido a través de los desiertos egipcios.

Noviembre

Festival del Caballo Árabe, Al Zahraa. Con gran orgullo por sus caballos árabes, Egipto acoge dos festivales ecuestres. El segundo se celebra en Sharkeya, en el delta, en mayo.
Campeonato Internacional de Pesca, Sharm al Sheij. Las pruebas se realizan en varias ciudades costeras del mar Rojo y atraen a competidores internacionales.
Festival Nacional de Luxor *(4 nov),* que se une a la conmemoración del descubrimiento de la tumba de Tutankamón en 1922.
Campeonato Mundial de Bolos, El Cairo. Las partidas de diez bolos, cuyo origen tal vez se remonte al Antiguo Egipto, han alcanzado una enorme popularidad.

Uno de los acontecimientos culturales más importantes de Egipto: la representación de la ópera de Verdi, *Aida*

INVIERNO

EL INVIERNO ES LA ÉPOCA en la que las temperaturas son más soportables e incluso llueve en la zona de El Cairo, Alejandría y la costa norte. Los días son cálidos y soleados, pero las noches pueden ser bastante frías, sobre todo en el desierto. Comienza la temporada turística y acuden de todas partes visitantes ansiosos de sol y de conocer de cerca la fascinante civilización faraónica. Los cruceros y hoteles del Alto Egipto están repletos y los precios aumentan en consonancia.

DICIEMBRE

Regata Internacional del Nilo. Organizada por la Federación Egipcia de Remo congrega a remeros de todo el mundo. Se desarrolla en Luxor y El Cairo.

Festival Internacional de Cine, El Cairo. En esta muestra, algo caótica, se exhibe lo mejor del cine mundial. La inmensa popularidad de este acontecimiento se debe en buena medida a que es el único momento del año en el que los egipcios pueden ver cine sin censurar y, por lo tanto, la proyección de películas famosas por sus escenas escabrosas suele ser muy concurrida.

Feria Internacional del Libro de El Cairo, un caos organizado

ENERO

Campeonato Internacional de Vela, Bur Safaga. Esta competición, con espléndidos veleros que se reflejan en las tranquilas aguas, se aprecia mejor desde la costa.

Día de Año Nuevo *(1 ene).* Fiesta oficial.

Navidad copta *(7 ene).* Los egipcios coptos se visten con sus mejores galas y visitan a sus parientes.

Maratón Internacional Egipcio, Luxor. Unos 2.000 corredores desafían al calor en esta carrera alrededor de Luxor. Además del maratón, tiene lugar la Carrera Faraónica, con un recorrido de 100 km. Comenzó a celebrarse en 1977, después de que un arqueólogo descubriera una inscripción en la que supuestamente se hacía referencia a una carrera de similar longitud en la que participaban los soldados de la guardia real en el siglo VII a.C.

Campeonato Internacional de Windsurf, Hurghada. El mar Rojo es el marco ideal para todo tipo de competiciones acuáticas.

Windsurf en el mar Rojo

Epifanía *(19 ene).* Festividad copta que conmemora la revelación de la divinidad de Jesús después de ser bautizado por Juan.

Rally París-Dakar-El Cairo. Una de las más famosas y duras competiciones del mundo en su género. Los participantes, que recorren más de 11.000 km, atraviesan África de oeste a este y terminan, entre nubes de polvo y humo, frente a las pirámides de Giza.

Feria Internacional del Libro de El Cairo, Ciudad Nasser. Aunque se organiza para los profesionales, también atrae a muchos particulares. Durante la Feria hay un servicio de autobuses hasta Ciudad Nasser que sale de Maydan Tahrir.

Un motociclista participante en el Rally París-Dakar

FEBRERO

Festival de Abu Simbel *(22 feb).* Segundo día del año (el otro es en octubre) en el que un rayo de sol penetra en el santuario del Gran Templo de Ramsés en Abu Simbel.

Clima

Buceo en el mar Rojo

En Egipto el clima es extremadamente caluroso, soleado y muy seco. La costa norte es la única zona que recibe regularmente lluvias en invierno, pero siempre por debajo de 100 mm al año. Hay dos estaciones, la cálida, de mayo a octubre, y la fría, desde noviembre hasta abril. En general, hace calor durante todo el año, aunque en el desierto refresca por las noches. El fenómeno meteorológico más característico del país es el *jamasin*, un viento cálido que provoca tormentas de arena durante los meses de abril y mayo.

El Delta y la Costa Norte

mes	abr	jul	oct	ene
°C (máx.)	23	30	28	18
°C (mín.)	15	23	20	11
☀	10	12	9	7
☂	3 mm	- mm	5 mm	48 mm

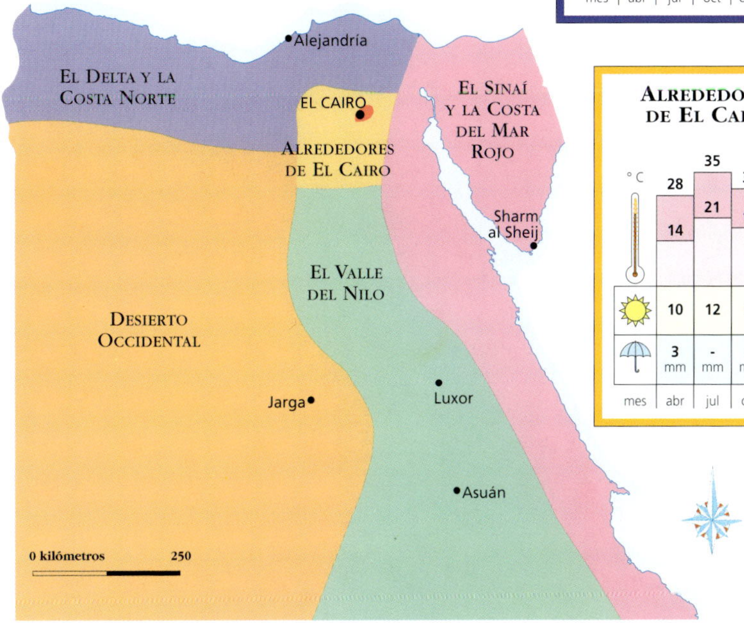

Alrededores de El Cairo

mes	abr	jul	oct	ene
°C (máx.)	28	35	30	19
°C (mín.)	14	21	18	9
☀	10	12	9	7
☂	3 mm	- mm	- mm	5 mm

El Desierto Occidental

mes	abr	jul	oct	ene
°C (máx.)	37	42	37	21
°C (mín.)	20	23	21	5
☀	11	12	11	10
☂	- mm	- mm	- mm	- mm

El Valle del Nilo

mes	abr	jul	Oct	Jan
°C (máx.)	34	40	35	24
°C (mín.)	18	25	19	8
☀	9	10	8	7
☂	- mm	- mm	- mm	- mm

El Sinaí y la Costa del Mar Rojo

mes	abr	jul	oct	ene
°C (máx.)	26	32	30	21
°C (mín.)	16	25	23	10
☀	11	12	11	10
☂	- mm	- mm	- mm	- mm

ΚΡΟΚΟΔΙΛΟΠΑΡΔΑΛΙϹ

HISTORIA DE EGIPTO

LA HISTORIA DE EGIPTO *se ha visto influida de modo decisivo por su entorno natural. Cuando la falta de lluvias obligó a los pobladores de las tierras occidentales a emigrar al valle del Nilo, fue su fértil cuenca la que posibilitó el nacimiento de Egipto. Luego, a lo largo de los siglos, pervivió una cultura que, con pocos cambios en sus 3.000 años de existencia, alcanzó algunos de los mayores logros de la humanidad.*

Aunque por lo general el comienzo de la historia egipcia se establece alrededor de 3100 a.C., hay evidencias de presencia humana que se remontan miles de años antes de esta fecha. El desierto del Sáhara era una sabana verde y fértil habitada por una población nómada dedicada a la caza, como queda reflejado en los petroglifos. Los arqueólogos han descubierto también, en el desierto Occidental, calendarios de piedra circulares que se remontan a 8000 a.C.

Paleta del rey Narmer c.3100 a.C.

El modo de vida de estos pobladores no cambió durante más de 4.000 años, pero a medida que aumentaba la aridez del terreno, la población abandonó las zonas desérticas *(deshret* o tierras rojas) para acercarse a las riberas del Nilo, donde la crecida anual del río facilitaba la fertilidad del suelo *(kemet* o tierras negras). La excavación de los primeros asentamientos ha revelado la presencia de casas y talleres de adobe y templos primitivos, lo que indica el rápido desarrollo de una cultura compleja.

La necesidad de organización permitió la invención del primer sistema de escritura conocido: los jeroglíficos. Las excavaciones de Abydos han sacado a la luz testimonios escritos que se remontan a 3250 a.C., anteriores en varios siglos a los que fueron hallados en Mesopotamia. La expansión generó los inevitables conflictos y la zona se dividió en dos reinos distintos: el Bajo Egipto, en el norte, y el Alto Egipto, en el sur. Alrededor de 3100 a.C. se produjo la primera unificación, acontecimiento que queda reflejado en la paleta de pizarra del rey Narmer (también conocido como Menes), encontrada en Hieracómpolis. Esta paleta es, probablemente, el documento histórico más importante de toda la historia de Egipto, pues registra la creación de la primera nación-estado. La dramática pose del rey, a punto de partir el cráneo de un enemigo, sirvió de modelo para retratar a los faraones posteriores durante los siguientes 3.000 años.

CRONOLOGÍA

8000 a.C. Primeros asentamientos en Nabta Playa, en el desierto Occidental. Construcción de enormes esculturas y un calendario de piedra circular

Vasijas, 4000-3000 a.C.

3400 a.C. El templo más antiguo de Egipto es construido en Hieracómpolis

3250 a.C. Invención de los jeroglíficos, primera escritura conocida

10,000 a.C | 5000 a.C | 4500 a.C | 4000 a.C | 3500 a.C | 3000 a.C

10000 a.C. Presencia de nómadas en el Sáhara. Petroglifos de sus presas

Primera escultura de una figura humana

c.4000 a.C. Primera escultura de figura humana africana conocida, en un asentamiento neolítico del delta

3100 a.C. Unificación política de Egipto bajo el rey Narmer. Menfis se convierte en la capital

◁ **Mosaico grecorromano que muestra la crecida del Nilo, los templos de Egipto y su fauna mitológica**

Estatua del faraón Kefrén protegido por el dios halcón Horus

Imperio Antiguo (3100-2180 a.C.)

La ciudad más poderosa del Imperio Antiguo fue Menfis, primera capital del Egipto unido, estratégicamente situada en la confluencia entre el Alto y el Bajo Egipto –en la cabecera del delta del Nilo, muy cerca de El Cairo actual–. Si los primeros faraones eligieron Abydos como ciudad funeraria –quizá para recordar su origen meridional–, más tarde prefirieron la necrópolis de Saqqara, cerca de la nueva capital. Emplazamiento de la primera pirámide (c.2650 a.C.), Saqqara cuenta también con muchas mastabas, hermosamente decoradas, donde reposaban los miembros de la corte. El faraón era considerado la encarnación del dios Horus y su corte deseaba ser enterrada cerca de él para beneficiarse de su divino poder.

Los sucesores del rey Narmer lograron eliminar toda amenaza exterior a la estabilidad de Egipto y dividieron la nación en 42 provincias o *nomes*. Una burocracia muy eficiente gobernaba cada una de ellas y se organizó un exhaustivo sistema de tasas –basado en la recaudación y redistribución del abundante suministro de grano– que se empleó para sufragar ambiciosos proyectos arquitectónicos. La culminación llegó con la construcción de los enormes conjuntos de pirámides de los dioses-reyes del Imperio Antiguo: Zóser, Esnofru, Keops y Kefrén. La organización necesaria para proyectos tan ingentes ayudó a mantener unida la nación y la concentración de los artesanos necesarios tuvo como consecuencia el rápido desarrollo de la tecnología y del arte.

De todos los faraones constructores de pirámides, el más sobresaliente fue Esnofru, que erigió tres –entre ellas la primera, en Dahshur–. Gracias a las técnicas perfeccionadas por Esnofru, consiguió su hijo Jufu (Keops) construir la mayor pirámide de Egipto en Giza, en 2589 a.C.

Siglos de dedicación a la construcción de pirámides junto a una sucesión de malas cosechas debilitaron la economía, lo que condujo a un declive del poder real, tal como refleja el pequeño tamaño de las últimas pirámides de Abusir y Saqqara. El largo reinado de Pepi II (2278-2184 a.C.), contribuyó a agravar el problema, pues la debilidad del anciano faraón sólo sirvió para socavar la autoridad real. Tras un

Las pirámides de Giza, majestuosos símbolos del poder divino de los primeros faraones de Egipto

Cronología

2665 a.C. El monumento en piedra más antiguo del mundo: la pirámide escalonada del faraón Zóser, en Saqqara

2613-2589 a.C. Reinado de Esnofru, constructor de tres pirámides en Dahshur y Maidum

2900 a.C	2800 a.C	2700 a.C	2600 a.C	2500 a.C

Estatuilla de un faraón modelada en c.2900 a.C.

2686 a.C. Primera edificación de adobe conservada, construida por el faraón Hotepsekhemuy en Hieracómpolis

2589 a.C. Construcción en Giza de la gran pirámide de Jufu (Keops)

2558 a.C. Construcción de la pirámide de Kefrén en Giza. Junto a ella, el más antiguo templo conservado de Egipto

inconcebible reinado de 94 años de duración, a Pepi II le sucedió la primera reina de Egipto, Nitocris. Aunque fue "la más valiente y hermosa" de su tiempo, era ya demasiado tarde para invertir el declive de los reyes.

Estatua de Mentuhotep II, faraón tebano fundador de la dinastía XI

Primer Periodo Intermedio, Imperio Medio y Segundo Periodo Intermedio (2180-1550 a.C.)

Con el declive del poder real, los funcionarios regresaron a sus provincias de origen. Debilitado el faraón, crearon sus propios reinos, sostenidos por un ejército privado. Con la fragmentación gradual del país, la autoridad central cedió finalmente a la anarquía que dio comienzo, alrededor de 2180 a.C., al Primer Periodo Intermedio.

La ausencia de un poder unificador queda de manifiesto en el arte de este periodo, lleno de variaciones provinciales y locales. También la literatura que se conserva refleja la quiebra del orden social: "No hay más que ruinas (...) los hombres matan a sus hermanos (...) hay sangre por todas partes".

Hubo intentos de recuperar la monarquía en Heracleópolis, junto al oasis de El Fayyum, gobernando mediante alianzas con los reinos meridionales. Sin embargo, toda esperanza de reunificación se perdió al formar Tebas una monarquía independiente. Las guerras civiles desintegraron el país hasta que, tras una larga y amarga lucha, el poderoso caudillo tebano Mentuhotep II conquistó el norte y reunificó Egipto, fundando la dinastía XI. Su reinado acabó con el caos del Primer Periodo Intermedio y supuso el inicio del Imperio Medio (c.2055 a.C.), una nueva época de estabilidad.

Tebas se convirtió en una gran metrópoli. En ella residían hábiles artesanos que crearon nuevos estilos artísticos a un ritmo desconocido desde la edad de las pirámides. Se reabrieron las minas y las rutas comerciales y se impuso una política expansionista. Aunque el faraón no volvió a recuperar su carácter divino, la monarquía tebana restauró la autoridad real y permitió con ello nuevos proyectos arquitectónicos. El más destacado fue el imponente mausoleo de Mentuhotep en Deir al Bahri, que, 500 años después, serviría de prototipo para el templo de Hatshepsut.

Maqueta del ejército privado del gobernador de Asyut (c.2000 a.C.)

2278 a.C. Pepi II asciende al trono y gobierna durante 94 años

2184 a.C. Comienza el reinado de Nitocris, primera reina de Egipto

2180 a.C. Primer Periodo Intermedio: descentralización y guerra civil

2004 a.C. Entierro de Mentuhotep II en Deir al Bahri

2400 a.C | **2300 a.C** | **2200 a.C** | **2100 a.C** | **2000 a.C**

Estatua de cobre de tamaño natural de Pepi I 2321-2287 a.C.

2160 a.C. Reyes de las dinastías IX y X, capital en Heracleópolis

2125 a.C. Los caudillos de Tebas fundan la dinastía XI, independiente

2055 a.C. Mentuhotep II, de Tebas, derrota al monarca de Heracleópolis y reunifica Egipto. El dios local de Tebas, Amón, cobra gran importancia

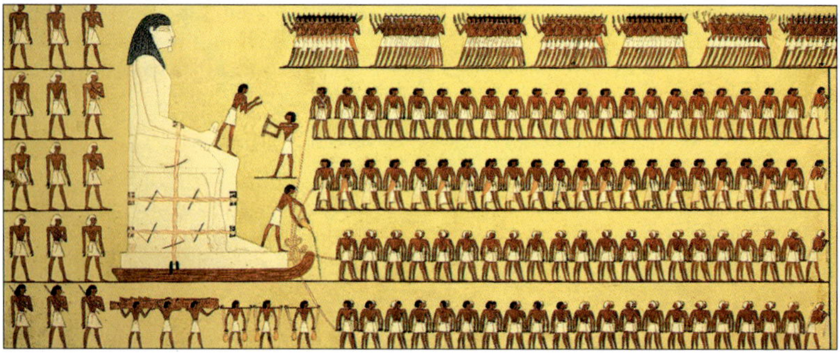

Varios grupos de trabajadores arrastran una estatua colosal, tumba de Djehutihotep (c.1850 a.C.), Imperio Medio

Los faraones de la dinastía XII, que gobernaron entre c.1985 y 1795 a.C., se trasladaron a la antigua capital, Menfis, ya que estaba mucho más cerca del centro del país. Los ambiciosos proyectos arquitectónicos prosiguieron y comenzó el periodo clásico del arte y la literatura egipcios. Los faraones Sesostris III y Amenemhet III construyeron grandes pirámides en Saqqara, Dahshur, Illahun y Hawara, donde fueron enterrados junto a su familia y hermosas joyas de oro, amatista, cornalina y lapislázuli.

Después de algunas campañas militares victoriosas, las fronteras de Egipto se ampliaron. En el interior del país la corona acumulaba todo el poder y su táctica era la de destituir a los gobernadores provinciales para sustituirlos por funcionarios que fueran leales al faraón. Muchos de estos funcionarios eran inmigrantes de la vecina Palestina, que habían prosperado pacíficamente en el norte de Egipto y se habían asimilado a su sociedad en un periodo de 150 años. Aprovechando una época en la que los faraones se sucedieron rápidamente en el poder –esta situación sucedió durante las dinastías XIII y XIV–, y por consiguiente, existía una gran inestabilidad, estos colonizadores, los hicsos *(gobernantes de tierras extranjeras),* tomaron el poder en 1650 a.C.

Este hecho marcó el comienzo del Segundo Periodo Intermedio, con Egipto de nuevo dividido geográficamente. Desde su nueva capital del norte, Avaris, los hicsos establecieron una alianza con Nubia con el objetivo de controlar la zona del Alto Egipto, donde los egipcios nativos se oponían las normas y al gobierno, que se organizaban desde Tebas. El país padeció un nuevo periodo de guerras civiles hasta que el caudillo tebano Seqenenre Taa II y sus hijos Kamés y Amosis expulsaron a los hicsos de Egipto y reunificaron los dos reinos.

Esfinge con el rostro de Amenemhet III

Cronología

1965 a.C. Asesinato de Amenemhet I y ascensión al trono de su hijo Sesostris I

1900 a.C

1874-1855 a.C. Reinado de Sesostris III

1855 a.C. Sesostris III es enterrado en Dahshur junto a su familia

Estatua de Sesostris III

1799-1795 a.C. Reinado de la segunda reina de Egipto, Neferusobek

1795-1725 a.C. Dinastía XIII, un periodo de inestabilidad, con 70 faraones

1800 a.C

1750-1650 a.C. Dinastía XIV, faraones menores

1700 a.C

Imperio Medio: colgante en forma de cabeza de Horus

Das Neue Reich (1550–1070 v. Chr.)

Mit der Wiedervereinigung von Unter- und Oberägypten begann das »Goldene Zeitalter« des Neuen Reichs. Die Feldzüge der Pharaonen führten ägyptische Armeen bis zum Fluss Euphrat im Norden und nach Nubien im Süden. Die ungeheuren Tributzahlungen der besiegten Völker ermöglichten große Bauvorhaben in Theben, die in ihrer Ausdehnung die Monumente der Vergangenheit noch übertrafen. Der Tempelkomplex von Karnak – Kultzentrum der thebanischen Gottheit Amun – wurde von mehreren Pharaonen erweitert. Man verewigte hier den Aufstieg des Amun zur höchsten aller Gottheiten, zu Amun-Re, dem »König der Götter«. Mittlerweile wurden riesige Totentempel am Westufer des Nils errichtet. Im Tal der Könige bei Luxor grub man Königsgräber in die Felsen, in denen die Pharaonen ungestört ihre Reise ins Jenseits antreten konnten.

Der erste Pharao des Neuen Reichs, Ahmose (Amosis I.), setzte die Reihe erfolgreicher ägyptischer Eroberungsfeldzüge fort und wurde zum glorreichen Beispiel für nachfolgende Herrschergeschlechter. Sein Sohn Amenophis I. überfiel Nubien und unterwarf die Nachkommen des sagenhaften Königreichs Kusch. Auf seinen Befehl wurde eine große Arbeitersiedlung in Deir al-Medina gegründet, in der Handwerker untergebracht waren. Amenophis I. und seine Mutter, die mitregierende Nofretari, wurden noch lange nach ihrem Tod als Lieblinge der ägyptischen Hauptgötter verehrt.

Bald darauf begann die Dynastie der Königsfamilie Thutmosis, männliche Nachkommen von Nebenfrauen der Pharaonen, die durch Heirat mit Prinzessinnen in der Thronfolge aufgerückt waren. Nach Tuthmosis II. bestieg seine Gattin und Halbschwester Hatschepsut den Thron. Die bekannteste Pharaonin wird oft als männlicher Herrscher mit Bart dargestellt.

Statue Hatschepsuts als bärtiger Pharao

Nach ihr kam Tuthmosis III. an die Macht. Als »Napoleon des antiken Ägypten« dehnte er das Reich bis an den Fluss Euphrat in Kleinasien aus. Sein Sohn, Amenophis II. war ein ebenso großer Feldherr. Die Früchte all dieser Eroberungen wurden vom »größten aller Pharaonen«, Amenophis III., zum Wohle Ägyptens eingesetzt. In den 38 Jahren seiner meist friedlichen Herrschaft erlebte das Land eine kulturelle Blütezeit von bisher nicht gekanntem Ausmaß.

Tuthmosis III. opfert Amun-Re, dem obersten Gott des Neuen Reichs

1650 v. Chr. Palästinische Herrscher, die Hyksos

um 1560 v. Chr. Der thebanische Feldherr Seqenenre Taa II. fällt in der Schlacht

um 1500 v. Chr. Tal der Könige Begräbnisstätte der Pharaonen

Kopf von Tuthmosis III.

1458–1425 v. Chr. Tuthmosis III. führt Krieg am Euphrat

1600 v. Chr. | **1500 v. Chr.** | **1400 v. Chr.**

1550 v. Chr. Ahmose vertreibt die Hyksos aus Ägypten und wird erster Herrscher der 18. Dynastie

1525 v. Chr. Amenophis I. gründet die Arbeitersiedlung in Deir al-Medina

1473–1458 v. Chr. Herrschaft der Königin Hatschepsut

1390–1352 v. Chr. Friedliche Herrschaft von Amenophis III.

Die Pharaonen

Im antiken Ägypten bezogen sich Datierungen immer auf den Zeitraum einer bestimmten Herrschaftsperiode. Der ptolemäische Historiker Manetho legte erstmals Abfolge und Unterteilung der einzelnen Dynastien fest. Weitere Erkenntnisse liefern hieroglyphische Skripten, antike Kalender und vor allem die Datierungsmöglichkeiten der modernen Archäologie.

Frühdynastische Zeit

3100–2890 v. Chr.

1. Dynastie

Narmer (Nemes)	3100
Aha	3100
Djer	3000
Djet	2980
Den	2950
Anedjib	2925
Semerkhet	2900
Kaa	2890

2890–2686 v. Chr.

2. Dynastie

Hetepsechemui	2890
Raneb	2865
Ninetjer	
Weneg	
Sened	
Peribsen	2700
Khasechemui	2686

auch Amenophis IV. *(s. S. 171)* † auch Amenhotep
* Weiblicher Pharaoh ‡ auch Sesostris

Erste Zwischenzeit

2181–2125 v. Chr.

7. & 8. Dynastie

Während dieser instabilen, unsicheren Periode gab es viele unbedeutende Herrscher. Der Verfall der zentralen Macht führte zu regionalen Kleinstaaten.

2160–2055 v. Chr.

9. & 10. Dynastie

in Herakleopolis

Kheti
Merikare
Iti

11. Dynastie

nur in Theben

Intef I.	2125–2112
Intef II.	2112–2063
Intef III.	2063–2055

Mittleres Reich

2055–1985 v. Chr.

11. Dynastie

in ganz Ägypten

Montuhotep II.	2055–2004
Montuhotep III.	2004–1992
Montuhotep IV.	1992–1985

Blockstatue aus der 12. Dynastie

1985–1795 v. Chr.

12. Dynastie

Amenemhat I.	1985–1955
Senusret I. ‡	1965–1920
Amenemhat II.	1922–1878
Senusret II. ‡	1880–1874
Senusret III. ‡	1874–1855
Amenemhat III.	1855–1808
Amenemhat IV.	1808–1799
Sobekneferu*	1799–1795

Zeitüberlappungen beruhen auf Koregierungszeiten.

Neues Reich

Armreif der Königin Ahotep, Mutter von Ahmose, dem ersten König der 18. Dynastie

1550–1295 v. Chr.

18. Dynastie

Ahmose	1550–1525
Amenophis I. †	1525–1504
Thutmosis I.	1504–1492
Thutmosis II.	1492–1479
Thutmosis III.	1479–1425
Hatschepsut*	1473–1458
Amenophis II. †	1427–1400
Tuthmosis IV.	1400–1390
Amenophis III. †	1390–1352
Echnaton #	1352–1336
Nofretete Semenchkare*	1338–1336
Tutanchamun	1336–1327
Ay	1327–1323
Horemheb	1323–1295

1295–1186 v. Chr.

19. Dynastie

Ramses I.	1295–1294
Sethos I.	1294–1279
Ramses II.	1279–1213
Merneptah	1213–1203
Amenmessu	1203–1200
Sethos II.	1200–1194
Siptah	1194–1188
Tauseret*	1188–1186

Kopf von Ramses III., Erbauer der Totentempels von Medinat Habu

1186–1069 v. Chr.

20. Dynastie

Sethnachte	1186–1184
Ramses III.	1184–1153
Ramses IV.	1153–1147
Ramses V.	1147–1143
Ramses VI.	1143–1136
Ramses VII.	1136–1129
Ramses VIII.	1129–1126
Ramses IX.	1126–1108
Ramses X.	1108–1099
Ramses XI.	1099–1069

Spätzeit

672–525 v. Chr.

26. Dynastie

(Saïten-Periode)

Necho I.	672–664
Psamtek I.	664–610
Necho II.	610–595
Psamtek II.	595–589
Apries	589–570
Ahmose II.	570–526
Psamtek III.	526–525

525–359 v. Chr.

27. Dynastie

(1. Persische Periode)

Kambyses	525–522
Darius I.	522–486
Xerxes I.	486–465
Artaxerxes I.	465–424
Darius II.	424–405
Artaxerxes II.	405–359

404–um 380 v. Chr.

28. Dynastie

Amyrtaios	404–399

29. Dynastie

Nepherites I.	399–393
Hakor	393–380
Nepherites II.	um 380

380–343 v. Chr.

30. Dynastie

Nektanebo I.	380–362
Tachos	362–360
Nektanebo II.	360–343

Eine der Sphinxe des Tempels von Luxor mit dem Antlitz von Nektanebo I.

Altes Reich

2686–2613 v. Chr.

3. Dynastie

Sanakht	2686–2667
Djoser	2667–2648
Sechemchet	2648–2640
Khaba	2640–2637
Huni	2637–2613

2613–2498 v. Chr.

4. Dynastie

Sneferu	2613–2589
Cheops	2589–2566
Djedefre	2566–2558
Chephren	2558–2532
Menkaure	2532–2503
Schepseskaf	2503–2498

Die Pyramiden von Giseh aus der 4. Dynastie

2494–2345 v. Chr.

5. Dynastie

Userkaf	2494–2487
Sahure	2487–2475
Neferirkare	2475–2455
Schepseskare	2455–2448
Raneferef	2448–2445
Niuserre	2445–2421
Menkauhor	2421–2414
Djedkare	2414–2375
Unas	2375–2345

2345–2181 v. Chr.

6. Dynastie

Teti	2345–2323
Userkare	2323–2321
Pepi I.	2321–2287
Merenre	2287–2278
Pepi II.	2278–2184
Nitokris*	2184–2181

Sandsteinrelief von Senusret I. im Tempel von Karnak

Zweite Zwischenzeit

1795–1650 v. Chr.

13. Dynastie

1795–um 1725

14. Dynastie

1750–1650

Unbedeutende Herrscher, vermutlich dieselben wie in der 13. Dynastie.

1650–1550 v. Chr.

15. Dynastie

(Hyksos)

Salitis	
Khyan	c.1600
Apepi	c.1555
Chamudi	

16. Dynastie

1650–1550

Unbedeutende Herrscher der Hyksos, teilweise zeitgleich mit der 15. Dynastie.

1650–1550 v. Chr.

17. Dynastie

In Theben regierten folgende Pharaonen:

Intef	
Ta I.	
Seqenenre Taa II.	um 1560
Kamose	1555–1550

Dritte Zwischenzeit

1069–945 v. Chr.

21. Dynastie

Smendes	1069–1043
Amenemnisu	1043–1039
Psusennes I.	1039–991
Amenemope	993–984
Osorkon I.	984–978
Siamun	978–959
Psusennes II.	959–945

Silberner Sarg von Psusennes I. von Tanis

945–715 v. Chr.

22. Dynastie

Scheschong I.	945–924
Osorkon I.	924–889
Scheschong II.	c.890
Takelot I.	889–874
Osorkon II.	874–850
Takelot II.	850–825
Scheschong III.	825–773
Pimai	773–767
Scheschong V.	767–730
Osorkon IV.	730–715

818–715 v. Chr.

23. Dynastie

Verschiedene Herrschergeschlechter in Herakleopolis Magna, Hermopolis Magna, Leontopolis und Tanis, darunter:

Pedubastis I.	818–793
Scheschong IV.	um 780
Osorkon III.	777–749

24. Dynastie

Bakenrenef	727–715

Spätzeit

747–656 v. Chr.

25. Dynastie

Piy	747–716
Schabaka	716–702
Schebitko	702–690
Taharqa	690–664
Tanotamun	664–656

343–332 v. Chr.

2. Persische Periode

Artaxerxes III. Ochus	343–333
Arses	338–336
Darius III. Codoman	336–332

Ptolemäische Zeit

332–305 v. Chr.

Makedonische Dynastie

Alexander der Große	332–323
Philip Arrhidaeus	323–317
Alexander IV.	317–305

Alexander der Große mit ägyptischer Mitra

305–80 v. Chr.

Ptolemäische Dynastie

Ptolemäus I.	305–285
Ptolemäus II.	285–246
Ptolemäus III.	246–221
Ptolemäus IV.	221–205
Ptolemäus V.	205–180
Ptolemäus VI.	180–145
Ptolemäus VII.	145
Ptolemäus VIII.	170–116
Ptolemäus IX.	116–107
Ptolemäus X.	107–88
Ptolemäus IX.	88–80

80–30 v. Chr.

Ptolemäische Dynastie (Forts.)

Ptolemäus XI.	80
Ptolemäus XII.	80–51
Kleopatra VII.*	51–30
Ptolemäus XIII.	51–47
Ptolemäus XIV.	47–44
Ptolemäus XV.	44–30

Ägypten wird 30 v. Chr. eine Provinz des Römischen Reichs *(siehe S. 56f)*

Gefangene Philister werden abgeführt – Inschrift aus dem Totentempel von Ramses III. bei Medinat Habu

Nach dem Tod von Amenophis III. 1352 v. Chr. bestieg sein Sohn Echnaton *(siehe S. 171)* den Thron. Mangelhafte Organisation, die Verlegung der Hauptstadt nach Echet-Aton (heute Tell al-Armana) und die Versuche, die Oberpriester zu entmachten, brachten Ägypten erneut an den Rand eines Bürgerkriegs. Echnatons Nachfolgerin, wahrscheinlich seine Frau Nofretete, stellte die innere Ordnung wieder her und kehrte nach Theben zurück. Echnatons Sohn Tutanchamun konnte die innenpolitische Lage des Reiches weiter stabilisieren. Dem späteren Pharao Horemheb, der vom Schreiber zum General und Pharao aufstieg, gelang es durch mehrere siegreiche Feldzüge, auch die außenpolitische Macht Ägyptens zu festigen. Als letzter Pharao der 18. Dynastie stellte er die Position Ägyptens als Großmacht wieder her. Nach 1295 v. Chr. setzten die Herrscher der 19. Dynastie die Eroberungsfeldzüge siegreich fort. Unter Sethos I. gab es im östlichen Mittelmeerraum und in Kleinasien niemanden mehr, der Ägyptens Vorherrschaft bedroht hätte. Innenpolitisch wurde die Autorität der Pharaonen durch neue Großbauten wie die Säulenhalle von Karnak *(siehe S. 184f)* und den Sethos-Tempel von Abydos eindrucksvoll unterstrichen. Auf Sethos I. folgte sein Sohn Ramses II. – auch Ramses der Große genannt – als neuer Pharao. Während seiner 66-jährigen Regentschaft wurde die staatliche Bautätigkeit erneut ausgedehnt. Riesige Monumente und Grabmäler wie die imposanten Tempel von Abu Simbel *(siehe S. 210f)* entstanden. Sie waren Zeichen innerer Macht und unzerstörbare Zeugnisse des Rufs als größter Pharao aller Zeiten. Nach Ramses II. folgten in nur 20 Jahren vier weitere unbedeutende Könige. Um 1186 v. Chr. begann mit Sethnachte die 20. Dynastie. Neun Könige, alle mit dem Herrschernamen Ramses, folgten. Der bedeutenste war Ramses III., der die Grenzen Ägyptens gegen libysche Nomadenstämme verteidigen musste. Die nachfolgenden Könige konnten die militärischen Erfolge nicht wiederholen. Unruhen führten zur Plünderung einiger Königsgräber, um 1070 v. Chr. brach das Neue Reich endgültig zusammen.

Büste der Nofretete, 18. Dynastie

Zeitskala

1279–1213 v. Chr. Regentschaft von Ramses II.

um 1274 v. Chr. Ramses II. besiegt bei Kadesch die Hethiter

1070 v. Chr. Ende des Neuen Reiches. Ägypten ist wieder geteilt

747–656 v. Chr. Nubier erobern Ägypten und gründen die 25. Dynastie

1300 v. Chr. | **1150 v. Chr.** | **1000 v. Chr.** | **850 v. Chr.**

1352–1336 v. Chr. Regentschaft von Echnaton, Hauptstadt Echet-Aton

Kragenschmuck Tutanchamuns

1070 v. Chr. Könige regieren Nordägypten von Tanis aus, Priester beherrschen den Süden von Theben aus

945–924 v. Chr. Der Hethiter Scheschong I. überfällt Ägyptens Norden

Dritte Zwischenzeit, Spätzeit und Ptolemäisches Reich (1070–30 v. Chr.)

Auf das Neue Reich folgten vier Jahrhunderte Fremdherrschaft und innerstaatliche Zersplitterung, die Dritte Zwischenzeit. Ägypten war unterteilt in ein Südreich unter den Hohepriestern in Theben und in ein Nordreich unter der Herrschaft fremdstämmiger Könige. Diese Hyksos regierten von Tanis im östlichen Nildelta aus, der Westteil des Reiches war von libyschen Truppen besetzt. 747 v. Chr. konnten die Nubier von Süden her das Land wiedervereinen. Die nubischen Pharaonen der 25. Dynastie regierten in Ägypten über 100 Jahre.

Alexander der Große

Ptolemäus V. in traditioneller ägyptischer Tracht opfert dem heiligen Stier von Buchis

Die Spätzeit begann 669 v. Chr. mit einer Invasion assyrischer Armeen. Necho I. übernahm die Macht und gründete die 26. »Saïten-Dynastie«. Die Invasion persischer Truppen 525 v. Chr. zerstörte alle Hoffnungen auf ein wieder erstarkendes Ägypten. Die 200-jährige Besetzung Ägyptens durch die Perser wurde durch die kurzlebige 30. Dynastie unterbrochen, die letzten Könige ägyptischer Abstammung. Der mazedonische Eroberer Alexander der Große »befreite« Ägypten von den Persern und gründete an der Küste des Mittelmeers seine neue Hauptstadt Alexandria. Die ptolemäische Periode nahm damit ihren Anfang.

Nach Alexanders Tod 323 v. Chr. regierten 300 Jahre lang die Könige der ptolemäischen Zeit. Die fremden Herrscher wurden auch deshalb von der ägyptischen Bevölkerung akzeptiert, weil sie sich der Tradition der alten Pharaonen anpassten und durch große Tempelbauten in Edfu, Dendera und Philae die Baustile des antiken Ägypten übernahmen. Der Aufstieg Alexandrias zum kulturellen Zentrum der antiken Welt geht auch auf die Verschmelzung der ägyptischen mit der griechischen Kultur zurück.

Als letzter der ptolemäischen Herrscher bestieg 51 v. Chr. Kleopatra VII. den Thron. Ihre 21-jährige Herrschaft konnte den Wiederaufstieg Ägyptens zu einer Mittelmacht der Antike sichern, doch ihr Selbstmord markiert das unwiderrufliche Ende der Pharaonen und der geschichtlichen Bedeutung des antiken Ägypten. Das Land am Nil wurde im Jahr 30 v. Chr. eine römische Provinz.

669 v. Chr. Aschurbanipal von Persien erobert Ägypten

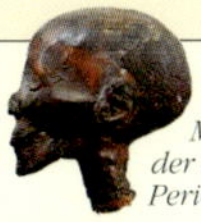

Weibliche Mumie der Späten Periode

332 v. Chr. Alexander der Große erobert Ägypten und gründet Alexandria

323 v. Chr. Alexander der Große stirbt in Babylon und wird in Ägypten beigesetzt

30 v. Chr. Ägypten wird eine römische Provinz

51–30 v. Chr. Regentschaft von Kleopatra VII.

700 v. Chr. | **550 v. Chr.** | **400 v. Chr.** | **250 v. Chr.** | **100 v. Chr.**

664–525 v. Chr. 26. Dynastie der »Saïten«, ägyptische »Renaissance«

525 v. Chr. Invasion des persischen König Kambyses

380–343 v. Chr. 30. Dynastie, die letzte der ägyptischen Herrscher

305 v. Chr. Ptolemäus I. begründet die ptolemäische Dynastie

Münze mit dem Bildnis Kleopatras

Kleopatra VII. (69–30 v. Chr.)

Kleopatras Kartusche

Die wohl bekannteste Ägypterin der Antike, Kleopatra VII., wurde zu einer mythischen Figur stilisiert. Die römische Propaganda machte sie zur dekadenten Königin einer sterbenden Kultur des Ostens. Die erotische Anziehungskraft der charismatischen Königin soll so groß gewesen sein, dass selbst zwei der mächtigsten Generäle Roms sich ihr nicht entziehen konnten. Auf jeden Fall war Kleopatra eine gebildete Ägypterin mazedonischer Herkunft, die mit Julius Caesar ein Kind und mit Marcus Antonius drei Kinder hatte. Die militärische Macht beider Männer nutzte Kleopatra für ihre Position.

Ptolemäus I. (305–285 v. Chr.) *regierte Ägypten nach dem Tod Alexanders des Großen. Die Ptolemäische Dynastie dauerte 300 Jahre.*

Das Bild der Kleopatra

Inspiriert von einem Tempelrelief stellt das Gemälde von Alexandre Cabanel (1823–1889) eine altägyptisch gewandete Kleopatra in einer Mischung von Exotik und Erotik dar.

Die Marmorbüste *zeigt wahrscheinlich die wahre Kleopatra. Auf Tempelreliefs wie in Dendera* (siehe S. 175) *wurde sie in ägyptischer Tracht dargestellt. Damit wollte sie dokumentieren, dass sie sich als Nachfolgerin der großen Pharaonen sah.*

Der Ptolemäische Papyrus *trägt die Signatur Kleopatras. Sie sprach sieben Sprachen, für offizielle Dokumente benutzte sie die griechische Sprache.*

Ägyptische und Römische Ausdehnung

Der Aufstieg Roms zur Weltmacht basierte maßgeblich auf einer ausreichenden Versorgung der Truppen mit Getreide. Dank seines effizienten Verwaltungsapparates produzierte Ägypten einen großen Getreideüberschuss, der das Land reich machte und die Begehrlichkeiten anderer Mächte weckte. Rom stand vor der Wahl, Ägypten entweder zu besetzen oder dort einen Herrscher zu etablieren, der Rom treu ergeben war. Am Anfang versuchten die ägyptischen Könige mit einer Kombination von Bestechung und kluger Diplomatie, Rom von einer Invasion Ägyptens abzuhalten. Kleopatras Vater, Ptolemäus XII., zahlte hohe Summen an Julius Caesar und Marcus Antonius, um sich einflussreiche Fürsprecher im römischen Senat zu schaffen. Als Kleopatra und ihr Bruder 51 v. Chr. die Macht übernahmen, beschloss der römische Senat, Ägyptens Thronfolge zu Gunsten Roms zu regeln.

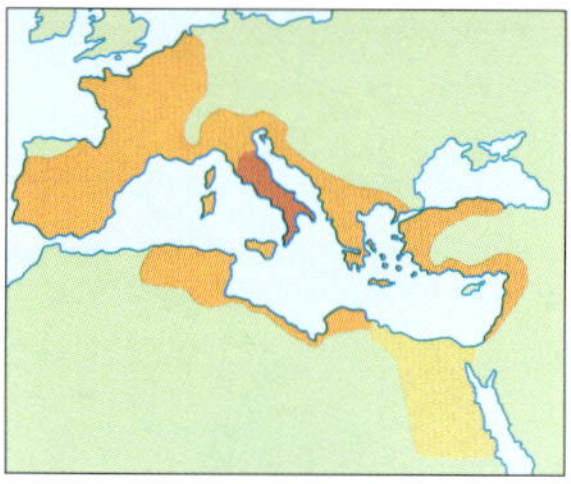

Ausdehnung der Reiche

- *Rom 300 v. Chr.*
- *Rom 51 v. Chr.*
- *Ptolemäisches Ägypten 51 v. Chr.*

Kleopatra und Rom

51 v. Chr. wurden Kleopatra und ihr Bruder als Regenten inthronisiert. Als ein Geschwisterkampf ausbrach, sollte Julius Caesar den Streit schlichten. Er erklärte Kleopatra zur rechtmäßigen Königin Ägyptens. Nach Caesars Ermordung war Marcus Antonius ebenfalls hingerissen von der außergewöhnlichen Königin. Sie wurden ein Paar und lebten elf Jahre zusammen. Nach dem Tod von Marcus Antonius beging Kleopatra, wahrscheinlich durch den Biss einer Aspisviper, Selbstmord.

***Julius Caesar** brachte Kleopatra mit nach Rom. Die Senatoren glaubten, dass sich Caesar zum Kaiser ausrufen lassen wolle, und ermordeten ihn.*

***Oktavian** (später Kaiser Augustus) sah sich gezwungen, Marcus Antonius zu bekämpfen. Er besiegte ihn in der Schlacht von Aktium.*

***Marcus Antonius** wurde zur Heirat mit Oktavians Schwester gezwungen. Kurze Zeit danach kehrte er jedoch zu seiner ägyptischen Geliebten Kleopatra zurück.*

***In der Seeschlacht von Aktium (31 v. Chr.)** konnte die Flotte Octavians die Schiffe von Marcus Antonius und Kleopatra besiegen. Ein Jahr später marschierten römische Legionen auf Alexandria zu. Marcus Antonius wurde besiegt und beging – wie kurz danach auch Kleopatra – Selbstmord.*

***Die Aspisviper** gehört zur Gattung der Kobras. Als Totemtier der Pharaonen beschützt sie die Könige. Es ist deshalb möglich, dass sich Kleopatra durch einen Schlangenbiss töten ließ.*

Der Mythos der Kleopatra

Der Mythos der ägyptischen Königin wird durch den tragischen Tod verstärkt. Der besiegte Marcus Antonius stürzte sich in sein Schwert, Kleopatra nahm sich auch aufgrund dieser Nachricht das Leben. Die Aufzeichnungen der römischen Geschichtsschreiber beinhalteten mit Sex, Gewalt, Machthunger und tragischem Tod alles, was die Nachwelt von königlichen Protagonisten erwartete.

***Hollywood** verfilmte die Story mehrmals, am erfolgreichsten mit Liz Taylor und Richard Burton. Dekoration und Kostüme entsprachen allerings nicht ganz der historischen Realität.*

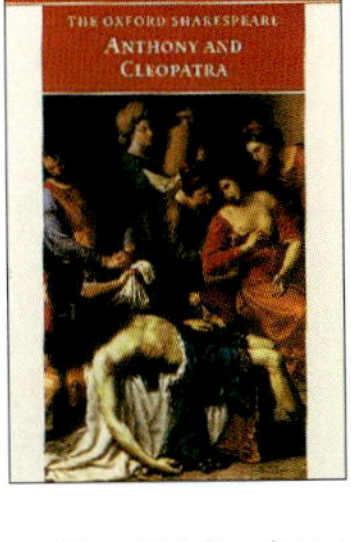

***Shakespeares Drama** basiert auf der Chronik des römischen Dichters Plutarch (um 75 n. Chr.).*

***Das üppige Augen-Make-up** der Ägypter wurde im Film übernommen. Die Paste bestand aus Mineralien mit Wasser vermischt und wurde in hölzernen Tuben aufbewahrt.*

Von Christus zu Mohammed

Ägypten war nun eine wichtige Provinz des Römischen Reichs. Die römischen Kaiser sahen sich auch als legitime Nachfolger der Pharaonen. Als das aufkommende Christentum das römische Imperium erschütterte, kamen auch die christlichen Kopten Ägyptens mit der römischen Obrigkeit in Konflikt. 323 n. Chr. wurde das Christentum Staatsreligion im Ostteil des inzwischen zweigeteilten Römischen Reichs, und theologische Differenzen mit den neuen Päpsten in Byzanz führten zu einer gnadenlosen Verfolgung der Kopten.

Salah ad-Din al-Ajubi (1138–1193), Sieger über die europäischen Kreuzritter

Das Byzantinische Reich blieb bis ins 7. Jahrhundert weitgehend intakt, danach betrat eine neue politische, religiöse und militärische Macht die Weltbühne: der Islam. Die Anhänger des Propheten Mohammed besiegten die byzantinischen Truppen und marschierten 720 n. Chr. in Ägypten ein. Unter ihrem Feldherrn Amr Ibn al-Aas erschienen arabische Reiterheere vor Memphis. Nach einer kurzen Belagerung ergab sich die Stadt, Amr Ibn al-Aas nahm alle überlebenden Bewohner von Memphis als Sklaven mit sich und gründete weiter nördlich die Stadt Fustat.

Ägypten wurde Teil des islamischen Imperiums, das zuerst von Damaskus (Omaijaden-Dynastie) und später von Bagdad aus (Abbasiden-Dynastie) regiert wurde. Der von Bagdad entsandte Statthalter Ahmed Ibn Tulun rief ein unabhängiges ägyptisches Königreich unter seiner Führung aus. Seine Herrschaft hielt jedoch nicht lange an, die Kalifen in Bagdad ließen seinen Sohn ermorden und übernahmen selbst wieder die Herrschaft am Nil. 969 n. Chr. rissen die tunesischen Fatimiden die Macht in Ägypten an sich. Ihre neu erbaute Stadt nördlich von Fustat war von einer Ringmauer umgeben und besaß zahlreiche Paläste, große Moscheen und Plätze mit prachtvollen Verwaltungsbauten im arabisch-fatimidischen Stil. Sie nannten die neue Stadt an der Stelle des heutigen Kairo al-Qahira, die Siegreiche. 1171 eroberte der syrische General Salah ad-Din al-Ajubi, in Europa als Saladin gefürchtet, das Land. Er ließ die Stadtmauer von Kairo verstärken und baute eine Zitadelle, die noch heute ein Wahrzeichen Kairos ist *(siehe S. 104ff)*. Saladins Nachfolger konnten allerdings die Machtergreifung einer furchtlosen Kriegerkaste nicht verhindern – die Herrschaft der Mamelucken begann.

Ausschnitt aus einer Handschrift, die mameluckische Reiter zeigt (um 1348)

Zeitskala

Römisches Mumienporträt (4. Jh. n. Chr.)

451 Die ägyptischen Kopten sagen sich auf dem Konzil von Chalkedon von der oströmischen Kirche los

527 Katharinenkloster auf dem Sinai gegründet

1 n. Chr. | 150 | 300 | 450 | 600 | 75

30 v. Chr. – 395 n. Chr. Römische Herrschaft

394 Erhebung des Christentums zur Staatsreligion; alle Tempel in Ägypten werden geschlossen

640 Islamische Truppen unter Amr Ibn al-Aas erobern Ägypten

Sultan Baybars I. (um 1265) lässt Christen öffentlich enthaupten – Lithografie (19. Jh.)

Sklaven und Krieger

»Mameluck« bedeutet »Mann, der nicht frei ist« und bezieht sich auf die Herkunft der Mamelucken. Männliche Kinder wurden als Sklaven nach Ägypten gebracht und zu fanatischen Kämpfern erzogen. Wer sich bewährte, bekam Land geschenkt, manche wurden nach zehn Jahren frei gelassen. Mitte des 13. Jahrhunderts waren die Mamelucken die bestimmende militärische Kraft in Ägypten und übernahmen schließlich die Macht.

Das System der Sklaven-Soldaten wurde beibehalten, und wer die größte Armee hatte, erklärte sich selbst zum Sultan. Es gab keine dynastischen Herrscherhäuser, die Sultane mussten sich ständig gegen andere Mamelucken behaupten. Nur die Fähigsten und Skrupellosesten überlebten auf dem Thron. Die Mamelucken waren stolz auf ihre kriegerischen Fähigkeiten und galten als vorzügliche Reiter. Von Kairo aus unterwarfen sie Palästina und Syrien, 1291 konnten sie die letzten Kreuzritter aus deren Festung Akkon (im heutigen Libanon) vertreiben. Zeitweilig reichte das Reich der Mamelucken bis in die heutige Osttürkei. Der Handel zwischen Orient und Okzident führte durch mameluckisches Gebiet. Die Zölle auf Gewürze, Duftessenzen, Seide und Färbemittel machten Kairo zu einer der reichsten Städte der Welt. Das architektonische Erbe der Mamelucken ist Zeugnis einer hoch entwickelten Kultur.

Die europäischen Mächte sahen sich durch das Zollmonopol der Mamelucken gezwungen, alternative Handelswege nach Asien zu finden. Als Vasco da Gama 1497 das Kap der Guten Hoffnung umsegelte, war dies ein Schlag gegen die handelsstrategische Bedeutung Ägyptens. Dazu kamen die Versuche der osmanischen Herrscher in Konstantinopel, die nördlichen Gebiete des mameluckischen Reiches abzutrennen. Sultan Kansuh al-Gouhri (1501–1516) wurde besiegt, osmanische Janitscharen zogen in Kairo ein und beherrschten mehrere Jahrhunderte lang das Land.

Prunkvoller Innenraum der Moschee des Qait-Bey (1475) – finanziert mit Geldern aus Handelszöllen

876–879 Bau der Moschee von Ibn Tulun

969 Fatimiden gründen al-Qahira, das heutige Kairo

1171 Salah ad-Din wird Herrscher über Ägypten

1250 Mamelucken übernehmen die Macht

Jacke eines Mamelucken (13. Jh.)

1468–96 Regentschaft von Qait-Bey, einem enthusiastischen Förderer der Architektur

Mameluckische Kachel (15. Jh.)

1516 Mamelucken unter Sultan al-Gouhri von den Türken besiegt; osmanische Herrschaft

900 | 1050 | 1200 | 1350 | 1500

Napoleons Sieg 1798 über die Mamelucken in der Schlacht bei den Pyramiden

Osmanische Herrschaft

Unter den Osmanen war Ägypten nur eine Provinz unter vielen, Kairo nur eines der Provinzzentren, die von Konstantinopel aus regiert wurden. Der osmanische Herrscher Sultan Selim »der Grimmige« machte auch in Ägypten seinem Beinamen alle Ehre. Drakonische Strafen waren an der Tagesordnung und wurden öffentlich vollzogen. Die Mamelucken arrangierten sich mit den osmanischen Besatzern und konnten als Feudalherren *(beys)* einen Teil ihrer einstigen Macht retten. Das Osmanische Reich erreichte unter Sultan Suleiman dem Prächtigen seine größte Ausdehnung und Macht.

Sultan Selim I. (1467–1520), auch bekannt als »der Grimmige«

Nach dessen Tod im Jahr 1566 begann der Verfall der osmanischen Vorherrschaft im Orient. Die nachfolgenden schwachen Sultane ermöglichten eine Rückkehr der Mamelucken an die Macht. Im 17. Jahrhundert wurden sie erneut stärkste Kraft in Ägypten. Doch blutige Machtkämpfe und das wiederholte Auftreten von Epidemien verhinderten ein neues schlagkräftiges Mameluckenreich.

Europa »entdeckt« Ägypten

1798 wurde Ägypten von einer französischen Expeditionsarmee unter General Napoleon Bonarparte besetzt. Napoleon glaubte, mit der Besetzung Ägyptens die englische Vorherrschaft in Indien bedrohen zu können. Sein Sieg über die Mamelucken bei den Pyramiden von Giseh war aber nur eine unbedeutende Fußnote der Geschichte, Napoleon musste seinen

Zeitskala

1520–66 Regentschaft von Sultan Suleiman dem Prächtigen

1528 Erste osmanische Moschee (Suleiman Pascha) auf der Kairoer Zitadelle

1550

Suleiman der Prächtige

1566 Tod von Suleiman dem Prächtigen

1600

1623 Erster offener Widerstand gegen die osmanischen Herrscher

1650 Mamelucken kommen wieder an die Macht

1650

Ägyptenfeldzug bald abbrechen. Die Künstler und Wissenschaftler in seinem Gefolge brachten Papyri, historische Schriftrollen und Artefakte nach Hause, die die Grundlage für das erste wissenschaftliche Werk über die Geschichte Ägptens bildeten, die *Description de l'Egypte*. Die Publikation wurde ein Bestseller und löste bei der Elite Europas eine wahre Ägyptomanie aus.

Mohammed Ali bei Verhandlungen mit den Briten, nachdem Pläne zum Angriff auf Konstantinopel verraten worden waren

Mohammed Ali und seine Erben

Das Machtvakuum in Ägypten wurde 1805 beseitigt: Die Albaner übernahmen unter Mohammed Ali die Herrschaft. Mohammed Ali ließ alle mameluckischen Emire ermorden, baute industrielle Fertigungsanlagen aller Art und steckte die Gewinne in den Ausbau seiner Armee. Nach militärischen Siegen in Griechenland und Arabien bedrohten seine Truppen bald auch die Grenzen des Osmanischen Reichs. Durch eine Allianz von Osmanen und Briten musste er seine Eroberungspläne in Kleinasien aufgeben und wurde 1849 ermordet.

Massaker an den mameluckischen Emiren im Jahr 1811, angeordnet von Mohammed Ali

Nach zwei unbedeutenden Königen bestieg der Khedive (arabisch für Herrscher) Ismail den Thron. Unter seiner Herrschaft wurde der Suezkanal gebaut und 1869 eröffnet *(siehe S. 60f)*. Europäische Großbanken finanzierten das Projekt mit unglaublich hohen Zinssätzen, und als die Staatsverschuldung in astronomische Höhen anstieg, musste Ismail die Mehrheit der Anteile an der Kanalgesellschaft an britische und französische Bankkonsortien abgeben.

Werbeplakat (19. Jh.) mit europäischen Touristen

Der ägyptische Oberst Ahmed Orabi rief 1882 zu einem Aufstand gegen die koloniale Bevormundung durch Briten und Franzosen auf. Die anhaltenden Unruhen waren für die britische Regierung der Anlass zur militärischen Intervention. Britische Truppen besetzten strategische Positionen in Nordägypten und setzten koloniale Hochkommissare ein, die Ägypten de facto bis 1922 regierten.

1700 | **1750** | **1800** | **1850**

1707 Mameluckische Machtkämpfe erschüttern Kairo

1719 Epidemien dezimieren die Bevölkerung Ägyptens

Napoleon Bonaparte

1798 Napoleons Ägyptenfeldzug

1805 Mohammed Ali neuer Herrscher über Ägypten

1822 Champollion entziffert die ägyptischen Hieroglyphen

Khedive Ismail

1869 Der Khedive Ismail eröffnet den Suezkanal

1882 Britische Truppen besetzen Ägypten

Der Bau des Suezkanals

Statue von Ferdinand de Lesseps

Schon im 7. Jarhhundert v. Chr. hatten die Pharaonen einen Kanal vom Nil zum Roten Meer graben lassen. Ein Kanal, der die Landenge von Suez durchstoßen sollte, wurde schon im Mittelalter von venezianischen Kaufleuten erwogen. Ende des 18. Jahrhunderts nahmen Ingenieure in Napoleons Armee das Projekt in Angriff. Ihre falschen Berechnungen führten allerdings dazu, dass Napoleon die Idee wieder aufgab. Erst der französische Konsul in Ägypten, Ferdinand de Lesseps, konnte den damaligen Khediven Said von der Durchführbarkeit des Projekts überzeugen. Die Bauarbeiten am Suezkanal begannen am 25. April 1859.

***Das Satellitenbild** zeigt, wie der Suezkanal Mittelmeer mit Rotem Meer verbindet und zugleich Afrika von Asien trennt.*

Der Verlauf des Kanals

Das Gemälde (19. Jh.) von Albert Rieger verdeutlicht, wie Seen entlang der Kanalroute als Ausweichstellen für Schiffe genutzt werden: der Mansala-See im Norden, der Timsah-See und die Bitterseen in der Mitte. Der Kanal ist 163 km lang.

***Ferdinand de Lesseps** (1805–1894) war Berufsdiplomat aus einer Familie von Staatsbeamten. Er brauchte 20 Jahre, um sein Kanalprojekt realisieren zu können.*

Der Nilarm bei der Stadt Rosetta

Kairo

Die Bitterseen fungieren als natürliche Ausweichstellen für Schiffe.

Suez ist bis heute der wichtigste Hafen Ägyptens.

***Die Arbeiten** erinnerten anfangs an die monumentalen Bauvorhaben des antiken Ägypten. Mangel an Trinkwasser und zahlreiche Epidemien behinderten das Vorwärtskommen. Lasttiere waren zunächst Kamele mit Bastkörben.*

Die Bauarbeiten am Suezkanal

Zu Beginn der Arbeiten wurden 20 000 Arbeiter pro Monat eingesetzt. Die Opfer unter den Bauarbeitern waren hoch. Wegen wiederholter Seuchenausbrüche mussten die Arbeiten zeitweilig unterbrochen werden. Nach fünf Jahren weigerte sich die ägyptische Regierung, so viele zwangsverpflichtete Bauarbeiter zu stellen. Die Arbeiten wurden mit Hilfe von Maschinen und einer kleineren Gruppe fachmännischer Arbeitskräfte fortgesetzt. Es dauerte noch weitere zehn Jahre, bevor die Strecke von 163 Kilometern überwunden war. Im März 1869 war es endlich geschafft: Das Wasser des Mittelmeers ergoss sich in das Becken der Bitterseen in der Mitte des Kanals. Der Seeweg von Europa nach Asien wird durch den Suezkanal um 6000 Kilometer verkürzt.

***Das Marriott-Hotel** in Kairo wurde nach dem Vorbild der spanischen Alhambra 1867 für die französische Kaiserin Eugénie erbaut. Sie wohnte hier bei der Einweihung des Suezkanals.*

Bauboom

Der Bau des Suezkanals löste in Kairo einen Bauboom ohnegleichen aus. An der Sharia Emad al-Din entstanden luxuriöse Apartments, in denen die königlichen Gäste der Einweihungszeremonie wohnen sollten. Ein Opernhaus für Bälle, Konzerte und Aufführungen entstand, ebenso der arabische Palast (heute das Marriott-Hotel) für die Gemahlin von Napoleon III., der französischen Kaiserin Eugénie. Für sie legte man auch eine dreispurige Straße zu den Pyramiden an, heute noch der kürzeste Weg nach Giseh. Drei Städte wurden gegründet: Port Said, Ismailia und Suez.

Ismailia war das Hauptquartier der Suezkanal-Gesellschaft.

Timsah-See

Mansala-See

Port Said ist der Mittelmeerhafen am Anfang des Kanals.

***Die Einweihungsfeierlichkeiten** begannen am 17. November 1869. Auf dem Gemälde von Mahmoud Said geleitet der Khedive Ismail die französische Kaiserin Eugénie und den österreichischen Kaiser Franz Joseph I. zum Festakt.*

***Die Oper** Aida komponierte Giuseppe Verdi für die Eröffnung des Kanals. Das Werk wurde nicht rechtzeitig fertig, und so kam eine andere Verdi-Oper, Rigoletto, zur Aufführung.*

Präsident Gamal Abd el-Nasser (1918–1970)

Die Suezkrise

Die Baukosten für den Suezkanal und die Eröffnungsfeierlichkeiten hatten Ägypten finanziell ausgeblutet. Der Khedive Ismail musste seine Anteile an britische und französische Banken verkaufen. Dadurch gewannen diese Länder 80 Jahre lang die Kontrolle über das Kanalgebiet. Als der erste gewählte Präsident Ägyptens, Gamal Abd el-Nasser, den Kanal 1956 verstaatlichte, landeten französische und englische Fallschirmjäger in der Kanalzone. Erst nach weltweitem Protest und einer UNO-Resolution zogen England und Frankreich ihre Truppen zurück. Der Kanal blieb unter ägyptischer Kontrolle.

Britische Panzer während der Invasion von 1956

Die Elite der britischen Kolonialverwaltung vor Shepheard's Hotel in Kairo (Foto von 1911)

Britische Besetzung

Als der ägyptische Staat die Zinszahlungen an britische Banken nicht mehr leisten konnte, marschierten britische Truppen in Alexandria und Kairo ein. Die Besetzung war ursprünglich als vorübergehende Maßnahme gedacht, die ägyptischen Khediven blieben als Marionettenherrscher auf dem Thron.

Mit Ausbruch des Ersten Weltkriegs verstärkte die britische Verwaltung den Druck auf die ägyptische Innenpolitik. Steuererhöhungen führten zu Unruhen, die rücksichtslos unterdrückt wurden. 1919 wollte der Nationalist Saad Zaghloul ein unabhängiges Ägypten erzwingen. Zehntausende schlossen sich ihm an, die Rebellion wurde blutig niedergeschlagen. Die Briten beendeten nach der Rebellion ihr Schutzprotektorat und installierten ein ägyptisches Königshaus. Erster Vertreter der Monarchie von britischen Gnaden wurde Fuad I., der sechste Sohn des Khediven Ismail. Banken, Justiz, Kommunikationssysteme und die Kontrolle über die Kanalzone unterstanden weiterhin den Briten. Im Zweiten Weltkrieg war Ägypten eine wichtige Nachschubbasis der Alliierten.

Die Revolution von 1952

Nach Kriegsende zog das britische Oberkommando den Großteil der Truppen aus Ägypten ab. Im ersten Nahostkrieg zwischen Israel und der Arabischen Liga 1948 wurde die ägyptische Armee vernichtend geschlagen, der ägyptische König Faruk I. wurde für diese Niederlage verantwortlich gemacht: Er soll sein Privatvermögen durch den Verkauf minderwertigen Materials an die Armee vervielfacht haben. Die Frustration der Ägypter entlud sich im Januar 1952 am so genannten »Schwarzen Samstag«. Europäische Einrichtungen wurden niedergebrannt, es folgten blutige Anschläge. Eine Gruppe von Offizieren unter Gamal Abd el-Nasser übernahm am 23. Juli 1952 die Macht. Ein Jahr später ging König Faruk ins Exil. Nasser und seine Mitstreiter etablierten eine dominierende Staatspartei (die ASU), proklamierten 1956 die Unabhängige Republik Ägyptens mit Nasser als erstem frei gewählten Präsidenten. Seine Staatsideologie aus Sozialismus und arabischem Nationalismus machte ihn zum Held der gesamten arabischen Welt. Nassers erste außenpolitische Feuerprobe kam im Jahr 1956, als er

Nasser wird nach dem Staatsstreich von 1952 als Volksheld gefeiert

Zeitskala

1900 · **1920** · **1940**

1919 Antibritische Unruhen

1922 Fuad I. wird König von Ägypten

1942 Schlacht von El-Alamein, Wendepunkt des Afrikakriegs

Howard Carter am Grab des Tutanchamun

1922 Howard Carter entdeckt das Grab von Tutanchamun

1935 König Faruk folgt seinem Vater König Fuad I. nach

1952 Offiziere übernehmen die Macht und bereiten den Weg für eine unabhängige Rebublik

per Dekret den Suezkanal verstaatlichte. Die Invasion durch britische, französische und israelische Fallschirmjäger wurde auf Druck der UNO abgebrochen. Nasser konnte in den folgenden Jahren sein Reformprogramm in Angriff nehmen. Erst die Niederlage Ägyptens im Sechstagekrieg von 1967 bedeutete das politische Ende von Nasser. Er starb drei Jahre später.

US-Präsident Bill Clinton und Ägyptens Präsident Mubarak während der Friedensgespräche 2000

Sadat und Mubarak

Mohammed Anwar el-Sadat, Nassers Stellvertreter, wurde 1970 neuer ägyptischer Präsident. Er wandte sich vom sozialistischen Kurs seines Vorgängers ab und ermutigte westliche Investoren zur Rückkehr nach Ägypten. Am 6. Oktober 1973 starteten ägyptische Truppen einen Überraschungsangriff auf die israelische Okkupationslinie vor Suez. Dieser Angriff wurde zwar blutig zurückgeschlagen, führte aber zu ersten Friedensverhandlungen mit Israel. 1979 krönte das Friedensabkommen von Camp David Sadats außenpolitische Erfolge und brachte ihm den Friedensnobelpreis ein. Zwei Jahre später wurde er von islamischen Fundamentalisten ermordet. Sein Nachfolger Mubarak war mit einer schwachen Wirtschaft, wachsenden Bevölkerungszahlen und horrender Staatsverschuldung konfrontiert. Mubaraks Außenminister Boutros Boutros-Ghali wurde 1992 der erste afrikanische Generalsekretär der UNO.

In den 1990er Jahren wurde Ägypten von Anschlägen islamischer Fundamentalisten erschüttert. Die Ermordung von 58 Touristen im Tal der Könige 1997 markierte den Höhepunkt der Terrorwelle und löste einen Rückgang des Tourismus aus. In den letzten sind die Besucherzahlen wieder erheblich gestiegen – nicht zuletzt wegen der verbesserten Infrastruktur. Ägypten hält an der Friedenspolitik gegenüber Israel fest, seine Brückenfunktion bleibt unverzichtbar für den Friedensprozess im Nahen Osten.

Lasershow und Feuerwerk bei den Millennium-Feiern an den Pyramiden

1956 Nasser, neu gewählter Präsident, löst die Suezkrise aus

Anwar el-Sadat (1918–1981)

1981 Sadat wird ermordet; Mubarak wird Nachfolger

2000 Internationale Medienpräsenz bei der Jahrtausendfeier an den Pyramiden

1960 **1980** **2000**

1967 Niederlage gegen Israel im Sechstagekrieg

1970 Tod Nassers und Nachfolge durch Sadat

1988 Der ägyptische Dichter Mahfus erhält den Literatur-Nobelpreis

Nagib Mahfus

nach 2001 Verstärkte Bemühungen um Sicherheit und Bekämpfung des Terrorismus

Kairo

Kairo im Überblick

Kairo-Turm

Kairo (al-Qahira) gehört zu den am dichtesten besiedelten Städten der Welt. Vororte erstrecken sich auch am westlichen Nilufer, doch die wichtigen Sehenswürdigkeiten liegen östlich des Nils. Im Stadtkern erinnern elegante Palais an Mailand oder Paris. Der »grüne« Stadtteil al-Gesira und die Insel Roda bieten Erholung, die römischen und frühchristlichen Überreste von Alt-Kairo verweisen auf die antiken Wurzeln. Das islamische Kairo ist der eigentliche Mittelpunkt der Stadt. Minarette, Kuppeln, Basare und engen Gassen erinnern an *Tausendundeine Nacht*. Im Osten liegt die moderne Vorstadt Heliopolis, im Westen Giseh.

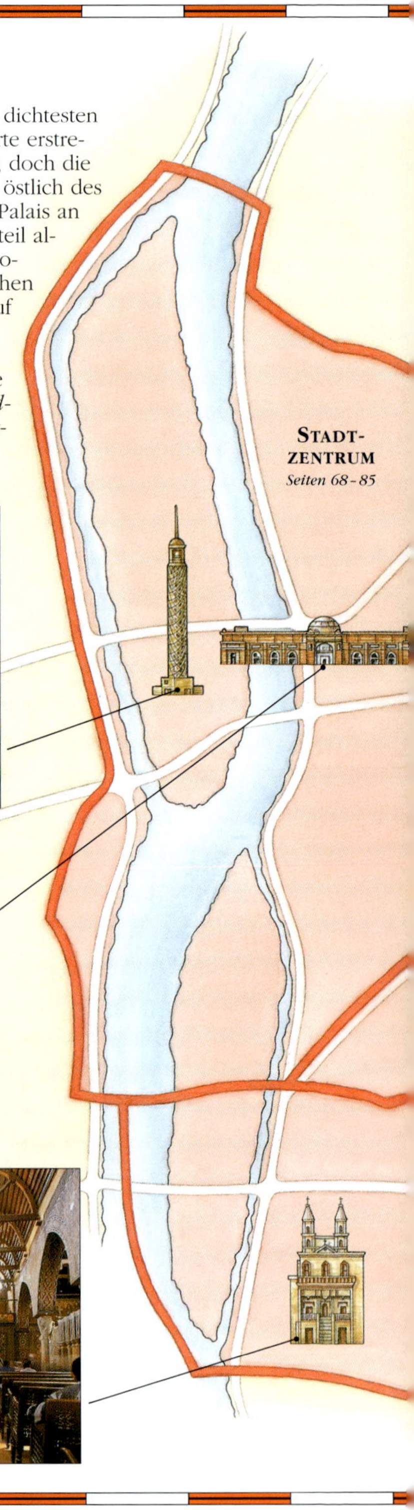

Der Kairo-Turm (siehe S. 84) *bietet mit seinen 185 Metern Höhe eine ideale Gelegenheit für einen Überblick über die Stadt. Inmitten der hektischen Metropole gleiten Feluken langsam flussabwärts.*

Das Ägyptische Museum (siehe S. 74ff) *stellt die weltgrößte Sammlung altägyptischer Artefakte aus – von pharaonischer Keramik wie dieser Nilpferdfigur bis hin zu den Schätzen aus dem Grab von Tutanchamun.*

Die »Schwebende« Kirche (siehe S. 120f) *ist eine von mehreren kleinen Kirchen im alten Römerkastell des Stadtteils Babylon. Sie wurde auf den Seitenpfeilern eines ehemaligen Stadttores errichtet, was ihr diesen Namen einbrachte.*

◁ **Minarett der Medrese und Mausoleum des Sultan Qalawun, umgeben von den Kuppeln des islamischen Kairo**

Der Khan el-Khalili (siehe S. 88ff), *ein Basar voller Gewürze, Goldschmuck und Souvenirs, gleicht Aladins Räuberhöhle. In den angrenzenden Stadtteilen findet man wundervolle Beispiele mameluckischer Architektur. Seit dem Mittelalter ist hier das kommerzielle Zentrum der Stadt.*

Die Moschee al-Ashar (siehe S. 91) *war das Herz des Fatimidischen Kairo. Sie beherbergt eine berühmte Medrese (Koranschule), in der seit 1000 Jahren die Lehren des Propheten vermittelt werden.*

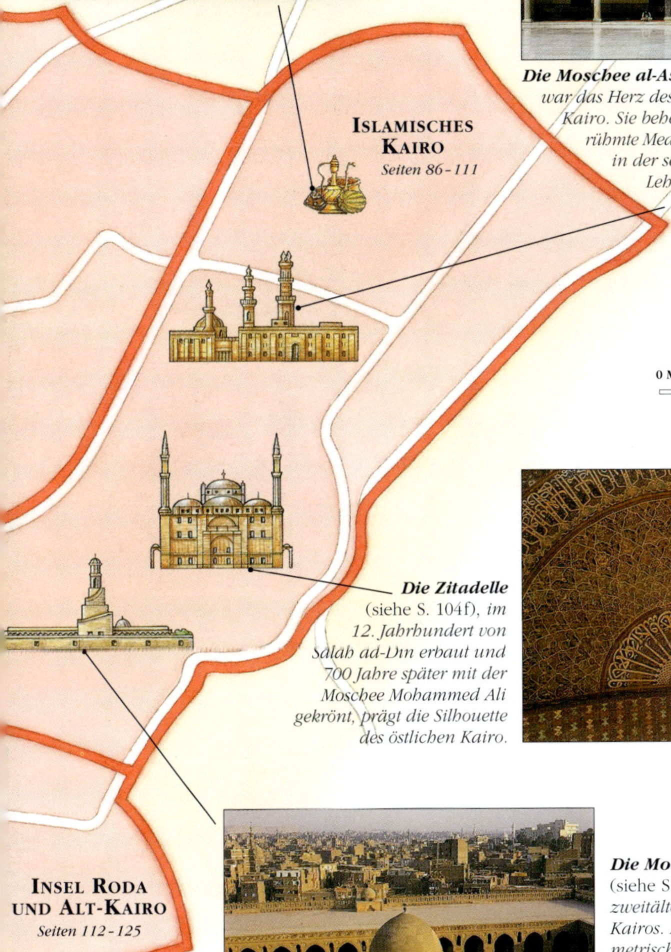

Die Zitadelle (siehe S. 104f), *im 12. Jahrhundert von Salah ad-Din erbaut und 700 Jahre später mit der Moschee Mohammed Ali gekrönt, prägt die Silhouette des östlichen Kairo.*

Die Moschee Ibn-Tulun (siehe S. 110f) *gilt als zweitälteste Moschee Kairos. Ihre klaren geometrischen Formen strahlen Transzendenz und Ruhe aus – ein hübscher Kontrast zu den eklektischen Sammlungen des nahen Gayer-Anderson-Museums.*

Stadtzentrum

Als der Khedive Ismail *(siehe S. 63)* 1863 in Ägypten die Macht übernahm, war Kairo eine fast mittelalterliche Stadt, die sich seit fünfhundert Jahren kaum verändert hatte. Der in Frankreich erzogene Ismail setzte alles daran, seine Stadt in eine Metropole europäischer Prägung zu verwandeln. Er ließ die Altstadt, wie sie war, befahl allerdings, die Sümpfe zwischen der alten Stadtmauer und dem Nil trockenzulegen. Das darauf erbaute heutige Stadtzentrum hat sichtbar Patina angesetzt und fügt sich nahtlos in das Kairoer Stadtbild ein. Die begrünte Corniche beiderseits des Nils bietet die Gelegenheit, sich vom Trubel der Stadt zu erholen.

Skulptur vor der Kairoer Oper

Sehenswürdigkeiten auf einen Blick

Stadtteile, Straßen und Plätze
- Corniche el-Nil 13
- Garden City 12
- Midan Opera und Midan Ataba 7
- Midan Ramses 6
- Midan Tahrir 2
- Sharia Qasr el-Nil 5
- Sharia Talaat Harb 4
- Zamalek 19

Museen und hist. Gebäude
- Abdeen Palace Museum 9
- *Ägyptisches Museum S. 74ff* 1
- Amerikanische Universität von Kairo 3
- Beit as-Sennari 10
- Kairo-Turm 17
- Mahmoud Khalil Museum 15
- Manial Palace 14
- Mausoleum des Saad Zaghloul 11
- Museum für Islam. Kunst 8
- Opernhaus-Komplex 16

Spaziergang
- Promenade am Nil 18

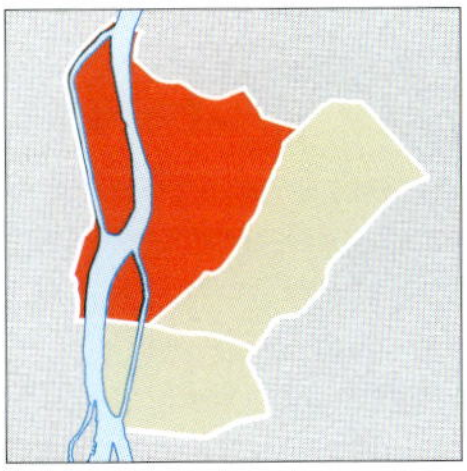

Im Stadtzentrum unterwegs

Das Zentrum von Kairo erkundet man am besten zu Fuß. Weitere Distanzen kann man mit dem Taxi, den Nil-Fähren oder mit der Metro zurücklegen. Die Metro-Stationen am Midan Tahrir (Sadat Station) und am Midan Ramses (Mubarak Station) befinden sich in der Nähe der alten Kairoer Oper und kurz vor dem Stadtteil Heliopolis.

Legende

- Detailkarte *S. 70f*
- Post
- U-Bahn-Station (Metro)
- Bootsvermietung (Feluken)
- Nil-Fähre (Riverbus)
- Bus
- Bahnhof

◁ **Die verblichene Pracht einer Häuserfassade am Midan Ataba *(siehe S. 78)***

Im Detail: Rund um Midan Tahrir

Midan Tahrir, einer der zentralen Plätze der Stadt und Verkehrsknotenpunkt, wird von Hochhäusern wie dem Hotel Nil-Hilton, dem Repräsentativbau der Arabischen Liga und dem Mogamma-Verwaltungsgebäude umrahmt. Etwas abseits steht das Ägyptische Museum mit seiner angenehm altmodisch anmutenden Sandsteinfassade. Die eleganten Häuser zwischen der Sharia Quasr el-Nil und der Sharia Talaat Harb sind bevorzugte Adressen für Fluggesellschaften, Reisebüros und Ladenketten. Hier findet man auch Cafés und Restaurants.

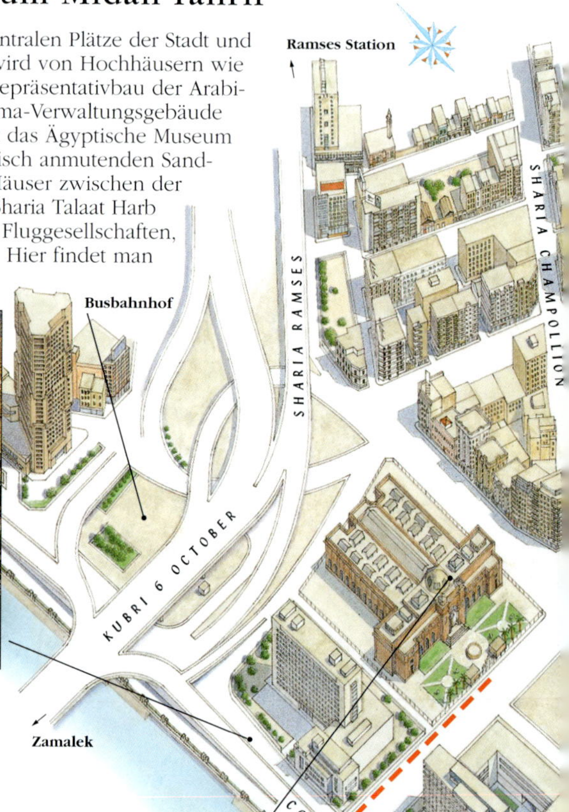

Das Stadtzentrum
Der moderne Stadtteil Kairos wird an seiner Westseite vom ruhig fließenden Nil begrenzt.

★ Ägyptisches Museum
Die größte Sammlung antiker Schätze aus pharaonischer Zeit zieht pro Jahr über 200 000 Besucher an. ❶

Das Nil-Hilton
(siehe S. 72) wurde 1959 erbaut und war damit das erste moderne Luxushotel Ägyptens.

Corniche el-Nil
Besonders am Abend lädt die breite Uferstraße zu einem erholsamen Spaziergang ein. ⓭

0 Meter 130

Legende

– – – Routenempfehlung

Nicht versäumen

★ Ägyptisches Museum

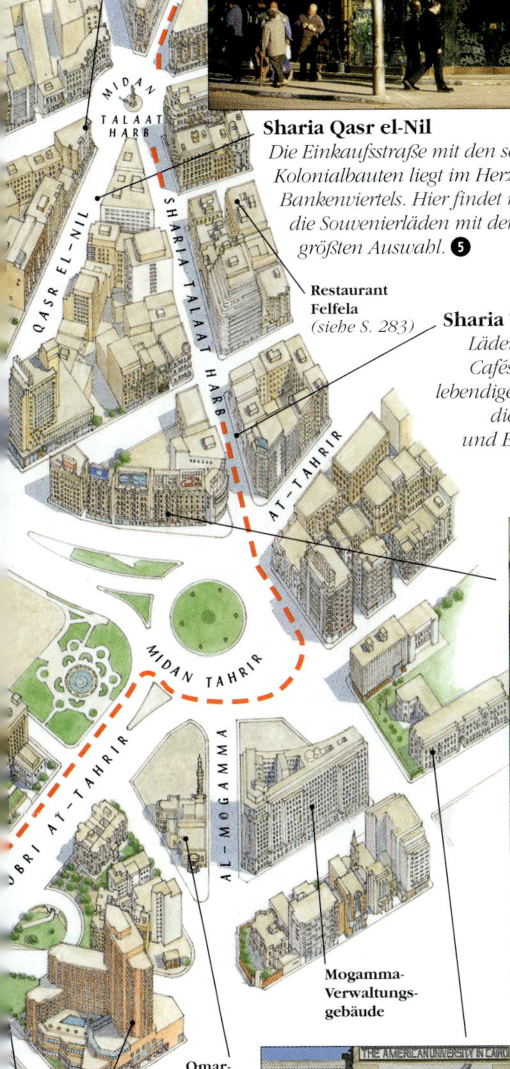

Groppi's Café
(siehe S. 72)

Sharia Qasr el-Nil
Die Einkaufsstraße mit den schönen Kolonialbauten liegt im Herzen des Bankenviertels. Hier findet man die Souvenirläden mit der größten Auswahl. ❺

Zur Orientierung
Siehe Kartenteil, Karte 5

Restaurant Felfela
(siehe S. 283)

Sharia Talaat Harb
Läden, Kinos und Cafés schaffen die lebendige Atmosphäre dieser Amüsier- und Einkaufsmeile Kairos. ❹

Midan Tahrir
Cafés an der Süd- und Ostseite dieses Platzes laden zu einer verdienten Pause von den Anstrengungen des Sightseeing ein. ❷

Mogamma-Verwaltungsgebäude

Omar-Makram-Moschee

Semiramis Intercontinental Hotel
(siehe S. 265)

Sitz der Arabischen Liga, Konferenzort der Führer des Mittleren Ostens

Amerikanische Universität von Kairo
Die Hochschule in dem großen, im neoislamischen Stil erbauten Komplex wird sowohl von wohlhabenden Ägyptern als auch von zahlreichen ausländischen Studenten besucht. ❸

Zwei Einwohner Kairos in landestypischen Galabijas auf einer Bank am Midan Tahrir

Ägyptisches Museum ❶

Siehe S. 74ff.

Midan Tahrir ❷

Karte 5 B4. Ⓜ *Sadat.*

Midan Tahrir war nicht immer ein lärmender Verkehrsknotenpunkt Bis ins 19. Jahrhundert erstreckte sich hier Sumpfland, erst die ehrgeizigen Pläne des regierenden Khediven Ismail (1863–1879) machten das Gebiet für eine Bebauung nutzbar. In Rekordzeit entstanden breite Boulevards und weite Plätze, die dem neuen Kairo weitgehend das Aussehen einer europäischen Großstadt verliehen. Der Quasr el-Nil (Palast am Nil) wurde direkt am Flussufer errichtet und seitlich durch den großzügig dimensionierten Midan Ismailia (Platz des Ismail) abgeschlossen. Die hochfliegenden Pläne Ismails kamen jedoch bald an ihre finanziellen Grenzen: Kredite europäischer Banken finanzierten den Umbau Kairos, und der ägyptische Staat geriet mit der Rückzahlung in Verzug. Die englischen Banken übten Druck auf ihre Regierung aus, Ägypten umgehend zu besetzen *(siehe S. 59)*.

1882 zog das englische Oberkommando in den Quasr el-Nil ein und funktionierte den Palast bald zum Sitz ihrer Militärverwaltung um. Während des Zweiten Weltkriegs war das Gebäude mit alliierten Soldaten überfüllt und genoss den Ruf, die widerstandsfähigsten Läuse Afrikas zu beherbergen. Nach dem Krieg wurde der Palast abgerissen. An gleicher Stelle entstand 1959 mit dem Nil-Hilton das erste moderne Hotel Ägyptens, nach der Revolution von 1952 bekam der Platz den Namen Midan Tahrir (Platz der Befreiung).

Midan Tahrir ist das Zentrum Kairos, die zahlreichen Büros internationaler Fluggesellschaften, die dekorative Omar-Makram-Moschee und das Mogamma-Verwaltungsgebäude unterstreichen das. Will man als Besucher sein Visum verlängern lassen, muss man unter rund 18 000 Beamten im Mogamma-Verwaltungsgebäude den zuständigen herausfinden.

Amerikanische Universität von Kairo ❸

Qasr al-Aini, Midan Tahrir. **Karte** 5 B4. Ⓜ *Sadat.* ◯ *So–Do 8.30–17 Uhr, Sa 10.30–17 Uhr.*

Trotz des hässlichen Betonanbaus zur Straßenseite ist das Hauptgebäude der Amerikanischen Universität von Kairo (AUC) ein ansprechender Bau im neoislamischen Stil. Ursprünglich diente der Bau einem ägyptischen Aristokraten als Residenz, danach war hier eine Zigarettenfabrik ansässig, ehe zunächst die Kairoer Universität und in den 1950er Jahren die Amerikanische Universität in den Quasr al-Aini einzogen. Der Besuch der privaten Hochschule entspricht einem Studium in Oxford oder Yale, ist also nur für Kinder der ägyptischen Oberschicht erschwinglich.

Fahnen über dem Hauptgebäude der Amerikanischen Universität

Die Synagoge Shar Hashamaim unweit der Sharia Talaat Harb

Sharia Talaat Harb ❹

Karte 5 C3. Ⓜ *Sadat.*

Der belebte Boulevard Sharia Talaat Harb verbindet die Plätze Midan Tahrir und Midan Orabi. Auf den Bürgersteig drängen sich Massen von Fußgängern, der dichte Autoverkehr macht sich auch hier lautstark bemerkbar. Ununterbrochen wird man von der Musik aus Autoradios und Geschäften beschallt, in der Luft liegt ein Gemisch aus Abgasen und Restaurantgerüchen. Vor allem rund um den Midan Talaat Harb erheben sich die beeindruckend hohen Belle-Époque-Fassaden des 19. Jahrhunderts. Das Denkmal Talaat Harbs, des Gründers der Nationalbank, droht im Schatten dieser Geschäftshäuser fast zu verschwinden. Direkt am Midan Talaat Harb liegt auch Groppi's Cafe, das früher das englische Königshaus mit Süßwaren belieferte. Heute erinnern nur noch die kunstvollen Mosaiken über dem Eingang an die glorreiche

Paris am Nil

Die Pläne Baron Haussmanns für die Modernisierung von Paris Mitte des 19. Jahrhunderts standen Pate für das moderne Kairo, wie es sich der Khedive Ismail vorstellte. Architekten aus ganz Europa entwarfen Gebäudefassaden mit schmiedeeisernen Gittern, Stuckverzierungen und pausbäckigen Putti. Elemente der Renaissance, des Barock und sogar der Gotik wurden mit stilisierten Skarabäen und Sphinxen angereichert. Bei den späteren Gebäuden band man wieder typisch islamische Motive ein. Die Straßen des Stadtzentrums, Qasr el-Nil und die kreuzenden Avenuen Mohammed Farid und Emad ad-Din, strahlen noch immer Reichtum und ein fast europäisches Flair aus.

Kubri Qasr el-Nil (Qasr el-Nil-Brücke), Teil des vom Khediven Ismail im europäischen Stil geplanten Kairo

Vergangenheit. Auch die Art-déco-Fassade des alten Metro-Kinos hat schon bessere Tage gesehen, beschwört aber Erinnerungen an die Ära großer Hollywood-Filme herauf.

Im angespannten Klima zwischen Arabern und Israelis steht Ägyptens große jüdische Gemeinschaft im Abseits. In der Sharia Adly, die am Metro-Kino in die Sharia Talaat Harb mündet, erinnert die im babylonischen Stil erbaute Synagoge Shar Hashamaim an die lange jüdische Tradition. Leider kann die Synagoge nur von außen besichtigt werden.

Taalat Harb endet in einem weiteren eleganten Platz, der nach dem nationalen Volkshelden Ahmed Orabi benannt wurde.

Weiter östlich beginnt die Fußgängerzone Sharia Alfy mit ihren vielen kleinen Bars und Restaurants, darunter das berühmte Alfy Bey *(siehe S. 282)*.

Obstverkäufer in einer Seitenstraße der Sharia Talaat Harb

Sharia Qasr el-Nil ❺

Karte 5.C3. Ⓜ *Sadat.*

Auf der belebten Einkaufsstraße gelangt man vom Hotel Nil-Hilton am Midan Tahrir bis zu Midan Opera. Sharia Qasr el-Nil unterscheidet sich mit ihren vielen Läden und den lebhaft dekorierten Schaufenstern kaum von westlichen Luxusmeilen. Der Finanzdistrikt Kairos schließt direkt an dieses Areal an. Gleich an der Kreuzung zur Sharia ash-Sharif steht die ägyptische Nationalbank mit der Börse. Seitdem die Regierung Ende der 1990er Jahre ein Privatisierungsprogramm aufgelegt hat, ist die Börse sehr aktiv. Der neue Handelsboom spiegelte sich in umfassenden Restaurierungsarbeiten wider, die eine sechs Hektar große Fläche der unteren Stadtteile Kairos betrafen. Das Areal um die Börse wurde zur Fußgängerzone umgewandelt, die mit Palmen, Blumenarrangements und Laternen im Stil des 19. Jahrhunderts dekoriert ist. Auch hier zeigen sich vereinzelt Gebäude in neuem Gesicht, so das Versicherungsgebäude Trieste an der Ecke zur Sharia Sherif. Für das Aussehen dieses Baus war der italienische Architekt Antonio Lascaic (1856–1946) ebenso verantwortlich wie für das vieler anderer schöner Belle-Époque-Häuser in Kairo.

Statue des Mustafa Kamel

Die Sharia Qasr el-Nil führt auch über den Midan Mustafa Kamel. Der Platz ist nach Kamel benannt, einem entschiedenen Gegner der britischen Kolonisatoren, der 1907 die ägyptische Nationalpartei gründete. Seine Statue beherrscht den weiten Platz.

Schließlich mündet die Sharia Qasr el-Nil in die Sharia al-Gumhuriyya, die bis zum Midan Opera *(siehe S. 78)* führt. Einst war hier einer der größten und prächtigsten Plätze des modernen Kairo, heute findet man an dieser Stelle vor allem einen riesigen Parkplatz und das pittoreske, aber baufällige Hotel Continental-Savoy.

Ägyptisches Museum ❶

Goldarmreif aus Tanis

Der Franzose Auguste Mariette (1821–1881) gründete 1863 das erste ägyptische Nationalmuseum für Antiquitäten aus der Zeit der Pharaonen. Die beiden ersten Museen waren bald zu klein, 1902 wurde ein neues Museum eingeweiht, in dem über 120 000 Objekte der Pharaonenzeit ausgestellt sind. In den Kellern lagern weitere 150 000 Artefakte. Von der Hieroglyphentafel des Königs Narmer (um 3100 v. Chr.) bis zu griechisch-römischen Porträts aus den Nekropolen in Faijum gibt das Museum einen umfassenden Einblick in die ägyptische Antike. Prunkstücke sind ohne Zweifel die Kostbarkeiten aus dem Grab Tutanchamuns.

Kurzführer

Auf zwei Etagen sind die Objekte im chronologischer Reihenfolge angeordnet. Im Erdgeschoss sind die Artefakte im Uhrzeigersinn angeordnet, im Obergeschoss werden thematische und periodische Schwerpunkte gesetzt. Im Mittelbau findet man überlebensgroße Statuen.

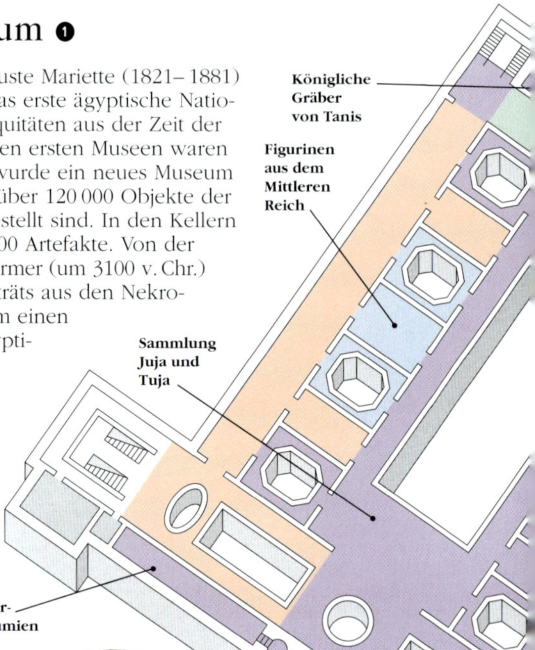

★ Saal der königlichen Mumien
Gegen den Uhrzeigersinn liegen die Mumien in der respektvollen Ruhe des Königssaales aufgebahrt.

Prinz Rahotep und Nofret
Die Kalksteinfiguren (2620 v. Chr.) wurden in ihrer mastaba *(Grabkammer) nahe der Meidum-Pyramide gefunden* (siehe S. 164).

Nicht versäumen

- ★ Saal der königlichen Mumien
- ★ Statue des Ka-Aper
- ★ Tutanchamun-Abteilung
- ★ Armana-Abteilung

★ Statue des Ka-Aper
Die kunstvoll gearbeiteten Augen der Statue haben kupferne Augenränder, das Weiß ist aus Quarz, die Iris aus Bergkristall mit schwarzen Mineralfarben.

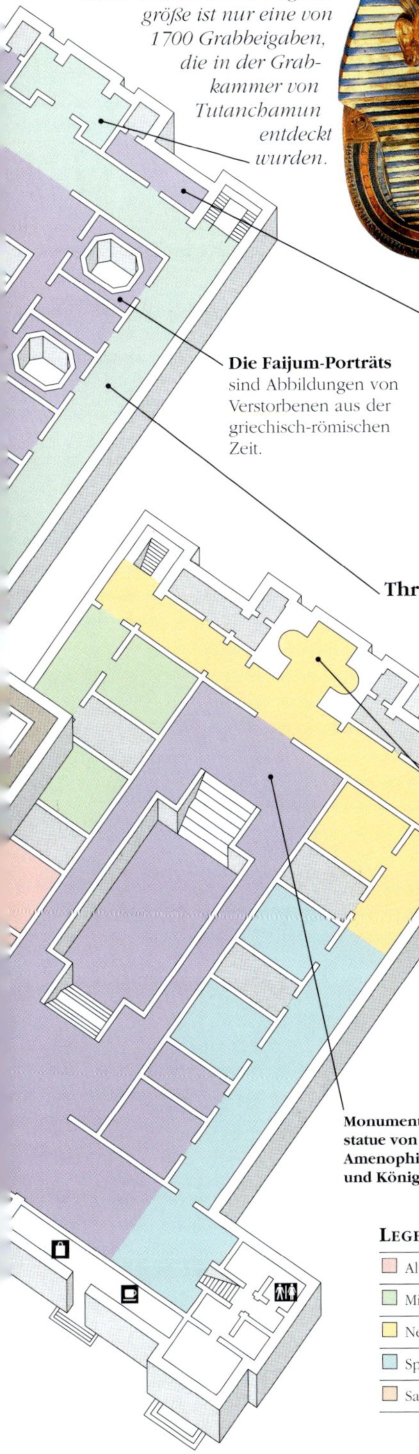

★ Tutanchamun-Abteilung
Diese Goldmaske in Originalgröße ist nur eine von 1700 Grabbeigaben, die in der Grabkammer von Tutanchamun entdeckt wurden.

INFOBOX

Midan Tahrir, Kairo. **Karte** 5 B3. *Sadat.* *bis Midan Tahrir.* (02) 578 24 48. *tägl. 9–18.30 (letzter Einlass 18 Uhr); während des Ramadan tägl. 9–15 Uhr.* *Gepäckaufbewahrung.*
Saal der königlichen Mumien *tägl. 9–18.30 Uhr; während des Ramadan tägl. 9–15 Uhr.*

Altägyptischer Schmuck
Die Kette aus Goldperlen und Lapislazuli wurde im 11. Jahrhundert v. Chr. angefertigt. Sie ist ein Beispiel der hohen Kunstfertigkeit der ägyptischen Juweliere am Hof der Pharaonen.

Die Faijum-Porträts sind Abbildungen von Verstorbenen aus der griechisch-römischen Zeit.

Thron des Tutanchamun
Auf der Rückseite sind Tutanchamun und seine königliche Gemahlin unter den Strahlen Atons abgebildet.

★ Armana-Abteilung
Während der Herrschaft von Echnaton (Amenophis IV.) wurde eine neue künstlerische Ausdrucksform gefunden (siehe S. 171). *Der neue Kunststil bildete Menschen mit überproportional langen Köpfen und aufgeblähten Bäuchen ab.*

Monumentalstatue von Amenophis III. und Königin Tiye

LEGENDE

Altes Reich	Tutanchamun-Abteilung
Mittleres Reich	Saal der königlichen Mumien
Neues Reich	Miniaturen Mittleres Reich
Spätzeit	Verschiedene Objekte
Sarkophage und Särge	Keine Ausstellungsfläche

Im Detail: Ägyptisches Museum

Tutanchamuns Totenmaske

Der Museumsbau an der Nordseite des Midan Tahrir ist mit rund 120 000 Ausstellungsobjekten an der Grenze seiner Kapazität angelangt. Wer sich eingehender mit der ägyptischen Antike beschäftigen will, sollte mindestens zwei Tage einplanen. Vor dem Saal mit der Totenmaske Tutanchamuns bilden sich manchmal lange Schlangen, man sollte ihn kurz nach 9 Uhr oder am späten Nachmittag besuchen. Im Vorgarten des Museums bieten zahlreiche private Führer ihre Dienste an. Da die Kennzeichnungen der Exponate oft nur unzureichend ist, kann es lohnen, die Dienste eines Führers in Anspruch zu nehmen.

Wandfries der Enten von Meidum, um 2620 v. Chr. auf Gips gemalt

Altes Reich

Alle grossen Statuen sind im Erdgeschoss aufgestellt. Den Anfang macht im Atrium die überlebensgroße Sitzstatue des Königs Djoser, die vor fast 5000 Jahren aus dem Kalkstein geschlagen wurde. Sie stammt aus Sakkara *(siehe S. 158ff)* und wurde in einer *serdab*, einer versiegelten Kammer neben der eigentlichen Pyramide, entdeckt. Ein weiterer Anziehungspunkt im Erdgeschoss (Saal 42) ist die Dioritstatue des Chephren, der die mittlere Pyramide in Giseh errichten ließ. Chephren sitzt auf dem Königsthron und wird von den ausgebreiteten Schwingen des Falkengottes Horus beschützt. Die Könige des Alten Reichs trugen erst ab ungefähr 1500 v. Chr. die Bezeichnung Pharao (Gottkönig). Im gleichen Raum steht die Statue des Ka-Aper, dessen stilisierte Fußbewegung und leuchtende Augen aus Kristall beeindruckend lebendig wirken. Weitere Beispiele der hoch entwickelten Steinmetzkunst im alten Ägypten sind im Saal 32 zu bewundern.

Besonders imposant: die lebensgroßen Figuren des Prinzen Rahotep und der Prinzessin Nofret. Die Abbildungen der Enten auf einem Wandfries aus Meidum *(siehe S. 158)* belegen die präzise Naturbeobachtung der Kunsthandwerker jener Zeit. Im Saal 37 werden neben leuchtenden Alabasterornamenten auch persönliche Gegenstände, u.a. ein vergoldetes Bett, ein Stuhl und eine Schmuckkassette aus dem Schlafgemach der Hetepheres, Mutter des Pharao Cheops, ausgestellt. Im gleichen Saal stehen mehrere Kanopen, Krüge, in denen die inneren Organe der Toten aufbewahrt wurden. Sie stammen aus der Grabkammer der Hetepheres in der Nekropole von Giseh.

Relief von Amenophis III., der über nubische Gefangene fährt

Neues Reich

Das Neue Reich war, kulturell gesehen, das »Goldene Zeitalter« des antiken Ägypten. Doch die schönsten Exponate sind nicht in Kairo, sondern im Museum von Luxor *(siehe S. 183)* zu bewundern. Saal 3 enthält kostbare Artefakte aus Armana, der kurzzeitigen Hauptstadt des »Ketzerkönigs« Echnaton *(siehe S. 171)*. Der künstlerische Stil von Armana weicht von anderen Epochen ab und zeichnet sich durch runde Körperformen und seltsam verlängerte Gesichter aus. Dies lässt sich gut an den Reliefs von Echnaton und seiner Familie erkennen, die dem Sonnengott Aton Opfergaben darbringen. Eine Ausnahme bildet die unvollendete Büste der Nofretete, Echnatons Frau, die sich durch außergewöhnliche Schönheit auszeichnete.

Kopf der Nofretete (um 1340 v. Chr.)

Tutanchamuns Thronsessel mit Intarsien aus Gold und Elfenbein

TUTANCHAMUN-ABTEILUNG

AM EINGANG der Säle im Ost- und Nordflügel des Obergeschosses stehen zwei lebensgroße Statuen des jungen Königs, die einst seine Grabkammer bewacht haben. Unter den rund 1700 Objekten finden sich Brettspiele, Jagdwaffen, Sitzmöbel, Bettgestelle und natürlich die berühmte Totenmaske des Königs. Eine große Glasvitrine enthält einige von Tutanchamuns *schabtis*. Die kleinen Figurinen wurden dem Verstorbenen beigegeben, um ihm in der Totenwelt dienstbar zu sein. Insgesamt wurden 413 Figuren gefunden – für jeden Tag des altägyptischen Jahres ein eigener Diener. Daneben steht der Löwenthron, so benannt wegen der Löwenköpfe an den Armlehnen und den Stuhlbeinen. Außer der handwerklichen Qualität ist der Löwenthron auch deshalb interessant, weil er Elemente der Amarna-Kultur und des Sonnenkults von Aton aufweist *(siehe S. 171)*. Die Sonnenscheibe und ihre Strahlen erinnern deutlich an Reliefs aus Amarna. Der Name Tutanchamuns, des heute bekanntesten Pharaos, ist in die Rückseite des Löwenthrons eingeritzt.

Vergoldeter Fächer Tutanchamuns

Im Nordflügel, vor Saal 3, steht die aus Alabaster gefertigte Kanopentruhe mit vier Kopfstützen des toten Tutanchamun. Seine berühmte goldene Totenmaske und die beiden innersten Sarkophage, ein vergoldeter Holzsarg mit Edelsteinbesatz und ein Sarg aus purem Gold, sind die unumstrittenen Highlights und die meistbestaunten Objekte des ganzen Museums.

FIGURINEN AUS DEM MITTLEREN REICH

DAS ALLTAGSLEBEN der gewöhnlichen Ägypter im 11. Jahrhundert v. Chr. wird in mehreren Räumen des Westflügels detailliert dargestellt. Man sieht eine Weberei, ein Wohnhaus mit Garten und Brunnen sowie eine Gruppe von Schreibern, die Aufzeichnungen über die Viehherden ihrer Herren anfertigen. Die kunstvoll ausgeführten Figuren erzählen viel über das Aussehen der Ägypter und den Alltag jener Zeit. Alle Figurinen wurden in einem Grab nahe Deir al-Bahri im Stadtbereich des ehemaligen Theben gefunden *(siehe S. 192f)*.

Figurine einer Dienerin

SAAL DER KÖNIGLICHEN MUMIEN

FÜR DIE BESICHTIGUNG dieser Mumien muss eine extra Gebühr entrichtet werden. In dem Raum liegen u. a. die mumifizierten Könige Thutmosis II., Sethos I. und Ramses II. Der gute Zustand der Körper lässt fast vergessen, dass diese Herrscher vor über 3000 Jahren starben. Das mumifizierte Gesicht von Ramses II. hat allerdings nur wenig Ähnlichkeit mit der Büste im Ausstellungssaal des Neuen Reichs.

VERSCHIEDENE AUSSTELLUNGSOBJEKTE

NEBEN DEN menschlichen Mumien ist auch eine Vielzahl gut erhaltener Tiermumien ausgestellt. In den Sälen 53 und 54 werden Mumien der heiligen Totemtiere verschiedener Gottheiten ausgestellt. Mumifizierte Ibise und Affen waren dem Gott Thot zugeordnet, die Krokodile dienten dem Gott Sobek, und Katzen waren Verkörperungen der Göttin Bastet. In den Kulttempeln der jeweiligen Götter wurden viele Tiermumien gefunden, erst vor kurzem entdeckte man in Sakkara eine Grabkammer mit Tausenden Vogelmumien. In Saal 43 sind Artefakte aus der Zeit der 18. Dynastie ausgestellt, viele davon aus den Grabstätten von Juja und Tuja, den Urgroßeltern Tutanchamuns. Im Jahr 1905 in Theben ausgegraben, stehen deren wunderbare Sarkophage und Grabbeigaben im Schatten der Grabfunde von Tutanchamun. Bekannter sind die griechisch-römischen Porträts aus dem Raum der Oase Faijoum *(siehe S. 164f)*. Im Saal 14 sind einige dieser erstaunlich lebensechten Bilder mit den dazugehörigen Mumien zu sehen.

In zwei neueren Ausstellungsräumen werden Beigaben aus den Königsgräbern von Tanis und altägyptische Schmuckarbeiten gezeigt. Tanis, im östlichen Nildelta gelegen, war die Hauptstadt der 21. und der 22. Dynastie *(siehe S. 233)*. Im Jahr 1939 hatten Archäologen einige unberührte Königsgräber gefunden, aus denen eine Vielzahl von Totenmasken und Särgen sowie wertvoller Grabschmuck geborgen wurde. Ein Artefakt, der Sarkophag des Königs Psusennes I., ist auch deswegen interessant, da er vollständig aus reinem Silber besteht. Silber musste im Altertum nach Ägypten importiert werden und war damals wertvoller als Gold.

Midan Ramses ❻

Karte 2 D3. M *Mubarak.*

Midan Ramses liegt am nördlichen Rand der Kairoer Innenstadt. Vor Jahrtausenden, als der Nil noch einen anderen Verlauf hatte, befand sich in der Nähe des heutigen Midan Ramses der Hafen der Pharaonenstadt Heliopolis. Als im 12. Jahrhundert der Kalif Saladin sein Kairo neu befestigen ließ, wurde hier ein großes Stadttor, Bab al-Hadid, errichtet. Dieses »Eiserne Tor« blieb bis ins Jahr 1847 stehen und musste dann einem Kopfbahnhof weichen.

Mahattat Ramses (Ramses-Bahnhof) ist Kairos Hauptbahnhof, von dem alle Fernzüge nach Alexandria, Luxor und Assuan abfahren. Das **Egyptian National Railway Museum** (Nationales Ägyptisches Eisenbahnmuseum) am östlichen Ende des Bahnhofsgeländes besitzt eine faszinierende Sammlung von Lokomotiven, Luxuswaggons und Eisenbahnmodellen.

Im Schatten einer sechsspurigen Stadtautobahn steht in der Mitte des Midan Ramses die Nachbildung einer antiken Ramsesfigur. Die Originalstatue von Ramses II. wurde 1953 in Memphis gefunden. Die Luftverschmutzung der Kairoer Innenstadt schadete der Skulptur, 1997 wurde sie deshalb gegen eine Nachbildung ausgetauscht. Der neun Meter hohe Koloss wurde nach Memphis zurückgebracht.

Egyptian National Railway Museum
Midan Ramses. **Karte** 2 D3.
M *Mubarak.* ☎ *(02) 576 37 93.*
◯ *Di–So 8–14 Uhr.*

Nachbildung der Granitstaue von Ramses II. am Midan Ramses

Das ehemalige Kaufhaus Tiring, 1911 von Oscar Horowitz am Midan Ataba errichtet

Midan Opera und Midan Ataba ❼

Karte 6 D2 und E2. M *Ataba.*

Die Kairoer Oper wurde im Jahr 1868 in nur fünf Monaten nach dem Vorbild der Mailänder Scala errichtet. Zur Eröffnung im Rahmen der Feierlichkeiten zur Einweihung des Suezkanals spielte man Verdis Oper *Rigoletto*. Eigentlich sollte zu diesem Anlass *Aida* uraufgeführt werden, doch Maestro Verdi war nicht rechtzeitig mit der Komposition seines ägyptischen Musikdramas fertig geworden.

Statue des Ibrahim Pasha, Midan Opera

Der prunkvolle Holzbau der Oper wurde schnell eines der beliebtesten Gebäude Kairos. Nach einer Vorstellung brannte das Opernhaus 1971 bis auf die Grundmauern nieder. An seiner Stelle wurde ein weitaus weniger schönes Parkhaus errichtet, doch der Name des Platzes, Midan Opera, blieb erhalten. In der Mitte des Platzes steht etwas verloren das Reiterstandbild von Ibrahim Pascha (1789–1848). Der bekannte ägyptische General und Diplomat hatte sich um 1830 in mehreren Feldzügen in Palästina Verdienste erworben.

Hinter Midan Opera liegt Midan Ataba, ein Platz, der den Übergang vom modernen »europäischen« Kairo zum alten islamischen Kairo darstellt. Ab hier werden die Straßen enger und die Häuser schmaler und verwinkelter. Auf dem Midan Ataba herrscht zwar meist ein ohrenbetäubendes Verkehrschaos, aber in den umliegenden Straßen findet man mehrere interessante Märkte und Läden, die man besuchen sollte. Südwestlich des Platzes liegen einige Antiquariate, im Nordosten haben die Textilhändler ihre Stände, im Südosten werden Elektrogeräte angeboten, im Südwesten, vor dem alten Postamt, kann man Papier und Schreibwaren aller Art erstehen. Im Garten des Postamts ist auch das **National Postal Museum** (Nationales Postmuseum) untergebracht. Im Inneren gibt es alte Postwagen, Posträder, Briefkästen und natürlich Unmengen von Briefmarken zu besichtigen. Das **Cairo Puppet Theatre** (Kairoer Puppentheater) zeigt Vorstellungen für Erwachsene und Kinder.

National Postal Museum
Midan Ataba. M *Ataba.*
◯ *Sa–Do 9–13 Uhr.*

Cairo Puppet Theatre
Midan Ataba. M *Ataba.* ☎ *(02) 591 09 54.* ◯ *Vorstellung: Okt–Mai Di–So 11 Uhr, Do und Fr auch 18.30 Uhr.*

Straßenstand mit Kleidung vor einer Moschee am Midan Ataba

Museum für Islamische Kunst 8

Sharia Port Said. **Karte** 6 E3.
M *Mohammed Naguib.* *(02) 390 99 30.* *tägl. 8.30–16 Uhr; Ramadan 9–15 Uhr.* *Fr 11.30–13 Uhr.*

Außer dem berühmten Ägyptischen Museum besitzt Kairo eine Anzahl kleinerer, interessanter Museen. So hat das Museum für Islamische Kunst viele schöne Einzelstücke aus den Palästen, Moscheen und Wohnhäusern der mameluckischen Zeit zusammengetragen. Unter den Exponaten sind besonders die hölzernen Fensterläden *(maschrabija)* zu erwähnen. Kunstvoll durchbrochen, hielten sie die Sonne ab, ließen aber gleichzeitig eine kühle Brise in den Raum. Außerdem dienten sie als Sichtblenden, hinter denen Frauen unbeobachtet blieben, wenn sie auf die Straße hinabsahen.

Andere Stücke des Museums wurden aus alten Moscheen gerettet, so eine wertvolle *minbar* (Kanzel) aus dem 14. Jahrhundert und zwei schwere Holztüren mit Elfenbeinarbeiten.

Drei mit Mosaiken verzierte Springbrunnen zeigen, wie gut die Handwerker der islamischen Zeit mit Stein und Marmor umgehen konnten. Die Brunnen schmückten zur Zeit der Mamelucken und der osmanischen Besetzung die Empfangshallen reicher Kaufleute. In einem der Räume sind alte Glas- und Kupferkandelaber ausgestellt. Einige der Lampenkörper sind kunstvoll mit arabischer Ikonografie verziert und hingen einst in Moscheen. In anderen Räumen werden persische und türkische Keramik, alte Bücher und Handschriften sowie kostbare Teppiche und Diwans ausgestellt.

Kanonen im Innenhof des Abdeen-Palasts

Abdeen Palace Museum 9

Sharia al-Gamaa. **Karte** 6 D4.
M *Mohammed Naguib.* *(02) 391 00 42.* *Sa–Do 10–14 Uhr; Ramadan 10–13 Uhr.*

Der Abdeen-Palast war der Regierungssitz des Khediven Ismail. Teile des Baus mit über fünfhundert Zimmern sind heute für Besucher zugänglich. Die verschiedenen Ausstellungen umfassen eine große Waffensammlung, eine Auswahl von Staatsgeschenken, Objekte aus königlichen Ankäufen und eine reiche Kollektion an Silbergeschirr.

Seit Saladins Regierungszeit im 12. Jahrhundert wurde Kairo von der Zitadelle *(siehe S. 104ff)* aus regiert. Erst 700 Jahre später entstand ein neuer Palast nach europäischem Vorbild. Der französische Architekt Rousseau entwarf die Pläne, 1863 wurde mit dem Bau begonnen. Zehn Jahre später war der Abdeen-Palast fertig.

Nach der Abdankung von König Faruk I. im Jahr 1952 stand die Anlage lange leer. 1971 wurde der Thronsaal zum repräsentativen Empfangssaal der ägyptischen Regierung erhoben. 1988 ließ Präsident Mubarak die Räumen aufwändig restaurieren. Die Arbeiten zogen sich über mehrere Jahre hin und wurden 1992 durch ein Erdbeben unterbrochen; erst 1998 konnte das Museum eröffnen.

Betritt man den Palast durch die gepflegten Gärten an der Rückseite des Komplexes, so durchquert man zuerst mehrere schlichte Zimmerfluchten. Die Räume, in denen Staatsgäste empfangen werden, sind der Öffentlichkeit nicht zugänglich. Die riesige Sammlung arabischer Säbel, Schwerter und anderer Stich- und Hiebwaffen beinhaltet auch Geschenke an die früheren Khediven, Könige und Präsidenten. Die an Präsident Mubarak verliehenen Ehrenzeichen, Orden und Auszeichnungen sind in einem eigenen Raum ausgestellt. Das Tafelsilber, einst im Besitz der Familie von Mohammed Ali Pascha, enthält wertvolle Kristall- und Glasobjekte.

Im Innenhof des Museums steht ein großer Springbrunnen, der mit Büsten von Mohammed Ali, vom Khediven Ismail und von König Fuad I. umgeben ist.

Auffahrt zum Abdeen-Palast mit seinen schönen Gärten

PHILIPS
TRIX
ALO
GEMMA
البنك العربي
ARAB BANK

SONY
SAMBA
ClickGold
القمة في مستوى الخدمة
mita
ليبتون
ERICSSON

Beit as-Sennari ❿

Harat Monge, nahe Sharia Khayrat. **Karte** 4 D2. (02) 391 55 65. *Saad Zaghloul.* *Sa–Mi 9.30–15 Uhr.*

IM JAHR 1798 eroberte Napoleon Ägypten und brachte eine Armee von Wissenschaftlern, Gelehrten und Künstlern ins Land. In den darauf folgenden Jahren führte man die erste wissenschaftliche Studie über das antike Ägypten durch und publizierte sie als *Description de l'Egypte (siehe S. 20).*

Dieses *beit* (Haus) wurde 1794 für Ibrahim Katkhuda as-Sennari gebaut, einen Okkultisten aus dem Sudan. Es war Napoleons Hauptquartier in Kairo und besitzt einige hölzerne *Maschrabija*-Fensterverkleidungen, einen schönen Hof und drei original eingerichtete Räume. Nach umfangreichen Renovierungsarbeiten wurde das Haus als Institut der Angewandten Künste mit Ausstellungen von Glaswaren, Textilien und Töpferwaren sowie Werken lokaler Künstler wiedereröffnet.

Arabische Fensterverkleidung im ersten Stock des Beit as-Sennari

Mausoleum des Saad Zaghloul ⓫

Sharia Mansour. **Karte** 5 B5. *Saad Zaghloul.*

SAAD ZAGHLOUL (1853–1927) versuchte über Jahrzehnte, die Briten aus Ägypten zu vertreiben. Für eine Weile war er Ägyptens Premierminister, und selbst seine Gegner zollten Zaghloul ihren Respekt. Kurz nach seinem Tode wurde ihm zu Ehren dieses große Mausoleum errichtet. Es erinnert durch die nach außen gebogenen Simse und die zwei großen Lotuspfeiler am Eingang an ein pharaonisches Denkmal.

Auch das ehemalige Wohnhaus von Saad Zaghloul, das **Beit al-Umma** (Haus der Nation), kann besichtigt werden. Es liegt nur eine kurze Wegstrecke entfernt. Die meisten Räume sind im Originalzustand erhalten und zeigen Zaghlouls Möbel und private Gebrauchsgegenstände.

Elegant gerundete Fassade eines Wohnhauses in der grünen Garden City

Beit al-Umma

Sharia Darih Zaghloul. *Sadat.* *tägl.*

Garden City ⓬

Karte 5 A5. *Sadat.*

GARDEN CITY (Gartenstadt) ist eines der schönsten und ruhigsten Viertel in Kairo. Der Stadtteil wurde als begrünter Vorort angelegt, in dem sich die britischen Offiziere und Beamten der Illusion hingeben konnten, sie wären im ländlichen Südengland – also weit weg von den staubigen, trockenen Straßen Kairos. Die Straßen sind als gewundene Landstraßen entworfen, doch statt angelsächsischer Eichen und Buchen stehen hier einheimische Palmen, Gummi- und Mangobäume. Die Villen werden seit dem Abzug der Engländer von bekannten Ärzten, Bankiers und Politikern bewohnt.

Heute sieht man in der Gartenstadt eine Unmenge teurer, aber unschöner Apartmentbauten. Fast alle Botschaften haben hier ihren Sitz. Garden City bietet noch immer eine willkommene Erholung von der Hektik Kairos, ein Spaziergang durch die Straßen mit den schönen Häusern ist wohltuend. Ein Gebäude ist besonders erwähnenswert: die **Grey Pillars** (Graue Pfeiler) an der Sharia as-Suraya. Hier befand sich während des Zweiten Weltkriegs das Hauptquartier der alliierten Streitkräfte in Afrika.

Corniche el-Nil ⓭

Karte 5 A4. *Sadat.*

DIE CORNICHE ist der Ort, an dem sich die Bewohner Kairos am liebsten zu einem Spaziergang treffen. Für eine Stadt, die wenig öffentliche Parks zu bieten hat, kommt

Blick über den Nil von der Corniche nördlich der Insel Roda

◁ **Sharia Ramses und Kubri 6 October – eine Schneise im Zentrum vom Kairo** das Nilufer einem Park am nächsten. Jeden Abend gehen hier Familien spazieren, Liebespaare halten sittsam Händchen, und alle genießen die kühle Brise, die vom Wasser des Nil herüberweht.

Auf einer Feluke *(felucca)* kann man den Fluss noch besser genießen. Diese kleinen Boote mit dreieckigem Segel werden seit der Antike auf dem Nil benutzt. Sie können stundenweise gemietet werden, ihre Kapitäne warten an verschiedenen Landungsstegen auf Kunden. Einer davon ist gegenüber dem Semiramis Hotel, ein anderer am Dokdok, gegenüber der nördlichen Spitze der Insel Roda. Abends in einer Feluke den Fluss hinabzugleiten ist ein wunderschöner Abschluss eines anstrengenden Tags.

Fliehender Mameluck, Gemälde von Regnault im Manial-Palast

Manial Palace ⓮

Sharia al-Saray, Insel Roda. **Karte** 3 B2. *(02) 531 55 87.* *Sayyida Zeinab.* *tägl. 8.30–16 Uhr.*

DIESE EHEMALIGE königliche Residenz an der nördlichen Spitze der Insel Roda wurde für Prinz Mohammed Ali Tawfiq gebaut, einem Nachkommen des berühmten ägyptischen Herrschers Mohammed Ali und Onkel des ägytischen Königs Faruk I. Der Manial-Palast entstand 1899–1929, er ist ein erstaunliches Konglomerat aus fünf separaten Gebäuden unterschiedlicher islamischer Baustile.

Außenansicht des Mahmoud Khalil Museum von Kairo

Neben dem pseudomittelalterlichen Tor steht ein maurischer Turm, der zur türkischen Moschee Mohammed Ali gehört. Im so genannten Jagdmuseum kann man über 300 ausgestopfte Gazellenköpfe besichtigen.

Der eigenwillige Stilmix des Palasts setzt sich auch im Inneren fort. Den syrischen Raum krönt eine reich bemalte Holzdecke, ein ottomanischer Raum ist ausgestattet mit türkischer Keramik aus Anatolien, in der ägyptischen Ecke wurden Fenster mit *maschrabijas* eingebaut. Unter den Ausstellungsstücken im Blauen Salon befindet sich ein Gemälde, auf dem ein Mameluck auf seinem Pferd über die Mauern der Burg springt. Das Bild stammt von Henri Regnault (1843–1871) und beschreibt einen Vorfall, der sich während Mohammed Alis Unterdrückung der mameluckischen Revolte des Jahres 1826 zugetragen haben soll.

Hinter der Residenz und dem Park mit Feigenbäumen, Palmen und indischen Gummibäumen stößt man auf den Thronsaal. Der Prunkraum mit rotem Teppich wurde mit Porträts der illustren Vorfahren von Prinz Mohammed Ali Tawfiq ausgestattet. Obwohl der Prinz den Thron nie bestieg, hatte er sich im Palast eine Art Hofstaat aufgebaut.

Detail der Moschee Mohammed Ali im Manial Palace

Mahmoud Khalil Museum ⓯

1 Sharia Kafour, nahe Sharia Giza. **Karte** 1 A4. *(02) 336 23 58 oder (02) 336 23 59.* *Doqqi.* *Di–So 10–17.30 Uhr.*

ES WIRKT überraschend, dass Kairo eine beachtliche Kollektion impressionistischer Bilder besitzt. Sie wurden von Mohammed Mahmoud Khalil (1876–1953) gesammelt, einem bekennenden Frankreichbewunderer, engagierten Förderer der Künste und zwischen 1930 und 1950 auch Politiker. Khalil hinterließ seine Kunstsammlung, sein schönes Herrenhaus im Stil der Belle Époque und einen Teil seines Vermögens dem Staat. Khalils Kunstsammlung wurde entfernt, als das Haus während der Regierungszeit Sadats (1970–81) als offizielle Residenz des Präsidenten diente. In den frühen 1990er Jahren wurde das Museum unter Präsident Mubarak wieder der Öffentlichkeit zugänglich gemacht. Die Gemälde von Corot, Degas, Ingres, Millet, Monet, Pissarro, Renoir, Sisley und Toulouse-Lautrec werden heute in klimatisierten Räumen ausgestellt. Der besondere Stolz der Sammlung sind Gauguins Werk *La Vie et la Mort* und van Goghs *Genêts et Coquelicots*.

Moderne Plastik auf dem Gelände des Opernhaus-Komplexes

Opernhaus-Komplex ⓰

Sharia at-Tahrir, Gesira. **Karte** 1 A5. *Gezira.* *(02) 739 81 44.*

Als Geschenk Japans an Ägypten wurde der Opernhaus-Komplex im Jahr 1988 eröffnet. Das alte Opernhaus war 1971 bis auf die Grundmauern niedergebrannt *(siehe S. 78)*. Die Oper selbst befindet sich im Zentrum der Anlage. Der äußerst vielfältige Spielplan bietet Aufführungen von Künstlern aus aller Welt an, z. B. das Bolschoi-Ballett *(siehe S. 300f)*.

Auf der anderen Seite des Rasens steht das **Museum of Egyptian Modern Art** (Museum für moderne ägyptische Kunst), das schon seit 1908 ägyptische Künstler ausstellt. Einer der Maler, der größere Beachtung verdient, ist Mahmoud Said (1897–1964; *siehe S. 240*). Er benützt in seinen Bildern warme schimmernde Farben, seine Themen sind oft die stolzen, würdevollen Fellachen (Bauern). Auf dem Gelände befinden sich zwei weitere Kunstgalerien: Die Nil-Galerie und die Hanager-Galerie, die beide Wechselausstellungen der zeitgenössischen Kunst Ägyptens präsentieren.

Museum of Egyptian Modern Art
Opernhaus-Komplex, Gesira.
Gezira. *(02) 736 66 65.*
tägl. 10–13 Uhr, 17–21 Uhr.

Kairo-Turm ⓱

Sharia Hadayek el Zuhreya. **Karte** 1 B5. *Gesira.* *(02) 735 71 87.*
tägl. 8–24 Uhr.

Die südliche Hälfte von Gesira (das arabische Wort für Insel) ist fast völlig eben – ein idealer Standort für den 185 Meter hohen »Cairo Tower«. Der Turm wurde in den späten 50er Jahren (20. Jh.) erbaut und besitzt die Form eines Gitterrohrs, das sich am Ende leicht auffächert. Von der Dachterrasse aus kann man den östlichen Rand Kairos sehen, wo das graue Häusermeer am felsigen Rand der Mokkatam-Hügel endet. Die Umrisse der Pyramiden markieren den westlichen Stadtrand, dahinter beginnt die Wüste. Unterhalb des Turms teilt der Nil Kairo in zwei Teile.

Die beste Zeit für einen Besuch ist der frühe Abend. Wenn die Sonne untergeht, die Stadt sich in ein Lichtermeer verwandelt und die Rufe zum Abendgebet die Luft erfüllen, ist Kairo einfach bezaubernd.

Pferdekutsche (*hantour*) an der Flusspromenade

Blick von der Insel Roda auf Opernhaus-Komplex und Kairo-Turm

Promenade am Nil ⓲

Gesira. **Karte** 1 B5. *Gezira.*

Die breite Flusspromenade in Gesira wurde in den späten 90er Jahren (20. Jh.) angelegt. Von hier hat man einen schönen Blick auf die Skyline der gegenüber liegenden Seite des Nils. Der Spazierweg beginnt am Fuß der eleganten Brücke Qasr el-Nil, die von Dorman Long & Co erbaut wurde (die Londoner Architekten entwarfen u. a. auch die Hafenbrücke in Sydney), und führt bis in den Stadtteil Zamalek im nördlichen Teil der Insel Gesira.

Zwischen Promenade und Hauptstraße befindet sich der kleine **Andalusische Garten** mit Rasen, Bänken und einem Obelisken aus Heliopolis. An der Straße am Garten warten *hantours* (Pferdekutschen, auch *caleches* genannt) darauf, angemietet zu werden. Eine Rundfahrt in einer dieser Kutschen ist eine nette Art, die Insel kennen zu lernen – leider müssen Sie für dieses Vergnügen gesalzene Preise bezahlen.

Entlang der Promenade schaukelt eine Reihe früherer Nilschiffe, von denen die meisten zu schwimmenden Bars und Restaurants umgebaut wurden *(siehe S. 282ff)*.

Zamalek ⓳

Gesira. **Karte** 1 A3.

Auf der nördlichen Hälfte von Gesira liegt das Nobelviertel Zamalek. Die Hauptdurchfahrtsstraße, die Sharia 26 July, verläuft diagonal und ist der beste Ort für europäischen Lebensstil. Im Simonds wird der beste Cappuccino der Stadt serviert, im Maison Thomas bekommt man die beste Pizza Ägyptens, und an den Ständen werden zahlreiche europäische Zeitungen und Magazine angeboten.

Eingang des Cairo Marriott Hotel, ehemals der Palast von Gesira

Zamaleks berühmtestes Wahrzeichen sind die sandfarbenen Zwillingstürme des Hotels Cairo Marriott. Das Luxushotel im arabischen Stil *(siehe S. 265)* wurde um einen Palast herum erbaut, der 1869 für die Kaiserin Eugénie von Frankreich errichtet wurde, als sie der Eröffnung des Suezkanals beiwohnte.

Hinter dem Marriott befindet sich in einer kleinen Villa im islamischen Stil das **Gezira Arts Center** (Kunsthandwerkszentrum Gesira). Hier kann man gemusterte arabische Keramikkrüge, Tabletts, Schüsseln und Fliesen kaufen. Ganz in der Nähe ist in einer größeren eleganten Villa das **Akhenaten Centre of Arts** (Echnaton-Kunstzentrum) untergebracht. Der staatliche Galeriekomplex organisiert regelmäßig Ausstellungen mit Arbeiten zeitgenössischer ägyptischer Künstler.

Im Norden der Insel sieht man an ruhigen, sauberen Straßen viele prächtige Villen in unterschiedlichen Baustilen. Auch hier werden viele der schönsten Anwesen von Botschaften genutzt. Die **Greater Cairo Library** (Bibliothek Großraum Kairo) ist Ägyptens wichtigste Quelle für Information über die Hauptstadt. In ihren Räumen lagern viele interessante Bücher, Pläne, Dokumente und Aufsätze, die sich auf die Geschichte der Stadt beziehen.

Gezira Arts Centre

1 Sharia Sheikh al-Marsafi. *(02) 737 32 98. Sa–Do 10–13.30 Uhr, 18–22 Uhr (Winter 17–21 Uhr).*

Akhenaten Centre of Arts

1 Sharia Mahaad al-Swissri. *(02) 735 82 11. Sa–Do 10–13.30 Uhr, 18–22 Uhr (Winter 17.30–21 Uhr).*

Greater Cairo Library

15 Sharia Mohammed Mazhar. *(02) 736 22 80. Sa–Do 9–17 Uhr.*

Hausboote

Am westlichen Nilufer liegt eine kleine Flotte alter zweistöckiger Hausboote vertäut. Diese Art der Behausung gibt es hier in Zamalek seit den frühen 20er Jahren des 20. Jahrhunderts. Als sie nach und nach mit Gas, Elektrizität, Wasser und Telefonen versehen waren, wurden viele der Boote in schwimmende Cafés, Kasinos oder Nachtklubs umgewandelt. 1943 wurde auf einem der Hausboote, das damals der Bauchtänzerin Hekmat Fahmy gehörte, der deutsche Spion Hans Eppler gefangen genommen. Diese Episode war die Basis für Ken Follets Roman *Der Schlüssel zu Rebecca*. Alle Boote werden heute als private Wohnungen genutzt und sind nicht zu besichtigen.

Hausboot in der Nähe der Brücke des 15. Mai

Blick von der Brücke des 15. Mai auf die Hochhäuser im Westen von Zamalek

ISLAMISCHES KAIRO

Nach der Eroberung Ägyptens durch islamische Heere im Jahr 641 gründeten die neuen muslimischen Herrscher die Stadt Al-Fustat. Nachfolgende Dynastien verlegten ihre Hauptstädte immer weiter in den nordöstlichen Teil des unteren Nildeltas. Erst Saladin ließ auf einem Felsenplateau nahe dem heutigen Kairo eine imposante Zitadelle *(Al-Qalaa)* errichten und legte dadurch den Standort der zukünftigen ägyptischen Hauptstadt fest. In der Ära der Mamelucken (1250–1517) kamen viele Moscheen, Paläste, Mausoleen sowie einige Stadtviertel hinzu. Die verwinkelte Altstadt Kairos bietet dem Besucher auch heute noch ein einzigartiges Gemisch aus faszinierenden Ansichten, arabischen Klängen und aufregenden Gerüchen.

Säcke mit Gewürzen im Basar Khan al-Khalili

SEHENSWÜRDIGKEITEN AUF EINEN BLICK

Moscheen und historische Gebäude
Al-Ghouri-Komplex 7
Bein al-Qasreen 8
Beit as-Suhaymi 12
Beit Zeinab Khatoun und Beit al-Harawi 5
Derwisch-Theater 24
Moschee al-Aqmar 11
Moschee al-Ashar 4
Moschee al-Hakim 14
Moschee ar-Rifai 23
Mosche as-Salih Talai 19
Moschee Ibn Tulun S. 110 f 26
Moschee Sayyidna al-Hussein 3
Moschee Sultan Hassan 22
Nördlicher Friedhof 16
Qasr Beshtak 9
Sabil-Kuttab Abdel Katkhuda 10
Sabil-Kuttab Qaitbey 25
Sharia al-Muizz li-Din Allah 13
Wikala al-Ghouri 6
Zitadelle S. 104 ff 21

Basare und Märkte
Khan al-Khalili 1
Markt der Zeltmacher 20
Sharia Muski 2
Teppichbasar 17

Stadtmauern und Stadttore
Bab Zuweila 18
Nördliche Stadtmauern und Tore 15

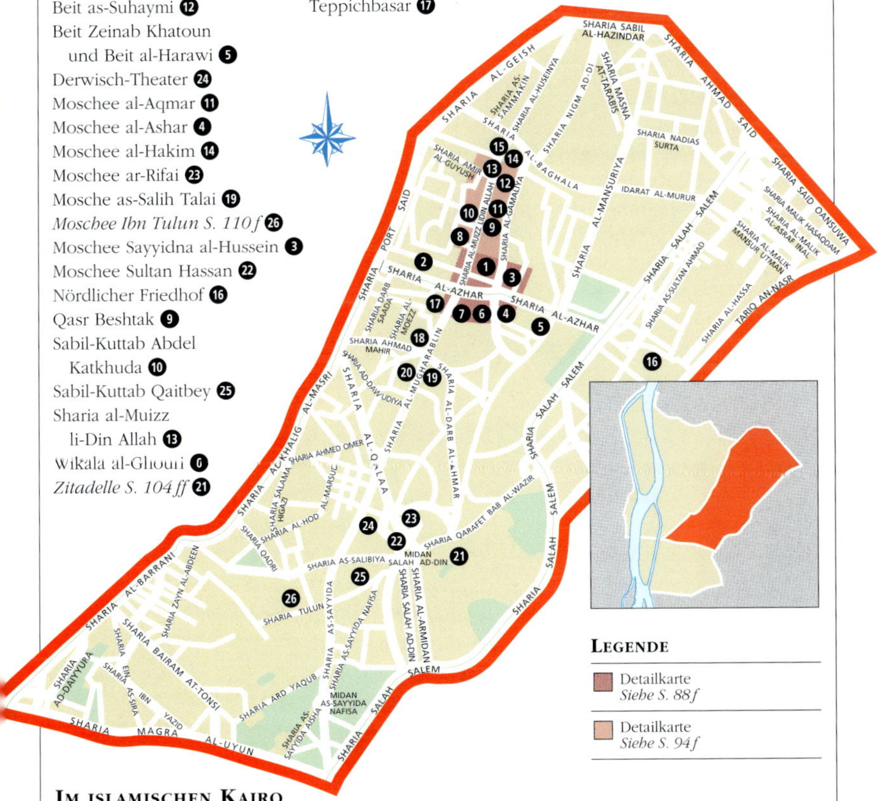

LEGENDE

Detailkarte *Siehe S. 88 f*

Detailkarte *Siehe S. 94 f*

0 Meter 800

IM ISLAMISCHEN KAIRO UNTERWEGS

Am besten erkundet man diesen Stadtteil Kairos zu Fuß. Man braucht einige Tage, um die historischen Bezirke Alt-Kairos kennen zu lernen. Beginnen Sie an einem zentralen Ausgangspunkt wie dem Khan al-Khalili oder der Zitadelle, und schlendern Sie einfach durch die Straßen.

◁ **Prägend für die Silhouette des islamischen Kairo: die Kuppeln der Moschee Mohammed Ali in der Zitadelle**

Im Detail: Der Basar Khan al-Khalili

Stand an Al-Muizz li-Din Allah

Eine Besichtigung des islamischen Kairo sollte am Khan al-Khalili beginnen. Das arabische Einkaufsparadies war und ist das Herz des Stadtviertels. Im Mittelalter lag der Basar zwischen Al-Muizz li-Din Allah und Midan Hussein, heute erstreckt er sich bis in die umliegenden Wohngebiete. Die Läden und Verkaufsstände haben sich zu den alten Stadttoren im Norden und Süden ausgebreitet. Am besten lässt sich die Atmosphäre des Basars in den Gassen und Hallen im alten Teil des Khalili genießen. Die Moscheen rund um den Basar bieten Ruhe und Schutz vor aufdringlichen Händlern.

Moschee al-Ashraf Barsbey
1423 erbaut, besitzt die Moschee eine wundervolle, mit Elfenbeinintarsien verzierte Kanzel.

Al-Muizz li-Din Allah
Diese belebte Straße war jahrhundertelang eine der Hauptdurchgangsstraßen von Kairo.

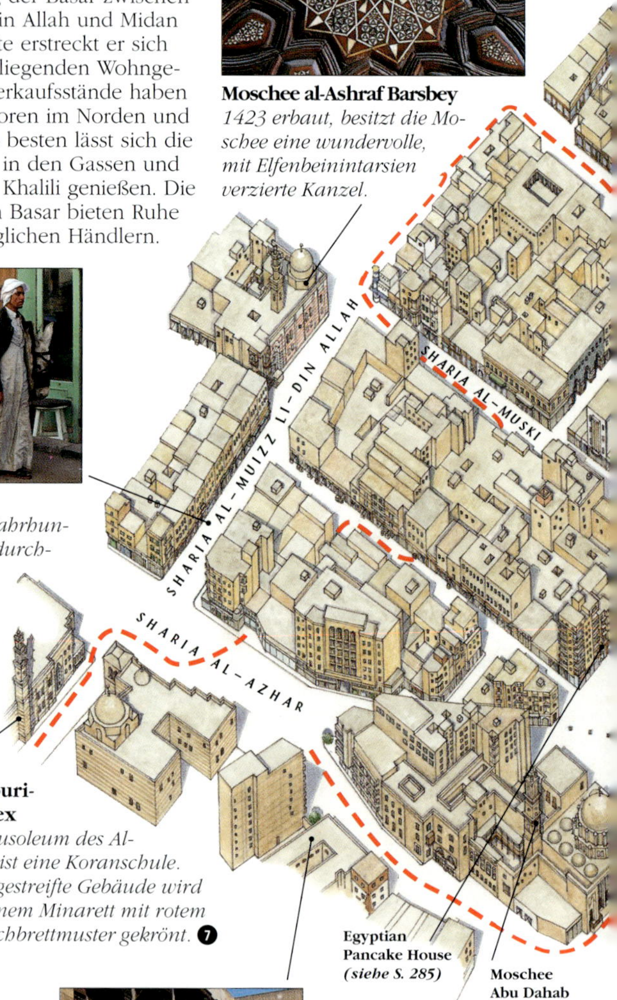

Al-Ghouri-Komplex
Das Mausoleum des Al-Ghouri ist eine Koranschule. Das rotgestreifte Gebäude wird von einem Minarett mit rotem Schachbrettmuster gekrönt. ❼

Egyptian Pancake House *(siehe S. 285)*

Moschee Abu Dahab

Legende

– – – Routenempfehlung

★ Wikala al-Ghouri
Diese Krawanserei (arabisch wikala*) ist das am besten erhaltene Beispiel einer mittelalterlichen Herberge für Kaufleute. Heute wird hier Kunsthandwerk produziert.*

Nicht versäumen

- ★ Wikala al-Ghouri
- ★ Khan al-Khalili
- ★ Moschee al-Azhar

★ Khan al-Khalili
Die glitzernden Schätze Arabiens verwandeln den Basar zu einem magischen Ort. In den Gassen wird von Wasserpfeifen über Teppiche bis hin zu Gewürzen und Seide alles verkauft, was das Herz begehrt. ❶

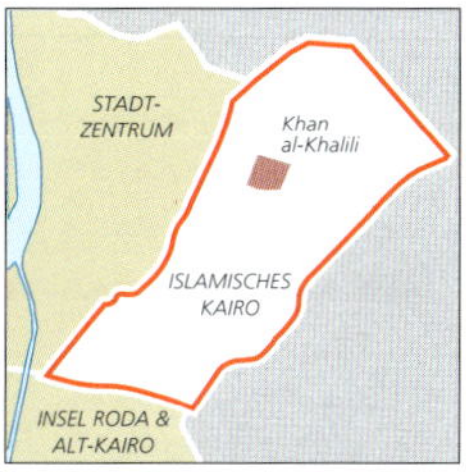

ZUR ORIENTIERUNG
Siehe Kartenteil, Karte 2

0 Meter 50

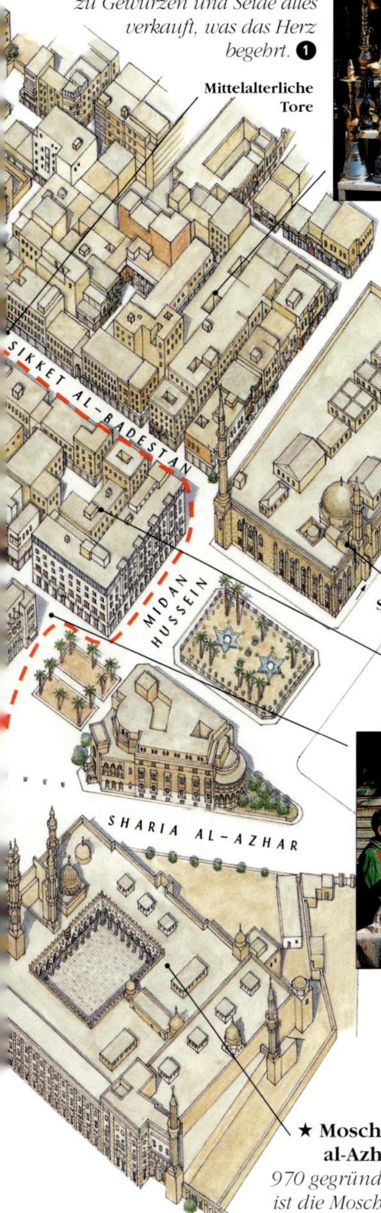

Mittelalterliche Tore

Moschee Sayyidna al-Hussein
In der heiligsten Moschee von ganz Kairo soll der Kopf von Hussein, dem Enkel des Mohammed, aufbewahrt sein. Die Moschee wurde 1870 vollendet, der Zugang ist Muslimen vorbehalten. ❸

Stadttore

Fishawi's Café
(siehe S. 90)

Sharia Muski
Der Markt wird viel von Einheimischen besucht. Von Hochzeitskleidern über Plastikmöbel bis zu Kinderspielzeug wird hier vielerlei angeboten. ❷

★ Moschee al-Azhar
970 gegründet, ist die Moschee eine der ältesten der Stadt. Der Mix aus Architekturstilen schließt auch das Tor der Barbiere (18. Jh.) ein. ❹

Eines der beiden reich verzierten Steintore im Khan al-Khalili

Khan al-Khalili ❶

Karte 2 F5. *oder Taxi zum Midan al-Hussein.* *tägl. (am Sonntag haben nur wenige Läden geöffnet).*

VON GARKAS AL-KHALILI, dem Stallmeister des Sultan Barquq, im Jahr 1382 erbaut, ist der Khan al-Khalili einer der größten Basare des Mittleren Ostens. So stellt man sich den Orient von *Tausendundeiner Nacht* vor: Gold, Silber, Bronze und Kupfer schimmern verlockend in dunklen Räumen, und Säcke mit Gewürzen erfüllen die Luft mit betörendem Duft. Das Labyrinth der Gassen ist mit Segeltuch überdacht, die Läden sind bis unter das Dach angefüllt mit Waren aller Art. Außerdem ist hier noch traditionelles ägyptisches Handwerk zu Hause: Die Färber, Holzschnitzer und Schneider arbeiten – wie seit Hunderten von Jahren – in offenen Ladenwerkstätten.

Khan al-Khalili ist natürlich auch eine Hauptattraktion für alle Besucher von Kairo. Busladungen von Touristen fallen ein, um Kitsch, Schmuck und Souvenirs zu kaufen. Und davon gibt es im Khan al-Khalili mehr als genug.

Der Basar hat sich schnell vergrößert. Die *wikalas* (Herbergen) der Händler dienten auch als Lagerhäuser und Verkaufsräume. Fast alle *wikalas* sind verschwunden, nur einige blieben in den Seitenstraßen erhalten. Unweit der Sharia Muski führen Stufen zum oberen Stock der **Wikala Silahdar** (1837), in der man noch die früheren Wohnräume zum Innenhof besichtigen kann. In der Badestan-Straße wurden während Sultan al-Ghours Regentschaft (1501–16) zwei verzierte Steintore errichtet. Sie sind die ältesten Bauwerke im Khan al-Khalili.

Neben den angebotenen Waren gibt es hier noch eine andere Attraktion Alt-Kairos: Das legendäre **Fishawi's**, wahrscheinlich Kairos ältestes Kaffeehaus, war in den letzten 200 Jahren Tag und Nacht geöffnet. Die Gäste sitzen an kleinen Tischen, paffen ihre *sheeshas* (Wasserpfeife) und schlürfen Pfefferminztee.

Weitere Informationen über Läden und Märkte in Kairo und Ägypten *siehe S. 296f.*

Obstverkäufer am Wochenmarkt an der Sharia Muski

Sharia Muski ❷

Zwischen Midan Ataba und Midan al-Hussein. **Karte** 6 F3.

IN EINER STADT, die aus allen Nähten platzt, ist die Sharia Muski wahrscheinlich die überfüllteste aller Straßen. Bevor die Sharia al-Azhar Mitte des 20. Jahrhunderts durch die Stadtmitte gezogen wurde, war die Sharia Muski die Hauptverbindung zwischen dem Basar Khan al-Khalili und der Innenstadt von Kairo. Die Läden hier quellen über mit Ramsch und billigen Textilien. Wo der Khan al-Khalili beginnt, stehen Parfüms und »Antiquitäten« zum Verkauf. Kurz vor dem Midan al-Hussein werden glitzernde Bauchtänzerinnenkostüme hergestellt und verkauft.

Die vielfältige Geräuschkulisse der Sharia Muski entspricht dem Warenangebot: Fliegende Händler preisen lauthals ihre Waren an, Getränkeverkäufer, die Lakritzwasser verkaufen, verschaffen sich schreiend Raum. Die skeptischen Kairoer Hausfrauen prüfen und feilschen lautstark. Der lebendige Charakter dieser Einkaufsstraße gibt Kairos Alltag sicherlich am besten wieder.

Moschee Sayyidna al-Hussein ❸

Midan al-Hussein. **Karte** 2 F5.
Zutritt nur für Muslime.

DIE WICHTIGSTE Moschee Ägyptens gilt als heilige Stätte des Islam und darf nur von Muslimen betreten werden. Hunderte kommen hier jeden Tag zum Gebet, an Feiertagen können es mehr als 10 000 Gläubige sein. Die Moschee wurde 1870 auf den Grundmauern einer älteren Moschee aus dem 12. Jahr-

Stand mit Kupfer- und Lederwaren im Khan al-Khalili

Kuppeln und Minarette der Moschee al-Ashar

hundert erbaut. In ihrem Inneren wird eine der heiligsten Reliquien des Islam aufbewahrt – der Kopf al-Husseins, eines Enkels des Propheten Mohammed.

Der Islam ist in die Anhänger von al-Hussein (Schiiten) und die Anhänger der Omaijaden (Sunniten) gegliedert. Beide Glaubensrichtungen nehmen für sich in Anspruch, die legitimen Nachfolger des Propheten Mohammed zu sein. Während des jährlichen religiösen *Moulid* (Fest) von al-Hussein strömen Tausende auf den Midan al-Hussein. Im Gegensatz zu den Gedenkfeiern im überwiegend schiitischen Iran gleichen die Festtage in Kairo aber eher einem friedlichen Volksfest.

Moschee von al-Ashar ❹

Sharia al-Azhar. **Karte** 2 F5. ☐ *tägl.* ● *Fr 12–14 Uhr nur für das Mittagsgebet der Muslime geöffnet.* ☐

IM SÜDWESTEN des Midan al-Hussein liegt eine der bedeutendsten religiösen Institutionen Kairos, die Moschee al-Ashar. Sie wurde im Jahr 970 von den Fatimiden als Moschee und als ein wichtiges Studienzentrum für islamische Religionsethik errichtet. Obwohl die Fatimiden 200 Jahre später die Macht verloren, blieben die Moschee und die islamische Universität bis in die heutige Zeit ein Mittelpunkt des religiösen und politischen Lebens Ägyptens.

Heute ist der Scheich der Moschee al-Ashar die höchste religiöse Autorität des Landes. Die angeschlossene Universität hat viele Zweigstellen im Nahen Osten, inklusive einer separaten Fakultät für Frauen. An der al-Ashar lehrt man den Koran und islamisches Recht, andere Studienfächer umfassen Geisteswissenschaften und religiöse Rhetorik. Seit einer Reorganisation 1961 sind neue Fakultäten wie Medizin, Landwirtschaft, Technik und Wirtschaft hinzugekommen.

Von der ursprünglichen architektonischen Struktur der Moschee ist nur wenig erhalten. Im Laufe der Jahrhunderte entstand ein Stilgemisch aus verschiedensten Perioden islamischer Baukunst. Interessant ist das **Tor der Barbiere** aus dem 18. Jahrhundert, wo sich die Studenten ihre Köpfe scheren ließen. Als Besucher betritt man durch dieses Tor einen Innenhof, der von zwei *madrassas* (Medrese, Studierzimmer) aus dem 14. Jahrhundert flankiert wird. Der linke Raum ist normalerweise offen, und man sollte nicht versäumen, sich die wertvoll verzierte *mihrab* (Nische oder Kanzel, die die Richtung nach Mekka anzeigt) anzusehen. Im Zentrum der Moschee befindet sich der große Innenhof *(sahn)*. Obwohl hier kein Unterricht mehr abgehalten wird, kommen Studenten vorbei, um im Schatten der Arkaden den Koran zu studieren.

Besucher sollten sich an die Regeln halten: Frauen müssen den Kopf bedecken, bloße Beine oder Arme sind verboten. Männer sollten die Schuhe ausziehen und nicht rauchen.

Beit Zeinab Khatoun und Beit al-Harawi ❺

Harat al-Azhar. **Karte** 2 F5. ☐ *tägl.* ☐

ZWISCHEN DER Südmauer der Moschee al-Ashar und einer *wikala* führt eine enge Gasse zu einem kleinen, begrünten Platz. An der Nordseite steht Beit Zeinab Khatoun, eine Stadtvilla aus osmanischer Zeit, 1486 erbaut und in den 90er Jahren des 20. Jahrhunderts restauriert. An der Südseite steht das Beit al-Harawi von 1731, einst Wohn- und Geschäftshaus eines reichen Kairoer Kaufmanns.

Beide Anwesen sind schöne Beispiele für die kultivierte islamische Architektur, die einstmals das Stadtbild Kairos prägte. Besonders das Beit al-Harawi besitzt einige schöne *maschrabijas* (geschnitzte hölzerne Fensterläden) und prunkvoll bemalte Decken. Beide Häuser wurden um zentrale Höfe herum angelegt. Luftige Räume, dunkle Steinböden und vor allem die Brunnen im Innenhof hielten die Hitze der Außenwelt ab. Die Häuser sind tagsüber für Besucher geöffnet. Seit der Renovierung dienen sie als Kulturzentrum, in dem Musik und Theateraufführungen stattfinden *(siehe S. 298ff)*.

Fein geschnitzte *maschrabija* vor den Fenstern des Beit Zeinab Khatoun

Wandteppich mit Wasser tragenden Frauen – Kunsthandwerk in der Wikala al-Ghouri

Wikala al-Ghouri ❻

Sharia al-Azhar. **Karte** 2 F5. *(02) 511 04 72.* *tägl. 9–15 Uhr.*

KARAWANSEREIEN, auch *khans* oder *wikalas* genannt, waren Raststätten für Kaufleute, die mit den großen Karawanen aus Nordafrika und aus dem Nahen Osten kamen. Sie boten Verpflegung, Ställe, Lagerplätze und waren gleichzeitig ein Umschlagplatz für Waren aller Art. Eine typische *wikala* war eine rechteckige Anlage mit zentralem Innenhof sowie einem schweren Haupttor, das nachts abgeschlossen wurde. Im Erdgeschoss waren die Lagerräume und Ställe untergebracht, die Händler hatten ihre Quartiere im oberen Stock. In der mameluckischen Ära, Kairos Goldenem Zeitalter, wurden *wikalas* mit bis zu fünf Stockwerken gebaut. Einige schöne Exemplare aus späteren Jahrhunderten, z. B. die dreistöckige Wikala al-Ghouri aus dem 17. Jahrhundert, wurden originalgetreu restauriert. In den oberen Etagen sorgen schöne *maschrabijas* für Schatten. Heute dient die *wikala* als Kunst- und Handwerkszentrum. Einzelne Räume wurden zu Ateliers umfunktioniert, im Erdgeschoss wird Kunsthandwerk der Beduinen angeboten. An manchen Abenden ist der Innenhof auch Konzertraum oder Theaterbühne.

Innenhof der dreistöckigen Wikala al-Ghouri

Tischler im Hof der Wikala al-Ghouri

Al-Ghouri-Komplex ❼

Sharia al-Muizz li-Din Allah. **Karte** 2 F5. *(02) 511 04 72.* *tägl. 9–24 Uhr.* *Fr 11.30–13.30 Uhr.*

EINER DER schönsten Bauten Kairos, der Al-Ghouri-Komplex von 1505, besteht aus zwei schwarzweißen Gebäuden beiderseits einer engen Marktstraße. Ihr Erbauer, Qansuh Al-Ghouri, war einer der letzten mameluckischen Sultane. Bei einer Schlacht gegen die Osmanen kam er 1516 ums Leben, der Leichnam wurde nie gefunden. In seinem Mausoleum, dem Gebäude an der Ostseite des Komplexes, wurde sein Nachfolger Tumanbey zur Ruhe gebettet. Einige Versuche, über der Grabkammer eine Kuppel zu bauen, schlugen auf Grund der instabilen Dachkonstruktion fehl. Ein Teil des Mausoleums dient heute als Kulturzentrum und Theater, in dem Mittwoch und Samstag abends tanzende Derwische auftreten. Vom Dach der Moschee Al-Ghouri und der Medrese auf der Westseite hat man einen schönen Ausblick auf das islamische Viertel. Bemerkenswert sind die vier Minarette mit ihren Zwiebeltürmen. Im 18. Jahrhundert wurden die Zwillingsgebäude des Al-Ghouri-Komplexes durch ein hölzernes Dach miteinander verbunden. Die überdachte Straße ist seitdem Marktplatz der Seidenhändler.

TANZENDE DERWISCHE

Kairos tanzende Derwische sind Angehörige der Bruderschaft der Sufis, einer mystischen Sekte des Islam. Die Sufis wurden wegen ihrer einfachen Wollkleidung mit Armut und Askese in Verbindung gebracht, der Begriff »Sufi« kommt von *suf*, dem arabischen Wort für Wolle. Die Sufis streben durch Meditation, Rezitation, Tanz und Musik danach, näher zu Gott zu kommen. Die tanzenden Derwische, so genannt nach ihrem kreiselnden Tanz, gewähren einen seltenen Einblick in die ansonsten geheimen Riten der Sufis. Die Gruppe tritt zweimal wöchentlich im Al-Ghouri-Komplex auf, die Show ist eine faszinierende Darbietung. Die Tänzer drehen sich in ihren grellbunten Gewändern wie die Kreisel, während die Musiker hypnotisierende Trommelsynkopen anschlagen. Die Aufführungen sind sehr beliebt, es ist ratsam, sich einige Zeit vor Beginn (20 Uhr) einzufinden *(siehe auch S. 298)*.

Tanzende Derwische zeigen ihre hypnotischen Tanzrituale

Minarette und Kuppeln

EINE DER GRÖSSTEN Leistungen der islamischen Kunst ist die Verzierung der vielen Minarette und Kuppeln. Das Kunsthandwerk blühte zur Zeit der Mamelucken (1250–1517) auf. Die Minarette verwandelten sich von kurzen plumpen Türmen zu schlanken, eleganten Spitztürmen mit geschnitzten Ballustraden und gedrechselten Säulen. Die Steinkuppeln der Mausoleen der Stadt sind ebenfalls typisch für die mameluckische Architektur. Die charakteristische Formgebung begann im frühen 14. Jahrhundert. Anfangs waren es nur einfache Runddächer, bald wurden die Kuppeln mit schlichten Stabmustern verziert, später folgten verschlungene geometrische Applikationen und schließlich eine überquellende Ornamentfülle mit Blitzen, Sternen und Blumen. Mit der Ankunft der Türken in Ägypten kehrte man in der Grabkunst zu einem klaren, schlichten Stil zurück.

Halbmond-Symbol

MINARETTE

Die eleganten Türme sind in drei Kategorien einzuteilen: Türme mit quadratischer Basis aus der Zeit der Fatimiden, verzierte, dreifach unterteilte Spitztürme aus der späten mameluckischen Ära und hohe, stiftförmige Minarette aus der Zeit der Osmanen.

***Der dreistöckige** Turm der Moschee Qaitbey* (siehe S. 102) *zeigt die ausgefeilte Ornamentik der späten mameluckischen Minarette.*

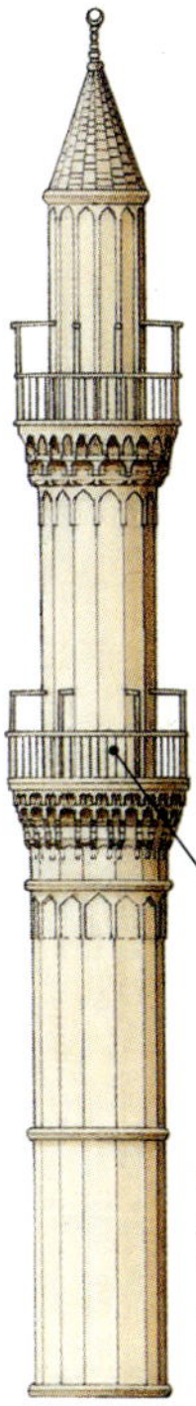

***Der einfache Rundgang** der 1528 erbauten Moschee Suleiman Pascha* (siehe S. 107) *unterstreicht den schlichten ottomanischen Stil.*

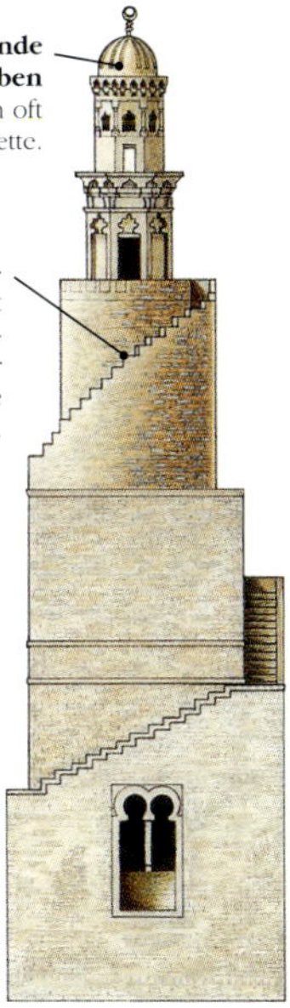

***Das Minarett** der Moschee Ibn Tulun (879;* siehe S. 110f) *wurde der großen Moschee von Samarra (heute Iran) nachgebildet.*

STEINKUPPELN

Die von den Mamelucken entwickelten Steinkuppeln wurden zur Formensprache dieser Periode.

***Die Kuppel** der Medrese Sultanija (um 1370) in der Stadt der Toten weist ein Rippenmuster auf.*

***Diese Steinkuppel** in der Stadt der Toten zeigt ein typisch mameluckisches Zickzackmuster.*

***Die Kuppel** der Moschee Qaitbey (1474) vereinigt geometrische und florale Elemente.*

Im Detail: Das fatimidische Kairo

Pferde-fuhrwerk

Die Zeit der aus Tunesien kommenden Fatimiden begann 969 mit der Eroberung Ägyptens durch Sultan Al-Muizz. Sie gründeten »Al-Qahira« (die Siegreiche) und machten die Stadt zu ihrem neuen Herrschersitz. Obwohl die Fatimiden großartige Paläste und prächtige Moscheen erbauten, blieb nur wenig von ihrem architektonischen Erbe erhalten. Die nachfolgenden Dynastien der mameluckischen und osmanischen Herrscher setzten sich bald eigene, prachtvolle Denkmäler. Trotzdem sind die Häuser und Gassen des fatimidischen Viertels sehenswert.

Sabil-Kuttab Abdel Katkhuda
In der ehemaligen Hauptstraße mitten im islamischen Kairo steht dieser Sabil Kuttab (eingefasster Brunnen). ❿

★ Bein al-Qasreen
Die ehemaligen Paläste der Fatimiden werden jetzt von den Minaretten dreier mameluckischer Bauwerke überschattet. ❽

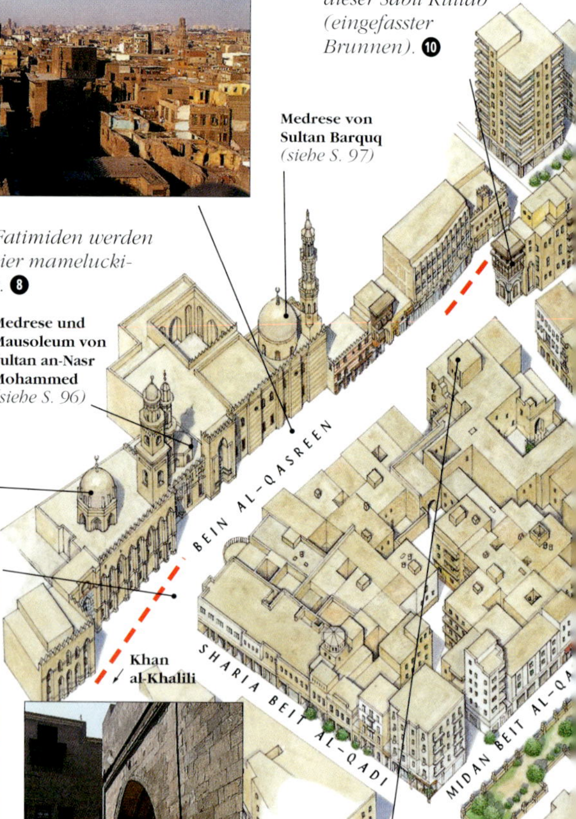

Medrese von Sultan Barquq *(siehe S. 97)*

Medrese und Mausoleum von Sultan an-Nasr Mohammed *(siehe S. 96)*

Medrese und Mausoleum von Sultan Qalawun sind gute Beispiele hervorragender mameluckischer Architektur. Hier kann auch ein altes Krankenhaus besichtigt werden *(siehe S. 96)*.

Glaswaren
Die in Kairo hergestellten »Muski-Gläser« findet man vor allem abseits der Sharia al-Muizz li-Din Allah.

Qasr Beshtak
Vom Dach des Palasts (14. Jh.) hat man einen guten Ausblick auf das islamische Kairo. ❾

★ Beit as-Suhaymi
Der Palast aus der Zeit der Ottomanen (16./17. Jh.) belegt den luxuriösen Lebensstil der reichen Kairoer Kaufleute im Mittelalter. ⓬

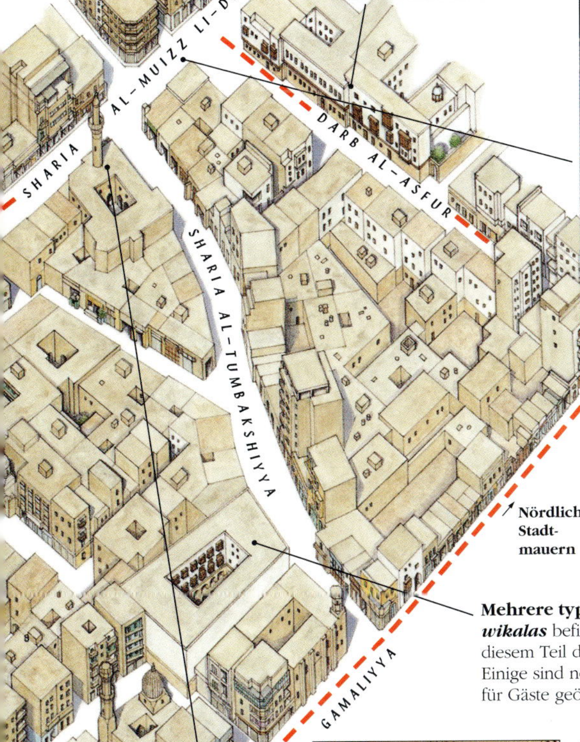

Moschee Suleiman Silahdar

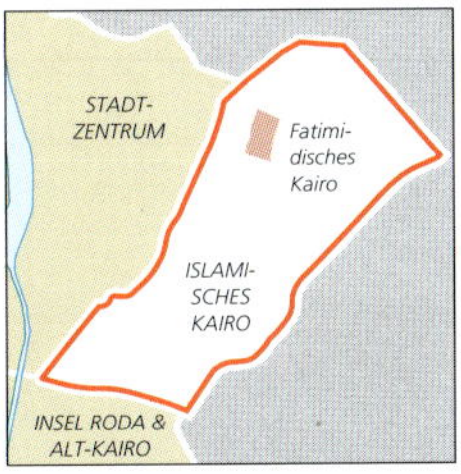

ZUR ORIENTIERUNG
Siehe Kartenteil, Karte 2

Sharia al-Muizz li-Din Allah
Die ehemalige Durchgangsstraße wird von Knoblauch- und Zwiebelhändlern gesäumt. Der Markt der Kupferschmiede schließt daran an. ⓭

Nördliche Stadtmauern

Mehrere typische *wikalas* befinden sich in diesem Teil der Altstadt. Einige sind noch immer für Gäste geöffnet.

0 Meter 30

LEGENDE

Routenempfehlung

Moschee al-Aqmar
Das Muschelmuster an dieser Moschee aus dem 12. Jahrhundert ist ein frühes Beispiel für filigrane Steinmetzarbeiten. ⓫

Midan al-Hussein

NICHT VERSÄUMEN

- **★ Bein al-Qasreen**
- **★ Beit as-Suhaymi**

Detailausschnitt einer Inschrift im Mausoleum des Sultan Qalawun

Bein al-Qasreen ❽

Sharia al-Muizz li-Din Allah. **Karte** 2 F4.

Bein al-Qasreen bedeutet übersetzt »zwischen den zwei Palästen« und bezeichnet den Straßenabschnitt der Sharia al-Muizz li-Din Allah, der zum nördlichen Rand des Basars Khan al-Khalili führt. Der Name zeigt, wie langlebig Ortsbezeichnungen sein können. Die beiden Paläste, auf die er sich bezieht, gibt es seit mehr als 600 Jahren nicht mehr. Sie standen beiderseits eines belebten öffentlichen Platzes und bildeten in der Zeit der Fatimiden den glänzenden Mittelpunkt der im Jahre 969 neu gegründeten Stadt Al-Qahira (die Siegreiche). Und auch wenn sich der Platz seither entscheidend verändert hat, war er doch in jeder Epoche repräsentativen Bauten vorbehalten.

Heute prägen die Fassaden von drei mameluckischen Gebäudekomplexen den Bein al-Qasreen. Der südlichste und älteste Bau ist die **Medrese** und das **Mausoleum des Sultan Qalawun**. Dreihundert gefangene Kreuzritter stellten den Bau in den Jahren 1278/79 in nur 13 Monaten fertig. Überraschenderweise gaben die christlichen Arbeitssklaven der Fassade einen fast gotisch anmutenden Anstrich. Im Gebäudeinneren trennt ein langer dunkler Gang die Medrese auf der linken vom Mausoleum auf der rechten Seite. Der Innenraum erinnert an den Felsendom in Jerusalem. Die Säulen – vier davon massive Granitsäulen aus der Zeit der Pharaonen – sind oktagonal angeordnet. Bunte Mosaike, die den Namen Mohammeds verherrlichen, bedecken die Wände. Im Sonnenlicht glänzen die farbigen Glasfenster in einem warmen Goldschimmer. Trotz der prächtigen Inneneinrichtung wirkt der Komplex im Großen und Ganzen etwas baufällig, was aber seinem Charme keinen Abbruch tut.

Blick über die Dächer zu den Minaretten der Medresse des Sultan Barquq

Der Teil der Anlage, der etwas zurückgesetzt liegt, war früher ein Hospital (arabisch: *maristan*). Weiter im Norden, direkt neben dem Qalawun-Komplex, stehen die **Medrese** und das **Mausoleum des Sultan an-Nasr Mohammed**, beide zwischen 1299 und 1304 errichtet. Obwohl der Sultan zweimal entthront wurde, konnte er seine Gegner letztendlich besiegen und insgesamt 42 Jahre regieren. In dieser Zeit ließ er über 200 Gebäude in Kairo errichten. Das bekannteste Gebäude aus an-Nasr Mohammeds Ära ist die Moschee an der Zitadelle *(siehe S. 104ff)*.

Sultan an-Nasrs Monument in Bein al-Qasreen ist in baufälligem Zustand, und das Innere ist möglicherweise schon bald für Besucher geschlossen. Doch allein die

Nagib Mahfus

Roman von Nagib Mahfus

Als der ägyptische Schriftsteller Nagib Mahfus 1988 den Nobelpreis für Literatur erhielt, war sein Werk in der westlichen Welt fast unbekannt. Nagib Mahfus wurde 1911 in den Slums des islamischen Kairo geboren und wuchs auch dort auf. Seine Arbeit ist in hohem Maß von dieser Umgebung beeinflusst.

Mahfus' bekanntestes Werk ist die *Kairo-Trilogie*, in der das Leben von mehreren Generationen einer ägyptischen Familie beschrieben wird. Die Verleihung des Nobelpreises an Mahfus löste wegen seines frühen Romans *Straßenkinder* in Ägypten große Kontroversen aus. 1994 wurde Mahfus bei einem Attentat so schwer verletzt, dass er seitdem seinen Beruf nicht mehr ausüben kann. Er lebt sehr zurückgezogen in Garden City.

Kuppel und Minarett des Bein al-Qasreen

schönen nordafrikanischen Stuckarbeiten an der Fassade, am Minarett und an den Torbögen sind Grund genug für einen Besuch. Der gotische Eingang in schwarzweißem Marmor stammt von einer Kirche im ehemaligen Akkon (dem heutigen Akko in Israel). Er wurde hier aufgestellt, um an den letzten Sieg der Mamelucken über die Kreuzfahrer im Jahr 1291 zu erinnern.

Das nördlichste, nicht ganz so aufwändige Gebäude auf dem Bein al-Qasreen ist die **Medresse des Sultan Barquq**, die in den Jahren 1384–86 errichtet wurde. Eine Medrese gleicht zwar äußerlich einer Moschee, ist aber eine Schule für islamisches Recht. Vom Innenhof führen vier Türen aus Bronze in vier Klassenräume, an die mehrere Studierzimmer angrenzen. Die Zahl Vier versinnbildlicht die vier Zweige des islamischen Rechts. Neben dem Gebetssaal liegt eine Mausoleum, in dem Barquqs Tochter bestattet wurde. Mit seinen Marmorwänden und der vergoldeten Kuppel stellt es ein Juwel der islamischen Baukunst dar. Der Sultan selbst liegt auf dem nördlichen Friedhof von Kairo *(siehe S. 102f)* begraben.

Manchmal ist es möglich, das Minarett zu besteigen. Von dort bietet sich ein herrlicher Panoramablick über Kairo.

C Medrese und Mausoleum des Sultan Qalawun
Karte 2 F4. *tägl.*
Fr 11.30–13.30 Uhr.

C Medrese und Mausoleum des Sultan an-Nasr Mohammed
Karte 2 F4. *tägl.*
Fr 11.30–13.30 Uhr.

C Medrese des Sultan Barquq
Karte 2 F4. *tägl.*
Fr 11.30–13.30 Uhr.

Qasr Beshtak 9

Sharia al-Muizz li-Din Allah.
Karte 2 F4. *tägl.*
Fr 11.30–13.30 Uhr.

Qasr Beshtak (Beshtak-Palast) ist leicht zu übersehen, denn seine zweistöckige Fassade mit den vereinzelten *Maschrabija*-Fenstern ist sehr einfach gehalten. An der linken Seite des Palasts führt eine enge Gasse in einen Hof. Von dort gehen schmale Stufen in einen beeindruckenden Audienzsaal mit Marmorboden und Einlegearbeiten an den Wänden.

Mustafa Beshtak war ein mächtiger Emir und ägyptischer Don Juan des 14. Jahrhunderts. Durch seine Heirat mit der Tochter des Sultans wuchs sein Einfluss und Wohlstand ins Unermessliche. In seinem Palast von 1334 fanden sagenhafte orientalische Festmahle und Orgien statt. In der Ära der Mamelucken war Reichtum jedoch ein zweischneidiges Schwert. Ein eifersüchtiger Rivale schmiedete eine Intrige gegen den lebenslustigen Bey, dem bald auch sein Schwiegervater, der Sultan, nicht mehr helfen konnte. Beshtak wurde verhaftet, angeklagt und öffentlich exekutiert, sein Vermögen unter seinen Gegnern aufgeteilt.

***Maschrabija*-Fensterläden an der Fassade des Qasr Beshtak**

Vom Dach des Palastes bietet sich ein Rundblick über die Altstadt, die Sharia al-Muizz li-Din Allah und auf die glänzenden Minarette und Kuppeln der Festung. Der Gastraum im zweiten Stock *(qaa)* mit seinen *maschrabijas*, Bleiglasfenstern und vergoldeten Holzpaneelen ist typisch für das Haus eines reichen Beys.

Mit dem Eintrittsticket kann man auch den Sabil-Kuttah Abdel Katkhuda *(siehe S. 98)* besichtigen.

Recycling der Geschichte

Seit der Pharaonenzeit wurde in den felsigen Mokkatam-Hügeln östlich von Kairo Stein gebrochen. Trotzdem benutzte man oft Baumaterialien, die leichter zu gewinnen waren – von alten Gebäuden zum Beispiel, die durch die gelegentlichen Erdbeben baufällig geworden waren. Die Baumeister der jeweils herrschenden Dynastie erbauten neue Paläste häufig auf den Ruinen der Vergangenheit. So stammen die roten Granitpfeiler des Mausoleums des Qalawun aus der Pharaonenzeit, und die Moschee an-Nasr Mohammed *(siehe S. 104ff)* besitzt einen Arkadengang im Hof, der von römischen und koptischen Säulen getragen wird. In islamischer Zeit verwandte man für den Bau der Gänge und Räume der nördlichen Stadtmauer Kairos Steinblöcke, die mit altägyptischen Reliefs von Gazellen, Nilpferden und anderen Tieren verziert sind. Archäologen fanden anhand dieser ungewöhnlichen Ornamente schnell heraus, dass das »Baumaterial« aus den Ruinen des antiken Memphis stammen musste.

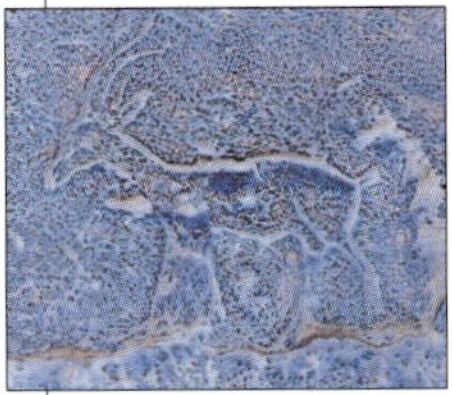

Reliefs der Pharaonenzeit an der Stadtmauer

Sabil-Kuttab Abdel Katkhuda ⑩

Sharia al-Muizz li-Din Allah.
Karte 2 F4. ☐ *tägl.* ● *Fr*
11.30–13.30 Uhr.

Das islamische Kairo ist voll von sonderbaren Bauten, die Fenster mit spitzen Gitterstäben und an Stelle eines Simses eine Art Wassertrog aufweisen. Es sind *sabil* (arabisch für Brunnen). Diese *sabil* wurden stets mit frischem Wasser gefüllt, am Gitter hingen Kupfertassen, mit denen durstige Passanten Wasser schöpfen konnten. Reiche Kaufleute ließen einen *sabil* meist aus religiösen Motiven erbauen, denn der Prophet Mohammed lehrt die Tugend der Güte, und was wäre in diesem Klima gütiger, als jemandem Wasser anzubieten. Es war üblich, über dem *sabil* eine Terrasse *(kuttab)* anzulegen, die in drei Himmelsrichtungen offen sein sollte. Hier wurde der Koran vorgelesen.

Dieser Sabil wurde 1744 erbaut und sorgfältig renoviert. Fayence-Fliesen mit Ansichten von Mekka schmücken die Wände im unteren Teil, der obere Teil ist mit verzierten Holzpfeilern und Balken ausgestattet. Die Außenfront des Hauses weist vielfarbige, ineinander verzahnte Marmor-Paneele auf, deren Muster wie bei einem Puzzle ineinander greifen. Der Eintrittspreis ist mit dem Ticket für den Qasr Beshtak bereits bezahlt. Dessen »Wächter« ist auch für den Sabil-Kuttab zuständig.

Steinarabesken zwischen den Bögen der Moschee al-Aqmar

Moschee al-Aqmar ⑪

Sharia al-Muizz li-Din Allah.
Karte 2 F4. ☐ *tägl.* ● *Fr*
11.30–13.30 Uhr.

Der Name der Moschee al-Aqmar (Moschee des Mondlichts) wurde offensichtlich vom schimmernden Glanz der grauen Steine inspiriert. Leider hat auch hier die Luftverschmutzung dem Äußeren dieser architektonische Perle geschadet.

Die Moschee wurde 1125 von einem der letzten fatimidischen Kalifen errichtet und ist die älteste Moschee, die aus massivem Stein erbaut wurde. Die älteren Moscheen errichtete man aus Ziegeln und Mörtel. Architektonisch ist besonders interessant, dass die Mauern unterschiedlich stark sind. Trotz der städtebaulichen Vorgaben und der notwendigen Ausrichtung nach Mekka konnte so die architektonische Harmonie des Innenraums aufrechterhalten werden. Die Fassade zeigt frühe dekorative Elemente, die in der Ära der Mamelucken zu ihrer höchsten Blüte kamen.

Mosaik im südlichen Bogen des Sabil-Kuttab Abdel Katkhuda

Beit as-Suhaymi ⑫

19 Darb al-Asfur, nahe Sharia al-Muizz li-Din Allah. **Karte** 2 F4. ☐ *tägl.* ● *Fr 11.30–13.30 Uhr.*

Für die eleganteste Residenz im islamischen Kairo, Beit as-Suhaymi, wurden zwei Häuser (eines 1648, das andere 1796 erbaut) zu einem Komplex von palastartigen Dimensionen zusammengefügt. Ein quadratischer Durchgang führt in einen zentralen Hof. Früher war dieser Hof wahrscheinlich mit üppigen Pflanzen begrünt, die sich um einen Brunnen in der Mitte rankten.

Die Räume im Erdgeschoss, *salamlek* genannt, waren den Männern vorbehalten, im oberen Stockwerk wohnten die Frauen und die Kinder im *haramlek*. Hier finden sich wunderschön bemalte Decken. Besonders schön ist der Effekt des dämmerigen Lichts, den die Buntglasfenster kombiniert mit den *maschrabijas* erzeugen. Die hölzernen Fensterläden sollten von der Sonne abschirmen und dennoch frische Luft einlassen. Außerdem ermöglichten sie den Frauen, versteckt auf die Straße zu sehen.

Einige der kürzlich restaurierten Dekorationen sind äußerst kostbar, speziell im Empfangsraum *(qaa)* im Erdgeschoss. Hier schaffen arabische Wandmuster und ein mehrfarbiger Marmorbrunnen eine unnachahmliche Atmosphäre.

Sharia al-Muizz li-Din Allah ⑬

Karte 2 F5.

Al-Muizz li-Din Allah war ein fatimidischer Kalif aus Tunesien, der Kairo im Jahr 969 eroberte. Die nach ihm benannte Straße, die Hauptstraße des mittelalterlichen Kairo, verlief vom Südtor (Bab Zuweila) bis zum Nordtor (Bab al-Futuh). Über die Jahrhunderte wurden immer mehr Gebäude entlang dieser Straße errichtet. Sie ist nicht mehr so breit wie früher, aber immer noch voller Leben.

Zwiebel- und Knoblauchverkäufer an der Sharia al-Muizz li-Din Allah

In dem Teil, der durch den Khan al-Khalili verläuft, liegt u. a. der Markt der Kupferschmiede. Gleich danach findet man Geschäfte, die Café und Haushaltswarenladen zugleich sind. Am Ende der Straße sind die Zwiebel- und Knoblauchverkäufer ansässig.

Hersteller von Wasserpfeifen an der Sharia al-Muizz li-Din Allah

Moschee al-Hakim ⓮

Sharia al-Muizz li-Din Allah. **Karte** 2 F4. ○ *tägl.* ● *Fr 11.30–13.30 Uhr.*

AL-HAKIM, der dritte fatimidische Kalif (997–1021), war einer der berüchtigtsten Herrscher in der ägyptischen Geschichte. Er begann seine Herrschaft im Alter von elf Jahren und ließ mit 15 Jahren seine Lehrer ermorden. Al-Hakim war schnell wegen seiner bizarren Gesetze und cholerischen Gewaltausbrüche gefürchtet. So ließ er kurzerhand Teile von Kairo niederbrennen, weil sich die Leute weigerten, den Namen Allahs im Freitagsgebet durch seinen eigenen zu ersetzen. Außerdem war er ein notorischer Frauenhasser, der u. a. verbot, feste Damenschuhe herzustellen; er wollte so die Frauen im Haus halten.

Der Bau der Moschee mit dem Namen al-Hakim wurde schon von seinem Vater begonnen, aber im Jahr 1013 während seiner Herrschaft vollendet. Seitdem wurde sie auf verschiedenste Weise genutzt: als Gefängnis für Kreuzritter, als Stall von Salah ad-Din, als Lagerhaus und als französische Knabenschule. Die Moschee wurde in den 1980er Jahren restauriert. Jetzt erstrahlt sie im Glanz polierten Marmors und glitzernder goldener Kerzenleuchter. Erhalten geblieben sind die Minarette mit ihren gedrungenen Spitzen.

Nördliche Stadtmauern und Tore ⓯

Sharia al-Galal. **Karte** 2 F4. ○ *tägl.* ● *Fr 11.30–13.30 Uhr.*

DAS MITTELALTERLICHE Kairo war von einer Stadtmauer mit zehn Haupttoren umgeben. Aber nur ein kleiner nördlicher Teil mit zwei Toren und ein weiteres Tor im Süden, Bab Zuweila *(siehe S. 103)*, blieben erhalten. Die beiden nördlichen Tore, das eine mit dem viereckigen Turm Bab an-Nasr (Tor des Sieges), das andere mit dem runden Bab al-Futuh (Tor der Eroberungen), wurden 1087 fertig gestellt und später von Salah ad-Din verstärkt. In der Nähe der Moschee al-Hakim führt ein Aufgang zur nördlichen Mauerkrone, von der man über einen Innenweg auch in die Torräume gelangt.

Die Stufen in den Wehrtürmen führen in einen gewölbten Gang, der sich einst über die gesamte Länge der Mauer hinzog. Er ist so hoch, dass man darin reiten konnte. Die Passage wird vom Licht, das durch die Schießscharten fällt, schwach erhellt. Sie wurden 1789 für Napoleons Kanonen erweitert. Die französischen Namen der Wachtürme, die die Soldaten in die Mauern geritzt haben, sind Zeugen dieses Abschnitts der ägyptischen Geschichte.

Nördlich der Mauern schließt der Friedhof Bab an-Nasr an, in dem der Forscher Jean Louis Burckhardt (1784–1817) begraben ist. Er war der erste Europäer der Moderne, der die Felsenstadt von Petra in Jordanien besuchte und auch die zwei berühmten Tempel in Abu Simbel *(siehe S. 210f)* wiederentdeckte.

Das eigenartige Minarett der Moschee al-Hakim

Mameluckisches Relief am Minarett der Moschee Qaitbey, nördlicher Friedhof

Nördlicher Friedhof ⑯

Östlich der Sharia Salah Salem.
102, 103 von Midan Tahrir.

Am Rand der Stadt, jenseits der sechsspurigen Autobahn Salah Salem liegt der zum Teil bewohnte nördliche Friedhof (al-Qarafah). Hier wechseln sich prächtige Grabmäler mit einfachen Familiengräbern ab.

Ende des 14. Jahrhunderts war Kairo mit 500 000 Einwohnern die größte urbane Siedlung der bekannten Welt. Landbesitz stand hoch im Kurs, es wurde an allen Ecken gebaut, also musste jenseits der Stadtmauern ein Platz gefunden werden, wo die mameluckischen Sultane auch noch im Tode ihren Reichtum demonstrieren konnten. Auf dem nördlichen Friedhof wurden Mausoleen errichtet, die zum Prachtvollsten zählen, was die mameluckische Ära architektonisch zu bieten hat. Die **Moschee Qaitbey**, 1474 erbaut, ist ein Gebäude mit stilvollen Proportionen. Sie weist einen einfachen, aber beeindruckenden Innenraum auf, der von Sonnenlicht durchflutet wird, dazu eines der formvollendetsten Minarette und eine Kuppel mit kunstvollen Steinreliefs. Die Moschee ist auf der ägyptischen Ein-Pfund-Note abgebildet.

Weiter südlich befindet sich hinter hohen Mauern der **Komplex des Sultan Ashraf Barsbey**. Einige der Gebäude sind verfallen, aber die Moschee mit der Sternenkuppel blieb erhalten. Wenn die Tür offen ist, sollten Sie sich den Marmorboden und die mit Elfenbein verzierte *minbar* (Gebetsnische, Kanzel) ansehen.

Weiter im Norden liegt das **Mausoleum des Ibn Barquq**. Das Grabmal ist ein symmetrisches Kunstwerk mit Doppelkuppeln und zwei Minaretten. Früher bestand hier ein *khanqah*, ein Kloster für die islamischen Sufis *(siehe S. 92)*, und so reiht sich im Hof eine Zelle an die andere. Unter der Zwillingskuppel liegen die klösterlichen Grabkammern, getrennt nach Männern und Frauen. Die Minarette kann man auch besteigen.

Vom Friedhof gelangt man auf der Sharia al-Azhar in zehn Gehminuten zum alten Basar Khan al-Khalili.

Moschee Qaitbey
Sharia Sultan Qaitbey. *tägl.* *Fr während des Mittagsgebets.*

Komplex des Sultan Ashraf Barsbey
Sharia Sultan Qaitbey. **Karte** 4 D2. *tägl.* *Fr während des Mittagsgebets.*

Mausoleum des Ibn Barquq
Sharia Sultan Qaitbey. **Karte** 4 D2. *tägl.* *Fr während des Mittagsgebets.*

Teppichbasar ⑰

Sharia al-Muizz li-Din Allah. **Karte** 6 F3.

Die Marktstände des Khan al-Khalili setzen sich auch südlich der Sharia al-Azhar fort. Hier wird viel minderwertige Ware verkauft, aber die Gassen östlich des Al-Ghouri-Komplexes *(siehe S. 92)* beheimaten den kleinen Teppichbasar. Die Teppiche sind aus grober Wolle oder Kamelhaar, es gibt sie in allen Schattierungen von Beige bis Braun, aber auch in Grellbunt. Motive sind Vögel, Kamele und ländliche Szenen.

Zurück auf der Sharia al-Muizz li-Din Allah, etwas südlich von Al-Ghouri stößt man

Der nördliche Friedhof mit der Kuppel der Moschee Ashraf Barsbey

◁ Blick über das islamische Kairo im Morgendunst

auf zwei *Tarboush*-Werkstätten. Die Hüte, im Westen unzutreffend als Fez bezeichnet, waren früher normale Straßenbekleidung. Heute werden sie nur von Kellnern getragen.

Innenhof der Moschee Sultan al-Muayyad, nahe Bab Zuweila

Bab Zuweila ⓲

Sharia Ahmed Mahir. **Karte** 6 F4.
tägl. *Fr 11.30–13.30 Uhr.*

Bab Zuweila, im 11. Jahrhundert errichtet, ist das einzige erhaltene Tor der südlichen Stadtmauer. Von hier aus beobachteten die mameluckischen Sultane den Auszug der Pilgerkarawanen nach Mekka. Außerdem befand sich hier der öffentliche Richtplatz, wo die Köpfe der Hingerichteten zur Schau gestellt wurden. Diese blutige Zurschaustellung wurde bis ins 19. Jahrhundert hinein beibehalten. Nach dem Massaker an der Zitadelle im Jahr 1811 *(siehe S. 106)* wurden hier die Köpfe der erschlagenen Mamelucken aufgespießt. 1415 erfolgte der Bau der angrenzenden **Moschee des Sultan al-Muayyad**; dabei wurden dem Tor hohe Minarette angefügt. Durch eine kleine Holztür im Gebetsraum kann man auf das Dach des Bab Zuweila gelangen und von dort einen der schönsten Ausblicke über Kairo genießen.

Moschee des Sultan al-Muayyad
Sharia Ahmed Mahir. **Karte** 6 F4.
tägl. *Fr während des Mittagsgebets.*

Moschee von as-Salih Talai ⓳

Sharia Ahmed Mahir. **Karte** 6 F4.
tägl. *Fr während des Mittagsgebets.*

Die letzte der fatimidischen Moscheen stammt von as-Salih Talai und wurde im Jahr 1160 erbaut. Interessant daran ist, dass sie auf einem oberen Stockwerk errichtet wurde. In der unteren Etage befinden sich Läden, deren Mieten einst die Erhaltung der Gebetsstätte finanzieren sollten. Über die Jahrhunderte wuchs der Müllberg der Stadt so an, dass die Moschee nun auf Höhe der Straße liegt. Die Läden sind dadurch zu Souterrain-Ladengeschäften geworden. Die Fassade weist fünf Spitzbögen auf. Im Inneren befinden sich Säulen mit verzierten Kapitellen, die aus vorislamischer Zeit stammen. Die Fenster in der Gebetshalle bestehen aus überaus schönen Buntglasscheiben.

Markt der Zeltmacher ⓴

Sharia al-Khaimiyya. **Karte** 6 F4.

Wenn man den fatimidischen Stadtteil durch das Bab Zuweila verlässt und der alten Hauptstraße nach Süden folgt, stößt man auf die Straße der Zeltmacher (Sharia al-Khaimiyya), heute Kairos einziger überdachter Markt. Im Jahr 1650 gründete Radwan Bey, der die jährlichen Pilgerfahrten nach Mekka organisierte, den Markt. Hier wurden die farbigen Stoffbahnen für die Kamelkarawanen verarbeitet, heute werden hier allerdings hauptsächlich Stoffe für mobile Pavillons zugeschnitten und zusammengenäht. Die Großzelte sind in Kairo für allerlei Feste wie Hochzeiten, Begräbnisse oder Geschäftseröffnungen beliebt. Malerisch stehen riesige Ballen der fast immer blauen und orangen Stoffe in den kleinen Kiosken der Zeltmacher zum Verkauf. Touristische Bedürfnisse befriedigen dagegen eher die kleinen bunten Stoffapplikationen.

Stoffmotiv vom Markt der Zeltmacher

Mit den Toten leben

Der Tod wurde in Ägypten schon immer als Bestandteil des Lebens gesehen. In Ägypten besuchte man die Verstorbenen und hielt sich gern in den Grabkammern auf. Viele Familiengräber boten eigene Räume, in denen die Besucher ausruhen, essen, ja sogar über Nacht bleiben konnten. Unvermeidlich zogen diese Bequemlichkeiten auch Obdachlose an, die sich schon im 14. Jahrhundert Lager in den Grabkammern einrichteten. Heute leben sowohl auf dem nördlichen als auch auf dem südlichen Friedhof Zehntausende von Menschen.

Kinder zwischen den Grabstätten auf dem nördlichen Friedhof, auch »Stadt der Toten« genannt

Die Zitadelle ㉑

Seit fast 700 Jahren ist die Zitadelle (Al-Qalaa) das bestimmende Wahrzeichen des alten Kairo. Bis ins 19. Jahrhundert war hier die Schaltzentrale der politischen und militärischen Macht, heute ist die Zitadelle eines der beliebtesten touristischen Ziele Kairos. Die 1176 vom islamischen Feldherrn Saladin gegründete Festung hat eine wechselvolle Geschichte hinter sich. Das Gelände ist in drei Bereiche unterteilt, der südliche Teil ist der interessanteste. Hier steht u.a. die im mameluckischen Stil errichete Moschee an-Nasr Mohammed, die von der eindrucksvolleren Moschee Mohammed Ali überragt wird.

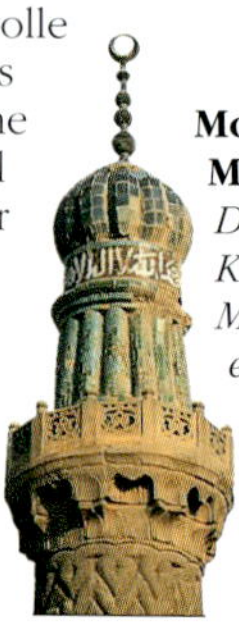

Moschee an-Nasr Mohammed
Die persischen Kacheln an den Minaretten sind einzigartig in Ägypten.

Polizeimuseum
Das Museum befasst sich mit der mehr oder weniger spannenden Geschichte der ägyptischen Polizei.

Bab al-Azab wurde als Torturm 1754 zu Zeiten der Osmanenherrschaft erbaut.

Erste Einfriedung

★ Moschee Mohammed Ali
1830–48 im türkischen Stil errichtet, wurde die Moschee zu einem Symbol Kairos.

★ Blick über Kairo
Von der Zitadelle hat man einen weiten Blick über die Minarette und Kuppeln der Stadt. Im Vordergrund sieht man die Moschee Sultan Hassan.

Qasr al-Gawhara, auch Juwelenpalast genannt, beherbergt heute ein Gedenkmuseum für Mohammed Ali.

Südliche Einfriedung

Das Hippodrom

Heute liegt hier der Midan Saladin, doch im mittelalterlichen Kairo war das Hippodrom westlich der Zitadelle ein Parade- und Trainingsgelände der mameluckischen Kavallerie. Die Vorliebe der Mamelucken für edle Pferde kam in den zahlreichen Reiterspielen wie Polo und Pferderennen zum Ausdruck. Angeblich wurden hier Vermögen verwettet und Schicksale besiegelt.

Kupferstich aus dem 19. Jahrhundert mit Bab al-Asab und Hippodrom

Infobox

Sharia Salah Salem. **Karte** 4 F2. *Sommer tägl. 8–18 Uhr; Winter tägl. 8–17 Uhr (Museen schließen um 16.30 Uhr).* *religiöse Feiertage.* *(Extra-Gebühr für den nördlichen Teil).*

Die oberen Festungstürme können bestiegen werden und bieten einen Überblick über die gesamte Zitadelle.

Die Statue von Ibrahim Pascha ist eine Kopie des Originals von Midan Opera *(siehe S. 78).*

Bab al-Gedid (Eingang)

★ Moschee Suleiman Pascha
Die im Jahr 1528 geweihte Moschee hat mehrere Kuppeln und schöne, farbige Innendekors, die im Jahr 1998 erneuert wurden.

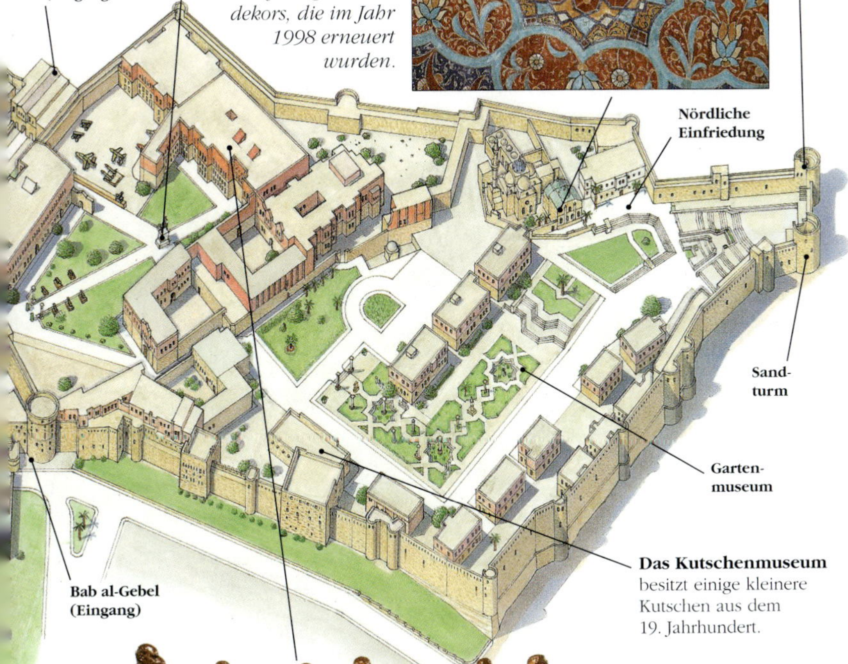

Nördliche Einfriedung

Sandturm

Gartenmuseum

Das Kutschenmuseum besitzt einige kleinere Kutschen aus dem 19. Jahrhundert.

Bab al-Gebel (Eingang)

Militärmuseum
Einst war es der Harem von Mohammed Ali, jetzt zeigt das Museum Waffen, Uniformen und Orden. Ein Modell der Zitadelle ist ebenfalls zu sehen.

Nicht versäumen

- **★ Moschee Mohammed Ali**
- **★ Blick über Kairo**
- **★ Moschee Suleiman Pascha**

Überblick: Zitadelle

Die unbestrittene Hauptattraktion der Festung ist die Moschee Mohammed Ali, aber die Zitadelle hat noch einiges mehr zu bieten: den gesamten eingefriedeten Festungsbau mit Moscheen aus der mameluckischen und der osmanischen Ära, die Burgmauer aus der Zeit Salah ad-Dins (1171–1191) sowie vier Museen. Ein Besuch der Zitadelle lohnt sich auf jeden Fall. Man sollte allerdings einige Stunden oder gar einen ganzen Tag dafür einplanen. Aber Achtung: Einige der Wege hinunter zum Bab al-Asab sind unbefestigt und nicht ganz ungefährlich.

Detail eines Wasserspeiers in der Moschee Mohammed Ali

Moschee Mohammed Ali

Der Prachtbau aus der Mitte des 19. Jahrhunderts ist das hervorstechendste Monument der Skyline des östlichen Kairo. Mohammed Ali gilt vielen Historikern als Begründer des modernen Ägypten. Als er 1805 an die Macht kam, war Ägypten eine rückständige Provinz des Osmanischen Reiches. Nach seinem Tod im Jahr 1849 hinterließ er eine Supermacht im Nahen Osten. Seine Moschee ist eine Stein gewordene Hommage an die Zeit der großen osmanischen Moscheen.

Ganz im klassischen osmanischen Stil gebaut, wird sie von einer großen Kuppel und zwei schlanken Minaretten gekrönt. Die reich verzierte Glocke im Hof gleich am Eingang der Moschee war ein Geschenk des Königs Louis-Philippe von Frankreich. Er wollte ein Gegengeschenk für den von Napoleon geraubten altägyptischen Obelisk auf der Place de la Concorde in Paris erbringen. Die Glocke wurde bei der Lieferung beschädigt und wartet immer noch auf ihre Restaurierung. Mohammed Alis marmornes Grabmal liegt am Eingang zur Gebetshalle.

Moschee an-Nasr Mohammed

Als Mohammed Ali an die Macht kam, stellten die Mamelucken die größte Bedrohung seiner Herrschaft dar. Sie waren die ehemaligen Herren von Ägypten und noch immer ein Machtfaktor, mit dem zu rechnen war. Mohammed Ali löste das Problem auf die übliche Art und ließ im Jahr 1181 fünfhundert Mamelucken an der Zitadelle niedermetzeln *(siehe S. 59)*. Danach gab er Befehl, in der Zitadelle alle Hinweise auf die mameluckische Kultur zu zerstören. Nur diese Moschee blieb bestehen und wurde zum Pferdestall umfunktioniert.

Gleich hinter der Moschee von Mohammed Ali gelegen, ist das einfache Gebetshaus alles, was von Sultan an-Nasr

Der Arkadenhof der Moschee an-Nasr Mohammed

Mohammeds ehrgeizigem Bauprogramm übrig blieb. Seine Medrese und sein Mausoleum stehen am Bein al-Qasreen *(siehe S. 96)*. An-Nasrs Moschee wurde 1318–35 errichtet. Sie hat zwei einzigartig gedrechselte Minarette mit Spitzen in Zwiebelform und Fayencen im persischen Stil. Die Moschee besitzt zwei Eingänge: den dreibögigen Eingang für Soldaten und normale Bürger und den separaten Eingang für den Sultan und seine Familie. Die Säulen des Arkadengangs spiegeln verschiedenste architektonische Epochen wider – pharaonisch, byzantinisch, römisch – und harmonieren erstaunlich gut miteinander. Die Marmorverkleidung des Innenhofes wurde von Sultan Selim I. im Jahr 1517 entfernt und nach Konstantinopel gesandt.

Die Moschee Mohammed Ali in der Zitadelle von Kairo

Polizeimuseum

Im Zeitalter der Mamelucken stand hier der so genannte Löwenturm, der seinen Namen wegen der großen Statuen am Fuße des Gebäudes trägt. Das Polizeimuseum wurde auf den Grundmauern dieses Turmes errichtet. Hier sind Uniformen, Waffen, eine Reihe von Gefängniszellen (bis 1983 benutzt) sowie Schautafeln zu politischen Morden und berüchtigten ägyptischen Kriminellen zu sehen. Unter den letzten Insassen des Gefängnisses waren die Attentäter von Präsident Sadat. Die Gefangenen konnten ihn sicher nicht genießen, aber von der Terrasse der Zitadelle bietet sich ein wunderbarer Blick bis hinüber zu den Pyramiden von Giseh.

Löwenfigur am Eingang des Polizeimuseums

Militärmuseum

Von Mohammed Ali 1827 erbaut, wurde das Gebäude vielfältig genutzt: Bis 1874 war es Residenz der ägyptischen Königsfamilie, dann zog der Khedive Ismail in den Abdeen-Palast um *(siehe S. 79)*. Im Zweiten Weltkrieg befand sich hier das Militärhospital der britischen Besatzung. Ab 1966 wurde der Bau zum Militärmuseum. Die Ausstellungsobjekte umfassen Uniformen, Waffen, Gemälde und Gegenstände der ehemaligen Palasteinrichtung. Die *Trompe-l'œil*-Reliefs im großen Salon sind absolut sehenswert.

Moschee Suleiman Pascha

Die Moschee wurde im Jahr 1528 von Suleiman Pascha nach seinem Sieg über die Mamelucken (1517) errichtet. Sie war die Erste der zahlreichen osmanischen Moscheen Ägyptens. Obwohl der Bau sehr schlicht wirkt, ist die Moschee eine der charmantesten Bauwerke der osmanischen Besatzungszeit. Das Innere der Kuppeln wurde im Stil osmanischer Kassettenmuster ausgemalt. Der Boden ist ein exzellentes Beispiel traditioneller Marmorintarsien. Im Mausoleum befinden sich die Grabstätten von osmanischen Offizieren, die auch als Janitscharen bekannt sind.

Gebetsnische und Kanzel in der Moschee Suleiman Pascha

Türme, Tore und Mauern

Die Mauern der Festung erstrecken sich über ein Länge von fast drei Kilometern. Einige Wachtürme und Tore stehen noch. Die meisten Besucher gehen durch das riesige Bab al-Gebel (Bergtor, 1826 von Mohammed Ali erbaut) in die Zitadelle. Das frühere Haupttor, das Bab al-Asab, ist schon jahrzehntelang wegen Baufälligkeit geschlossen. An der Nordseite der Festung befindet sich der älteste Teil der Mauer. Er datiert um 1172, also aus der Zeit der Abujiden, in der Salah ad-Din die ersten Festungsmauern mit den kleinen Halbtürmen errichten ließ. Seine Nachfolger verstärkten im 13. Jahrhundert die Anlage und fügten die meisten größeren Türme hinzu. Das Innere der zwei östlichen Türme von Saladins Burg, al-Haddad und al-Ramla, kann besichtigt werden.

Weitere Museen

Ein anderer Bau Mohammed Alis aus dem Jahr 1814 ist der **El-Gohara-Palast**. Hier wurden die Verwaltung und hin und wieder auch Staatsgäste untergebracht. Der frühere Audienzsaal dient nun als Gedenkmuseum und ist mit Möbeln, Porträts und lebensgroßen Statuen von Mohammed Ali und anderen Monarchen angefüllt. Im **Kutschenmuseum** stehen königliche Fuhrwerke, hauptsächlich aus der Regierungszeit Ismails (1863–79).

Raya und Sakina: die berüchtigten Schwestern

Die Schwestern Raya und Sakina sind die wohl berühmtesten ägyptischen Verbrecherinnen aus dem frühen 20. Jahrhundert. Sie waren angeklagt, 17 junge Frauen ermordet zu haben, und wurden nach einem spektakulären Verfahren 1921 gehängt. Die beiden Schwestern hatten im ärmsten Viertel von Alexandria gelebt, wo sie mehrere Bordelle führten. Ihre Opfer lasen sie am Marktplatz auf, zerrten sie in ihre Häuser und erwürgten sie. Die Schwestern wählten nur Mädchen aus, die teure Juwelen trugen. Schließlich fiel einem Polizisten der strenge Verwesungsgeruch auf, der aus Rayas Haus kam. Er ordnete eine Durchsuchung an, bei der 17 Leichen entdeckt wurden. Seitdem ließen sich Schriftsteller und Filmemacher immer wieder von den grässlichen Morden inspirieren.

Raya

Sakina

Blick von der Zitadelle: die Moschee Sultan Hassan *(links)* und die Moschee ar-Rifai *(rechts)*

Moschee Sultan Hassan ㉒

Midan Salah ad-Din. **Karte** 4 E2. ◯ *tägl.* ● *Fr während des Mittagsgebets.*

Die Moschee ist ein eindrucksvolles Beispiel der mameluckischen Architektur und eines der interessantesten Gotteshäuser Kairos. Ganz in der Nähe, gleich hinter den abfallenden Mauern der Festung, befand sich das Hippodrom (heute der Midan Salah ad-Din).

Die Dimensionen dieses Bauwerks sind überwältigend: 150 Meter lang, 36 Meter hoch, das höchste der Minarette misst 68 Meter. Sultan An-Nasr Hassan, der für seine Gier bekannt war, finanzierte den Bau mit dem Nachlass der Bürger, die 1348 an der Pest gestorben waren.

Die eigentlichen Bauarbeiten begannen erst 1356 und standen unter einem schlechten Stern: 1361 brach eines der Minarette ein, riss Hunderte in den Tod und schien den Sturz des Sultans selbst vorwegzunehmen. Ende 1361 wurde Hassan ermordet. Zwei Jahre nach seinem Tod stellte man die Moschee dennoch fertig.

Durch ein wunderschönes Portal und einen schwach beleuchteten Gang gelangt man in einen Innenhof, der von hohen Mauern umgeben ist. In die Mauern sind vier große Erker eingelassen, die so genannten *iwans*, in denen früher der Koranunterricht abgehalten wurde. Jeder einzelne *iwan* war einer der vier Lehrmeinungen des Islam gewidmet.

An der Rückseite des östlichen *iwan* ist eine außergewöhnlich schöne *mihrab* (Gebetsnische oder Kanzel) zu sehen. Rechts davon führt eine bronzene Tür in das Mausoleum. Die Grabstätte ist die größte in Kairo. Zwei Söhne des Sultans wurden hier beigesetzt, der Leichnam von Sultan Hassan selbst blieb nach seiner mysteriösen Ermordung verschwunden.

Das Eintrittsticket für die Moschee kann man rechts am Haupteingang an einem kleinen Kiosk kaufen. Gleich daneben lädt ein kleines Gartencafé zu einer kurzen Rast ein.

Wand und Stufen in der Moschee Sultan Hassan

Moschee ar-Rifai ㉓

Midan Salah ad-Din. **Karte** 4 E2. ◯ *tägl.* ● *Fr während des Mittagsgebets.*

Ein enger Weg führt von der Moschee Sultan Hassan zur Moschee ar-Rifai. Letztere scheint auf den ersten Blick genau so alt zu sein wie das ehrwürdige Nachbargebäude, doch das täuscht: Die Moschee ar-Rifai ist 450 Jahre jünger. Mit dem Bau wurde 1819 begonnen, doch die Moschee konnte erst 1912 fertig gestellt werden. Ihre Schutzherrin war die Prinzessin Khushyar, die Mutter des weltoffenen Khediven Ismail, der die Moschee zur Grabstätte seiner Familie bestimmte.

Das Gebäude wurde im pseudomameluckischen Stil erbaut, die Dekorationen kopierten den Stil anderer Moscheen der Zeit. Verglichen mit der Moschee Sultan Hassan wirkt die Moschee ar-Rifai etwas plump und überladen. Im Innenraum befinden sich die Grabmäler der königlichen Familie, so auch die des Khediven Ismail und die von König Faruk, des letzten Königs von Ägypten. Der letzte Schah von Persien wurde ebenfalls hier beigesetzt; er hatte seine letzten Lebensjahre im ägyptischen Exil verbracht.

Direkt vor der Moschee ar-Rifai steht die **Moschee Amir Akhur**. Sie stammt aus der späten mameluckischen Ära und hat eine zweifarbige Fassade aus rotem und weißem Stein, eine imposante Kuppel und zwei schöne Minarette vorzuweisen.

Moschee Amir Akhur
Midan Salah ad-Din. **Karte** 4 F2.
tägl. Fr während des Mittagsgebets.

Derwisch-Theater 24

Sharia as-Suyufiya. **Karte** 4 E2.
tägl.

In den Gärten hinter der Moschee Hassan Sadaka (auch als Sunqur Sadi bekannt) befindet sich ein restauriertes Theater aus dem 19. Jahrhundert. Durch eine kleine Tür auf der rechten Seite der Moschee gelangt man über einen Hof zum Eingang des Theaters. Es verfügt über eine runde Holzbühne und zwei Ränge mit Logen. Das Theater wurde von den Mevlevi-Derwischen gebaut, die ihr Ordenshaus durch eine Herberge *(khanqah)* und ein Theater erweiterten. Die Derwische *(siehe S. 92)* gehören zu den Sufis, die mit Trance, Fasten und Tanz die Nähe Allahs suchen. Vom Theater aus kann man auf das Grabmal des Hassan Sadaka blicken, für den die Moschee erbaut wurde.

Blick auf den Innenraum der Moschee Sultan Hassan

Ein Teil des Komplexes aus dem Jahre 1321 ist in einem schlechten Zustand. Die Grundmauern der Moschee Hassan Sadaka wurden durch den steigenden Wasserpegel unterspült. Trotzdem hat die Moschee durch die schönen Stuckarbeiten auf der Kuppel und den Minaretten ihren besonderen Reiz. Ursprünglich gehörten dazu noch ein Sufi-Kloster *(ribat)* und eine Koranschule *(madrassa)*.

Moschee Hassan Sadaka
Sharia as-Suyufiya. **Karte** 4 E2.
tägl. Fr während des Mittagsgebets.

Sabil-Kuttab Qaitbey 25

Sharia as-Saliba. **Karte** 4 E2.

Nur 200 Meter westlich des Midan Salah ad-Din steht die Sabil-Kuttab Quaitbey, ehemals eine berühmte Koranschule. Sie ist in schlechtem Zustand und geschlossen, aber an der westlichen Fassade sind interessante Einlegearbeiten aus Marmor zu sehen.

Der junge Qaitbey begann seine Karriere als Sklave des Sultans, dessen Sturz er mit vorbereitete. Nach einigen Jahren wurde Qaitbey zu einem der skrupellosesten Herrscher Ägyptens. Aber Kairo verdankt ihm schöne Sakral- und Profanbauten, z. B. die wunderschöne Moschee im nördlichen Friedhof *(siehe S. 102)*.

Westlich befinden sich an der Sharia as-Saliba die **Moschee Sheikhu** auf der rechten und der **Khanqah Sheikhu** (Herberge) auf der linken Seite. Die Gebäude wurden Mitte des 14. Jahrhunderts errichtet und werden noch immer benutzt. Ein *khankah* ist eine Herberge der Sufis, in der der Scheich (oberster Lehrer, Herr) auch residiert und unterrichtet. Links führt eine Gasse zum Eingang der Moschee Ibn Tulun *(siehe S. 110f)*.

Moschee und Khanqah Sheikhu
Sharia as-Saliba. **Karte** 4 E2. *tägl.*
Fr während des Mittagsgebets.

Innenarchitektur der Mamelucken

Die Zeit der mameluckischen Sultane zwischen 1250 und 1517 brachte viele herausragende Beispiele islamischer Baukunst hervor. Es wurden verschiedene orientalische Baustile verwendet: armenische Steinarbeiten, nordafrikanische Stuckaturen, byzantinische Goldmosaike und syrische Marmormosaike. Letztere fallen besonders ins Auge, denn die Ornamente aus unterschiedlichen Steinen bilden vielfältige geometrische Formen und abstrakte Kunstwerke. In mühsamer Kleinarbeit entstanden Muster, die sich ständig wiederholen und dadurch eine fast hypnotische Wirkung auf den Betrachter haben. Ein sinnliches Erlebnis, das auf die Betenden eine tiefe, spirituelle Wirkung haben soll.

Detail eines Marmormosaiks im Sabil-Kuttab Qaitbey

Moschee Ibn Tulun ㉖

Bogenverzierung

EINE DER GRÖSSTEN und ältesten Moscheen Ägyptens wurde 876–879 von einem Gouverneur der Abbasiden in Bagdad nach dem Vorbild der Kaaba in Mekka errichtet. Die »Freitagsmoschee« besitzt einen so großen Innenhof, dass hier alle Männer der umliegenden Stadtviertel das Freitagsgebet verrichten konnten. Der Lehmziegelbau steht auf einem Felsplateau und hebt sich so von den Wohnbezirken Alt-Kairos ab. Die exponierte Lage und der seltsam gewundene Unterbau des Minaretts machen die Moschee Ibn Tulun zu einer architektonischen Besonderheit Kairos. Die geometrische Klarheit der Moschee steht im Kontrast zu der Fassade des nahen Gayer-Anderson-Museums.

★ Mihrab

Die Gebetsnische (mihrab) *in Richtung Mekka wurde im 13. Jahrhundert eingerichtet. Neben ihr befindet sich eine reich verzierte Kanzel* (minbar).

Ballustrade

Die Ballustrade (dikka) *dient als Rezitationsplattform und auch als Kanzel, von der innerhalb der Moschee zum Gebet gerufen wird.*

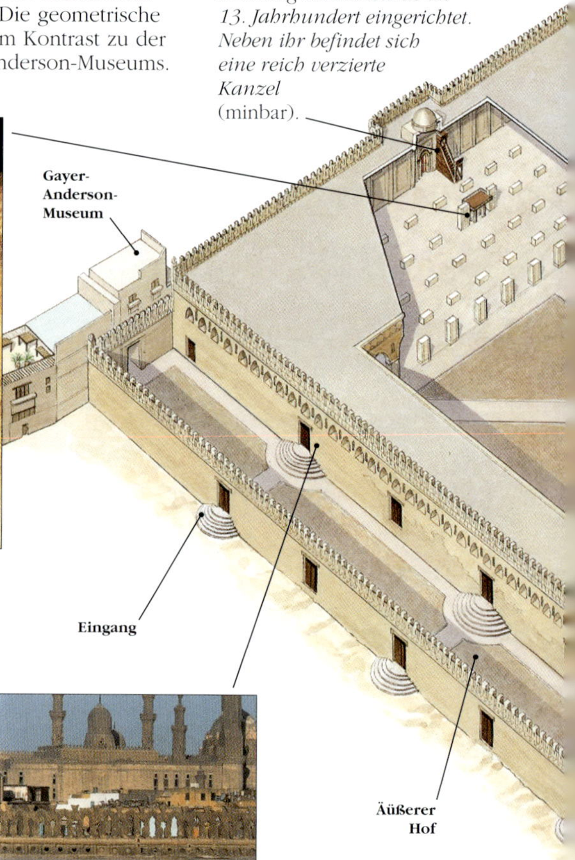

Arkaden

Die Arkaden (riwaq) *um den Innenhof spenden den Gläubigen Schatten. Der größte Arkadengang an der südöstlichen Seite dient als Gebetsraum. Die Decken über den Arkadengängen sind kunstvoll mit Versen aus dem Koran geschmückt.*

NICHT VERSÄUMEN

- ★ Mihrab
- ★ Minarett
- ★ Brunnen

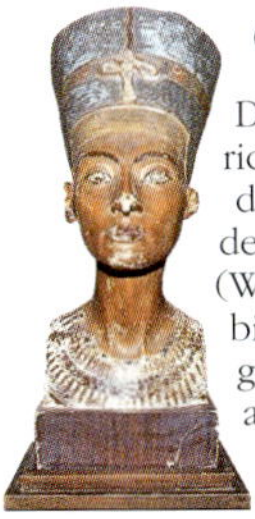

Nofretete-Büste (Nachbildung)

Gayer-Anderson-Museum

Das 1931 von einem britischen Offizier eingerichtete Museum ist in einem Patrizierhaus aus dem 17. Jahrhundert untergebracht. Außer den wunderschönen antiken *maschrabijas* (Wandschirmen) ist eine Vielzahl an alten arabischen Möbeln und Kunstgegenständen ausgestellt. Ein Raum wurde mit Dekorationen aus Lack und Gold ausgestattet, die Gayer Anderson aus Damaskus mitgebracht hatte. Der Gesamteindruck des Gayer-Anderson-Museums macht diesen Ort zu einem der magischen Plätze Kairos.

Infobox

Sharia Salibah. **Karte** 4 D2.
tägl. 8–18 Uhr.
Gayer-Anderson-Museum
(02) 364 78 22. tägl. 8–16 Uhr. Fr 12–13.30 Uhr (Moschee und Museum).

★ Brunnen
Ursprünglich hatte der Brunnen eine vergoldete Kuppel, die 968 einbrach. Die heutige Kuppel stammt aus dem 13. Jahrhundert.

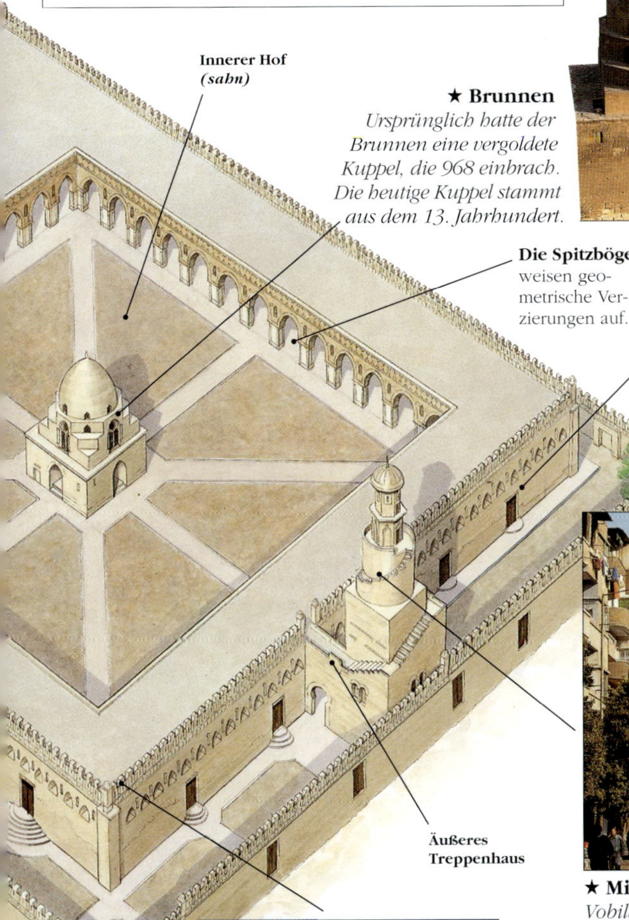

Innerer Hof ***(sahn)***

Die Spitzbögen weisen geometrische Verzierungen auf.

Die Fenster sind mit unterschiedlichen dekorativen Stuckornamenten verziert.

Äußeres Treppenhaus

★ Minarett
Vobild des Turms war die Moschee von Samarra im heutigen Irak. Das Minarett kann bestiegen werden und bietet einen schönen Blick.

Zinnen
Die Form der Zinnen soll den geschlossenen Reihen von Wachsoldaten nachempfunden sein.

Insel Roda und Alt-Kairo

Einige Jahrhunderte lang, zwischen dem Niedergang der pharaonischen Kultur und dem Aufkommen des Islam in Ägypten, stellte das Christentum die vorherrschende Religion des Landes dar. Alexandria war zu der Zeit noch Hauptstadt, Kairo dagegen bestand im 6. Jahrhundert lediglich aus einem römischen Fort, das am Flussübergang an der Handelsstraße zwischen den altägyptischen Städten Heliopolis und Memphis lag. Als der arabische Eroberer Amr Ibn al-Aas unweit dieses alten Forts sein Lager aufschlug, markierte das die Stelle, an dem später Kairo gegründet werden sollte. Das heutige Alt-Kairo (Misr al-Qadima) hat einen christlichen Teil, der als das koptische Kairo bezeichnet wird. Die Südspitze der Insel Roda ist Teil dieser christlichen Enklave. Hier befindet sich auch das Nilometer, das seit der Zeit der Pharaonen den Wasserstand des Nils anzeigt.

Marien-ikone, »Schwebende« Kirche

Sehenswürdigkeiten auf einen Blick

Religiöse Stätten
Ben-Ezra-Synagoge 3
Grabmal des Suleiman al-Faransawi 11
Kirche St. Barbara 4
Kirche St. Georg 1
Kirche St. Sergius 5
Kloster St. Georg 6
Kloster St. Merkurius 10
Moschee Amr Ibn al-Aas 9
»Schwebende« Kirche 7

Archäologische Stätte
Fustat 8

Museen und historische Gebäude
Koptisches Museum 2
Nilometer 12

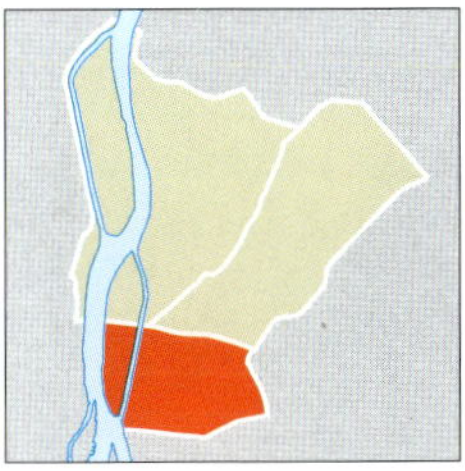

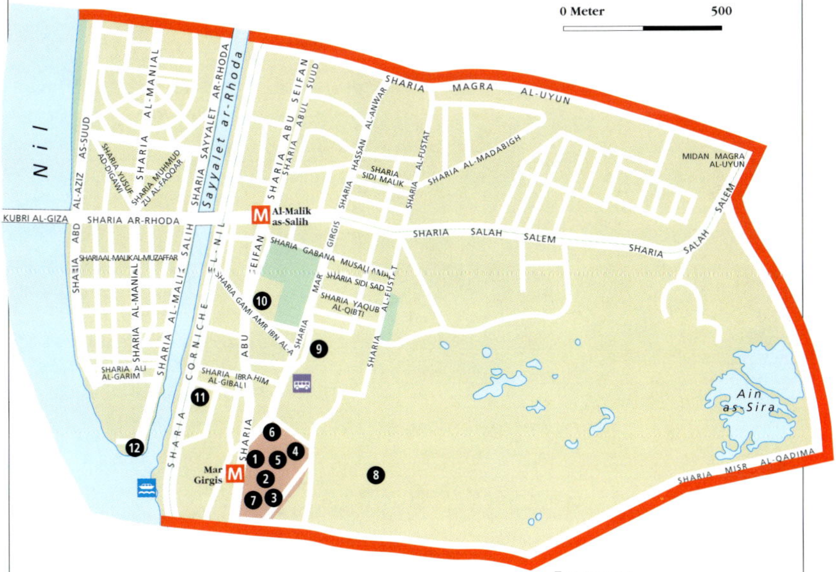

Legende

Detailkarte *Siehe S. 114f*
U-Bahn-Station (Metro)
Bus
Fähre (Riverbus)

In Alt-Kairo und auf Roda unterwegs

Alt-Kairo kann man gut per U-Bahn erreichen; die Station Mar Girgis ist nur vier Stationen vom Midan Tahrir (Sadat Station) entfernt. Fähren und Wassertaxis legen unterhalb der Corniche am Arab Television Building ab. Von der Landungsstelle der Fähre ist es ein kurzer Fußweg zum koptischen Viertel Alt-Kairos.

◁ **Ruhige Seitengasse zwischen den hohen Mauern des koptischen Teils von Kairo**

Im Detail: Das koptische Kairo

Fenster im Koptischen Museum

Die Bezeichnung »koptisches Kairo« beschreibt den ältesten Stadtteil von Kairo. Das christliche Viertel mit seinen stillen, engen Gassen und kleinen Kirchen liegt innerhalb der Mauern der ehemaligen römischen Festung von Babylon (3. Jh. n. Chr.). Man betritt das koptische Kairo normalerweise durch die beiden runden Tore aus der Römerzeit und stößt bald auf das Koptische Museum und die »Schwebende« Kirche. Ein zweiter Zugang liegt am nördlichen Ende des christlichen Viertels – auch er führt zu den Kirchen, der jüdischen Synagoge und den alten Friedhöfen.

Kloster St. Georg
Zwar kann man das Kloster nicht besichtigen, doch an der Außenmauer sind die Taten des Heiligen – so sein Sieg über den Drachen – dargestellt. ❻

Kirche St. Georg
Auch wenn das koptische Kairo eine der touristischen Hauptattraktionen der Stadt ist: Noch immer besuchen viele koptische Christen ihre Kirchen, um zu beten und Kerzen zu stiften. ❶

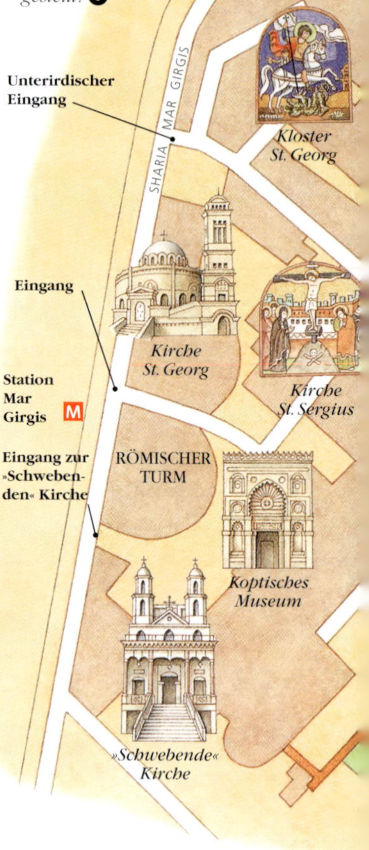

★ Koptisches Museum
Die Ikonen und sakralen Gegenstände stammen aus frühchristlicher Zeit. Auch das Gebäude mit Garten und Café (wird derzeit renoviert) ist sehenswert, insbesondere der alte Südflügel. ❷

★ »Schwebende« Kirche
El-Moallaka, die schönste Kairoer Kirche, besitzt einen reich ausgestatteten Innenraum mit drei Gewölben. Die Elfenbeinintarsien und die Marmorkanzel sind Kleinode der Kirchenkunst des Nahen Ostens. ❼

Legende

- Wohngebiet
- Römische Stadtmauern
- Bahngleise
- M U-Bahn-Station

Kirche St. Barbara
Die heilige Barbara wurde wegen ihrer christlichen Missionierungsversuche von ihrem eigenen Vater getötet. Die ihr geweihte Kirche ist eines der schönsten christlichen Gotteshäuser Ägyptens. In der Apsis hinter dem Altar führen sieben Stufen aus Marmor auf die Empore des Tabernakels. ❹

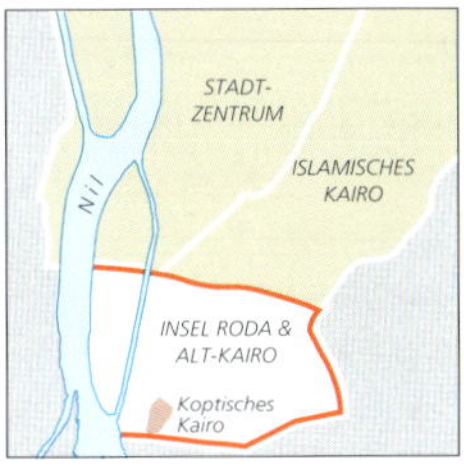

Zur Orientierung
Siehe Kartenteil, Karte 4

0 Meter 50

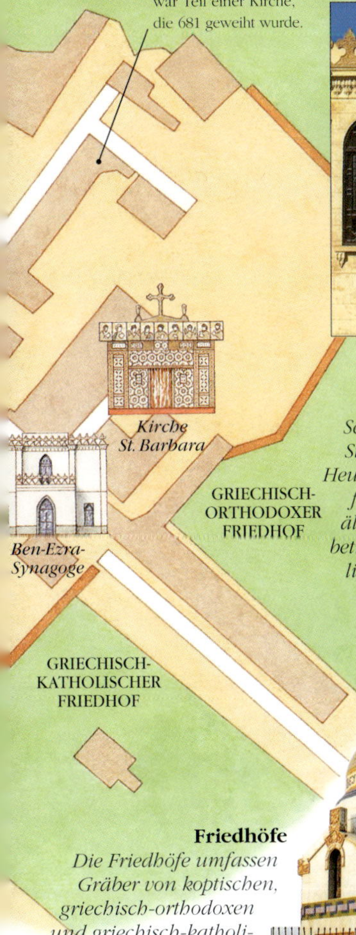

Die Hochzeitshalle
war Teil einer Kirche, die 681 geweiht wurde.

Ben-Ezra-Synagoge
Die älteste Synagoge Ägyptens wurde mehrmals vollständig umgebaut. Ben-Ezra gibt Zeugnis von der langen und traditionsreichen Präsenz des Judentums in dieser Region. ❸

Kirche St. Sergius
Seit dem Bau hat sich das Straßenniveau verändert. Heute muss man einige Stufen hinabsteigen, um die älteste Kirche Ägyptens zu betreten. Der Legende nach liegt unter dem Altar eine Höhle, in der die heilige Familie Zuflucht fand. ❺

Friedhöfe
Die Friedhöfe umfassen Gräber von koptischen, griechisch-orthodoxen und griechisch-katholischen Christen. Auf allen drei Gräberfeldern stehen kunstvolle Mausoleen und Grabfiguren.

Nicht versäumen

★ **Koptisches Museum**

★ **»Schwebende« Kirche**

Maria mit Kind im Kreise koptischer Heiliger (7. Jh.), Koptisches Museum

Kirche St. Georg (Mari Girgis) ❶

Koptisches Kairo. **Karte** 3 B5.
M *Mar Girgis.* ◯ *tägl. 8–12.45, 14.30–15.15 Uhr.*

LANGE BEVOR die Kreuzfahrer die legendären Heldentaten des heiligen Georg in Europa verbreiteten, wurde dieser im christlichen Nahen Osten als Mar Girgis verehrt. Die Legende erzählt, dass er im 3. Jahrhundert als römischer Legionär unter Kaiser Diokletian diente. Als auf Anordnung des Kaisers die Anbetung Christi untersagt wurde, verweigerte er diesen Befehl und starb deshalb den Märtyrertod.

Seit dem 10. Jahrhundert steht an dieser Stelle eine Kapelle, die seinen Namen trägt. Die heutige Kirche ist jedoch nicht viel älter als hundert Jahre. Ihre runde Form spiegelt die Bauart des römischen Wachturms aus dem 1. Jahrhundert wider, auf dessen Ruinen sie erbaut wurde. Auf der Nordseite sind noch immer Reste des alten Turms zu sehen, der überflutete Bereich wurde trockengelegt.

Koptische Christen vor der Kirche St. Georg in Alt-Kairo

Koptisches Museum ❷

Koptisches Kairo. **Karte** 3 B5. M *Mar Girgis.* ☎ *(02) 363 97 42.* ◯ *tägl. 9–17 Uhr; Ramadan 9–15 Uhr.*

IM JAHR 1947 eröffnet, beherbergt das Koptische Museum die weltweit größte Sammlung koptischer Kunst. Auf die bemalten hölzernen Decken, die eleganten *maschrabijas* und den zauberhaften Garten im Hof ist das Museum besonders stolz. Die Exponate gehen bis ins frühchristliche Ägypten zurück, wobei auch pharaonische und islamische Einflüsse sichtbar werden. Sehr frühe Stücke tragen Horus-ähnliche Falken. Säulenkapitelle mit Mustern, die aus einer koptischen Kathedrale in Alexandria stammen, weisen grazile Steinreliefs aus mameluckischer Zeit auf. Eine Steinkanzel aus dem 6. Jahrhundert ähnelt in ihrer Machart einer der Pyramiden von Sakkara *(siehe S. 158f)*. Die islamischen *minbars*, die in allen Moscheen Kairos zu finden sind, wurden den altkoptischen Kirchenkanzeln nachempfunden. Faszinierend sind auch die einfachen Darstellungen Mariens mit dem Kind, die an die ägyptischen Bilder der Isis mit ihrem Sohn Horus erinnern. Viele der Stücke sind stilistische Vermächtnisse aus der ptolemäischen Pharaonenzeit oder der römischen Herrschaft.

Im Obergeschoss sind fein gewebte und bestickte Stoffe (Seidengewänder und Ikonentücher) zu sehen. Mit dem 1600 Jahre alten Buch der Psalmen rühmt sich das Museum, das älteste Buch der Welt auszustellen.

Steinkapitell im Koptischen Museum

Der Südflügel des Museums, der seit dem Erdbeben 1992 geschlossen war, ist seit 2003 wieder geöffnet. Der Nordflügel ist derzeit wegen Renovierung nicht zugänglich.

Ben-Ezra-Synagoge ❸

Koptisches Kairo. **Karte** 3 B5.
M *Mar Girgis.* ◯ *tägl. 8–16 Uhr.*

DIE JÜDISCHE Geschichte Ägyptens geht zurück bis zur alttestamentarischen Geschichte von Moses und reicht bis zum Auszug der Juden aus Ägypten. Nach der Zerstörung Jerusalems durch die Römer (66 n. Chr.) wurde

Alexandria das wichtigste Zentrum des nahöstlichen Judentums.

Bis ins frühe 20. Jahrhundert war die jüdische Gemeinde in Ägypten ein wichtiger Faktor des öffentlichen Lebens. Dies änderte sich 1948 mit der Gründung Israels. Die Juden, die Ägypten nicht schon vorher freiwillig verlassen hatten, wurden aus dem Land verjagt. Übrig blieben nur wenige Bauwerke, die etwas über die lange Geschichte der Juden in Ägypten aussagen.

Ben Ezra ist das älteste jüdische Bauwerk Ägyptens. Legenden bringen die Synagoge mit Moses in Verbindung, doch sie war ursprünglich eine im 8. Jahrhundert errichtete christliche Kirche. Ungefähr 300 Jahre nach ihrer Zerstörung ging der Baugrund als Schenkung auf Abraham Ben Ezra über, einen Rabbi aus Jerusalem. Bei Renovierungsarbeiten im 19. Jahrhundert kamen Hunderte von hebräischen Schriften aus der intakten Schatzkammer *(geniza)* der Synagoge zum Vorschein, die meisten aus dem 11. und 12. Jahrhundert. Diese Dokumente gewähren einen faszinierenden Einblick in das Leben der jüdischen Gemeinde im mittelalterlichen Kairo.

Die Ben-Ezra-Synagoge wurde 1984 renoviert und ist heute in einem hervorragenden Zustand.

Kirche St. Barbara (Sitt Barbara) ❹

Koptisches Kairo. **Karte** 3 B5.
M *Mar Girgis.* ◯ *tägl. 8–16 Uhr.*

Die Kirche ist einer koptischen Märtyrerin aus dem 3. Jahrhundert gewidmet. Barbara, die Tochter eines Kaufmanns, wollte ihren Vater zum Christentum bekehren und wurde daraufhin von ihm getötet. Die Kirche, eine der größten und schönsten Ägyptens, entstand im 11. Jahrhundert auf den Ruinen der Kirchen des hl. Cyrus und des hl. Johannes. Im Inneren befindet sich ein hölzernes Tabernakel (13. Jh.), das wunderschöne Einlegearbeiten aus geschnitztem Elfenbein

Geschnitzte Ikonografien in der Kirche St. Barbara

aufweist. Daneben sind eine Reihe von Ikonen aus dem 18. Jahrhundert zu sehen. Sie stellen Jesus, Maria, zwei Erzengel und verschiedene Heilige und Apostel der Kopten dar.

Kirche St. Sergius (Abu Sarga) ❺

Koptisches Kairo. **Karte** 3 B5.
M *Mar Girgis.* ◯ *tägl. 8–16 Uhr.*

Die wahrscheinlich berühmteste Kirche Ägyptens ist zugleich das älteste Gebäude des koptischen Kairo. Nach einer Legende soll sich die heilige Familie auf der Flucht nach Ägypten *(siehe S. 123)* in einer Höhle unter der Kirche aufgehalten haben. Dieser Ort, die ehemalige Krypta, ist durch den ständig ansteigenden Wasserspiegel nach und nach überflutet worden. In jüngster Zeit ist man dabei, ihn trockenzulegen.

Die Grundmauern der Kirche St. Sergius datieren bis ins 5. Jahrhundert zurück, der heutige Bau stammt jedoch vorwiegend aus dem 10. und 12. Jahrhundert.

Kloster St. Georg (Mari Girgis) ❻

Koptisches Kairo. **Karte** 3 B5.
M *Mar Girgis.* ◯ *tägl. 8–16 Uhr.*

Zum ersten Mal im 15. Jahrhundert von dem arabischen Chronisten Al-Maqrizi erwähnt, entstand das Kloster aber schon im 12. Jahrhundert und ist noch in Betrieb. Die Nonnen gestatten die Besichtigung des Refektoriums mit der Ikone des heiligen Georg. Fast berühmt ist das Ritual der Nonnen, mit einer anachronistischen Kettenprozession an die Gefangennahme des heiligen Georg zu erinnern.

Der Schrein des heiligen Georg im gleichnamigen Kloster

Die »Schwebende« Kirche ❼

Ikone des hl. Georg

Sie ist zwar der Jungfrau Maria geweiht, allgemein bekannt ist die Kirche aber als »die Schwebende« *(Al-Moallaka)*. Eine erste Kapelle wurde im 4. Jahrhundert auf der Torkrone des Wassertors der römischen Festung Babylon errichtet. Der jetzige Bau stammt aus dem 11. Jahrhundert, wurde aber immer wieder erweitert und umgebaut. Die Kanzel aus Marmor und die mit Elfenbein verzierten Paravents, die drei Altarbereiche eingrenzen, stammen aus der Zeit zwischen dem 10. und 13. Jahrhundert. Trotz der relativen Enge und der ständigen Besichtigungen wird die Kirche noch immer für Gottesdienste genutzt. Besonders freitags und sonntags kommen viele koptische Christen Kairos.

Äußerer Vorraum
Der Vorraum aus dem 11. Jahrhundert ist mit glasierten Kachelmustern geschmückt.

Steinfriese
Die Kirche wurde mit schönen Friesen wie dieser Christusdarstellung ausgeschmückt. Die ältesten Exponate finden sich heute im nahe gelegenen Koptischen Museum (siehe S. 116).

Innerer Hof

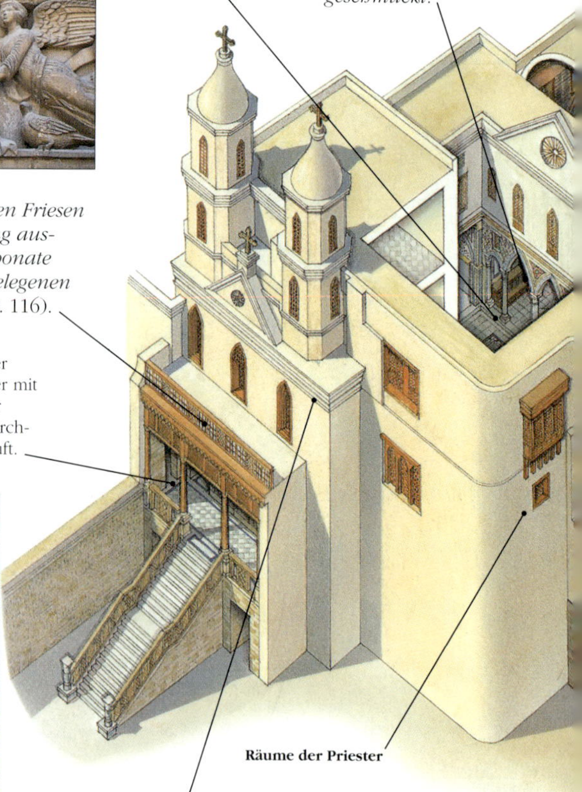

Im Vorraum oberhalb der Treppe werden Tonbänder mit liturgischen Gesängen der Kopten und Videos mit kirchlichen Zeremonien verkauft.

Räume der Priester

★ Kirchenfassade
Zwei Glockentürme überragen den vorderen, »neuen« Teil der Kirche, der aus dem 19. Jahrhundert stammt.

Nicht versäumen

- **★ Kirchenfassade**
- **★ Sanktuarium**

◁ **Detail aus dem Inneren des Doms im Koptischen Museum**

★ Sanktuarium
Die aus Zedernholz geschnitzten und mit Elfenbeinintarsien verzierten Wandschirme verdecken den Hauptaltar. Die Paravents gehören zu den kostbarsten in ganz Ägypten.

INFOBOX

Koptisches Kairo, Sharia Mar Girgis. **Karte** 3 B5. M *Mar Girgis.* *von Midan Tahrir.* *von Maspero Terminal.* *(02) 363 97 42.* *tägl. 9–16 Uhr.* *Fr 8–11 Uhr, So 7–10 Uhr.*

Kanzel
Die Kanzel aus Marmor (11. Jh.) ruht auf 13 Säulen, die Christus und seine Jünger versinnbildlichen.

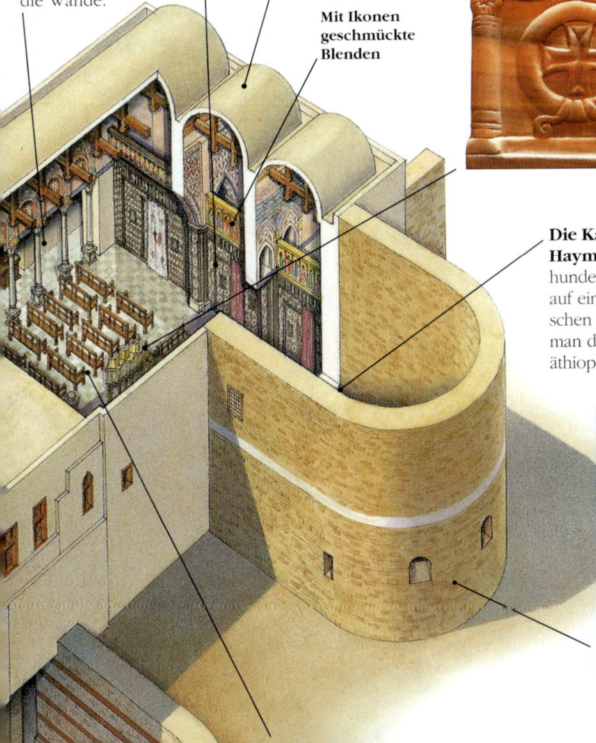

Ikonen des hl. Georg, von Maria und Johannes dem Täufer zieren die Wände.

Tonnengewölbe, von Säulen getragen

Mit Ikonen geschmückte Blenden

Die Kapelle des Takla Haymanot war im 4. Jahrhundert Teil der Kirche. Sie ist auf einer Stützmauer des römischen Tors erbaut. Hier ehrte man den Schutzpatron der äthiopischen Christen.

Römische Türme
Die Türme wurden im 1. Jahrhundert n. Chr. als Teil der südwestlichen Mauern des römischen Forts errichtet.

Innenraum der Kirche
Die drei Tonnengewölbe werden von Säulen mit korinthischen Kapitellen getragen. Dies legt nahe, dass sie von älteren Gebäuden stammen könnten.

Die Grundmauern der Kirche können vom Garten des Koptischen Museums aus betrachtet werden.

Das koptische Christentum

Die Ursprünge des Wortes »koptisch« kommen aus dem arabischen *qibti* (»ägyptisch«). Einer Legende zufolge brachte der Apostel Markus das Christentum im 1. Jahrhundert an den Nil. Bereits im 4. Jahrhundert war es Staatsreligion. Es wurden so genannte Patriarchate gegründet, damals nur Ableger der byzantinischen bzw. syrischen Kirche. Alexandria war das größte der ersten fünf Patriarchate Ägyptens. Im Jahr 451 verkündete ein Beschluss des Konzils von Chalkedon die duale Seinsform Christi (gleichzeitig göttlich und menschlich). Dioscurus, der Patriarch von Alexandria, erklärte daraufhin die Abspaltung der ägyptischen Christen von der orthodoxen Kirche in Byzanz.

***Ankh**, das altägyptische Symbol des ewigen Lebens, ging in die Form der koptischen Kreuze ein.*

***Die Skulptur der Isis** mit ihrem Sohn Horus (um 1400 v. Chr.) hat eine große Ähnlichkeit mit späteren Darstellungen der Maria mit dem Kind. Zusammen mit dem Glauben an ein Leben nach dem Tod sind dies offensichtliche Parallelen zwischen der altägyptischen Religion und dem Christentum.*

Schenouda III.
Patriarch Schenouda III., das Oberhaupt der koptischen Kirche, wohnt mit einigen koptischen Priestern der Mitternachtsmesse in der Markuskathedrale von Kairo bei. Patriarch Schenouda III. kommt aus dem Kloster Wadi Natrun *(siehe S. 165)*.

***Die koptische Sprache**, hier in einer frühen Gravur, hat ihre Ursprünge in altgriechischen und ägyptischen Schriftzeichen. Sie wird bis heute in religiösen Zeremonien verwendet. Die Kopten behaupten, die Nachfahren der pharaonischen Ägypter zu sein.*

Boutros Boutros-Ghali (siehe S. 63)*, der frühere UN-Generalsekretär, ist Kopte. Die wirtschaftlich mächtige Minderheit stellte lange die Bildungselite Ägyptens dar, die wichtige Ämter in Verwaltung und Justiz des Landes besetzte.*

Die Flucht nach Ägypten

Die Bibel erzählt, dass die heilige Familie nach Ägypten floh, um dem Kindermord des Herodes in Bethlehem zu entgehen. Die koptische Tradition hat darüber viel zu erzählen. In Matariyya, einer Vorstadt im Nordosten Kairos, steht der »Baum der Jungfrau«, unter dem sich Maria ausgeruht haben soll. Unter der Kirche St. Sergius im koptischen Kairo *(siehe S. 116f)* ist die Höhle, in der sich die heilige Familie aufgehalten hat. Die Stadt Asyut *(siehe S. 172)* soll der südlichste Punkt der Reiseroute gewesen sein.

Flucht nach Ägypten **von Jean-Léon Gérôme (1824–1904)**

Mönche *wie dieser aus dem Kloster St. Antonius tragen noch immer die traditionellen schwarzen Gewänder und die koptische Haube mit den Goldstickereien. Die Klöster verzeichnen seit einigen Jahren wieder einen größeren Zulauf an Novizen jeden Alters.*

Das Kloster St. Antonius (siehe S. 228) *war eine der ersten christlichen Ansiedlungen in Ägypten. Später folgten weitere Klöster wie etwa Wadi Natrun* (siehe S. 165) *oder das Kloster St. Katharina auf dem Sinai* (siehe S. 218ff).

Zwischen fruchtbaren Feldern *liegt eine typische Stadt Mittelägyptens, deren hervorstechendstes Bauwerk eine koptische Kirche ist. In dieser Region leben ungefähr sechs Millionen Kopten, also zehn Prozent der ägyptischen Bevölkerung. Trotz der religiösen Unterschiede leben Kopten und Muslime weitgehend friedlich nebeneinander.*

Fustat 8

Sharia Ain as-Sirah. **Karte** 3 C5.
M *Mar Girgis.*

Ausser einigen Lehmbauten gibt es für Besucher von Fustat wenig zu besichtigen. Trotzdem repräsentiert diese karge Siedlung 1400 Jahre ägyptischer Geschichte. Als die islamischen Reiterheere unter Amr Ibn al-Aas im Jahr 640 Ägypten eroberten, ließen sie sich nicht in Alexandria, Memphis oder Karnak nieder, sondern wählten das alte römische Fort von Babylon zu ihrem Lagerplatz.

In der riesigen Zeltstadt an den Ufern des Nils entstanden immer mehr feste Lehmbauten, trotzdem blieb der Name Fustat, der arabische Begriff für Zelt oder Lager. Die Siedlung wurde bald zu Ägyptens neuer Hauptstadt erklärt. In der Zeit der fatimidischen Herrscherdynastien (969–1171) wurde eine neue Hauptstadt weiter nördlich gegründet *(siehe S. 94f)* und Fustat 1168 niedergebrannt. Zwischen dem 13. und 16. Jahrhundert diente der Ort den Mamelucken als Müllhalde, ein Zustand, der sich bis heute nicht wesentlich verändert hat. Einst lebten hier Tausende als Müllsammler oder Töpfer, heute ist der Ort fast menschenleer. Für Archäologen ist Fustat eine Art Schatztruhe, die auf ihre Entdeckung wartet. Bis jetzt wurden lediglich die ehemaligen Umrisse von Fustat und Teile der Stadtmauern freigelegt.

Töpferei am Rand von Fustat, dem ersten islamischen Ort Ägyptens

Moschee Amr Ibn al-Aas 9

Midan Amr ibn al-Aas. **Karte** 3 B4.
M *Mar Girgis.* *tägl.* *Fr während des Mittagsgebets.*

Benannt nach dem arabischen Heerführer Amr Ibn al-Aas, der 640 Ägypten eroberte, war die Moschee die erste Gebetsstätte des Islam in Ägypten und damit auch die erste Moschee auf dem afrikanischen Kontinent.

Nach historischen Quellen bestand sie aus einem Lehmbau mit einem Dach aus Palmenblättern und Säulen aus Palmholz. Sie besaß zwar weder eine Kanzel noch ein Minarett, doch fanden alle Männer des Heeres zur Zeit der Gebete darin Platz. In den folgenden Jahrhunderten wurde der Bau unzählige Male verändert und restauriert. Von den mehr als 200 Säulen sollen keine zwei identisch sein. Der älteste, noch erhaltene Teil stammt aus dem 9. Jahrhundert. Andere Elemente, wie der Eingang, wurden bis ins Jahr 1998 hinein kontinuierlich verändert und erneuert.

Die Moschee strahlt trotzdem eine Aura der Ruhe und Schlichtheit aus. Auch wenn in der Moschee Amr Ibn al-Aas täglich viele Muslime beten, sind Besucher außerhalb der Gebetszeiten willkommen.

Kloster St. Mercurius 10

Sharia Abu Seifan. **Karte** 3 B4.
M *Mar Girgis.* *tägl. 9–17 Uhr.*

Nordwestlich der Moschee Amr Ibn al-Aas liegt ein koptisches Kloster mit gleich drei Kirchen. Eine kleine Tür in der hohen Mauer führt von der Straße in den Innenhof. Von dort gelangt man zu den verschiedenen Gebäuden der Anlage. Das Kloster aus dem 6. Jahrhundert ist nach einem römischen Soldaten benannt, der als christlicher Märtyrer verehrt wird. Im Laufe der Zeit wurde es mindestens viermal zerstört und anschließend neu errichtet.

Gemälde in der Kirche St. Mercurius

Das zentrale Gebäude der Anlage ist die **Kirche St. Mercurius** aus dem Jahr 1176. Die Kirche ging anlässlich des Brandes von Fustat in Flammen auf. Im Innenraum befinden sich schöne frühkoptische Ikonografien und ein besonders wertvoller Altar. Eine Steintreppe im nördlichen Kirchenschiff führt in die enge Krypta, in der im 4. Jahrhundert der hl. Barsum die letzten 20 Jahre seines Lebens in Gesellschaft einer Giftschlange zugebracht haben soll.

Fassade und Eingang der Moschee Amr Ibn al-Aas

Das schmiedeeiserne Grabmal des Suleiman al-Faransawi

Die **Kirche der Hl. Jungfrau Maria** und die **Kirche des hl. Schenouda** sind für Besucher geöffnet, während das **Kloster des hl. Mercurius**, in dem heute etwa 30 Nonnen leben, der Allgemeinheit nicht zugänglich ist.

Grabmal des Suleiman al-Faransawi ⓫

Sharia Mohammed al-Saghir. **Karte** 3 B5. Ⓜ *Mar Girgis.*

DAS KLEINE schmiedeeiserne Grabmal ist eines der ungewöhnlichsten Monumente in ganz Kairo. Es wurde im 19. Jahrhundert zu Ehren eines ebenso ungewöhnlichen Mannes angelegt. Suleiman »der Franzose« war ein Veteran aus Napoleons Ägyptenfeldzug. Unter dem Namen Joseph Sèves kam er auf Einladung von Mohammed Ali *(siehe S. 59)* nach Ägypten, wo er die Ausbildung von Mohammed Alis Kanonieren übernahm. Der Franzose, der 1860 starb, war bei den Soldaten so unbeliebt, dass man ihn bei Schießübungen als Zielscheibe benutzte. Sèves trat – vielleicht wegen dieser Erfahrung – zum Islam über. Sein neuer, muslimischer Name, Suleiman, wurde wegen seiner Tapferkeit in den Feldzügen gegen Syrer und Griechen um dem Ehrentitel »Pascha« erweitert.

Eine Reiterstatue von Suleiman Pascha stand bis 1952 an der Sharia Suleiman Pascha im Zenrum von Kairo. Nach der Revolution von 1952 wurde die Statue in der Zitadelle aufgerichtet, die Straße wurde 1954 nach dem ägyptischen Nationalisten und Bankier Talaat Harb umbenannt.

Nilometer ⓬

Sharia al-Malik Salih. **Karte** 3 B5. Ⓜ *Mar Girgis.* ◯ *tägl.*

BIS ZUR FERTIGSTELLUNG des Staudamms von Assuan wurde das Leben Ägyptens von den alljährlichen Überschwemmungen des Nils bestimmt. Die Wasser des Flusses überschwemmten das Delta und düngten die Böden mit mineralreichen Ablagerungen. Manchmal blieb dies aus, und die Felder mussten aus Zisternen bewässert werden. Als Folge fiel die Ernte äußerst mager aus, und das führte wiederum zu ernsthaften Versorgungsproblemen.

Um den Wasserstand und die damit verbundenen Ernteaussichten vorhersagen zu können, legte man schon zu pharaonischen Zeiten eine Reihe von Wasserstandsmessern an, die so genannten »Nilometer«, eines davon auf der Nilinsel Roda. In einer Grube verankerte man eine achteckige Säule, an der Markierungen angebracht waren. Das Wasser des Nil wurde zur Zeit der Überschwemmungen in drei Kanälen herangeführt. Stieg der Pegel ausreichend hoch, feierte man große Freudenfeste. Blieb der Pegel unterhalb der Marke, war dies Anlass für Stoßgebete.

Die Nilometer der Pharaonen existieren nicht mehr, das heutige System stammt aus dem 9. Jahrhundert. Die Inschriften an den Wänden geben über die Wasserstände Auskunft. Über dem Eingang wurde im 19. Jahrhundert ein türkischer Kiosk mit schönen Deckenarabesken errichtet.

Neben dem Nilometer liegt der **Munasterli-Palast** von 1852. Nach aufwändigen Restaurierungsarbeiten öffnete er im Frühjahr 2002 seine Pforten und dient nun als Kunstzentrum mit einem Museum, das der allseits verehrten ägyptischen Sängerin Umm Kolthum gewidmet ist. In den Wintermonaten finden hier klassische Konzerte statt.

Nilometer auf der Insel Roda, mit dem der Wasserstand des Nils bestimmt wurde

UMM KOLTHUM: DIE STIMME ÄGYPTENS

Die Sängerin Umm Kolthum war in der arabischen Welt die kulturelle Ikone des 20. Jahrhunderts. Sie begann 1910 als Sängerin auf Hochzeiten und Jahrmärkten in den Dörfern des Nildeltas. Der Klang und die Ausdruckskraft ihrer Stimme waren so gut, dass sie 1929 nach Kairo zog und dort eine märchenhafte Karriere begann. Bald übertrug der ägyptische Rundfunk ihre Konzerte jeden Donnerstag in alle angrenzenden Länder. Das öffentliche Leben stand für eine Stunde still. In den folgenden vierzig Jahren nahm sie über 300 Lieder auf und spielte in mehr als 70 Filmen. Als Umm Kolthum 1975 starb, versank Ägypten in nationale Trauer. Der Leichenzug, der ihrem Sarg folgte, war 15 Kilometer lang. Auch heute noch erfüllt ihre Stimme die Cafés und Taxis von Kairo – und nicht nur dort. Ihre Lieder sind das musikalische Herz Ägyptens, das nie zu schlagen aufhört.

Umm Kolthum, die beliebteste Sängerin Ägyptens

Giseh und Heliopolis

Giseh und Heliopolis liegen nicht nur von Kairo aus entgegengesetzt, sondern stehen auch für grundlegend verschiedene Abschnitte in der Geschichte Ägyptens. Das südwestlich von Kairo gelegene Giseh wurde durch die Pyramiden weltberühmt. Die über 2500 Jahre alte Sphinx, das älteste figürliche Monument der Welt, bewacht noch immer die Pyramiden, Tempel und Grabstätten der auf dem Giseh-Plateau entstandenen Nekropole und das einzige heute noch existierende der sieben Weltwunder der Antike. Selbst die aufdringlichen Kameltreiber und Limonadenverkäufer, die hartnäckigen Bettler oder die kitschige Lightshow können der majestätischen Größe der Pyramiden nichts anhaben. Heliopolis verdankt sein heutiges Gesicht den Visionen des belgischen Industriellen Edouard Empain, der von einer grünen Oase vor den Toren Kairos träumte. Sowohl reiche Europäer, die der Faszination des Orients erlagen, als auch wohlhabende Ägypter, die der Enge und dem Staub Kairos entfliehen wollten, errichteten in Heliopolis elegante Villen, vorwiegend im maurischen Stil.

Verzierung an einer Fassade in Heliopolis

Eine der Pyramiden der Königinnen mit kleiner Kapelle

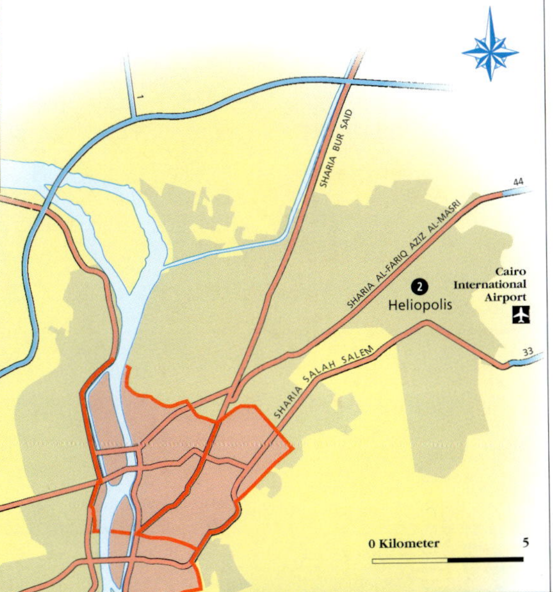

Anfahrt

Die Buslinie 355 verkehrt zwischen dem Ägyptischen Museum und den Pyramiden von Giseh. Auch die Minibusse 82 und 83 bedienen diese Strecke. Buslinie 356 fährt alle 20 Minuten vom neuen Busbahnhof hinter dem Ägyptischen Museum nach Heliopolis und weiter zum Kairoer Flughafen.

Legende

- Stadtzentrum
- Großraum Kairo
- Hauptstraße
- Nebenstraße

Europäische und maurische Architektur im Vorort Heliopolis

◁ **Die Sphinx von Giseh, aus einem Kalksteinfelsen vor der Chephren-Pyramide herausgemeißelt**

Das Plateau von Giseh ❶

VOR ETWA 5000 JAHREN wurde Giseh zur königlichen Nekropole der ägyptischen Hauptstadt Memphis auserkoren. In weniger als 100 Jahren erbaute ein Heer von Sklaven die drei Pyramidenkomplexe, die ihren Königsfamilien als Grabstätten dienen sollten. Nach dem Tod des Pharao wurde sein Körper auf einer Barke zum Taltempel gebracht. Dort vollzog man die letzten Totenriten und transportierte den Leichnam in die Grabkammer. In den Totentempeln wurden den verstorbenen Gottkönigen von den Priestern täglich Opfergaben dargebracht. Die königliche Familie und hohe Staatsbeamte wurden in kleineren Nebenpyramiden und Steinsarkophagen, den so genannten *mastabas*, beigesetzt.

Die Pyramiden von Giseh
In nur drei Generationen wurden während der 4. Dynastie des Alten Reichs (2686 bis 2181 v. Chr.) die gewaltigen Pyramiden von Giseh aufgetürmt.

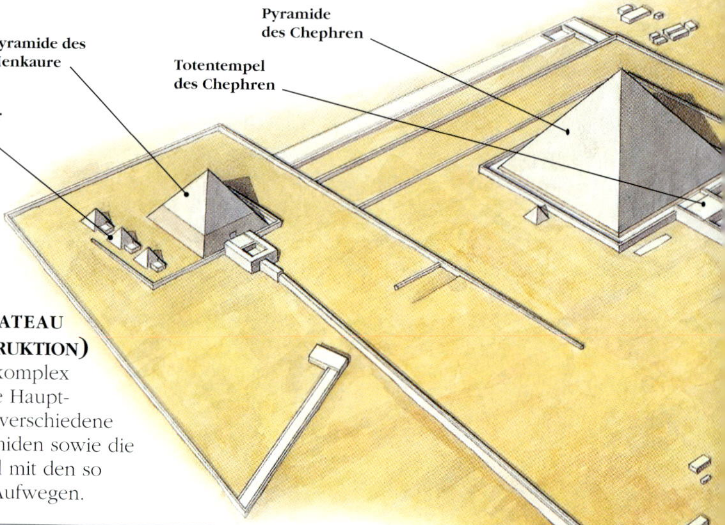

GISEH-PLATEAU (REKONSTRUKTION)
Der Gräberkomplex umfasste die Hauptpyramiden, verschiedene Nebenpyramiden sowie die Totentempel mit den so genannten Aufwegen.

Pyramiden des Chephren und Menkaure
Die Pyramide des Chephren erreicht fast die Größe der Pyramide seines Vaters Cheops (Khufu), die Pyramide des Menkaure (Mykerinos) ist kleiner. Ob damit ein Machtverfall dokumentiert wurde, ist umstritten.

Grabstätte der Königin Khentkawes
Diese Grabkammer war die letzte, die in Giseh angelegt wurde. Khentkawes war die Tochter des Pharao Menkaure.

NICHT VERSÄUMEN

★ **Cheops-Pyramide**

★ **Sphinx**

Die Lage der Pyramiden von Giseh

Die moderne Ägyptologie ist sich einig, dass die Pyramiden als Grabstätten der Pharaonen errichtet wurden. Die weißen, manchmal auch goldfarbenen Spitzen sollten Sonnenstrahlen ins Innere leiten *(siehe S. 26)*. Da aber einige Grabschächte und Grabkammern noch immer Rätsel aufgeben und man deren Position mit bestimmten Sternenkonstellationen in Verbindung bringt, glauben vor allem esoterische Zeitgenossen an eine »höhere Ordnung« bzw. kosmische Bedeutungen der Pyramiden von Giseh. Die Ausrichtung der Pyramiden ist jedoch vor allem auf ägyptische Grabriten zurückzuführen, z.B. auf die Überzeugung der Priester des Atum-Kults, dass die Seelen der Pharaonen zu den »ewigen Sternen« aufsteigen würden.

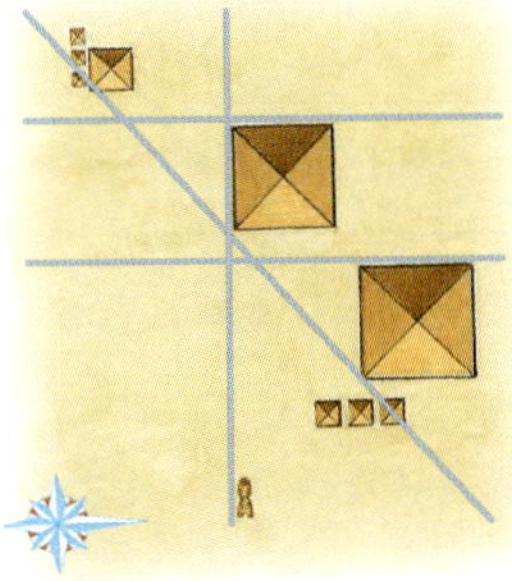

Mastabas (Bankgräber) der 4. und 5. Dynastie

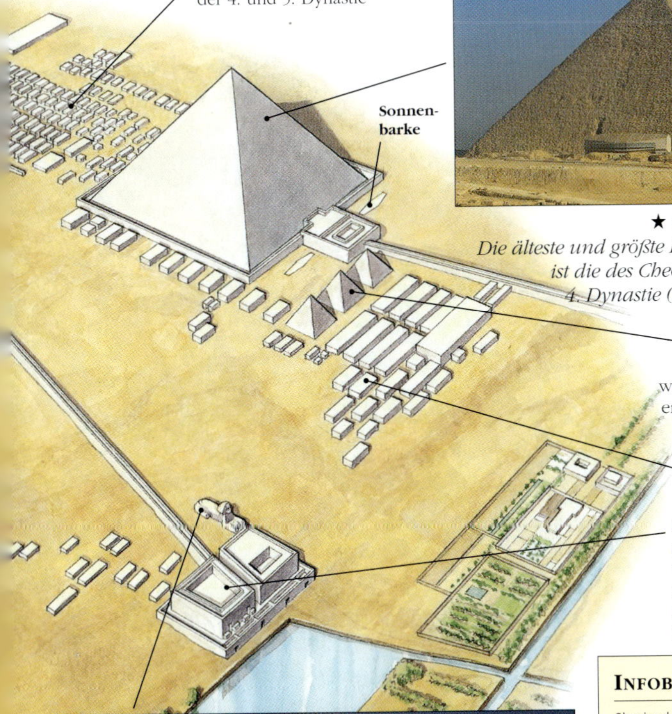

★ Cheops-Pyramide
Die älteste und größte Pyramide von Giseh ist die des Cheops (Khufu) aus der 4. Dynastie (2589–2566 v. Chr.).

Die Pyramiden der Königinnen wurden für die Ehefrauen und Verwandten des Pharao errichtet.

Mastaba-Gräber

Im Taltempel des Chephren wurde der Leichnam vor der Bestattung aufbewahrt.

★ Sphinx
Die löwenhafte Sphinx, Bewacherin des Giseh-Plateaus, wird auf Arabisch Abu al-Hol, *»Vater des Schreckens«, genannt.*

Infobox

Sharia al-Ahram (Pyramids Road), Giseh, 12 km südwestl. von Kairo. *(02) 383 88 23.* *82, 83 von Midan Tahrir.* **Giseh-Plateau** *tägl. 8–17 Uhr.* **Pyramiden** *tägl. 8–16 Uhr (Sommer bis 17 Uhr).* *für jede Pyramide (meist ist eine Pyramide wg. Restaurierung geschlossen).* **Museum der Sonnenbarken** *tägl. 9–16 Uhr (Sommer 17 Uhr).* **Light- & Sound-Show** *Winter 18.30, 19.30, 20.30 Uhr (Sommer jeweils 1 Std. später).*

Giseh-Plateau: Cheops-Pyramide

Schon die reinen Fakten zur großen Pyramide des Cheops (Khufu) sind atemberaubend. Man schätzt, dass über zwei Millionen Steinblöcke von durchschnittlich 2,5 Tonnen Gewicht bewegt wurden. Bis zur Errichtung des Eiffelturms war sie mit ursprünglich 147 Metern (heute 137 Metern) das höchste Bauwerk der Welt. Die exakte Ausrichtung und der präzise Anstiegswinkel der Pyramide sind ebenfalls erstaunlich: Die Seitenlängen weichen auf einer Strecke von 230 Metern nur vier Zentimeter voneinander ab – eine ungeheure architektonische Leistung der Erbauer.

Statue des Cheops
Die einzige erhaltene Statue des Cheops ist nur 7,5 cm groß. Die Elfenbeinfigur steht im Ägyptischen Museum.

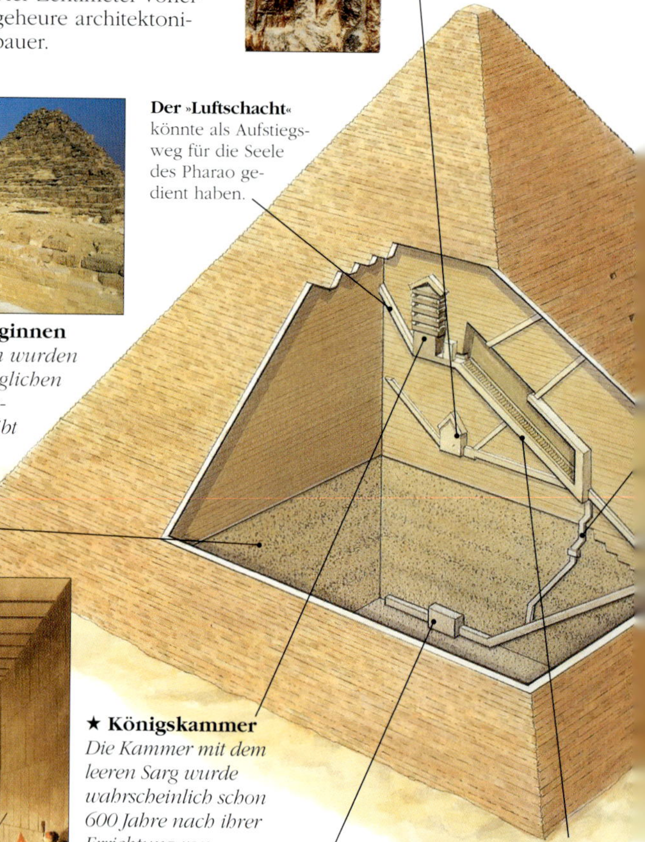

Die Kammer der Königin enthielt eine kleine Figur, die die Lebenskraft des Pharao darstellte.

Der »Luftschacht« könnte als Aufstiegsweg für die Seele des Pharao gedient haben.

Basis des Tempels

★ Königskammer
Die Kammer mit dem leeren Sarg wurde wahrscheinlich schon 600 Jahre nach ihrer Errichtung von Grabräubern geplündert.

Unvollendete zweite Grabkammer

★ Große Grabgalerie
Die fast neun Meter hohe Galerie könnte als Gleitweg für die großen Steinabschlüsse der Einstiegsschächte gedient haben.

Pyramiden der Königinnen
Die kleinen Pyramiden wurden für Mitglieder der königlichen Familie erbaut. Die tatsächliche Nutzung bleibt bis heute unklar.

Nicht versäumen
- ★ Königskammer
- ★ Große Grabgalerie

◁ Die Pyramiden von Giseh – gewaltige Monumente in der Wüste

Königskammer (Rekonstruktion)

Die Vorräume der Königskammer waren für den Ausbau der Grabkammer nötig. Hier wurde auch der einzige schriftliche Hinweis auf Cheops (Khufu) gefunden. Einer der Bauarbeiter ritzte die Worte in die Wand: »Wie mächtig ist die weiße Krone des Cheops.«

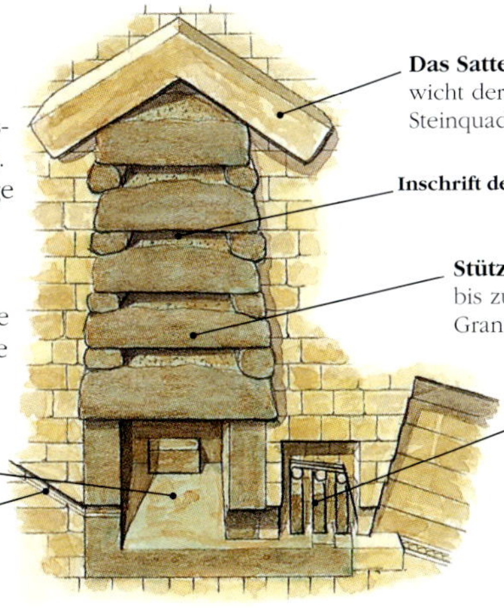

Das Satteldach hielt das Gewicht der darüber liegenden Steinquader.

Inschrift der Bauarbeiter

Stützkammern wurden aus bis zu 80 Tonnen schweren Granitblöcken errichtet.

Quer liegende Granitblöcke wurden als Verschlusssteine der Kammer herabgelassen.

Königskammer

Die Luftschächte wurden durch Außenmauern verschlossen.

Der vertikale Schacht diente als Ein- und Ausstieg der Arbeiter.

Eingang
Der eigentliche Einstieg blieb verschlossen. Besucher benutzen einen Tunnel, den Kalif Maamun 820 anlegte.

Entwicklungsgeschichte der Pyramiden

Ägyptische Baumeister entwickelten in nur 400 Jahren die revolutionäre Methode des steinernen Pyramidenbaus. Davor wurden die *mastabas* aus Lehmziegeln erbaut. Der innovative Schritt von der Stufenpyramide zur »glatten« Pyramidenform wurde in nur 65 Jahren vollzogen. Jede Pyramide war eine neue Herausforderung für ihre Erbauer.

Die Rote oder Nördliche Pyramide in Dahschur entstand um 2600 v. Chr.

Mastaba
Etwa ab 3000 v. Chr. wurden die Würdenträger des alten Ägypten in kastenförmigen Erdgräbern beigesetzt.

Stufenpyramide (um 2665 v. Chr.)
Durch die Aufschichtung von sechs mastabas *entstanden noch beeindruckendere Grabstätten.*

Erste »glatte« Pyramide (um 2605 v. Chr.)
Durch das Auffüllen der Abstufungen an den Stufenpyramiden entstanden glatte Flächen. Diese Bauweise setzte sich durch.

Überblick: Giseh-Plateau

Um die Pyramiden von Giseh zu erhalten, kommt es zu zeitweiligen Beeinträchtigungen der Besuchsmöglichkeiten. Am besten besucht man Giseh am frühen Morgen, ehe die Hitze und der Besucherandrang zu groß werden. Abends kann ein Besuch der Pyramiden mit der Light- und Sound-Show vor der Sphinx verbunden werden. In den Schächten der Pyramiden kann es heiß und eng sein, für Besucher mit Klaustrophobie nicht gerade ideale Voraussetzungen. Eine Umrundung der Pyramiden zu Pferd oder Kamel ist ein teurer Spaß. Wer kann, sollte das Giseh-Plateau am besten zu Fuß erkunden.

Reiten auf dem Kamel – oder sich einfach nur fotografieren lassen

Das hypermoderne Museum der Sonnenbarken

Museum der Sonnenbarken

An der Südseite der Cheops-Pyramide ist ein vollständig erhaltenes Sonnenschiff ausgestellt, das 1954 entdeckt wurde. Archäologen setzten in 14 Jahren die über 1200 Einzelteile wieder zu einer Sonnenbarke zusammen. Die Forscher benutzten dazu nur authentische Materialien wie Holznägel und Sisaltaue. Die Archäologen nannten das Boot eine Sonnenbarke, denn das Wasserfahrzeug gleicht den zahlreichen Darstellungen der Grabreliefs, die den Sonnengott Ra auf seiner Reise über den Horizont abbilden. Bis heute ist nicht geklärt, ob die Barke für den Sonnengott gedacht war oder ob der verstorbene Pharao damit seine letzte Reise antreten sollte. Einkerbungen im Holz legen nahe, dass das Boot einst benutzt wurde. Möglicherweise wurde der Körper des toten Cheops damit von Memphis nach Giseh gebracht.

Chephren-Pyramide

Die Basis dieser Pyramide ist 15 Meter kürzer, die Spitze drei Meter niedriger als die der großen Cheops-Pyramide – trotzdem erscheint die Chephren-Pyramide wegen ihres erhöhten Standorts und der intakten Spitze etwas größer. Die Spitze ist noch immer mit den hellen Kalksteinplatten ummantelt, die einst die Kuppen aller Pyramiden von Giseh bedeckten. Die Kalksteinblöcke wurden im Mittelalter für die Baudenkmäler des islamischen Kairo abgetragen.

Idu, Wächter der Grabmäler

Das Innere der Chephren-Pyramide ist einfacher ausgestattet als die Cheops-Pyramide. Zwei Schächte vereinigen sich vor der eigentlichen Grabkammer. Während die Grabkammer der Cheops-Pyramide nahe dem Mittelpunkt angelegt wurde, befindet sich die Grabkammer der Chephren-Pyramide tief im Felsengrund des Pyramidensockels. Außer dem Granitsarg des Königs gibt es noch den Totentempel mit der kleinen Kultkammer und dem Vorhof sowie den fast 500 Meter langen Aufweg zu sehen.

Blick vom Rand des Giseh-Plateaus auf Sphinx und Chephren-Pyramide

Menkaure-Pyramide

Die jüngste Pyramide des Plateaus ist die des Königs Menkaure (Mykerinos). Ihre Grundfläche beträgt nur ein Viertel der beiden anderen Pyramiden. Manche Experten sehen darin einen Machtverfall der Könige, andere meinen, der größere Totentempel und der umfangreichere Taltempel bedeuteten eine grundlegende Verschiebung der Prioritäten. Vielleicht war dies der Anfang vom Ende der großen Königspyramiden. Die toten Könige der nachfolgenden Dynastien wurden bereits in versteckten Grabkammern unweit ihrer Totentempel beigesetzt. Im 12. Jahrhundert versuchte ein mameluckischer Sultan, die Menkaure-Pyramide abzutragen. Nach acht Monaten wurden die Arbeiten zwar eingestellt, hinterließen aber eine Narbe an der Nordseite.

Der abfallende Schacht im Inneren der Pyramide endet in einem Nebenraum, der mit einer blinden Tür versehen ist. Ein zugemauerter Schacht, der von japanischen Forschern mit einem Miniroboter entdeckt wurde, führt zur Grabkammer hinab. Das Tonnengewölbe wurde aus einem elf Tonnen schweren Granitblock herausgemeißelt. Der bemalte Sarkophag, der im 19. Jahrhundert entdeckt wurde, ging 1902 mit dem Schiff auf dem Weg nach London unter.

Sphinx

Das älteste figürliche Monument Ägyptens (um 2500 v. Chr.) bewacht die Grabstätten des Giseh-Plateaus. Die 20 Meter hohe und 73,5 Meter lange Sphinx mit dem mythischen Löwenkörper und dem königlichen Kopfschmuck stellt wahrscheinlich den Pharao Chephren dar. Die riesige Statue wurde vor Ort aus dem Fels gemeißelt.

Die Basis des Monuments wurde seit der 18. Dynastie immer wieder erneuert. Die bekannte Anekdote, dass napoleonische Kanoniere ihr die Nase weggeschossen haben sollen, ist pure Erfindung. Schon im 15. Jahrhundert beschreiben islamische Reisende die Sphinx ohne Nase. Der Bart um ihr Gesicht fiel den Sandstürmen zum Opfer, ein herabgefallenes Fragment wird im Britischen Museum in London ausgestellt. Vor der Sphinx stehen die Überreste eines Sphinx-Tempels, der aber noch nicht zugänglich ist. Die unmittelbare Umgebung der Sphinx kann durch den Taltempel des Chephren erreicht werden. In der Entstehungszeit der Pyramiden von Giseh stieg der Nil bis zum Rand des Giseh-Plateaus an. Der Taltempel des Chephren lag direkt an einer Mole, von der ein teilweise überdachter Weg zu den Pyramiden führte. Der französische Archäologe Auguste Mariette entdeckte diesen »Aufweg« 1852. Die großen Pyramiden hatten sicher ähnliche Rampen, die aber leider nicht mehr existieren. Die Sphinx wurde mit Hilfe neuester Computertechnologie exakt vermessen, man hat heute eine ziemlich genaue Vorstellung, wie das berühmteste antike Denkmal Ägyptens einmal aussah.

Das Hotel Mena House am Rand des Giseh-Plateaus

Umgebung des Plateaus

Auch die Gräber des Königsfriedhofs westlich der Pyramiden sind einen Besuch wert. Die hohen Würdenträger der 6. Dynastie, wie **Qar**, der Oberpriester des Totenkults, oder sein Sohn **Idu**, der königliche Chronist, fanden hier ihre letzte Ruhe. Ihre Gräber wurden mit kunstvollen Abbildungen der Toten versehen. Das Grabmal von Cheops' Sohn König **Khufu-khaf** ist ebenfalls mit leuchtenden Reliefs ausgemalt. In der Grabkammer seiner Gemahlin **Meresankh III.** befinden sich die schönsten Grabmalereien von Giseh. Die Tote wird im Ornat einer Priesterin dargestellt, ihr Leopardenumhang ist gut zu erkennen. Auch ihre Mutter, die blonde Hetepheres III., ist abgebildet.

Nach der staubigen Hitze des Giseh-Plateaus bietet sich ein Besuch im luxuriösen **Mena House Hotel** an. Bei einem Drink kann man den Sonnenunergang von der Terrasse aus beobachten.

Besteigung der Cheops-Pyramide

Bis 1982 besuchte man nicht nur die Pyramiden und ihre Grabkammern, sondern bestieg auch die Spitze der Cheops-Pyramide. Ein Reiseführer aus dem Jahr 1902 beschreibt diese touristische Großtat: »Zwei Beduinen ziehen einen von Stufe zu Stufe hinauf, ein dritter schiebt, falls nötig, von hinten an. Man braucht etwa 50 Minuten für den direkten Aufstieg.« Auf der Spitze angekommen, haben sich viele Besucher in den Steinen verewigt. Ein Mann ritzte seinen Namen in einen Quader und beging dann Selbstmord. Viele Liebespaare haben ihre Namen auf diese Weise für ewig hinterlassen. Schon 1840 beschwerten sich Reiseführer über diese Unsitte – ohne Erfolg. Die Pyramiden haben auch das überstanden. Hin und wieder – und auf eigenes Risiko – kann man auch heute noch für 150 US-$ eine Ausnahmegenehmigung für den Aufstieg erhalten. Die Tatsache, dass bisher 120 Touristen dabei zu Tode kamen, sollte allerdings als Warnung dienen.

Foto aus dem 19. Jahrhundert: Das Erklimmen der Cheops-Pyramide

Rundgang durch Heliopolis ❷

Hindu-Motiv am Qasr al-Baron

GEBOREN AUS DEN VISIONEN des belgischen Millionärs Baron Edouard Empain (1852 bis 1929) war und ist Heliopolis der Inbegriff einer geglückten Verbindung von Luxus und orientalischem Flair. Ein Team von europäischen Architekten entwarf in den 1920er Jahren eine Gartenstadt, die durch eine Straßenbahn mit Kairos Zentrum verbunden wurde. Der ägyptische Name Misr al-Gedida (Neu-Kairo) verdeutlicht, dass die Großstadt sich ihres ehemaligen Vororts Heliopolis bemächtigt hat. Heliopolis ist voller Luxusläden, Restaurants und einem fast europäischen Angebot an Nachtklubs.

Auf der Terrasse des Café Amphitrion in Heliopolis

Uruba Palace und Umgebung

Der Spaziergang beginnt an der linken Seite des Uruba Palace ①. Das ehemalige Heliopolis-Palasthotel, eines der Grandhotels in Ägypten, ist heute die offizielle Residenz des ägyptischen Staatspräsidenten. Im großartigen Rundbau befand sich früher der Ballsaal des Hotels. Gegenüber dem Palast, an der Kreuzung Sharia al-Ahram und Sharia Ibrahim Laqqany, liegt das bekannte Amphitrion ②, eine Mischung aus Café, Restaurant und Nachtklub. Das Essen ist zwar den Preisen nicht angemessen, aber man kann hier in aller Öffentlichkeit ein Bier trinken und von der Terrasse die Schönen und Reichen Kairos beobachten. Biegt man von der Sharia al-Ahram links in die Sharia Ibrahim Laqqany ③ ein, so sieht man, wie sich Baron Empain sein Heliopolis einst vorgestellt haben mag. Die fantastischen Fassaden der Häuserzeilen erinnern eher an die Geschichten aus *Tausendundeiner Nacht* als an traditionelle islamische Architektur. Die maurischen Bögen und Balkone, die verspielten Türme und Spitzstukkos lassen diese Häuser geradezu märchenhaft aussehen. Der exzentrische Baron Empain war auch ein Bahnnarr. Die von ihm gekaufte Tram war damals das modernste Massentransportmittel. Die Straßenbahnen, die heutzutage hier verkehren, stammen allerdings

SEHENSWÜRDIGKEITEN

- Café Amphitrion ②
- Basilika ⑥
- Le Chantilly ⑨
- Normandy Cinema ④
- Palmyra ⑤
- Qasr al-Baron ⑦
- Sharia Baghdad ⑧
- Sharia Ibrahim Laqqany ③
- Uruba Palace ①

Kolonnaden und Türmchen in der Sharia Ibrahim Laqqany

ROUTENINFOS

***Ausgangspunkt**: Sharia al-Ahram.*
***Länge**: 4 km.*
***Dauer**: 1 bis 2 Stunden.*
***Anfahrt**: Airport-Bus 356 von der Haltestelle hinter dem Ägyptischen Museum oder Taxi.*

Die byzantinische Basilika des Baron Empain, der Hagia-Sophia in Istanbul nachempfunden

aus DDR-Produktion, ihre sozialistisch spartanische Ausstattung hat rein gar nichts mit den eleganten Doppeldeckern der Jahre 1922–26 gemein.

Wendet man sich von der Sharia Sayyid Abdel Wahid wieder zurück auf die Sharia al-Ahram, so liegt linker Hand das Normandy Cinema ④. Das Open-Air-Kino zeigt im Sommer englisch- und französischsprachige Filme.

An der Kreuzung Sharia al-Ahram und Sharia Ibrahim Sawra liegt das zweite traditionsreiche Kaffeehaus von Heliopolis, das Palmyra ⑤. Der Begriff Café bedeutet in Ägypten oft auch Bar oder Restaurant. Leider lässt die Qualität der Speisen in den so genannten Cafeterias oft ein wenig zu wünschen übrig.

Von der Basilika zur Sharia Baghdad

Direkt an der Sharia al-Ahram steht Empains Basilika ⑥, die daran erinnert, dass Heliopolis von Europäern für Europäer erbaut wurde. Die im byzantinischen Stil errichtete Basilika ist leider meist geschlossen. Falls sie geöffnet ist, kann man die Familiengruft der Empains besichtigen. In der Shahid Tayyar Nazih Khalila befindet sich der Qasr al-Baron (Baron's Palace) ⑦. Der Palast wurde 1910 fertig gestellt und war die Kairoer Residenz der Empains. Seltsamerweise erinnert das Gebäude an einen indischen Hindutempel: Der französische Architekt Alexander Marcel hat sich offenbar einen Tempel der kambodschanischen Tempelanlage von Angkor Wat zum Vorbild genommen. Die Sandsteinfassade ist mit hinduistischen Gottheiten und Symbolfiguren übersät, der Turm hatte eine drehbare Plattform, die dem Lauf der Sonne folgte. Mittlerweile ist der Palast jedoch verfallen und dient nur noch Fledermäusen und Vögeln als Unterschlupf.

Auf der Sharia Abd al-Salaam Zaky kehrt man zum Stadtzentrum von Heliopolis zurück. In der links abzweigenden Sharia Baghdad ⑧ kann man im Vorbeigehen nochmals einige der orientalischen Traumvillen aus den Anfängen von Heliopolis begutachten. Auf halbem Wege zum Stadtzentrum bietet sich Le Chantilly *(siehe S. 286)* ⑨ zum Einkehren an, ein ausgezeichnetes Restaurant mit eigenem Garten und Terrasse.

Fassade des Qasr al-Baron im indischen Mogulstil

Kartenteil Kairo

Die Karte unten zeigt die Stadtteile Kairos, die der Kartenteil enthält. In den Karten sind alle wichtigen Sehenswürdigkeiten, Bahnhöfe, U-Bahn-Stationen und Bushaltestellen aufgeführt. Auch Restaurants *(siehe S. 282–291)*, Hotels *(siehe S. 264–275)* und Nachtklubs *(siehe S. 298–305)* sind eingetragen. Einige kleinere Straßen und Plätze werden auf den Detailkarten nicht genannt.

Sightseeing in Kairo

Manche Monumente haben drei Bezeichnungen: einen arabischen, englischen und deutschen Namen. Wenn man z. B. zur Zitadelle will, kennen Taxifahrer oft nur den arabischen Begriff *Al-Qalaa*. In diesem Reiseführer finden Sie zunächst den deutschen Namen; wenn eine englische Bezeichnung gebräuchlich ist, dann wird diese erwähnt. Der arabische Name ist zusätzlich aufgeführt.

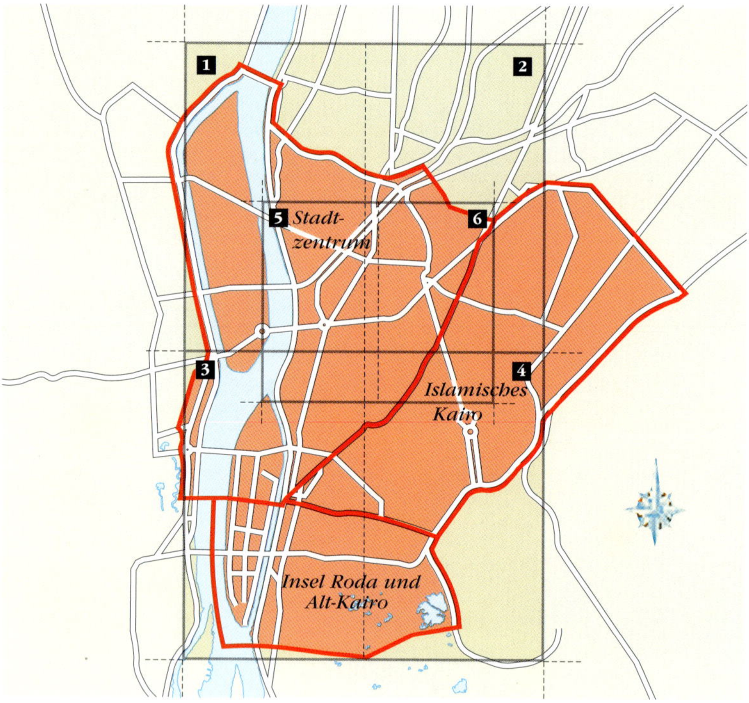

Legende

Hauptattraktion	Information
Andere Sehenswürdigkeit	Krankenhaus
Wichtiges Gebäude	Polizei
Bahnhof	Post
Bushaltestelle/Busbahnhof	Moschee
U-Bahn-Station (Metro)	Kirche
Taxi	Synagoge
Nil-Fähre (Riverbus)	Einbahnstraße
Bootsvermietung (Feluken)	

Massstab Karte oben
0 Meter 1000

Massstab Karten 1–4
0 Meter 200

Massstab Karten 5–6
0 Meter 200

◁ **Kairo bei Nacht – Blick vom Kairo-Turm über den Opernhaus-Komplex den Nil hinunter**

Kartenregister

Aufgrund der unterschiedlichen Übertragungen vom Arabischen ins Englische bzw. Deutsche können Bezeichnungen unter Umständen von der Schreibweise auf den Straßenschildern abweichen. Das Wort *Sharia* heißt »Straße«, andere wichtige, häufig zu anzutreffende arabische Worte sind *midan* (Platz), *bab* (Tor), *beit* (Haus), *kubri* (Brücke) und *qasr* (Palast).

1
A
B
C
1
2
3
4
5
Nil
SHUBRA
ZAMALEK
BULAQ
SHARIA TALAAT HARB
SHARIA AT-TARIQ AZ-ZIRAI
SHARIA AL-MATAR
SHARIA AL-MAHATTA
SHARIA AL-MADARIS
SHARIA AL-NIL
SHARIA CORNICHE EL-NIL
SHARIA TIRET
SHARIA AL-GHITANIYA
SHARIA HASAN AL-QADI
SHARIA ABID SARI
SHARIA ABU AL-FARAG
SHARIA AL-BUKTU
SHARIA ABU FADI
GEZIRET BADRAN
SHARIA IBN AL-RASID
SHARIA IBN A
SHARIA GEZIRET BA
SHARIA AS-SABTIYA
SHARIA AS-SAB
SHARIA EL-AMIRIYA
SHARIA ABU AL-FIDA
SHARIA MOHAMMED MAZHAR
SHARIA TAHA HUSSEIN
SHARIA AHMED HESHMAT
SHARIA MOHAMMED MARASLI
SHARIA ISMAIL MOHAMMED
SHARIA BRAZIL
World Trade Centre
SHARIA AL-MATBAAL
SHARIA SULEIMAN AL-KHADI
SHARIA AL-HUSARA
SHARIA AL-GADID
SHARIA SHANAN
SHARIA AL-MANSUR
SHARIA 26 JULY
KUBRI 26 JULY
SHARIA IBN ZINKI
SHARIA SALAH AD-DIN
SHARIA SABRY
SHARIA UMM KULSUM (GABALIYA)
Arts Centre
SHARIA AL-WIKALA
SHARIA BULAQ
SHARIA AL-HAGGAG
SHARIA ILWI
SHARIA AL-ADAWIYA
Kirche Mount Carmelo
Kirche St. Konstantin und St. Helena
SHARIA AS-SAHAFA
SHARIA AL-EILAT
Al-Bahr al-Ama
SHARIA ZAKARIYA RIZQ
Mahmoud Khalil Museum
Hotel Cairo Marriott
SHARIA AL-GEZIRA
SHARIA HASSAN
GEZIRA SPORTING CLUB
Arab Television Building
SHARIA ABU TALIB
SHARIA SAHIL AL-GHILAL
SHARIA AL-GALA
KUBRI SHARIA RAMSES
Nasser
Oberster Gerichtshof
Botschaft von Brasilien
SHARIA CHAMPOLLION
SHARIA HUSEIN BASHA
ABDEL MONEIM RIAD SQUARE
SHARIA GAMAL ABD AN-NASSER
SHARIA AL-FARDUS
KUBRI 6 OCTOBER
Ägyptisches Museum
Rathaus
SHARIA TALAAT HARB
MIDAN TALAAT HARB
SHARIA QASR EL-NIL
SHARIA AL-BUSTAN
SHARIA AL-HADA
AZ-ZUHRIYA
Kairo-Turm
SHARIA SARAY AL-GEZIRA
Anglo-American Hospital
SHARIA NAWWAL
SHARIA LUTFI HASSUNA
SHARIA RUSTUM
SHARIA BULES HANNA
Museum für moderne Kunst
Opernhaus-komplex
Opera
MIDAN SAAD ZAGHLOUL
SHARIA AT-TAHRIR
KUBRI AT-TAHRIR
CORNICHE EL-NIL
Hotel Nile Hilton
Telefon- & Faxamt
MIDAN TAHRIR
SHARIA AT-TAHRIR
Sadat
Mogamma Building
MIDAN SIMON BOLIVAR
Amerikanische Universität Kairo
SHARIA ASH-SHEIKH RIHAN
SHARIA AL-FALAKI
SHARIA MOHAMMED MAHMUD
3

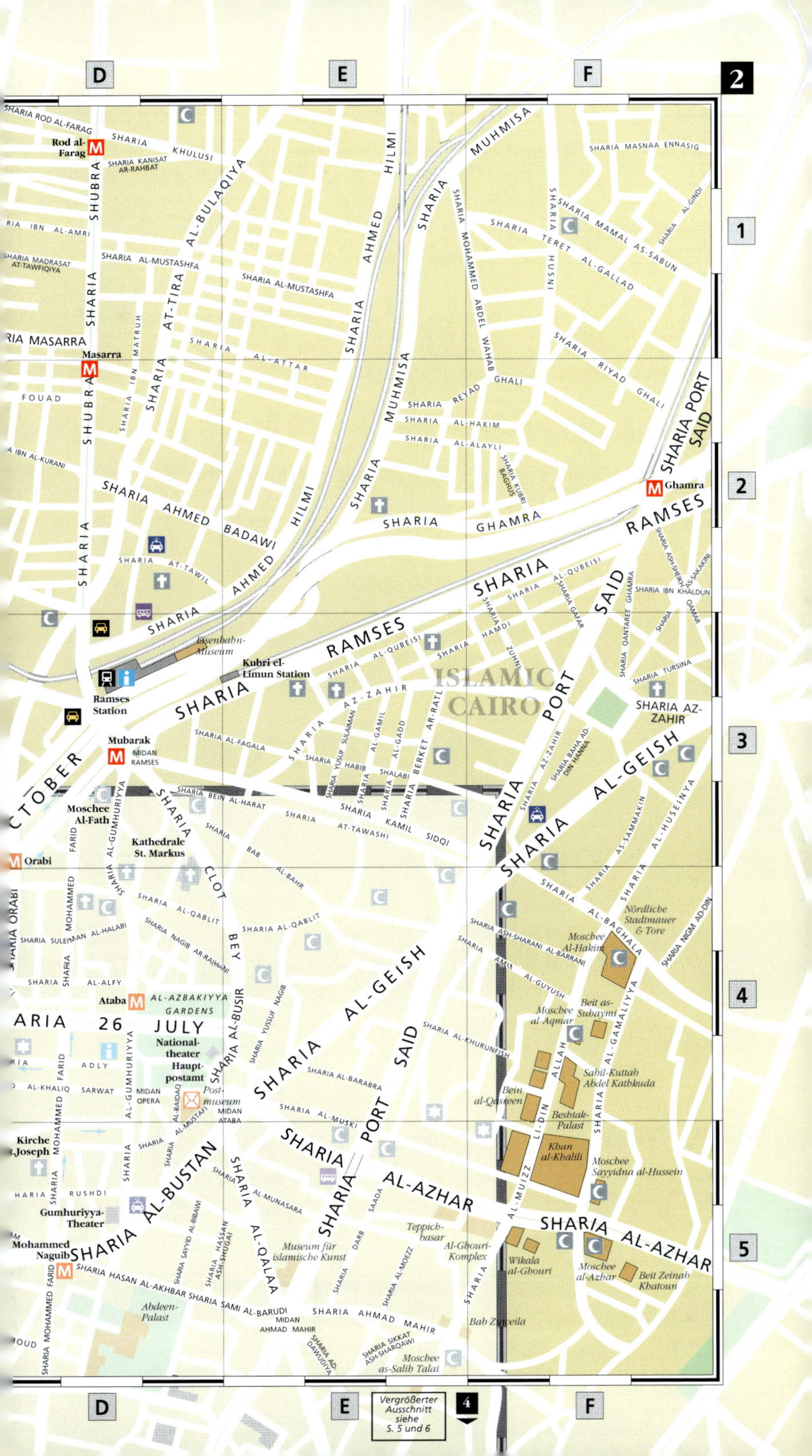

2
D
E
F
1
2
3
4
5
Sharia Rod al-Farag
Rod al-Farag
Sharia Khulusi
Sharia Kanisat ar-Rahbat
Shubra
Sharia al-Bulaqiya
Hilmi
Ahmed
Sharia Muhmisa
Sharia Masnaa Ennasig
Sharia Mamal as-Sabun
Sharia al-Gindi
Sharia Teret al-Gallad
Husni
Sharia Mohammed Abdel Wahab Ghali
Sharia Ibn al-Amri
Sharia Madrasat at-Tawfiqiya
Sharia al-Mustashfa
Sharia at-Tira
Sharia Masarra
Masarra
Sharia al-Attar
Matruh
Sharia Ibn
Fouad
Sharia Riyad Ghali
Sharia Reyad
Sharia al-Hakim
Sharia al-Alayli
Sharia Kubri Baghus
Sharia Port Said
Ghamra
Ibn al-Kurani
Sharia Ahmed Badawi
Sharia Ghamra
Sharia Ramses
Sharia at-Tawil
Sharia Ahmed
Sharia al-Qubeisi
Sharia Gafar
Sharia Ash-Sheikh
As-Sakakini
Sharia Ibn Khaldun
Qantaret Ghamra
Qamar
Sharia Hamdi
Zuhni
Eisenbahn-Museum
Kubri el-Limun Station
Ramses Station
Islamic Cairo
Sharia Tursina
Sharia az-Zahir
Sharia al-Geish
Sharia Baha ad-Din Hanna
Mubarak
Midan Ramses
6. October
Sharia al-Fagala
Sharia Yusuf Sulaiman
Sharia al-Gamil
Sharia al-Gadd
Ar-Ratl
Berket
Sharia Habib
Shalabi
Sharia Bein al-Harat
Sharia Kamil Sidqi
At-Tawashi
Moschee Al-Fath
Kathedrale St. Markus
Sharia Clot Bey
Sharia al-Gumhuriyya
Farid
Orabi
Sharia Orabi
Sharia Bab al-Bahr
Sharia al-Qablit
Sharia as-Sammakin
Sharia al-Huseinya
Mohammed
Sharia Suleiman al-Halabi
Sharia Nagib ar-Rahani
Sharia Ash-Sharani al-Barrani
Sharia Amir al-Guyush
Nördliche Stadtmauer & Tore
Moschee Al-Hakim
Sharia al-Baghala
Sharia Nigm ad-Din
Sharia al-Alfy
Ataba
Al-Azbakiyya Gardens
Sharia 26 July
National-theater
Haupt-postamt
Sharia al-Busir
Sharia Yussuf Nagib
Sharia Adly
Sharia Sarwat
Al-Khaliq
Midan Opera
Al-Baidaq
Post-museum
Al-Mustafi
Midan Ataba
Sharia al-Khurunfish
Moschee al-Aqmar
Beit as-Suhaymi
Al-Gamaliyya
Allah
Sabil-Kuttab Abdel Kathkuda
Bein al-Qasreen
Li-Din
Beshtak-Palast
Khan al-Khalili
Sharia al-Barabra
Sharia al-Muski
Kirche St. Joseph
Sharia Rushdi
Sharia al-Bustan
Sharia al-Munasara
Sharia al-Qalaa
Saada
Sharia al-Azhar
Al-Muizz
Moschee Sayyidna al-Hussein
Gumhuriyya-Theater
Mohammed Farid
Teppich-basar
Museum für islamische Kunst
Darb
Al-Ghouri-Komplex
Wikala al-Ghouri
Moschee al-Azhar
Beit Zeinab Khatoun
Sharia Sayyid al-Bibawi
Sharia Hassan ash-Shugai
Sharia Hasan al-Akhbar
Sharia Sami al-Barudi
Sharia Ahmad Mahir
Midan Ahmad Mahir
Sharia al-Moezz
Bab Zuweila
Abdeen-Palast
Sharia ad-Dawudiya
Sharia Sikkat ash-Sharqawi
Moschee as-Salih Talai
Fouad
Vergrößerter Ausschnitt siehe S. 5 und 6
4

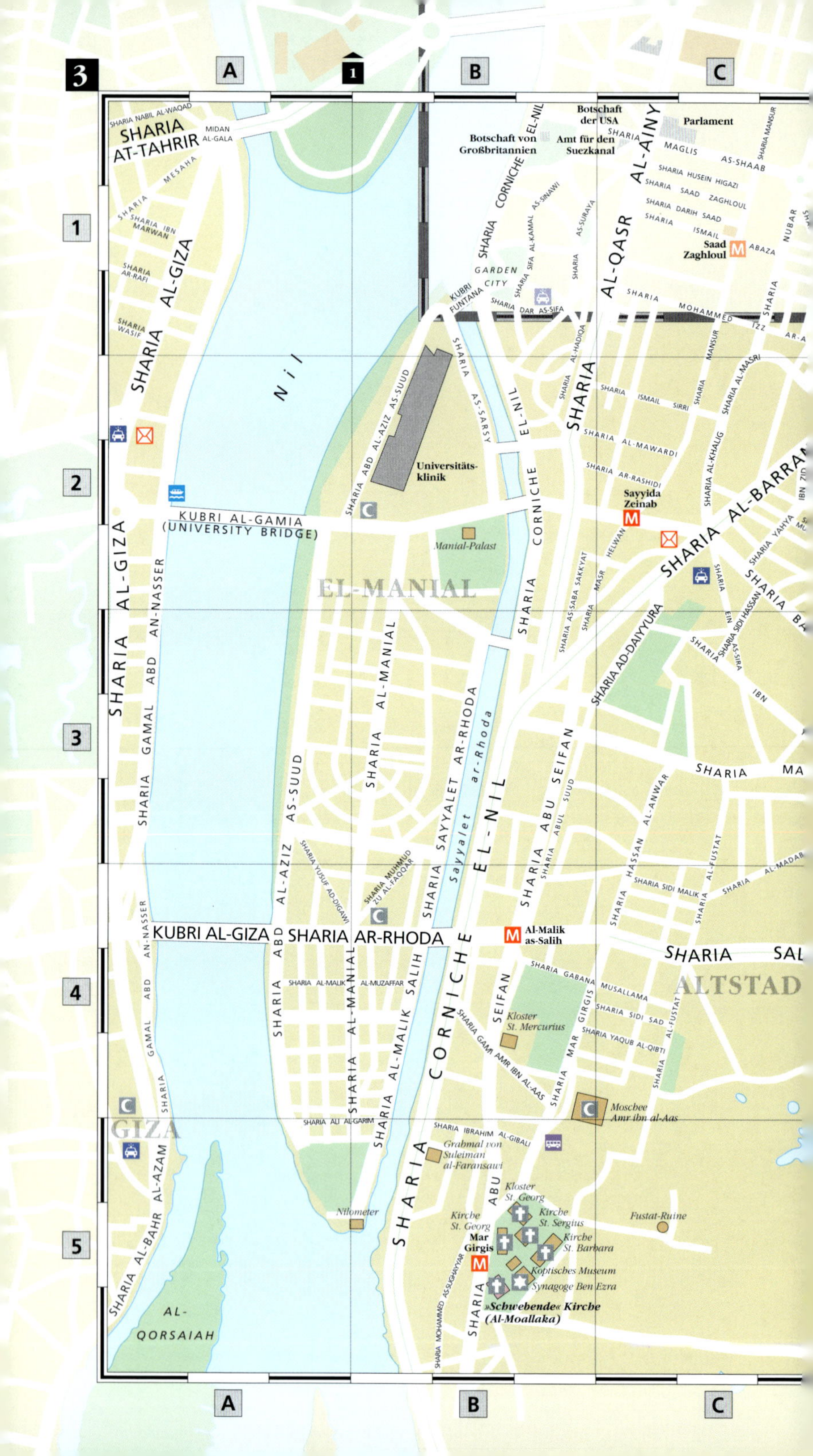
3
A
1
B
C
SHARIA NABIL AL-WAQAD
SHARIA AT-TAHRIR
MIDAN AL-GALA
MESAHA
SHARIA
SHARIA IBN MARWAN
SHARIA AR-RAFI
SHARIA WASIF
SHARIA AL-GIZA
Nil
Botschaft der USA
Parlament
Botschaft von Großbritannien
Amt für den Suezkanal
SHARIA CORNICHE EL-NIL
SHARIA MAGLIS AS-SHAAB
SHARIA AL-QASR AL-AINY
SHARIA MANSUR
SHARIA HUSEIN HIGAZI
SHARIA SAAD ZAGHLOUL
SHARIA DARIH SAAD
SHARIA ISMAIL ABAZA
SHARIA NUBAR
Saad Zaghloul
M
AS-SINAWI
AS-SURAYA
SHARIA AL-KAMAL
SHARIA SIFA
GARDEN CITY
KUBRI FUNTANA
SHARIA DAR AS-SIFA
SHARIA
SHARIA MOHAMMED IZZ AR-A
SHARIA AS-SARSY
SHARIA ABD AL-AZIZ AS-SUUD
SHARIA AL-HADIQA
SHARIA ISMAIL SIRRI
SHARIA MANSUR
SHARIA AL-MASRI
SHARIA AL-MAWARDI
SHARIA AR-RASHIDI
SHARIA AL-KHALIG
IBN ZID
Universitäts-klinik
Sayyida Zeinab
SHARIA AL-BARRANI
KUBRI AL-GAMIA (UNIVERSITY BRIDGE)
Manial-Palast
EL-MANIAL
HELWAN
SHARIA YAHYA
SHARIA AS-SABA SAKKYAT
SHARIA MASR
SHARIA EIN
SHARIA SIDI HASSAN
AS-SIRA
IBN
SHARIA AD-DAIYYURA
SHARIA GAMAL ABD AN-NASSER
SHARIA AL-MANIAL
SHARIA SAYYALET AR-RHODA
Sayyalet ar-Rhoda
SHARIA MA
SHARIA ABU SEIFAN
SHARIA ABUL SUUD
SHARIA AL-ANWAR
SHARIA HASSAN
SHARIA YUSUF AD-DIGAWI
SHARIA MUHMUD ZU AL-FAQQAR
SHARIA SIDI MALIK
SHARIA AL-FUSTAT
AL-MADAB
KUBRI AL-GIZA
SHARIA AR-RHODA
Al-Malik as-Salih
SHARIA SAL
ALTSTAD
SHARIA GABANA MUSALLAMA
SHARIA AL-MALIK AL-MUZAFFAR
SHARIA AL-MALIK SALIH
SHARIA CORNICHE
SHARIA SIDI SAD
SHARIA YAQUB AL-QIBTI
Kloster St. Mercurius
SHARIA GAMI AMR IBN AL-AAS
SHARIA MAR GIRGIS
Moschee Amr ibn al-Aas
SHARIA ALI AL-GARIM
GIZA
SHARIA IBRAHIM AL-GIBALI
Grabmal von Suleiman al-Faransawi
Kloster St. Georg
Kirche St. Sergius
Kirche St. Georg
Mar Girgis
Kirche St. Barbara
Koptisches Museum
Synagoge Ben Ezra
»Schwebende« Kirche (Al-Moallaka)
Fustat-Ruine
Nilometer
SHARIA MOHAMMED AS-SUGHAYYAR
SHARIA AL-BAHR AL-AZAM
AL-QORSAIAH
1
2
3
4
5

4
Vergrößerter Ausschnitt siehe S. 5 und 6
2
D
E
F
1
2
3
4
5
Feuerwehr
Sharia Al-Khalig Al-Masri
Sharia Al-Qalaa
Sharia Ad-Dawudiya
Sharia Al-Mugharablin
Sharia Al-Darb Al-Ahmar
Zeltmarkt
Moschee al-Maridani
Blaue Moschee
As-Sayyida Zeinab
Sharia Ahmed Omer
Sharia Ratib Basha
Sharia Suq Makka
Sharia Suweiqat As-Sibaiya
Magl1s
As-Shaab
Ash-Sheikh Rihan
Mohammed Farid
Derwisch-Theater
Moschee ar-Rifai
Moschee Amir Akhur
Moschee Sultan Hassan
Sharia Qarafet Bab Al-Wazir
Midan Salah Ad-Din
Sharia As-Saliba
Sabil Qaitbey
Zitadelle
Sharia Salah Salem
Sharia Salah Ad-Din
Sharia Al-Armidan
Sharia Al-Hod Al-Marsud
Sharia Nagm Ad-Din
Sharia Qadri
Sharia Muh. Abu Ad Dhahab
Moschee Qaitbey
Moschee Ibn Tulun
Gayer-Anderson-Museum
Sharia Tulun
Sharia Darb Al-Husr
Sharia Al-Bagli
Sharia As-Sayyida Nafisa
Sharia Tariq An-Nasr
Tonsi
Sharia Ard Yaqub
Midan As-Sayyida Nafisa
Sharia As-Sayyida Aisha
Sharia Sikket Hadid Helwan
Sharia Al-Qarafa Al-Kubra
Sharia Al-Imam Al-Shafii
Midan Magra Al-Uyun
Al-Uyun
Totenstadt
Sharia Al-Imam Ash-Shafii
Ain as-Sira
Sharia Misr Al-Qadima
Sharia Al-Madaris
Sharia Al-Kurdi

5
A
B
C
1
2
3
4
5
Kubri 26 July
Sharia Al-Husara
Sharia Al-Wikala
Sharia Bulaq Al-Gadid
Sharia Ilwi Al-Haggag
Sharia Al-Adawiya
Sharia As-Sahafa
Sharia Ash-Sharif
Sharia Shanan
Sharia At-Tira Al-Bulaya
Kirche Mount Carmelo
Kirche St. Konstantin und St. Helena
Sharia Al-Imam Ash-Shatbi
Sharia Al-Eilat
Sharia Al-Gala
6 October
Orab
Corniche El-Nil
Sharia Istablat Al-Turuq Abu Al-Ela
Nil
Arab Television Building
Sharia Sahil Al-Ghilal
Sharia Abu Talib
Botschaft von Brasilien
Hotel Ramses Hilton
Sharia Al-Gala
Kubri 6
Sharia Ramses
Nasser
M
Oberster Gerichtshof
Sharia Suq At-Taufiqiya
Sharia Nal Bursa
Sharia Abd Al-Khaliq Sarwat
Champollion
Sharia Harb
Sharia Maruf
Sharia Talaat
Kubri 6 October
Abdel Moneim Riad Square
Ägyptisches Museum
Rathaus
Sharia Champollion
Sharia Husein Basha
Sharia Mahmoud Bassiouni
Midan Talaat Harb
Sharia Qasr
Sharia Sabry Abu
Sharia Al-Falaki
Sharia Mohammed Mazlum
Sharia Saray Al-Gezira
Hotel Nile Hilton
Sharia Al-Bustan
Telefon- & Faxamt
Arabische Liga
Midan Tahrir
Sharia At-Tahrir
Kubri At-Tahrir
Midan Saad Zaghloul
Sadat
Außenministerium
Mogamma Building
Amerikanische Universität Kairo
Sharia Mohammed Mahmoud
Intercontinental Hotel Semiramis
Midan Simon Bolivar
Sharia Ash-Sheikh Rihan
Sharia Yusuf Al-Gindi
Sharia Mansur
Sharia Abd Al-Magid Ar-Rimali
Sharia Nubar
Sharia Abd Al-Aziz
Shepheard's Hotel
Botschaft der USA
Sharia Al-Latineya
Sharia Amerika
Botschaft von Großbritannien
Sharia Al-Qasr Al-Ainy
Parlament
Sharia Maglis Ash-Shaab
Amt für den Suezkanal
Botschaft von Belgien
Sharia Husein Higazi
Sharia Saad Zaghloul
Sharia As-Suraya
Sharia Al-Kamal As-Sinawi
Botschaft von Japan
Botschaft von Spanien
Sharia Darih Saad
Grabmal von Saad Zaghloul
Sharia Ismail Abaza
Saad Zaghloul
Sharia Gamal Ad-Din Abu Mahasin
Garden City
Sharia Sifa
Sharia As-Suraya
Sharia Safiya Zaghloul
Sharia Mohammed Izz Al-Arab
Sharia Kheirat
Sharia Gami Al-
Kubri Funtana
Botschaft von Griechenland

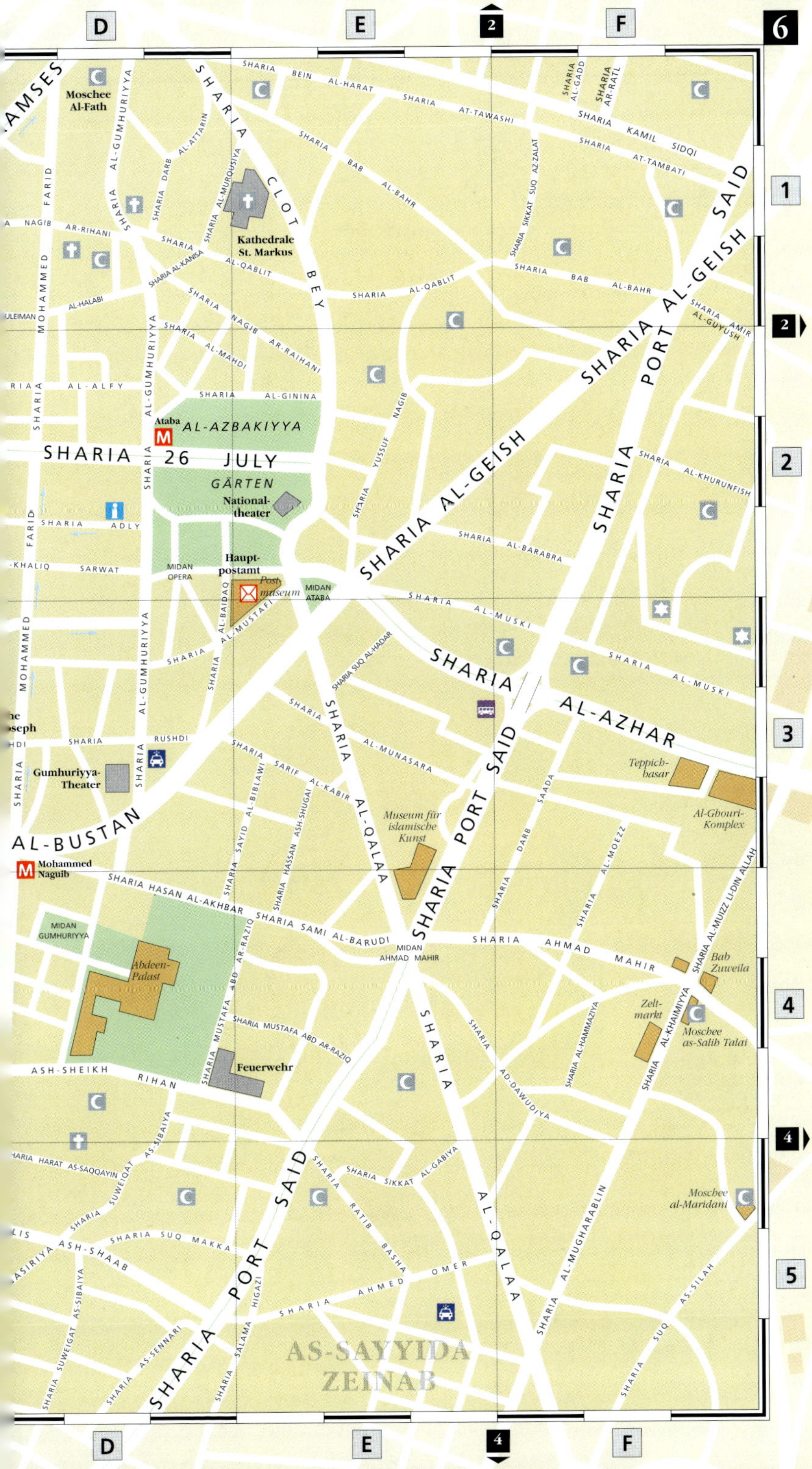

D
E
2
F
6
1
2
3
4
5
D
E
4
F
AMSES
Moschee Al-Fath
SHARIA AL-GUMHURIYYA
SHARIA CLOT BEY
SHARIA BEIN AL-HARAT
SHARIA AT-TAWASHI
SHARIA AL-GADD
SHARIA AR-RATL
SHARIA KAMIL SIDQI
SHARIA AT-TAMBATI
SHARIA BAB AL-BAHR
SHARIA AL-MURQUSIYA
SHARIA DARB AL-ATTARIN
Kathedrale St. Markus
NAGIB AR-RIHANI
SHARIA AL-QABLIT
SHARIA AL-KANISA
MOHAMMED FARID
SHARIA SIKKAT SUQ AZ-ZALAT
SHARIA AL-QABLIT
SHARIA BAB AL-BAHR
SHARIA PORT SAID
SHARIA AL-GEISH
SHARIA AMIR AL-GUYUSH
AL-HALABI
ULEIMAN
SHARIA NAGIB AR-RAIHANI
SHARIA AL-MAHDI
SHARIA AL-ALFY
SHARIA AL-GININA
Ataba
M
AL-AZBAKIYYA
GÄRTEN
SHARIA 26 JULY
SHARIA YUSSUF NAGIB
Nationaltheater
SHARIA ADLY
SHARIA AL-KHURUNFISH
SHARIA AL-BARABRA
KHALIQ SARWAT
MIDAN OPERA
Hauptpostamt
Postmuseum
MIDAN ATABA
SHARIA AL-MUSKI
SHARIA AL-BAIDAQ
AL-MUSTAFI
SHARIA SUQ AL-HADAR
SHARIA AL-AZHAR
SHARIA AL-MUSKI
he
seph
SHARIA RUSHDI
HDI
Gumhuriyya-Theater
SHARIA AL-MUNASARA
SHARIA SARIF AL-KABIR
SHARIA AL-QALAA
Teppichbasar
Al-Ghouri-Komplex
Museum für islamische Kunst
SHARIA AL-BIBLAWI
SHARIA ASH-SHUGAI
SHARIA SAYID
SHARIA HASSAN
SHARIA DARB SAADA
SHARIA AL-MOEZZ
SHARIA AL-MUIZZ LI-DIN ALLAH
AL-BUSTAN
M
Mohammed Naguib
SHARIA HASAN AL-AKHBAR
SHARIA SAMI AL-BARUDI
MIDAN AHMAD MAHIR
SHARIA AHMAD MAHIR
MIDAN GUMHURIYYA
Abdeen-Palast
SHARIA MUSTAFA ABD AR-RAZIQ
Bab Zuweila
Zeltmarkt
Moschee as-Salib Talai
SHARIA AL-KHAIMIYYA
SHARIA AL-HAMMAZIYA
SHARIA AD-DAWUDIYA
Feuerwehr
ASH-SHEIKH RIHAN
HARAT AS-SAQQAYIN
AS-SIBAIYA
SHARIA SUWEIQAT
SHARIA SIKKAT AL-GABIYA
SHARIA RATIB BASHA
Moschee al-Maridani
SHARIA AL-MUGHARABLIN
SHARIA SUQ MAKKA
ASH-SHAAB
ASIRIYA
AS-SIBAIYA
SHARIA OMER AHMED
SHARIA AS-SILAH
SHARIA SUQ
HIGAZI
SALAMA
SHARIA AS-SENNARI
SHARIA SUWEIGAT
AS-SAYYIDA ZEINAB

Die Regionen Ägyptens

Ägypten im Überblick

Die Monumente der Pharaonen liegen fast alle am Nil. Doch die zahllosen anderen, ebenso faszinierenden Sehenswürdigkeiten und Angebote sollte man nicht übersehen. Von der Libyschen Wüste bis zu den Orten des Alten Testaments auf dem Sinai – Ägypten spricht alle Sinne an. Das Mittelmeer bietet eine Reihe von Badeorten und die Kulturstadt Alexandria. Die Badeorte am Roten Meer sind für Sonnenhungrige und Taucher ideal.

Die Knickpyramide von Dahschur *(siehe S. 161)* im Pyramidendreieck

Statue im Museum griechisch-römischer Altertümer in Alexandria *(siehe S. 236ff)*

Die Oase Siwa *(siehe S. 256)* – die isolierteste in der Libyschen Wüste und bis heute eine lebende Antiquität

Bauer auf den bewässerten Feldern der Oase von Dakhla *(siehe S. 252)*

Das Katharinenkloster *(siehe S. 218ff)* inmitten einer atemberaubenden Felsenlandschaft am Fuß des Berges Sinai

Die majestätischen Kolosse von Memnon *(siehe S. 198)* vor der Tempelstadt Theben

Eine der vielen Feluken zwischen den grünen Inseln am Katarakt von Assuan *(siehe S. 204ff)*

Rund um Kairo

Die Wüstengebiete *um die moderne Hauptstadt bieten viele Möglichkeiten. Die Bewohner Kairos strömen ins Grüne zur Oase Faijum und nach Qanater, während Touristen vor allem die großartigen Nekropolen des Alten Reichs bewundern. Auch die Klöster der frühen Christen erfreuen sich regen Interesses.*

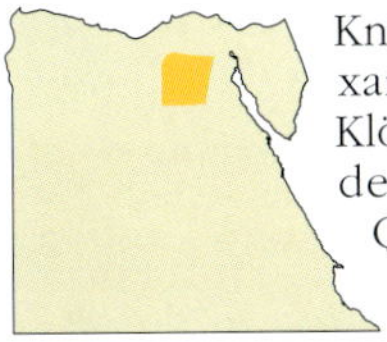

Die Tempel von Memphis, das schon 3500 Jahre vor der Gründung Kairos ein bedeutendes Handelszentrum und religiöser Mittelpunkt des Alten und Mittleren Reichs war, liegen 30 km südlich von Kairo am linken Nilufer. Sakkara, eine der größten Nekropolen von Memphis, hält faszinierende Sehenswürdigkeiten bereit, u. a. die ersten Stufenpyramiden und Grabmäler mit den frühesten Zeugnissen pharaonischer Schriftkunst, das geheimnisvolle Serapeum sowie einige der tiefsten Grabkammern Ägyptens. Unweit davon befinden sich am Rand der Wüste weitere historische Totenstädte wie Abusir, wo den bedeutendsten Pharaonen der 5. Dynastie eine Pyramidengruppe errichtet wurde. Das etwas abgelegene Dahschur weist Pyramiden aus Stein und Lehmziegeln auf sowie die seltsame Knickpyramide. Zwischen Alexandria und Kairo liegen die Klöster des Wadi Natrun. Von den Ägyptern geschätzt als Quelle von Natronsalz, das zur Einbalsamierung der Mumien gebraucht wurde, war das Wadi zur Zeit der Römer ein Rückzugsgebiet für verfolgte Christen. Später wurde es zum religiösen Mittelpunkt der koptischen Mönche. Die schönsten Klöster dieser Region liegen in Deir as-Suriani, Deir Abu Makar und Deir Anba Bishoi.

Die Oase Faijum ist berühmt für ihren Reichtum an Obst und Gemüse, für duftende Blumengärten und die jährliche Orangenblüte. Der riesige Salzsee wird von zahllosen Wasservögeln besiedelt. Die Gegend bietet prähistorische Ruinen und die ptolemäischen und römischen Ausgrabungsstätten. Ein beliebter Ausflug ist die Bootsfahrt nach Qanater.

Boot fahren auf dem See des Wadi Tayyan – ein beliebter Ausflug der Kairoer

◁ **Stufenpyramide und Grabstätten des Königs Djoser (3. Dynastie) in der Wüstennekropole von Sakkara**

Überblick: Rund um Kairo

Wem das geschäftige Treiben Kairos auf die Dauer zu anstrengend ist, dem bieten sich außerhalb der Stadt zahlreiche Sehenswürdigkeiten, z. B. Sakkara – größer als das Giseh-Plateau, jedoch mit weitaus weniger Besuchern. Die Pyramidenfelder von Abusir und Dahschur sind meist so gut wie verlassen. Auch in der Oase Faijum lassen sich pharaonische Ruinen finden, die meisten Besucher zieht es jedoch wegen der üppigen Vegetation hierher. Bei einer Nilfahrt nach Qanater kommen vor allem Naturfreunde auf ihre Kosten, aber am Wochenende ist es dort meist ebenso überfüllt wie in Kairo. Für Ruhe und ein Gefühl der Weite empfiehlt sich ein Abstecher in die Wüste. Wadi Natrun ist eine der Gründungsstätten des koptischen Christentums. Die Mönche empfangen Besucher stets freundlich und erklären gern die Geschichte ihrer Klöster.

Blick auf den Totentempel und die Pyramide von Sahure bei Abusir

Ägyptische Bauern hüten ihre Schafe unweit von Memphis, der ersten Hauptstadt des alten Ägypten

Rund um Kairo unterwegs

Abusir, Sakkara, Memphis und Dahschur liegen alle entlang der gleichen Straße. Leider existiert keine öffentliche Verkehrsverbindung, aber die meisten Hotels organisieren ein Taxi oder buchen einen Wagen mit Fahrer. Auch der Kamelmarkt in Birqash ist nur mit Mietauto oder per Taxi erreichbar. Busse zum Wadi Natrun fahren vom Busbahnhof Turgoman in Kairo ab, Busse nach Faijum neben dem Maryutia-Kanal, östlich des Midan Giza.

0 Kilometer 25

Sehenswürdigkeiten auf einen Blick

Dattelpalmen in der Oase Faijum

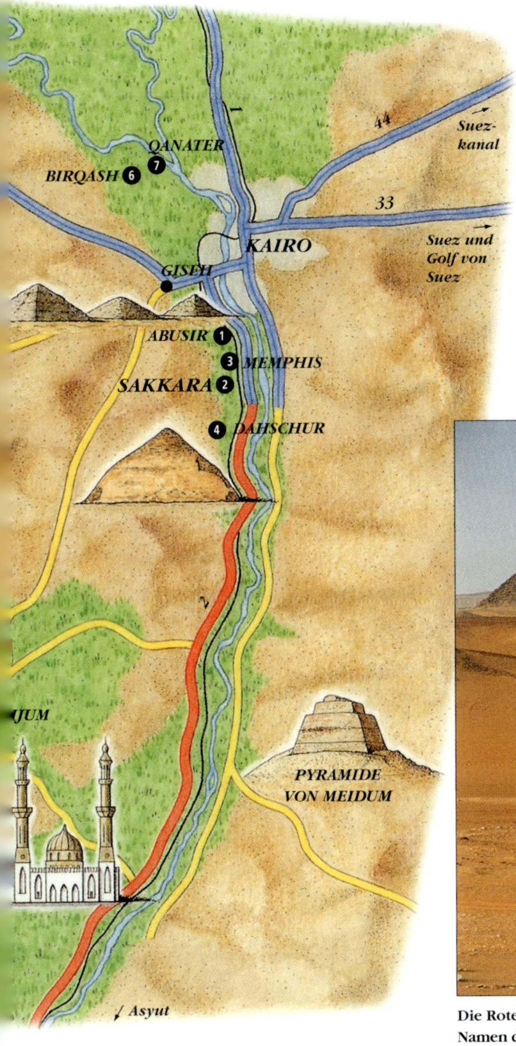

Legende

- Autobahn
- Hauptstraße
- Nebenstraße
- Eisenbahn
- Fluss

Siehe auch

- ***Übernachten*** S. 266
- ***Restaurants*** S. 286

Die Rote Pyramide in Dahschur verdankt ihren Namen den roten Inschriften in den Grabkammern

Abusir ❶

Abzweigung von Hwy 27, 27 km südl. von Kairo. 🚘 🚌 *333 ab Giseh.* ◯ *tägl. 8 Uhr–Sonnenuntergang.* 🎫

Die vier Pyramiden der 5. Dynastie in Abusir haben die Jahrtausende ebensogut überdauert wie die Königspyramiden von Giseh *(siehe S. 28f)*. Ihr besonderer Reiz liegt in der Lage am Rand der Wüste und darin, dass nur wenig Touristen den Weg hierher finden.

Nur die nördlichste und besterhaltene **Pyramide von Sahure** kann betreten werden. An der Stirnseite befindet sich ein Totentempel, dessen teilweise rekonstruierte Wände Reliefs von Seereisen und Jagdszenen aufweisen. Linker Hand liegt die **Pyramide von Nyuserre**, die einen intakten Verbindungsweg zwischen dem Taltempel und dem Totentempel aufweist. Weiter südlich trifft man auf die **Pyramide von Neferirkare**. Der Bruder und Nachfolger von Sahure, Neferirkare, starb, während sich seine Pyramide im Bau befand. Daher wurde sie hastig mit Lehmziegeln verkleidet. Mittlerweile ist diese Schicht abgebröckelt und hat einen sechsstufigen Kern aus Stein freigelegt, ähnlich der Pyramide von Djoser in Sakkara. Im Südwesten befindet sich schließlich die unvollendete **Pyramide von Neferefre**, die von einem tschechischen Archäologen-Team freigelegt wird.

Abusir hat zudem zwei bedeutende archäologische Funde aufzuweisen: Mehrere Papyri aus dem Alten Reich dokumentieren den Ablauf von Zeremonien und Festivitäten, und das unberührte Grab des ägyptischen Priesters Iufaa aus dem 6. Jahrhundert v. Chr. enthält dessen Mumie und Hunderte Artefakte wie Amulette und *schabtis (siehe S. 29)*.

Die Pyramiden von Abusir am Rand der Wüste

Sakkara ❷

Berittener Polizist

Sakkara ist eine der größten archäologischen Fundstätten in Ägypten. Die historischen Funde umfassen 3000 Jahre antikes Ägypten, von den frühesten altägyptischen Grabriten bis zu den koptischen Klöstern. Sakkara entwickelte sich zur königlichen Nekropole von Memphis, der Hauptstadt des Alten Reichs. Die Stadt der Toten wuchs so weit an, dass sich das Areal von Nord nach Süd über mehr als sieben Kilometer erstreckte. Schließlich wurde Sakkara aufgegeben und lag, mit Ausnahme der Pyramide von Djoser, jahrhundertelang unter dem Wüstensand. 1851 Auguste Mariette entdeckte Serapeum, seitdem wurden viele spektakuläre Funde gemacht.

Die Stufenpyramide von Djoser in Sakkara

Stufenpyramide Königs Djoser

Das Herzstück der Nekropole von Sakkara ist die Stufenpyramide von Djoser, die als Prototyp für die Pyramiden von Giseh und alle darauf folgenden Pyramiden gilt. Der bemerkenswerte Bau wurde für Djoser, König der 3. Dynastie, errichtet und um 2700 v. Chr. von seinem Architekten, dem Hohepriester Imhotep, ausgeführt. Die Stufenpyramide bedeutete für die Geschichte der antiken Architektur einen großen Sprung nach vorn. Denn bis zu diesem Zeitpunkt bestanden die ägyptischen Königsgräber lediglich aus unterirdischen Räumen, die mit *mastabas* (flachen Ziegelsteinen, *siehe S. 130f)* bedeckt waren. Imhotep wählte Stein statt Ziegel, und er baute nicht nur eine *mastaba*, sondern sechs – eine auf der anderen, wobei die obere jeweils kleiner war als die vorherige. Die riesige Einfriedung um die Stufenpyramide war eine zusätzliche Errungenschaft, die als Vorreiter für die Entwicklung der sakralen Architektur diente. Die präzise gearbeitete Kalksteinmauer war ursprünglich 10,5 Meter hoch und umschloss einst weitläufige Plätze, Pavillons, Schreine und Kultstätten. Ein Teilstück der historischen Mauer mit restaurierten Stützen und Nischen macht den Komplex anschaulich. Ein von Kolonnaden gesäumter Korridor von vierzig Säulen, gerippten Palmstämmen nachempfunden, führt in den südlichen Vorhof, wo man insbesondere das Mauerstück mit dem Kobra-Fries nicht versäumen sollte. Östlich der Pyramide kann man Touristen-Graffiti bestaunen, die bis

Kobra-Fries in Sakkara

ins 12. Jahrhundert zurückreichen. An der Nordseite der Pyramide befindet sich das Replikat einer lebensgroßen Statue des Djoser und ein Steingehäuse, das *serdab*, das der Seele *(ka)* des toten Königs erlaubt, mit der Welt der Lebenden in Kontakt zu treten.

Pyramide von Unas

Südlich liegt die verfallene Pyramide von Unas, das Grabmal des letzten Königs der 5. Dynastie. Die Kammern sind mit senkrecht verlaufenden Hieroglyphenkolonnen beschrieben – Hymnen und Gebete, die den König im Jenseits beschützen sollen. Diese so genannten »Pyramidentexte« gelten als die ersten Beispiele dekorativer Grabmalerei in einer pharaonischen Grabkammer. Später bildeten sie die Grundlage für

Pyramidentexte in den Kammern der Pyramide von Unas in Sakkara

das Totenbuch des Neuen Reichs *(siehe S. 28f)*. Der durch den Tourismus ausgelöste Verfall hat zur Folge, dass die Pyramide für die Öffentlichkeit nicht mehr zugänglich ist.

Über zweihundert *mastabas* säumen den Weg, der östlich der Pyramide verläuft. Viele sind reich verziert und für Besichtigungen geöffnet.

INFOBOX

Nahe dem Hwy 27, 44 km südlich von Kairo. *oder Bustour von Kairo.* *tägl.*

Persische Grabmäler

Einige der tiefsten unterirdischen Grabkammern Ägyptens, die Persischen Grabmäler von Sakkara, sind südlich der Pyramiden von Unas zu finden. In einer Holzhütte windet sich ein spiralförmiger Treppengang hinab zu den letzten Ruhestätten von drei persischen Würdenträgern: Psamtik, Djenhebu und Pediese waren hohe Beamte der 27. Dynastie, die 525 v. Chr. von den persischen Eroberern gegründet wurde. Farbige Inschriften deuten darauf hin, dass Psamtik der Leibarzt des Pharao und Djenhebu ein berühmter Seefahrer war.

KARTE VON SAKKARA

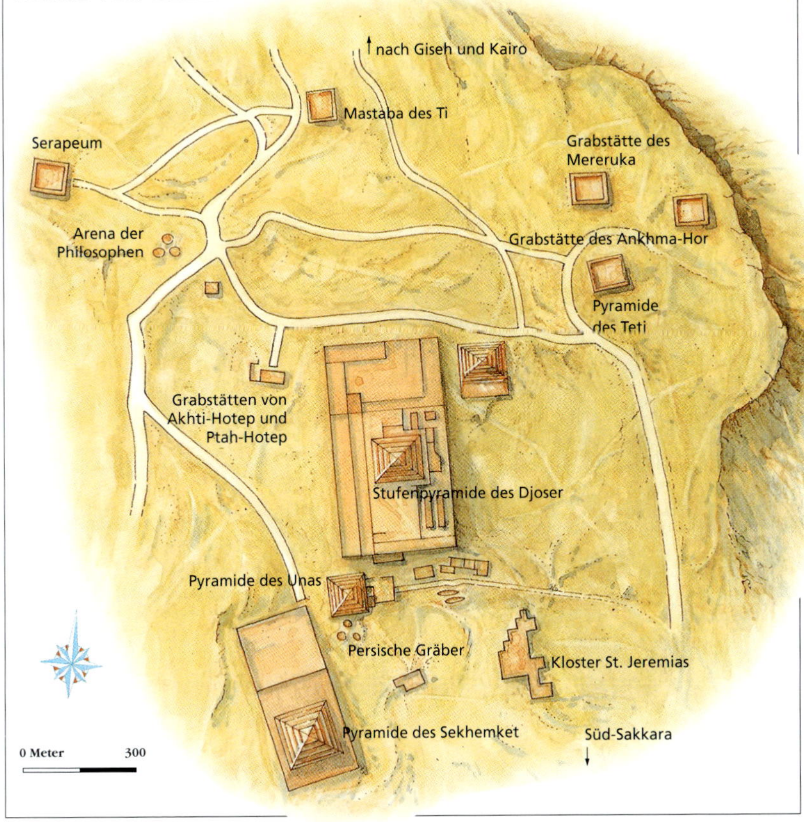

Pyramide des Teti

Von außen ähnelt die Pyramide des Teti, des ersten Königs der 6. Dynastie, eher einem Trümmerhaufen. Doch der Besuch lohnt sich, schon allein wegen der Grabkammer mit dem riesigen Basaltsarkophag des Königs. Die Decke der Grabkammer ist mit Sternen verziert, die Wände tragen Fragmente von Pyramidentexten. Zwar weisen auch andere Pyramiden in der Anlage von Sakkara diese historischen Grabtexte auf, aber die Pyramide des Teti ist derzeit die einzige, in der man sie im Original sehen kann.

Die Statue der Mereruka in einer »falschen« Tür seines Grabmals

Grab des Mereruka

Mit dem ausgedehnten Komplex von 33 Kammern zählt das Grab von Mereruka, dem Schwiegersohn des Teti, zu einem der Höhepunkte in Sakkara. Im Grab finden sich prachtvolle Wandzeichnungen, z. B. ein Abbild von Mereruka, der in den Sümpfen Vögel, Fische und Nilpferde jagt. In einer anderen Kammer sieht man, wie damals Steuerhinterzieher bestraft wurden. Die größte Halle birgt eine lebensgroße Statue von Mereuka, der aus einer blinden Tür hervortritt.

Grab des Ankhma-Hor

Ein paar Schritte von Mererukas Grab entfernt stößt man auf das Grab des Ankhma-Hor, das wegen seiner eindrucksvollen Wandreliefs auch als »Grab des Chirurgen« bezeichnet wird. Die Reliefs zeigen den chirurgischen Eingriff am Zeh eines Mannes und eine rituelle Beschneidung.

Serapeum

Die sonderbarste Attraktion von Sakkara ist die unterirdische Grabkammer der heiligen Apis-Stiere. Das Serapeum besteht aus einer Reihe von langen, dunklen Gängen, verbunden mit Seitenkammern, in denen 25 riesige Granitsarkophage untergebracht sind. Die Sarkophage, jeweils bis zu 70 Tonnen schwer, enthielten einst die mumifizierten Kadaver der Apis-Stiere. Priester hüteten die Tiere, die als Inkarnation des Ptah, Gott von Memphis, verehrt wurden. Die Apis-Stiere wurden im unterirdischen Stollen des Serapeum beerdigt. Amenhotep III. (1390–1352 v. Chr.) begann mit dem Bau der Katakomben, die bis 30 v. Chr. in Gebrauch waren. Als Auguste Mariette die historische Stätte 1851 entdeckte, musste er feststellen, dass alle Gräber bis auf eines geplündert waren. Dieses Grab enthielt einen Sarkophag mit einem mumifizierten Stier (heute im Landwirtschaftlichen Museum in Kairo).

Mastaba des Ti

Östlich des Serapeum liegt das Grabmal des Ti, Diener unter drei Königen der 5. Dynastie. Die Wandbemalungen sind unerreicht, was die Details des Alltags im Alten Reich angeht. Die hinterste Kammer weist die schönsten Reliefs auf und hat drei Wandschlitze, durch die man Tis Statue in seinem *serdab* sehen kann. Dieser Raum war für die Statue des Toten konzipiert; hier residierte sein Geist *(ka)*.

Arena der Philosophen

Die Anordnung von Statuen unweit des Serapeum ist das Werk ptolemäischer Griechen. Zum Kreis der Figuren zählen berühmte griechische Gelehrte wie Plato und Homer. Ursprünglich war die Arena als Nebengebäude eines Tempels geplant, den Nectanebo, der letzte der ägyptischen Pharaonen, im 4. Jahrhundert v. Chr. errichtete. Den Tempel gibt es nicht mehr, die Satuen sind geblieben.

Statue in der Arena der Philosophen

UMGEBUNG: Zwei Kilometer südlich des Hauptkomplexes liegt **Süd-Sakkara**, ein kleineres, verfallenes Pyramidenfeld, erbaut von den Pharaonen Pepi I., Pepi II., Djedkare und Merenre. Besonders die Pyramide von Pepi II. hat sehenswerte Hieroglyphen-Texte vorzuweisen. In der Nähe liegt Mastabat al-Faraun, die »die Bank des Pharao«, die monolithische Grabanlage eines Königs der 4. Dynastie. Beim Serapeum kann man Pferde, Esel oder Kamele mieten, um dorthin zu gelangen.

Landwirtschaftliches Szenarium aus der Mastaba des Ti in Sakkara

Palmenhaine in Memphis über den Ruinen der historischen Hauptstadt

Memphis ❸

Nahe dem Hwy 27, 47 km südl. von Kairo. *von Kairo.*

DIE STADT Memphis war im Alten Reich und fast das gesamte Mittlere und Neue Reich hindurch die Hauptstadt Ägyptens. Memphis wurde um 3100 v. Chr. von König Menes gegründet, dem Herrscher, der die Vereinigung von Unter- und Oberägypten herbeiführte. An der Spitze des Nildeltas hatte die majestätische Stadt Kontrolle über alle wichtigen Land- und Flussverbindungen. Während Theben (die historische Stätte des heutigen Luxor) im Neuen Reich zum kultischen Zentrum Ägyptens avancierte, blieb Memphis bis ins ptolemäische Zeitalter ein bedeutendes Verwaltungs- und Handelszentrum. In Schriften griechischer Geschichtsschreiber wie Plutarch und Strabo finden sich zahlreiche Beschreibungen von Memphis. Im 5. Jahrhundert n. Chr. schilderte Herodot Memphis als »eine blühende Stadt und ein kosmopolitisches Zentrum«. Das Ausmaß und die Erhabenheit der Nekropole in Sakkara geben eine ungefähre Vorstellung davon, wie groß und reich Memphis einst war.

Riesige Kalzit-Sphinx in Memphis

Leider ist vom alten Glanz nicht viel erhalten geblieben, die Stadt ist völlig verschwunden. Seit der Römerzeit wurden ihre prachtvollen Tempel und Paläste von fremden Eroberern geplündert, die Überreste unter dem Schlamm begraben, den die jährliche Überschwemmung des Nils hinterließen. Heute bedecken Palmenhaine, Felder und Dörfer die Überreste der einst so mächtigen Stadt. Die wenigen Artefakte, die in Memphis gefunden wurden, sind im kleinen **Freilichtmuseum** des Dorfes Mit Rahina zusammengetragen worden. Das Paradestück ist eine Kalksteinstatue von Ramses II., die im Besichtigungspavillon zu sehen ist. Die Statue ähnelt dem Koloss von Ramses II., der – in Memphis gefunden – als Nachbildung den Midan Ramses *(siehe S. 78)* verschönt. Im Garten stehen weitere Statuen von Ramses II., sowie eine Sphinx aus der 18. Dynastie – mit einem Gewicht von 80 Tonnen die größte Kalzit-Statue, die je gefunden wurde.

Museum
tägl.

Dahschur ❹

Nahe dem Hwy 27, 64 km südlich von Kairo. *von Kairo.* *tägl.*

DAHSCHUR, ein entlegenes Pyramidenfeld in der Wüste, kommt in der Geschichte der Pyramidenbaukunst große Bedeutung zu. Die beiden Pyramiden aus der Zeit des Alten Reichs stammen von Sneferu (2613–2589 v. Chr.), König der 4. Dynastie und Vater von Cheops, dem Erbauer der Cheops-Pyramide *(siehe S. 130f).* Chronologisch gesehen reihen sich die Grabmäler von Dahschur nach Sakkara und Meidum, aber vor Giseh und Abusir ein. Die **Knickpyramide** gilt als Ägyptens erste »glatte« Pyramide, da bis zu dieser Zeit alle Pyramiden Stufen hatten. Allgemein nimmt man an, dass der Bau einen Knick aufweist, weil er ins Wanken geriet. Daher musste mit einem flacheren Steigungswinkel weitergearbeitet werden. Die Kalksteinverkleidung ist zum großen Teil unversehrt, ungewöhnlich für Pyramiden dieser Periode. Man bekommt einen Eindruck, wie atemberaubend ihr Anblick einmal gewesen sein muss.

Da König Sneferu mit seiner Pyramide unzufrieden war, begann er im 13. Jahr seiner Herrschaft mit der Erbauung der nördlich gelegenen **Roten Pyramide**, die ihren Namen den roten Schraffierungen verdankt. Die nach der Großen Pyramide zweitgrößte Pyramide betritt man über einen Zugang an der Nordseite. Am Fuß eines langen Schachts befinden sich drei Kammern, von denen zwei so genannte »Deckenstufen« aufweisen.

Die Knickpyramide des Sneferu in Dahschur mit gut erhaltener Kalksteinverkleidung

Fischer beim Ausbessern der Netze an den Ufern des Qarun-Sees in Faijum

Faijum 5

Nahe am Hwy 27, 100 km südwestlich von Kairo. *2 000 000.* *von Kairo.* *Regierungsgebäude, Medinat al-Fayoum (084) 342 313.*

NUR EINEINHALB Autostunden von Kairo entfernt liegt Faijum, Ägyptens größte Oase und beliebtes Ausflugsziel für die Bewohner Kairos. Am besten meidet man die hässliche, moderne Stadt Medinat al-Fayoum (Faijum-Stadt) und fährt direkt weiter zum **Qarun-See**.

Dieser friedliche See war schon im Altertum durch ein Kanalsystem mit dem Nil verbunden, das Amenemhat III., Pharao der 12. Dynastie, anlegen ließ. Später verbrachten hier die Pharaonen die heißen Sommermonate.

Die Griechen kannten das Areal unter dem Namen Crocodilopolis, nach den heiligen Reptilien im See. Überreste von Krokodil-Tempeln können in **Kom Aushim** besichtigt werden, das im 3. Jahrhundert v. Chr. noch Karanis hieß. Es liegt nördlich von Medinat al-Fayoum auf der Straße nach Kairo. Einige der Fundstücke werden im nahe gelegenen Museum gezeigt. Krokodile leben zwar schon länger nicht mehr hier, aber dafür beheimatet der Qarun-See eine erstaunliche Vielfalt an Vogelarten. Neben einheimischen Arten finden sich hier auch zahlreiche europäische Zugvögel ein.

Die alten Ägypter hatten ein ausgeprägtes Bewusstsein für die Vogelwelt, was sich in den Friesen der Grabkammern zeigt. Am berühmtesten sind die Meidum-Gänse, die heute im Ägyptischen Museum in Kairo *(siehe S. 76f)* zu sehen sind.

Ein wichtiger Lebensraum für die Vögel ist auch das künstlich erschaffene **Wadi Rayyan**. Überschüssiges Wasser wurde von der Oase in die Wüste geleitet und ließ neue Seen entstehen, die Lebensraum für Vögel sind. Der Ort ist aber auch bei Tagesausflüglern aus Kairo als Picknickplatz heiß begehrt.

Von den Pyramiden sind zwei zu erwähnen: Die **Hawara-Pyramide** aus der 12. Dynastie gehörte zu einer gewaltigen Grabanlage, von der heute nur noch Geröll übrig ist. Die **Meidum-Pyramide** stammt als Stufenpyramide aus der 4. Dynastie, die Plateaus wurden später ausgefüllt. Konstruktionsmängel führten jedoch dazu, dass die glatten Seiten kurze Zeit nach ihrer Fertigstellung zusammenbrachen.

Das Herz der Meidum-Pyramide in Fayum

Kom Aushim
30 km nördlich von Medinat al-Fayoum. *tägl.*

Wadi Rayyan
45 km südwestlich von Medinat al-Fayoum. *tägl.*

Hawara-Pyramide
12 km südöstlich von Medinat al-Fayoum. *tägl.*

Meidum-Pyramide
32 km nordöstlich von Medinat al-Fayoum. *nach Al-Wasta, dann Taxi.* *tägl.*

Kamelmarkt Birqash (Bir-Kash) 6

An der Mansuriyya Canal Road, 30 km nordwestlich von Kairo. *von Kairo.* *vormittags.*

ENTGEGEN EINER weit verbreiteten Ansicht stammt das Kamel nicht aus Ägypten, sondern wurde im 6. Jahrhundert v. Chr. von Persern oder Ptolemäern eingeführt. Seit sich die Höckertiere als unverzichtbar erwiesen haben, werden sie zu Tausenden aus dem westlichen Sudan importiert – zumeist nach Birqash, dem größten Kamelmarkt Ägyptens, der bis 1995 in Kairo abgehalten wurde. Jeden Morgen wechseln Hunderte Kamele den Besitzer, am lebhaftesten ist der Handel freitags und montags. Das Brüllen der Kamele konkurriert mit dem Geschrei der feilschenden Händler, der Gestank ist bestialisch.

Auf dem Kamelmarkt von Birqash (Bir-Kash)

◁ **Kamele, aber auch Esel, Pferde und Rinder wechseln auf dem Kamelmarkt von Birqash ihre Besitzer**

Nil-Schleusen (Qanater) ❼

16 km nördlich von Kairo. 56 000. *Corniche el-Nil, vor dem Arab Television Building.* *von Kairo.*

Der Nil teilt sich in Qanater in einen östlichen Arm bei Damietta und einen westlichen Arm nahe Rosetta. Die Nil-Schleusen regulieren hier die Wassermenge Richtung Unterägypten.

1834 begannen die Bauarbeiten unter Mohammed Ali, 1863 wurden sie abgebrochen, da sich die Wehre als ineffektiv herausstellten. 1883 wurde der Bau schließlich von einem britischen Ingenieurteam unter der Leitung von Sir Colin Scott-Moncrieff doch noch fertig gestellt.

Die Nil-Schleusen von Qanater an der Gabelung des Flusses

Blick über das Kloster Deir Anba Bishoi im Wadi Natrun

Heute sind die Nil-Schleusen von Gärten umgeben und für Picknick-Ausflüge geschätzt. An Wochenenden recht belebt, ist Qanater der richtige Ort für eine »Auszeit« von Kairo. Die Fahrt mit der Fähre dauert in etwa zwei Stunden.

Wadi Natrun ❽

Nahe am Desert Hwy, 100 km nordwestlich von Kairo. *von Kairo.*

Westlich des Deltas liegt das Wadi Natrun, ein Tal, das die Ägypter schon zu pharaonischer Zeit wegen seiner Salzvorkommen zu schätzen wussten. Natron war für die Einbalsamierung unverzichtbar *(siehe S. 28)*. Später, zur Zeit der Christenverfolgung durch die Römer, fanden frühe Christen in dem abgeschiedenen Tal Zuflucht. Anfänglich lebten die Mönche in Höhlen, im Lauf der Zeit errichteten sie zahlreiche Klöster, von denen heute noch vier erhalten sind. Die Klosteranlagen sind mit dem Bus von Kairo aus einfach zu erreichen. Endstation ist das kleine Dorf Bir Hooker.

Alle vier Klöster sind von hohen Ziegelsteinmauern umgeben und sehen wie Festungen aus. Inmitten von **Deir Anba Bishoi** findet man einen Brunnen, Küchen, eine Kirche und Lagerräume, die Vorräte für ein ganzes Jahr aufnehmen können. Die Kirche soll den Leichnam des heiligen Bishoi beherbergen, der in einem versiegelten Sarg auf dem Altar ruht. Die Hauptkirche des Klosters der Syrer, **Deir as-Suriani** ist auf einer Höhle gebaut, in der der heilige Bishoi eine Christuserscheinung gehabt haben soll. Reizvoll sind hier die Ikonen und Wandzeichnungen, von denen manche bis ins 8. Jahrhundert zurückreichen.

Weiter nördlich liegt **Deir al-Baramus**, in dem die sterblichen Überreste der beiden Söhne des römischen Kaisers Valentius begraben sein sollen. 20 Kilometer südöstlich liegt **Deir Abu Makar**, das unzugänglichste der koptischen Klöster. Hier muss man vorab eine Besuchserlaubnis beantragen. In jedem Kloster führen Mönche Besucher herum, oft bekommt man etwas zu essen angeboten. Eine kleine Spende ist angebracht.

Die Porträts von Faijum

Vielen ist die Oase Faijum nur im kunsthistorischen Zusammenhang bekannt. Hier hat man die Grabporträts gefunden, die in den letzten Jahren weltweit ausgestellt wurden. Manche dieser Porträts – sonderbar naturgetreue Gesichter mit großen, starrenden Augen – gehen bis in die griechisch-römische Zeit zurück. Bemerkenswert ist, dass es sich hierbei um Grabbilder handelt. Das zu Lebenszeiten von der Person angefertige Bildnis wurde auf Holz gemalt und nach dem Ableben auf das Gesicht der mumifizierten Leiche gelegt. Zahlreiche Faijum-Porträts sind im Ägyptischen Museum in Kairo ausgestellt *(siehe S. 74f)*.

Porträt eines Ägypters (3. Jh. n. Chr.) aus der Oase Faijum

DAS NILTAL

*Ä*GYPTEN WURDE HÄUFIG *als »Geschenk des Nils« beschrieben, denn ohne den Fluss wäre das Land nichts als Wüste. Entlang dem Nil liegt ein schmaler Grünstreifen mit kultivierten Anbauflächen. Im 2. und 1. Jahrtausend v. Chr. erlebte die Hochkultur ihre Blütezeit – der Reichtum an antiken Tempeln und Gräberfeldern verwandelte das Niltal in das größte Freilichtmuseum der Welt.*

Für Ägyptens Fellachen ist der Nil heute ebenso lebensspendend wie für die Bauern und Fischer, die in den pharaonischen Grabreliefs so lebensnah dargestellt sind. Über Jahrtausende hinterließen die jährlichen Überschwemmungen fruchtbaren Schlamm, der die Felder ausreichend düngte. Sobald der Flusspegel sank, bauten die Bauern Bewässerungskanäle, kultivierten ihre Felder und warteten auf die nächste Ernte. Der in den 60er Jahren des 20. Jahrhunderts errichtete Assuan-Staudamm beendete die alljährlichen Überschwemmungen, aber noch immer leben viele Fellachen in einfachen Lehmdörfern.

Seit dem 19. Jahrhundert kommen Besucher ins Niltal, um die unzähligen Tempel und Grabmäler zu bewundern. Die meisten historischen Stätten waren jahrhundertelang unter Sand und Schutt begraben, ehe sie wiederentdeckt wurden.

Neben dem antiken Erbe ist der Nil selbst einer der faszinierendsten Anziehungspunkte Ägyptens. Die traditionellen Feluken mit ihren weißen Segeln gehören seit je zur Landschaft. Behäbige Kreuzfahrtschiffe transportieren Touristen zwischen Luxor und Assuan – flussauf und flussab – zu den Sehenswürdigkeiten. Trotz steigender Agrarexporte bleibt der Tourimus die Haupteinnahmequelle des Landes, denn auch nach den Attentaten in den 90er Jahren strömen die Besucher nach Ägypten. Geschichte und Kultur Ägyptens hautnah zu erfahren ist noch immer ein Traum, den sich heute nicht nur der europäische Hochadel erfüllen kann.

Dorfbewohner in Luxor *(siehe S. 180ff)* beim Aufbau seiner frischen Ware aus dem Niltal

◁ **Blick auf das Mausoleum des Aga Khan *(siehe S. 206)* vom Ostufer des Nils bei Assuan**

Überblick: Das Niltal

Die meisten Besucher des Niltals zieht es nach Luxor, das mit den prächtigen Tempeln von Luxor und Karnak sowie der Nekropole von Theben aufwarten kann. Weiter südlich lädt die ehemalige Grenzstadt Assuan zu einem erholsamen Aufenthalt ein. Von Assuan aus kann man die Tempelanlagen am Nasser-Stausee und die fantastischen Tempel von Abu Simbel am besten erkunden. Ein Besuch der lebendigen und farbenfrohen Souks in Assuan und Luxor stimuliert die Sinne. Um den Reiz Ägyptens zu genießen, bietet sich eine Mischung aus Sightseeing und entspannenden Fahrten auf dem Nil an.

Sehenswürdigkeiten auf einen Blick

Abu Simbel S. 210f 20
Abydos 7
Assuan S. 204ff 14
Asyut 5
Beni Hasan 2
Daraw 13
Dendara S. 174f 8
Edfu 11
Esna 10
Hermopolis 3
Luxor und Theben S. 178ff 9
Minya 1
Qasr Ibrim 19
Sohag 6
Tell al-Amarna 4
Tempel von Amada 18
Tempel von Kalabscha 16
Tempel von Kom Ombo 12
Tempel von Philae 15
Tempel von Wadi as-Sebua 17

Eselskarren – ein traditionelles Transportmittel der Nilbauern

Im Niltal unterwegs

Luxor und Assuan werden regelmäßig von Kairo angeflogen. Zwischen Kairo, Luxor und Assuan verkehren zweimal täglich Fernzüge, die in allen größeren Städten Halt machen. Die derzeitige politische Lage bedeutet, dass bei Besichtigung historischer Stätten zwischen Kairo und Luxor Vorsicht geboten ist *(siehe S. 172)*. Die Straße Kairo–Assuan ist in gutem Zustand, Busse und Taxis verkehren regelmäßig zwischen den großen Städten. Dendara und Abydos erreicht man zurzeit am besten in einer Tagesreise von Luxor, nach Abu Simbel kommt man per Flugzeug oder Fahrzeug von Assuan. Es gibt Schiffe, die zwischen Luxor und Assuan im Liniendienst verkehren.

Der anmutige Trajanskiosk auf der Insel Philae bei Assuan

Gewürzauswahl auf Assuans berühmtem Souk, dem farbenfrohesten Markt in ganz Ägypten

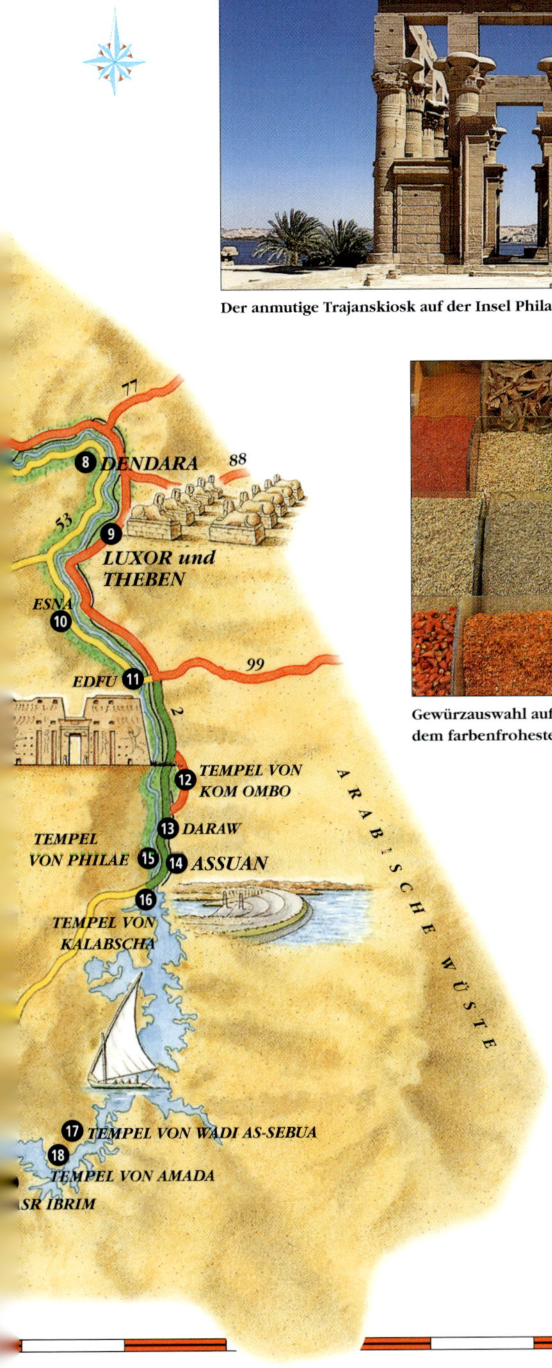

Legende

- Hauptstraße
- Nebenstraße
- Panoramastraße
- Eisenbahn
- Fluss

Siehe auch

- ***Übernachten*** S. 266ff
- ***Restaurants*** S. 286ff

0 Kilometer 100

Minya ❶

Provinz Al-Minya, 245 km südlich von Kairo. 200 000. *Governorate Building, Corniche el-Nil.* *(086) 360 150.*

Die Provinzhauptstadt Minya am westlichen Ufer des Nils war im frühen 20. Jahrhundert ein wohlhabendes Zentrum des Baumwollhandels. Heute zum Teil industriell aufgerüstet, mutet die Stadt immer noch ausgesprochen ländlich an. Minyas grüne Plätze, die bezaubernde, von Bäumen gesäumte Corniche, und die baufälligen italienischen Villen der Baumwollmagnaten laden zu einem Spaziergang ein. Da die Umgebung leider mit militanten Islamisten in Verbindung gebracht wird, hat die Zahl der Besucher spürbar abgenommen. Bei verbesserter Sicherheitslage ist Minya ein hervorragender Ausgangspunkt, um nahe gelegene historische Stätten wie Beni Hasan zu erkunden. Das Fremdenverkehrsamt ermutigt zu einem Besuch der Stadt und ist bei der Organisation von Besichtigungstouren behilflich.

Beni Hasan ❷

Provinz Al-Minya, 20 km südlich von Minya. *nach Abu Qirkis, weiter mit der Fähre.* *tägl.*

Auf der östlichen Nilseite liegen die in Kalksteinfelsen gemeißelten Gräber von Beni Hasan aus dem Mittleren Reich (2055–1650 v. Chr.). Die Nekropole wurde von Feldherren und Fürsten angelegt, die als Zeichen wachsender Unabhängigkeit lieber in ihrer eigenen Provinz begraben sein wollten als in der Nähe des Königs in Sakkara *(siehe S. 158)*. Im Gegensatz zu früheren *mastabas* weisen diese Gräber tiefere Schächte und kunstvollere Verzierungen auf, die Grabreliefs kennzeichnen durch stilistische Neuerungen den Übergang zwischen dem Alten und dem Neuen Reich.

Nur wenige der 39 Gräber sind der Öffentlichkeit zugänglich, doch die lebendigen Wandmalereien erzählen viel vom Leben im Mittleren Reich. Zu den schönsten Gräbern gehört das **Grab von Khnumhotep** (Nr. 3) mit farbigen Darstellungen des Alltags. Die Grabkammer zeigt Khnumhotep beim Jagen und Fischen. Das **Grab von Amenemhat** (Nr. 2) enthält Jagdszenen in der Wüste, die Wandmalereien im **Grab von Kheti** (Nr. 17) beschreiben viele Seiten des ländlichen Lebens. Die Darstellungen des Ringkampfs im **Grab von Baqet** (Nr. 15) sind Vorläufer der im Neuen Reich so beliebten Kampfszenen.

Granitsäulen in den Ruinen von Hermopolis – früher Stützen einer koptischen Basilika

Hermopolis ❸

Provinz Al-Minya, 8 km nördlich von Mallawi. *nach Al-Ashmunein.* *tägl.*

Die alte Stadt Khmun war die Kultstätte von Thoth, dem Gott der Schreibkunst und der Weisheit. Die Ptolemäer, die ihren Gott Hermes mit Thoth assoziierten, gaben der Stadt später den Namen Hermopolis Magna. Während der ptolemäischen Zeit war hier ein florierender Handelsort, mittlerweile ist die Stadt vollkommen zerstört. Das Herausragende unter den dürftigen Überresten sind 24 riesige **Säulen** einer christlichen Basilika und vier **Sandsteinpaviane** aus dem ursprünglichen Tempel.

Sandsteinpavian im Thoth-Tempel von Amenophis III.

Umgebung: Die ausgedehnte Nekropole nahe dem späteren **Tuna al-Gebel** liegt im Südwesten von Hermopolis. Tausende mumifizierte Paviane

Das Grab von Kheti (Nr. 17) in Beni Hasan– Szenen aus dem Alltagsleben im Mittleren Reich

und Ibise – als heilig verehrte Tiere des Gottes Thoth – füllten das Labyrinth der Katakomben. Ein Spaziergang in südlicher Richtung führt zur »Totenstadt«. Dort säumen Grabkapellen die Straßen, die Gräber sind teilweise im Sand verschüttet. Das mit Reliefs verzierte Grab des Petosiris, eines Hohepriesters des Thot im 4. Jahrhundert v. Chr., gleicht einem Tempel. Die Nekropole Tuna al-Gebel grenzte an das antike Akhetaten *(siehe unten)*; Nördlich der Gräber ist eine Grenzstele, die Akhetaten und seine Familie zeigt.

Tuna al-Gebel

7 km südwestlich von Hermopolis.
tägl.

Weinkelterung, Relief im Grab des Petosiris in Tuna al-Gebel

Tell al-Amarna ❹

Provinz Al-Minya, 12 km südwestlich von Mallawi. *nach Deir al-Mawas, dann Fähre.* *tägl.*

Die Überreste der alten Stadt Akhetaten, erbaut vom ketzerischen Pharao Echnaton (Akhenaten) und seiner Gemahlin Nofretete, liegen im heutigen Tell al-Armana. Der Ort erstreckte sich einst von Nord nach Süd über 15 Kilometer und konnte sich prachtvoller Tempel und Paläste rühmen. Heute ist er nur noch eine Geisterstadt – doch ein unerklärlicher, romantischer Zauber ist geblieben.

Die Ruinen und Trümmer liegen weit verstreut über eine Wüstenlandschaft, die im Westen an den Nil grenzt. Südlich der ehemaligen Anlegestelle, in At-Till, stand einst der **Große Aton-Tempel**. Heute liegt hier ein weites Gräberfeld. Anders als bei den traditionellen ägyptischen Tempeln, die verdunkelte Altarräume hatten *(siehe S. 24f)*, verfügt dieser Tempel nur über einen unüberdachten Altarraum, der die Strahlen des Sonnengotts Aton einließ. Im Süden wird der **Kleine Aton-Tempel** restauriert, der Umriss zweier Königspaläste ist noch zu erkennen. Besser erhalten sind die Ruinen des **Nördlichen Palasts** der Nofretete. Hier kann man noch letzte Mosaikreste im Boden der Sommerresidenz ausmachen.

Die Hauptattraktionen von Tell al-Amarna sind die Felsengräber, die sich am anderen Ende der Stadt befinden. Vom **Nördlichen Gräberfeld**, drei Kilometer nördlich von At-Till, ist das **Grab des Huja** (Nr. 1), des Wächters des königlichen Harem, das schönste. In der Grabkammer sind Szenen von Festmahlen eingemeißelt. Ein Motiv zeigt die Königin beim Abendessen mit ihrem Sohn und seiner Familie. Im reich ausgeschmückten **Grab von Mery-Re I** (Nr. 4) befindet sich die Darstellung von Echnaton, der Meri-Re den zeremoniellen Goldkragen des Hohepriesters anlegt. Reliefs mit Echnaton und dem Großen Tempel an der östlichen Grabwand vermitteln eine Vorstellung davon, wie die Stadt zu ihrer Blütezeit ausgesehen haben könnte.

Die **Südlichen Gräber**, acht Kilometer südlich von At-Till, sind unzugänglicher, aber ebenso sehenswert. Das **Grab des Ay** (Nr. 25), eines Wesirs von Echnaton, gilt als das schönste von Tell al-Amarna. Wandmalereien zeigen, wie Ay und Gemahlin den Goldkragen von Echnaton und Nofretete empfangen. Das **Grab von Mahu** (Nr. 9) hat Reliefs von Mahu, der seiner Pflicht als Oberster Richter von Echnaton nachkommt.

Relief: Nofretete mit Tochter beim Gebet zum Sonnengott Aton, Ägyptisches Museum Kairo

Echnaton, der Ketzer

Im 14. Jahrhundert v. Chr. kehrte Amenophis IV. Theben den Rücken und beendete die polytheistische Gottverehrung. Aton, Gott der Sonnenscheibe, wurde zum alleinigen Gott erhoben. Seinen Namen Amenophis änderte er in Akhenaten (griechisch Echnaton, Diener des Aton) ab und erbaute eine riesige Stadt zu Ehren des Sonnengottes. Die Stadt Akhetaten war 14 Jahre lang Ägyptens Hauptstadt. Nach dem Tod Echnatons wurde durch seinen Schwiegersohn und Nachfolger Tutanchamun das alte Theben wieder zur Hauptstadt. Akhetaten wurde auf Befehl der Priester von Karnak zerstört, jede Spur der ketzerischen Religion vernichtet.

Der ketzerische Pharao Echnaton

Asyut 5

Provinz Asyut, 110 km südlich von Minya. 280 000. Sharia ath-Thawra (088) 310 010.

Zu Zeiten der Pharaonen war Asyut die Hauptstadt der 13. Provinz und Kultstätte des Wepwawet, des schakalköpfigen Gottes und Rächers von Osiris. Am Scheideweg der Karawanenrouten über die Oasen der Libyschen Wüste und durch die Sahara blickt die Stadt auf eine lange Geschichte als Handelszentrum zurück. Hier auf dem größten Sklavenmarkt Ägyptens wurden neben Kamelen bis Mitte des 19. Jahrhunderts die Sklaven verkauft, welche die strapaziöse »40-Tage-Route« vom sudanesischen Darfur überlebt hatten. Heute ist Asyut die größte Stadt Oberägyptens mit der drittgrößten Universität des Landes und nach wie vor kommerzielles Zentrum der Region. Die Stadt ist bekannt für Teppichherstellung und hochwertiges Kunsthandwerk, von den Kopten wird die Gegend auch mit der Jungfrau Maria in Verbindung gebracht. Im August 2000 wurde Maria angeblich über der Kirche des heiligen Markus gesehen. Noch einige Monate danach wurde von einem Licht berichtet, das die Kirchtürme erhellte, worauf hin viele tausend Menschen nach Asyut strömten.

Kloster der Heiligen Jungfrau im Felsen von Dirunka bei Asyut

Umgebung: Eine koptische Legende besagt, dass sich Maria und Josef in den Höhlen bei Dirunka versteckten. Sie waren auf der Flucht vor Herodes, der angeordnet hatte, in Bethlehem alle männlichen Kinder unter zwei Jahren zu töten. Nahe den Höhlen wurde das **Kloster der Heiligen Jungfrau** erbaut. Zum jährlichen *Moulid* (Fest) der Jungfrau Maria (7. bis 22. August) pilgern etwa 50 000 Gläubige hierher, um der Ikonenparade vor der Kirche beizuwohnen.

Ikone mit der Heiligen Familie im Kloster der Heiligen Jungfrau

Auch das **»Verbrannte« Kloster** (Deir al-Muharraq) ist den Kopten heilig. Es liegt am Rand der Wüste, fünf Kilometer außerhalb von Al-Qusiya, einem kleinen Ort 42 Kilometer nördlich von Asyut. Der Legende nach lebte die Heilige Familie hier einen Monat in einer Höhle, die Kirche war angeblich die erste christliche Kirche Ägyptens. Der heutige Altarstein diente dazu, die Höhle zu verschließen. Das *Moulid*-Fest hier (21.–28. Juni) zieht Tausende Besucher an.

Sieben Kilometer westlich des Klosters liegen die **Gräber von Mir** aus dem Alten und Mittleren Reich.

Kloster der Heiligen Jungfrau

12 km südwestlich von Asyut. *von Asyut.*

»Verbranntes« Kloster

47 km nördlich von Asyut. *nach Al-Qusiya, weiter mit dem Taxi.*

Die Sicherheitslage in der Region

Die Region ist für religiöse Extremisten bekannt. Die Universität von Asyut war Ende der 1970er Jahre eine Hochburg islamistischer Fundamentalisten, Anfang der 1990er Jahre wurden um Qena, Asyut und Dairut Anschläge auf Touristen verübt. Nach dem Massaker in Luxor 1997 verschärfte die Regierung die Sicherheitsvorkehrungen, doch die Lage bleibt angespannt, und die Präsenz der Polizei ist weiterhin sehr stark. Größere Touristengruppen meiden die Region, doch offiziell gibt es keine Reisebeschränkungen. Meistens besucht man Sehenswürdigkeiten wie den Tempel von Hathor in Dendara *(siehe S. 174f)* auf einer Tagestour von Luxor aus – üblicherweise in Begleitung von Polizisten. Die Situation verändert sich permanent, Besucher sollten sich also vorher erkundigen.

Sohag 6

Provinz Sohag, 115 km südlich von Asyut. 133 000. Governorate Building (093) 604 453.

Das landwirtschaftlich geprägte Handelszentrum ist, wie viele andere Städte in Mittelägypten, ein Ort mit sporadisch auftretenden Unruhen, initiiert von islamischen Fundamentalisten. Verglichen mit Asyut ist die Atmosphäre hier weniger angespannt, dennoch ist die Stadt für einen längeren Aufenthalt nicht empfehlenswert. Die ägyptische Regierung fördert jedoch den Fremdenverkehr – auf der Nilinsel Araman gegenüber der Stadt entsteht eine neue, sechs Hektar große Touristenanlage. In Planung ist außerdem ein Museum für archäologische Fundstücke aus der Umgebung. Jeden Montag ist Viehmarkt im Zentrum der Stadt.

Umgebung: Ein paar Kilometer westlich von Sohag liegt das **Weiße Kloster** (Deir al-Abyad, frühes 5. Jh. n. Chr.), das seinen Namen wegen der Farbe des Mauerwerks bekam. Schenouda, ein koptischer Heiliger, benutzte den weißen Kalkstein der nahe gelegenen Pharaonentempel für den Bau. In der Blütezeit des Klosters lebten hier 2000 Mönche. Innerhalb der hohen Festungsmauern gibt es eine Kirche, die Schenouda gewidmet ist. Jährlich am 14. Juli kommen Pilger zum *Moulid* hierher.

Vier Kilometer nördlich steht das **Rote Kloster** (Deir al-Ahmar, 6. Jh. n. Chr.). Erbaut von Bishoi, Schenoudas Schüler, der erst Dieb und später Heiliger war, verfügt die Klosteranlage über zwei Kirchen. In der Hauptkirche befinden sich verblichene Wandmalereien aus dem 10. Jahrhundert. Das Kloster liegt versteckt inmitten eines zersiedelten Stadtgebietes; eventuell muss man den Weg dorthin erfragen.

Am östlichen Nilufer, gegenüber von Sohag, liegt die Stadt **Akhmim**, am einfachsten mit dem Kleinbus erreichbar und wegen der handgewebten Wandteppiche bekannt. Touristische Attraktion ist eine elf Meter hohe Statue der Königin Meret Amun, Tochter von Ramses II.

Christus-Ikone im Weißen Kloster

Weißes Kloster
10 km westlich von Sohag.
tägl. *14. Juli.*

Rotes Kloster
14 km nordwestlich von Sohag.
tägl.

Die Kapelle von Osiris im Kenotaph-Tempel von Sethos I. in Abydos

Abydos ❼

Provinz Sohaga, 46 km südwestlich von Sohag, 10 km westlich von Al-Balyana. *oder organisierte Tagestour von Luxor.*

Abydos, die Kultstätte von Osiris, dem Gott der Toten und der Unterwelt, galt zur Zeit der Pharaonen als die heiligste Stadt Ägyptens. Alle Ägypter strebten damals danach, wenigstens einmal im Leben zu dieser Stadt zu pilgern, oder hofften, hier begraben zu werden. Viele Gräber wurden mit Malereien versehen, welche die Reise des Verstorbenen nach Abydos darstellen. Es ist überliefert, dass Osiris, nachdem er von seinem Bruder Seth ermordet worden war, hier begraben wurde.

Abydos war einst eine große Wehrsiedlung mit antiken Grabstätten, Seen und Tempeln wie dem berühmten Osiris-Tempel. Heute ist die einzige wirkliche Sehenswürdigkeit der atemberaubende **Kenotaph-Tempel von Sethos I.** aus der 19. Dynastie. Zwischen 1294 und 1279 v. Chr. errichtet ist er einer der am besten erhaltenen Tempel Ägyptens. Er ist aus weißem Kalkstein und besitzt besonders schöne Basreliefs, von denen viele ihre ursprüngliche Farbe erhalten haben. Nach dem Tode seines Vaters baute Ramses II. (1279–1213 v. Chr.) weiter nördlich seinen eigenen Tempel. Obwohl der Tempel des Ramses nur teilweise erhalten blieb, ist er wegen der vielen Hieroglyphen interessant.

Man betritt die Tempelanlage durch die erste Säulenhalle. Die Basreliefs in der zweiten Säulenhalle, die Sethos I. mit den Göttern Osiris und Horus zeigen, zählen zu den Höhepunkten der Reliefkunst von Abydos. Oberhalb dieser Säulenhalle befinden sich die sieben Kulträume, gewidmet dem vergötterten Sethos I. sowie den Göttern Ptah, Re-Harachti, Amun, Osiris, Isis und Horus. Jede Kapelle enthält Statue und Barke des jeweiligen Gottes. Hinter dem Tempel hatte Sethos I. aus gewaltigen Steinblöcken das Osirieon (Grab des Osiris) errichtet. Heute steht es teilweise unter Wasser.

Das Rote Kloster bei Sohag, gegründet vom koptischen Heiligen Bishoi

Kenotaph-Tempel von Sethos I. *tägl.*

Dendara 8

Bes, Schutzgöttin der Gebärenden

DENDARA WAR die Kultstätte der Liebesgöttin Hathor, die hier den Ihy, Sohn des Horus, gebar. Bis ins 19. Jahrhundert unter Sand begraben, ist die Tempelanlage erstaunlich gut erhalten. Der heute zu besichtigende Tempel stammt zwar aus ptolemäischer Zeit, sein Aufbau ist jedoch der klassischen pharaonischen Tempelarchitektur nachempfunden: Große Säulenhallen führen zum dunklen Altarraum, der von Vorratsräumen, Kulträumen und Grabmälern umgeben ist. Zwei *mammisi* (Geburtshäuser) und eine koptische Basilika liegen ebenfalls in der Anlage.

★ Astronomische Decke
Der Ausschnitt stellt den Sonnengott Ra dar, der auf seiner Sonnenbarke über den Himmel segelt.

Tempelfassade
Die Pylonfassade zeigt die römischen Kaiser Tiberius und Claudius, die Horus und Hathor Opfergaben darbieten.

Vom Dach hat man einen Blick über die ganze Anlage.

Eingang zum Tempel

★ Säulen mit Hathor-Kapitellen
Hathor wird in den Kapitellen der 18 Säulen in Menschengestalt – allerdings mit Kuhohren – dargestellt.

Tempel der Hathor (Rekonstruktion)

Ursprünglich waren alle Reliefs des Tempels in kräftigen Farben ausgemalt.

Nicht versäumen

- ★ **Astronomische Decke**
- ★ **Säulen mit Hathor-Kapitellen**

Der Hathor-Kult

Hathor war die Göttin der Liebe und Fruchtbarkeit sowie die Amme und Geliebte von Horus. Alljährlich brachte eine Barke sie nach Edfu *(siehe S. 177)*, um sich mit Horus zu vereinigen. Am Neujahrstag wurde die Statue Hathors über die ausgeschmückte Westtreppe des Tempels zum offenen Kiosk auf dem Dach getragen, wo sie von den Strahlen der Sonne neu belebt werden sollte.

Hathor mit Sonne und Kuhhörnern

Kleopatra und Caesarion
Ein Relief an der südlichen Tempelwand zeigt Kleopatra, die Hathor Opfergaben darbietet. Caesarion, ihr Sohn von Julius Cäsar, später Ptolemäus XIV., steht vor ihr.

Infobox

5 km südwestlich von Qena, der Hauptstadt der Provinz; 60 km nördlich von Luxor. 🚗 *oder Tour von Luxor.* **Für die Gegend gelten evtl. Reisebeschränkungen (*siehe S. 314*).** ◯ *tägl.* 🎫

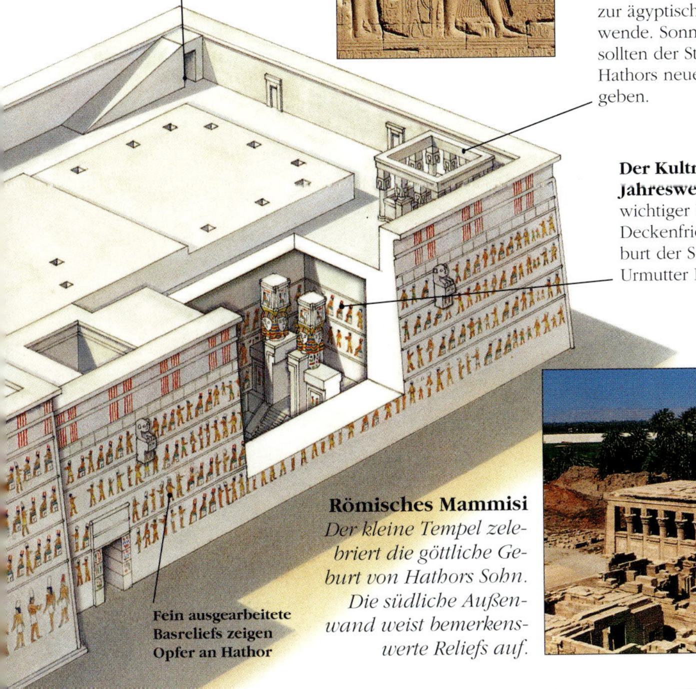

Der östliche Treppenaufgang führte in den Tempel zurück.

Der offene Kiosk war Zentrum der Feiern zur ägyptischen Jahreswende. Sonnenstrahlen sollten der Statue Hathors neues Leben geben.

Der Kultraum der Jahreswende war ein Ort wichtiger Riten. Auf dem Deckenfries wird die Geburt der Sonne durch die Urmutter Nuth dargestellt.

Fein ausgearbeitete Basreliefs zeigen Opfer an Hathor

Römisches Mammisi
Der kleine Tempel zelebriert die göttliche Geburt von Hathors Sohn. Die südliche Außenwand weist bemerkenswerte Reliefs auf.

Plan von Dendara

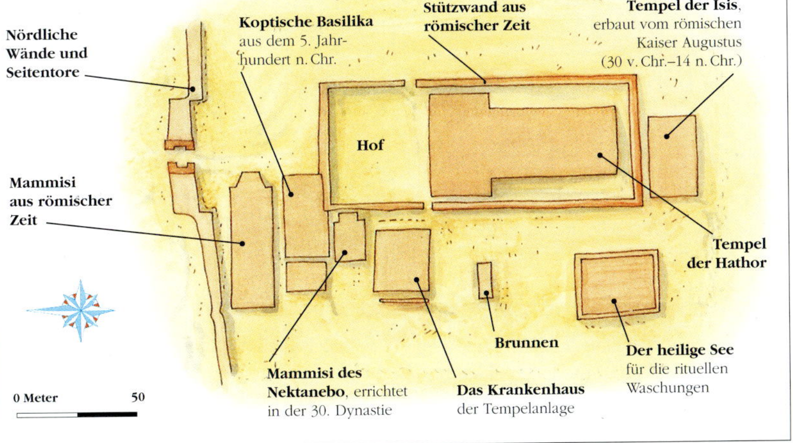

Luxor und Theben ❾

Detail der Kolosse von Memnon

DAS HEUTIGE LUXOR entstand auf den Ruinen von Theben, der Hauptstadt Ägyptens zur Zeit des Neuen Reichs (1550–1069 v. Chr.). Die monumentalen Tempelanlagen von Luxor und Karnak waren bereits im Altertum berühmt und sind seitdem Anziehungspunkte. Am Westufer des Nils liegt die atemberaubendste archäologische Ausgrabungsstätte der Welt, die Nekropole von Theben. Um Grabräuber abzuhalten, versteckten die Könige ihre Gräber in der Tiefe der Felsen, weit entfernt von den Totentempeln in den Ebenen. Die Monumente von Luxor lassen sich problemlos besichtigen, die Sehenswürdigkeiten am Westufer erfordern ein wenig Planung.

Medinat Habu ⑩
Der Totentempel von Ramses III. ist nach Karnak der zweitgrößte und eine Art Nachbildung des Rameseum.

SEHENSWÜRDIGKEITEN AUF EINEN BLICK

LEGENDE

Bahnhof

Stadtgebiet

0 Kilometer 1

Tempel der Hatschepsut ⑥
Der Totentempel der Hatschepsut, der erst Mitte des 19. Jahrhunderts entdeckt wurde, wird noch immer restauriert. Die übereinander gestaffelten Terrassen greifen die Steigung der dahinterliegenden Felsen auf.

IN LUXOR UNTERWEGS

Der Luxor-Tempel stellt noch heute den geografischen Mittelpunkt der Stadt dar, ist also bequem zu Fuß zu erreichen. Zum Karnak-Tempel kommt man per Minibus, Fahrrad, Taxi oder Pferdekutsche. Die meisten Hotels in Luxor bieten Touren mit eigenem Führer an. Um sich in Theben fortzubewegen, kann man ein Taxi oder Fahrrad mieten. Letzteres kann auf der Fähre kostenlos mitgenommen werden.

◁ **Feluken auf dem Nil bei Luxor**

Ramesseum ⑧
Der Totentempel von Ramses II. war Teil einer großen Anlage, zu der ein Königspalast und unzählige Kornspeicher und Vorratskammern gehörten. Beide Pylonen zeigen den Sieg des Pharao in der Schlacht von Kadesch.

Tipps für Besucher

- Versuchen Sie nicht alles auf einmal zu sehen. Beschränken Sie sich lieber auf zwei oder drei Sehenswürdigkeiten täglich.
- Wegen der Mittagshitze kommen die meisten Besucher in den Morgenstunden; am frühen Abend ist weniger Andrang.
- Eintrittskarten kauft man am Kiosk (geöffnet 6–16 Uhr, im Sommer bis 17 Uhr). Die Karten gelten nur für den Tag, an dem sie gekauft wurden.
- Für eine Karte für das Grab der Nofretete im Tal der Königinnen sollte man früh am Kiosk sein.
- Mit einer gültigen ISIC-Karte zahlen Sie nur die Hälfte.
- Für das Fotografieren der Grabmäler wird eine Gebühr verlangt, Blitzlicht ist verboten.
- Nehmen Sie genügend Wasser mit, evtl. auch etwas zu essen.

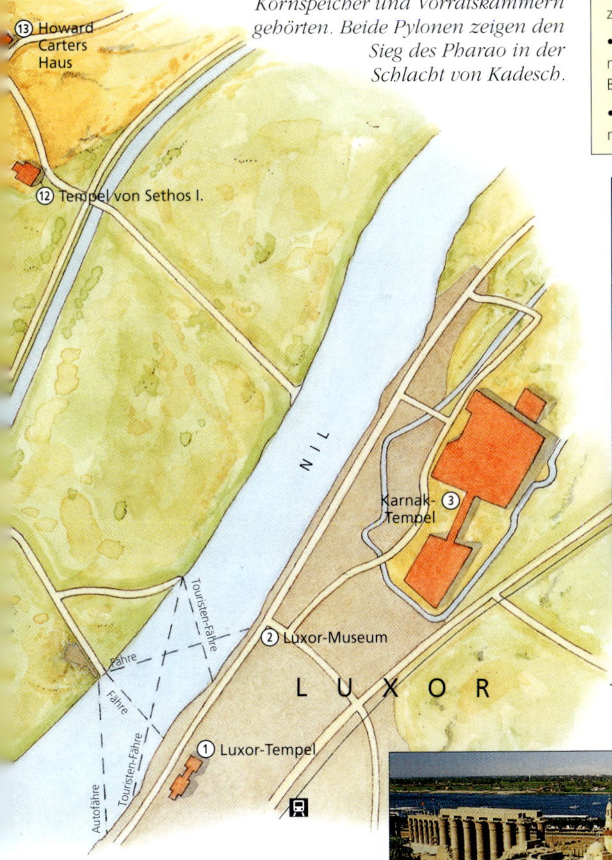

Karnak-Tempel ③
Die Tempelanlage hieß einst »Ipet-Isut« *(»der perfekte Ort«). Man versteht noch heute, warum.*

Luxor-Tempel ①
Der von Amenophis III. gegründete Tempel war drei thebanischen Gottheiten geweiht: Amun, Mut und Khonsu. Jedes Jahr wird ihnen zu Ehren das Fest von Opet (siehe S. 186) *begangen.*

Im Detail: Luxor

Statue von Ramses II. im Luxor-Tempel

AUF DEN RUINEN von Theben, der Hauptstadt des Neuen Reichs, erbaut, ist Luxor heute der touristische Dreh- und Angelpunkt im Niltal. Die sensationellen Ausgrabungen durch europäische Archäologen im 19. und 20. Jahrhundert – vor allem natürlich die Entdeckung von Tutanchamuns Grab – weckten das Interesse an der ägyptischen Antike und damit auch an dieser Stadt. Seitdem kommen Besucher in Scharen nach Luxor, um die erstaunliche Ansammlung an altägyptischen Monumenten in der Stadt und ihrer nächsten Umgebung zu bewundern. Luxor selbst bietet ein interessantes, buntes Leben, leider wimmelt es an jeder Ecke von Händlern und Schleppern. Der Luxor-Tempel steht im Zentrum der Stadt; er ist ein Symbol der glanzvollen Vergangenheit der Kulturen des Niltals.

Feluke auf dem Nil bei Luxor

Die Corniche

Die Uferstraße (Corniche) von Luxor nach Karnak ist eine der schönsten Verkehrsadern der Stadt, vor allem zwischen dem Hotel Winter Palace und dem Luxor-Museum.

★ Luxor-Museum

An der Corniche, auf halber Strecke zwischen Luxor- und Karnak-Tempel, zeigt das Luxor-Museum Statuen und Grabbeigaben wie dieses schöne Relief von Thutmosis III. (siehe S. 182f).

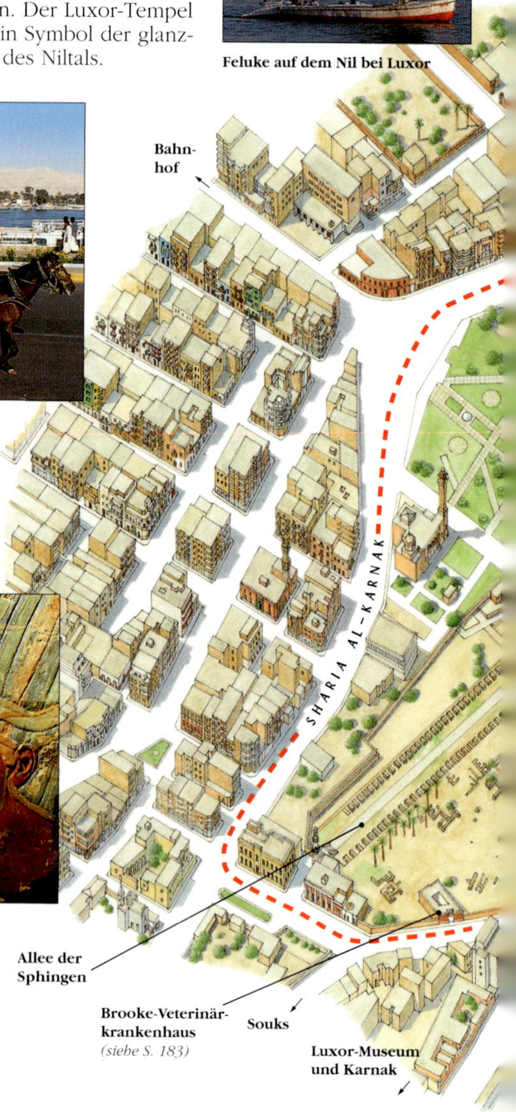

LEGENDE

- - - - Routenempfehlung

0 Meter 100

Hotel Winter Palace
Das 1887 gegründete berühmteste Hotel von Luxor kann sich so prominenter Gäste wie Agatha Christie und Noel Coward rühmen.

INFOBOX

Provinz Qena, 674 km südlich von Kairo. *150 000.* *Touristenbasar, Corniche el-Nil (095) 372 215.* *täglich.* *Moulid Abu al-Haggag, drei Wochen vor dem Ramadan.*

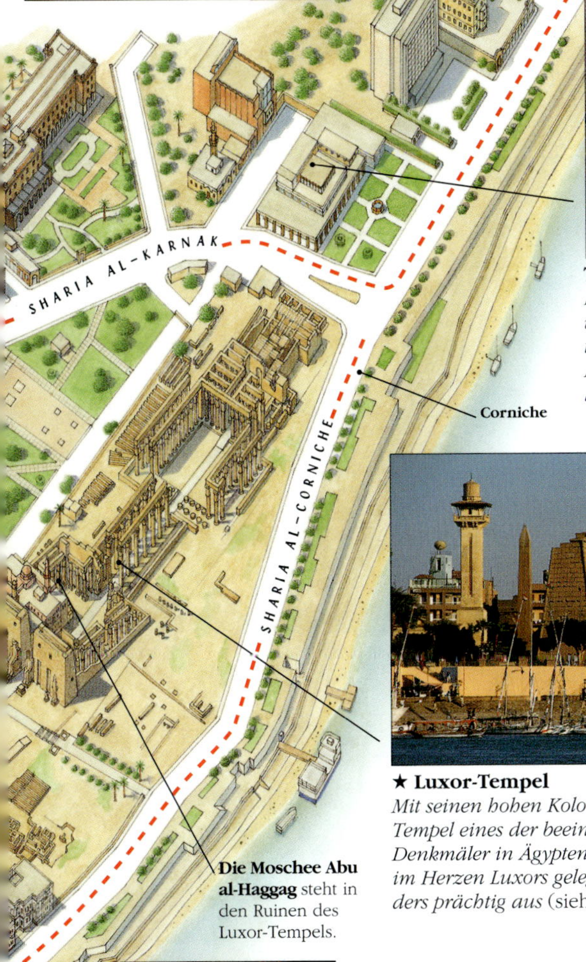

Touristenbasar
Die Basare von Luxor bieten vor allem Souvenirs an. Die traditionellen Souks, in denen Einheimische einkaufen, liegen nördlich des Tempels.

★ Luxor-Tempel
Mit seinen hohen Kolonnaden ist der Luxor-Tempel eines der beeindruckendsten antiken Denkmäler in Ägypten. Direkt an der Uferstraße im Herzen Luxors gelegen, sieht er nachts besonders prächtig aus (siehe S. 182f).

Die Moschee Abu al-Haggag steht in den Ruinen des Luxor-Tempels.

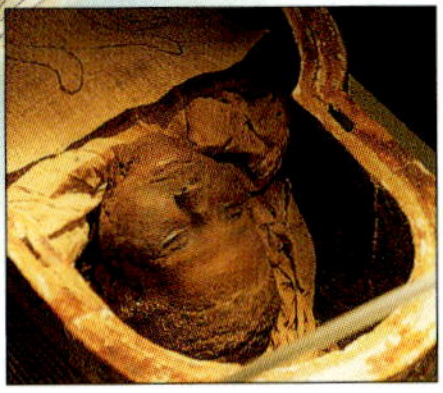

★ Mumifizierungsmuseum
In diesem Museum am Nilufer erfährt man viel über das komplizierte Einbalsamierungsverfahren der alten Ägypter (siehe S. 182f).

NICHT VERSÄUMEN

- ★ **Luxor-Museum**
- ★ **Luxor-Tempel**
- ★ **Mumifizierungsmuseum**

Überblick: Luxor

Entlang dem östlichen Nilufer erstreckt sich das heutige Luxor – mit seinen 150 000 Bewohnern eine lebhafte Stadt. Die wichtigsten Sehenswürdigkeiten befinden sich im Herzen der Stadt, zwischen der Sharia al-Karnak und der Corniche. Richtung Karnak liegt das Luxor-Museum. Wer die Stadt zu Fuß erkundet, wird den Zauber von Luxor leicht einfangen können. In einer *calèche* (Pferdekutsche) ist die Besichtigung allerdings bequemer.

Das erste Pylon, erbaut von Ramses II. – die Fassade des Luxor-Tempels

Luxor-Tempel

Corniche el-Nil. *Winter tägl. 6–21 Uhr; Sommer tägl. 6–22 Uhr.*

Direkt an der Uferstraße im Stadtzentrum erhebt sich der Luxor-Tempel – ein elegantes Beispiel pharaonischer Tempelarchitektur. Der Tempel ist der Göttertriade von Theben geweiht: Amun, Mut und Khonsu. Der Bau wurde unter Amenophis III., dem Pharao der 18. Dynastie, begonnen und unter Ramses II. in der 19. Dynastie vollendet. Auch wenn der Tempel von späteren Herrschern Ägyptens wie Alexander dem Großen weiter verändert wurde, blieb sein Aufbau erstaunlich kohärent – ganz im Gegensatz zu dem unübersichtlichen Tempelkomplex von Karnak.

Im 3. Jahrhundert n. Chr. funktionierte man die Anlage zu einem römischen Feldlager um. Über die Jahrhunderte wurde der Tempel von Sand überdeckt, ein Dorf entstand innerhalb der Mauern. 1881 entdeckte der Archäologe Gaston Maspero den Tempel in bemerkenswert gutem Zustand, doch ehe er mit den Ausgrabungsarbeiten beginnen konnte, musste das Dorf versetzt werden. Nur die **Moschee Abu al-Haggag** aus dem 13. Jahrhundert blieb erhalten und steht bis heute auf den Erd- und Schlammschichten, die sich im Laufe der Zeit abgelagert haben.

Eine Allee aus Sphingen, die sich einst von Luxor bis nach Karnak hinzog, führt zum großen Tor des Tempels. Der gewaltige erste Pylon vor dem Eingang zeigt den Sieg Ramses II. über die Hethiter in der Schlacht von Kadesch. Zwei große Sitzstatuen von Ramses II. und ein 25 Meter hoher Obelisk aus rosafarbenem Granit flankieren den Eingang. Von den ursprünglich zwei Obelisken steht nur noch einer – sein Gegenstück wurde Anfang des 19. Jahrhunderts auf die Place de la Concorde in Paris versetzt, ein Geschenk des ägyptischen Herrschers Mohammed Ali an Frankreich.

Hinter dem ersten Pylon liegt der Große Hof von Ramses II., überragt von der Moschee Abu al-Haggag. Die Höhe des Standorts der Moschee macht deutlich, wie tief die gesamte Tempelanlage unter dem Geröll begraben war. In der Westecke des Hofs liegt der Barken-Schrein für die heiligen Sonnenboote der Götter. Der Hof wird von doppelreihig angeordneten Papyrussäulen abgeschlossen, die sich mit stehenden Kolossalstatuen Ramses II. abwechseln.

Weitere Kolossalstatuen von Ramses aus schwarzem Granit bewachen den Eingang zum ursprünglichen Teil des Tempels, der sich mit dem majestätischen Säulengang des Amenophis III. eröffnet. Die Wände wurden unter Tutanchamun mit schönen Reliefs geschmückt, die das alljährliche Opet-Fest beschreiben. Bei dieser Prozession wurden die Darstellungen von Amun, Mut und Khonsu von Karnak nach Luxor getragen. Die Westwand zeigt die Hinreise nach Luxor, die Ostseite die Rückreise nach Karnak. Der Säulengang führt zum fantastischen Hof von Amenophis III., der durch seine zweifache Kolonnade von Papyrussäulen

Die Moschee Abu-al-Haggag im Luxor-Tempel

Die Allee der Sphingen, Straße zum großen Tor des Luxor-Tempels

Stilisierte Papyrussäulen im Säulengang von Amenophis III.

besticht. Während der Arbeiten an den Grundmauern des Hofs im Jahr 1989 entdeckte man 22 Statuen aus dem Neuen Reich, die heute im Luxor-Museum zu sehen sind.

Der Säulenwald an der Südseite des Hofs diente als Vorhalle des eigentlichen Tempels. Seine 32 Papyrussäulen in vier Reihen zu je acht Säulen weisen die Namenskartuschen von Ramses II., Ramses IV., Ramses VI. und Sethos I. auf.

Die anschließende Seitenkammer wurde von den Römern im 4. Jahrhundert n. Chr. in eine Kirche verwandelt. Man übertünchte die pharaonischen Reliefs oder übermalte sie mit christlichen Motiven. Eine zweite, kleinere Kammer führte in eine andere Säulenhalle und in das innerste Sanktuarium, in dem sich die heilige Amun-Barke befand. Von Alexander dem Großen umgebaut, steht diese Kapelle dort, wo Amuns Barke im Verlauf des Opet-Festes ihre Reise von Karnak nach Luxor beendete. Die Wände sind mit Darstellungen Alexanders bedeckt, der den Schutzgöttern von Theben Opfer darbringt. Die Reliefs im östlich gelegenen Geburtshaus schildern die göttliche Geburt von Amenophis III., der damit seinen Anspruch als Sohn des Amun anschaulich bestätigt.

Obelisk aus Granit

Mumifizierungsmuseum

Corniche el-Nil, gegenüber dem Hotel Mena Palace. *(095) 381 502.*
tägl. 9–13, 16–21 Uhr (Sommer 17–22 Uhr); Ramadan 9–15 Uhr.

Das kleine Museum am Ufer des Nils verfügt über eine faszinierende Ausstellung, die die Techniken der Mumifizierung im alten Ägypten veranschaulicht *(siehe S. 28f)*. Geräte zur Entfernung der inneren Organe, Substanzen zur Präparation des Körpers sowie die für die Reise ins Jenseits benötigten Kultgegenstände werden hier gezeigt. Einen Ehrenplatz hat die gut erhaltene Mumie des Maseharti, Hohepriester und Feldherr der 21. Dynastie, die in Deir el-Bahri gefunden wurde. Weitere Exponate sind eine mumifizierte Katze, Symbol der Göttin Bastet, ein mumifizierter Widder, Symbol des Gottes Khnum, und der Querschnitt eines Schädels, der anstelle des Gehirns mit Harz und Werg angefüllt wurde.

Brooke-Veterinärkrankenhaus

Montazah Sharia, neben dem Luxor-Tempel. *(095) 381 305.* *tägl. 8.30–13.30, 17–19 Uhr.*

Dorothy Brooke, Frau eines britischen Generalmajors, gründete 1934 das tiermedizinische Krankenhaus von Kairo. Dort sollten die vielen hungernden und misshandelten Pferde und Esel behandelt werden, die während des Ersten Weltkriegs aus Großbritannien nach Ägypten gebracht wurden. Weitere Veterinärkrankenhäuser folgten, jenes in Luxor wurde in den 1960er Jahren eröffnet und versorgt Dutzende von kranken Pferden.

Luxor-Museum

Corniche el-Nil, Luxor. *(095) 370 569.* *tägl. 9–13, 16–21 Uhr (Sommer 17–22 Uhr); Ramadan 9–15 Uhr.*

Auf halbem Weg zwischen Luxor-Tempel und Karnak liegt das Luxor-Museum. Es verfügt über eine ausgezeichnete Sammlung von Statuen und Artefakten, die in Tempeln und Gräbern rund um Luxor gefunden wurden.

In Eingangsnähe befindet sich ein vergoldeter Kopf von Hathor, Bestandteil des Grabschatzes des Tutanchamun aus dem Tal der Könige. Ebenfalls im Erdgeschoss sind der große Kopf von Amenophis III. aus rosafarbenem Granit sowie die Statue des jungen Thutmosis III. Im Obergeschoss finden sich weitere Exponate aus Tutanchamuns Grab, z. B. ein Totenbett und zwei kleine Sonnenbarken, dazu zwei Büsten von Amenophis IV. (Akhenaten, Echnaton) und eine rekonstruierte Mauer aus 283 Sandsteinblöcken aus Echnatons Tempel in Karnak. Die Reliefs zeigen Szenen aus dem Alltagsleben und den Pharao mit Gemahlin, der Königin Nofretete, die dem Sonnengott Aton opfern.

Thutmosis III. im Luxor-Museum

Hauptattraktion ist die spektakuläre neue Halle im Erdgeschoss. Sie beherbergt eine Sammlung ausgezeichnet erhaltener Statuen des Neuen Reichs, die 1989 unweit des Luxor-Tempels gefunden wurden. Priester sollen die Steinstatuen vergraben haben, um Raum für neue Statuen zu schaffen. 24 dieser Monumente können besichtigt werden, u.a. die beinahe unversehrte 2,5 Meter hohe Statue von Amenophis III.

Farbiges Relief aus Echnatons Karnak-Tempel im Luxor-Museum

Der Amun-Tempel in Karnak

Figur eines Skarabäus

HERZSTÜCK des ausgedehnten Tempelkomplexes von Karnak ist der Amun-Tempel – dem König der Götter geweiht. Die zahllosen Höfe, Hallen und Kolossalmonumente sowie der große Heilige See sind überwältigend. Seit Beginn der 19. Dynastie veränderten nachfolgende Pharonen die Tempelanlage und hinterließen am wichtigsten Tempel des Landes ihre Handschrift. Dabei scheuten sie weder Mühe noch Kosten. Während der 19. Dynastie waren ungefähr 80 000 Männer in der Tempelanlage beschäftigt – als Arbeiter, Wächter, Priester und Diener. Vor seiner Ausgrabung Mitte des 19. Jahrhunderts lag der Tempel rund 1000 Jahre lang unter Sand und Schlamm begraben.

★ Großer Säulensaal
Der glanzvolle Höhepunkt von Karnak: Diese tiefe Halle wurde von 134 riesigen Säulen getragen.

★ Kolossalstatue von Ramses II.
Die imposante Granitstatue von Ramses II. mit seiner Tochter steht vor dem Eingang zum Säulensaal.

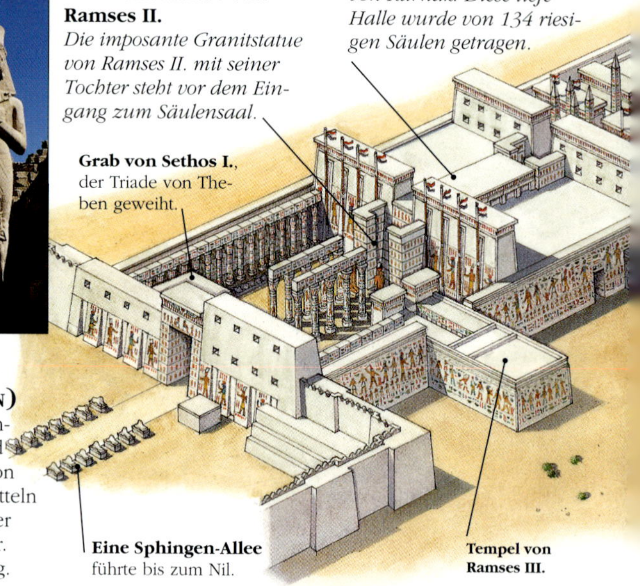

Grab von Sethos I., der Triade von Theben geweiht.

Eine Sphingen-Allee führte bis zum Nil.

Tempel von Ramses III.

Tempel des Amun (Rekonstruktion)

Die vielfarbigen Außenwände der Anlage sind in dieser Rekonstruktion gut sichtbar und vermitteln einen Eindruck, wie der Tempel um 1000 v. Chr. ausgesehen haben mag.

Karte der Karnak-Tempelanlage

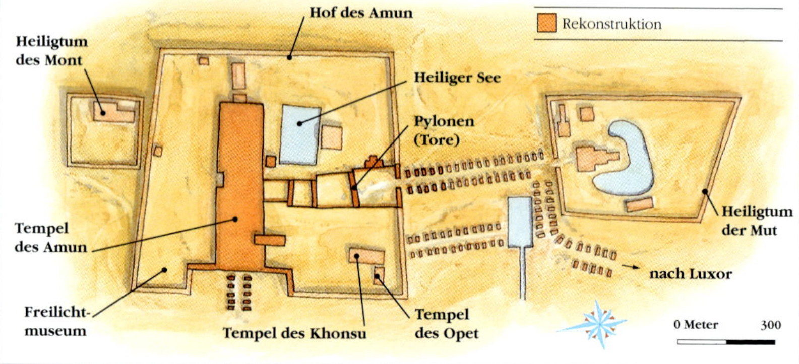

Botanische Gärten
Dieser Saal mit offener Decke, von Thutmosis III. erbaut, liegt hinter dem Großen Festtempel. Die Wände sind mit Reliefs von exotischen Pflanzen und Tieren geschmückt, die der Pharao von seinem Syrien-Feldzug mitbrachte.

Infobox

Sharia al-Karnak, 3 km nordöstlich von Luxor. *oder Minibus, Fahrrad, Pferdekutsche.*
Winter tägl. 6–17.30 Uhr; Sommer tägl. 6–18.30 Uhr.
Multimedia-Show *Winter 18.30, 19.30 und 21 Uhr, Sommer 19.30, 20.30 und 22 Uhr (nähere Angaben im Informationszentrum).*

★ Großer Festtempel
Die Haupthalle des Tempels, erbaut von Thutmosis III., war vermutlich eine steinerne Nachbildung des Zelts, in dem der Pharao auf seinen Feldzügen lebte.

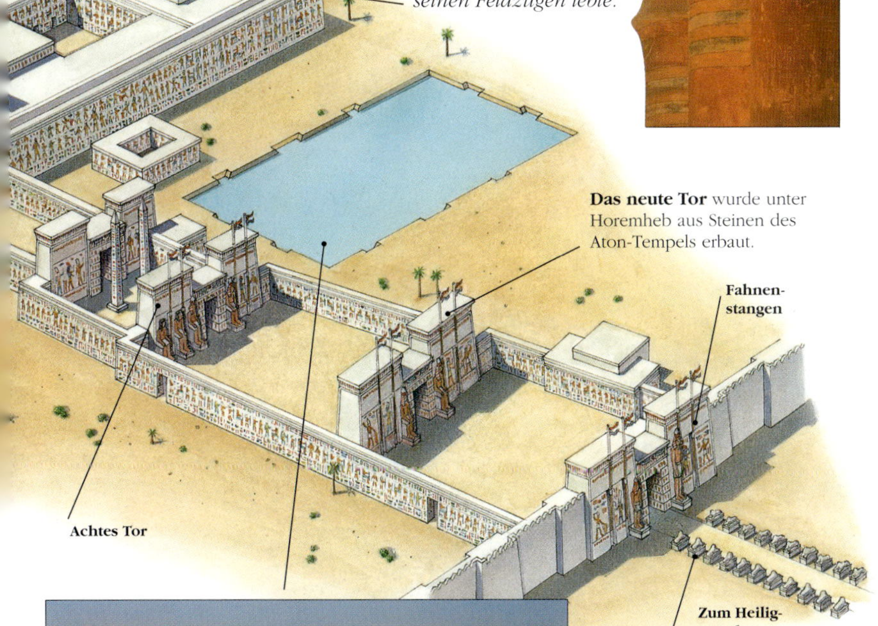

Der Heilige See
Das heilige Wasser des Sees diente den Priestern zur rituellen Waschung. Nördlich davon liegt die Figur des großen Skarabäus von Khepri, den Amenhotep III. in Auftrag gab.

Nicht versäumen

★ **Großer Säulensaal**

★ **Kolossalstatue von Ramses II.**

★ **Großer Festtempel**

Überblick: Karnak

Nach den Pyramiden von Giseh ist Karnak die bedeutendste archäologische Stätte Ägyptens. In langwierigen Ausgrabungen legte man die ursprüngliche Struktur der Tempelanlage frei, die hier im Laufe von 1300 Jahren angelegt wurde. Die 40 Hektar große Stätte besteht aus einer beeindruckenden Anzahl von Tempeln, Kapellen, Pylonen und Obelisken, unter ihnen auch der gewaltigen Tempel des höchsten Gottes Amun.

Statuen der Löwengöttin Sechmet im Heiligtum der Mut

Tempel des Chon und der Epet

Dem Sohn von Amun und Mut geweiht, entstand der ausgezeichnet erhaltene Tempel des Chon vor allem unter Ramses III. und Ramses IV. Den Eingang bildet ein gewaltiges Tor, das von Ptolemäus III. errichtet wurde. Einige Schritte weiter steht der kleinere Tempel der Göttin Epet, die man für die Mutter von Osiris hielt. Im Innern findet man hervorragende Reliefs aus ptolemäischer und römischer Zeit.

Freilichtmuseum

Nordwestlich des Amun-Tempels liegt das Freilichtmuseum. Es enthält eine hervorragende Sammlung von Monumenten, die während der Ausgrabungen des dritten Pylons gefunden wurden. Zu den Hauptattraktionen zählt die schöne rekonstruierte Weiße Kapelle von Senusret I., Pharao der 12. Dynastie. Die Wände weisen kunstvolle Darstellungen des Pharao auf, der dem Amun opfert. Auch die neu restaurierte Rote Kapelle der Hatschepsut aus der 18. Dynastie befindet sich hier. Sie diente zur Aufbewahrung der Heiligen Barke. Weitere Höhepunkte sind die Alabasterkapelle von Amenhotep I. und die Kapelle von Thutmosis III. Für das Museum ist ein extra Ticket erforderlich.

Multimedia-Show

Das Ausmaß der Karnak-Tempelanlage lässt erahnen, dass ein einziger Besuch kaum ausreicht, um alles zu erfassen. Ein zweiter Besuch ist vor allem in Verbindung mit der spektakulären Multimedia-Show zu empfehlen, die einem die 1500-jährige Geschichte der Anlage nahe bringt. Die Shows werden in mehreren Sprachen gezeigt und finden dreimal pro Abend statt. Nährere Auskunft erteilt die Touristeninformation in Luxor.

Heiligtum der Mut

Der von Amenhotep III. erbaute Tempel war Amuns Gemahlin Mut geweiht. Gigantische schwarze Granitstatuen der löwenköpfigen Göttin Sechmet erstrecken sich über den gesamten Tempelhof. Westlich des Heiligen Sees liegen die Ruinen eines Tempels von Ramses III. aus der 20. Dynastie. Im Nordosten stößt man auf Relikte eines Tempels, der Amun geweiht war.

Heiligtum des Mont

Nördlich des Amun-Tempels liegt das Tempelareal des Mont. Mont, der Kriegsgott, war der alte Schutzgott von Theben. Auch in der Zeit der Verehrung des Amun wurde Mont weiter eine überragende Bedeutung zugebilligt. Das Areal des Tempels des Mont und der Tempel des Amun sind derzeit für Besucher geschlossen.

Das Opet-Fest in Karnak

Amun war die Hauptgottheit von Theben. Gemeinsam mit seiner Gemahlin Mut und beider Sohn Chon wurde er als Teil der dreifachen Gottheit von Theben verehrt. Einmal im Jahr, während der Nilüberschwemmung, feierte man das Opet-Fest, die Wiedergeburt des Königs als Sohn des Amun. Im Geleit wurden die Abbilder der Götter Amun, Mut und Chon zu den geschmückten Barken auf dem Nil gebracht und zum Luxor-Tempel gefahren. Auch heute noch sind Elemente des Opet-Festes lebendig, so z. B. im Moulid Abu al-Haggag. In Luxor findet in Gedenken an die Entdeckung des Grabs von Tutanchamun am 4. November ein ähnliches Fest statt.

Priester tragen während des Opet-Fests Amuns Bild in seiner Barke

Kreuzfahrt auf dem Nil

IM 19. JAHRHUNDERT gehörte eine Reise nach Ägypten zu den aufregendsten Exkursionen für reiche Europäer und Amerikaner. Man ging in Alexandria an Land und wurde nach Kairo befördert – zuerst mit Flussbooten, später mit dem Zug. Nach einigen Tagen Stadtbesichtigung in Kairo, wo wohlhabende Reisende gern im kolonialen Shepheard's Hotel abstiegen, gingen die Passagiere an Bord eines großen Segelschiffs *(dahabiyya)* oder eines Dampfers, der sie nilaufwärts brachte. Man reiste im Schneckentempo: Mit dem Dampfer dauerte es drei Wochen bis Assuan, eine Fahrt mit dem Segelschiff konnte sechs bis zwölf Wochen in Anspruch nehmen. Des Öfteren wurde an den eben freigelegten Grabstätten des antiken Ägypten Halt gemacht. Diese Expeditionen wurden dann von einheimischen Führern geleitet: Diener trugen Stühle, Zelte, Lebensmittel und Getränke – für ein Picknick auf Ruinen war kein Aufwand zu groß.

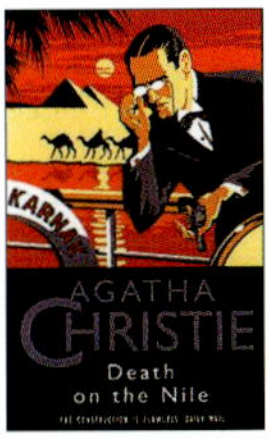

***Tod auf dem Nil* von Agatha Christie**

***Thomas Cook**, Begründer des modernen Tourismus, spielte eine wichtige Rolle für die Reisen nach Ägypten. Alle Nildampfer waren in seinem Besitz.*

***Florence Nightingale** beschrieb ihre Nilreise 1848 in einer Reihe veröffentlicher Briefe. Zu den Schriftstellern, die eine Nilreise unternahmen, zählt auch Agatha Christie.*

***Höhepunkt der Reise** nach Ägypten war bereits im 19. Jahrhundert ein Besuch der Pyramiden und der Sphinx von Giseh. Wie man in diesem Bild sieht, waren die Ausgrabungen noch nicht beendet.*

***Shepheard's Hotel** war zwischen 1841 und 1952 ein wichtiges Zentrum des europäischen Lebens in Ägypten.*

***Spannende Entdeckungen** versprachen den Besuchern Ägyptens zusätzlichen Reiz. Fast jedes Jahr kamen neue spektakuläre Funde hinzu.*

Theben: Tal der Könige

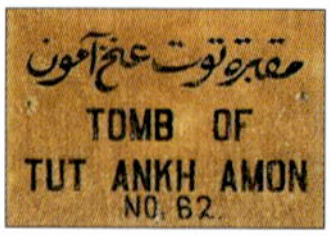

Das berühmteste Grab in Theben

DAS ABGELEGENE, KARGE Tal der Könige wurde zur Nekropole der Pharaonen des Neuen Reichs. Um die wertvollen Grabstätten mit den kostbaren Grabbeigaben vor Plünderern zu schützen, legten die Pharaonen seit der Zeit von Thutmosis I. (um 1500 v. Chr.) tiefe Felsengräber an. Leider erwies sich dies als vergeblich, denn bis auf die Grabkammern von Yuya und Tuya *(siehe S. 77)* und natürlich das Grab von Tutanchamun *(siehe S. 74ff)*, das erst 1922 von Howard Carter entdeckt wurde, fielen alle Kammern Grabräubern zum Opfer. Doch auch ohne ihren Inhalt wurden die schön ausgeschmückten Grabkammern und Korridore mit den Wandreliefs aufwändig restauriert und bewahren bis heute ein faszinierendes Geheimnis.

Grab des Horemheb (Nr. 57)

Horemheb war der letzte Pharao der 18. Dynastie. Seine Grabkammer besteht im Gegensatz zu der in der 18. Dynastie üblichen Bauart aus einem einzigen Korridor mit diversen Seitenkammern. Es enthält Reliefs aus dem Buch der Unterwelt.

Das Tal der Könige, wegen seiner abgelegenen Lage zwischen Kalkfelsen als Grabstätte gewählt

DIE FELSENGRÄBER

Im Tal der Könige wurden 62 Gräber gefunden; auf dem Lageplan sind sie in der Reihenfolge ihrer Entdeckung eingezeichnet. Die interessantesten Gräber *(siehe S. 190)* sind mit einem roten Punkt markiert. Nur ein kleiner Teil ist für Besichtigungen geöffnet.

Grab von Thutmosis III. (Nr. 34)

In der vergeblichen Hoffnung, Grabräuber abzuhalten, wurde dieses Felsengrab in 30 Meter Tiefe angelegt. Heute ist es über eine Metalltreppe erreichbar. Die Wände sind mit Figuren aus dem Buch der Unterwelt *bedeckt.*

Grab von Sethos I. (Nr. 17)
Flachreliefs und vergoldete Wandzeichnungen schmücken dieses atemberaubend schöne Grab. Diese Grabkammer ist besonders beeindruckend – die Decke wurde mit astronomischen Darstellungen bemalt.

INFOBOX

2 km nördlich des Ticket-Kiosks.
◯ *tägl.* ▨ *Eintrittskarten am Kiosk am Westufer; das Ticket gilt nur für maximal drei Gräber. Eintrittskarten für das Tutanchamun-Grab müssen separat gekauft werden. Extra-Ticket fürs Fotografieren erforderlich.*

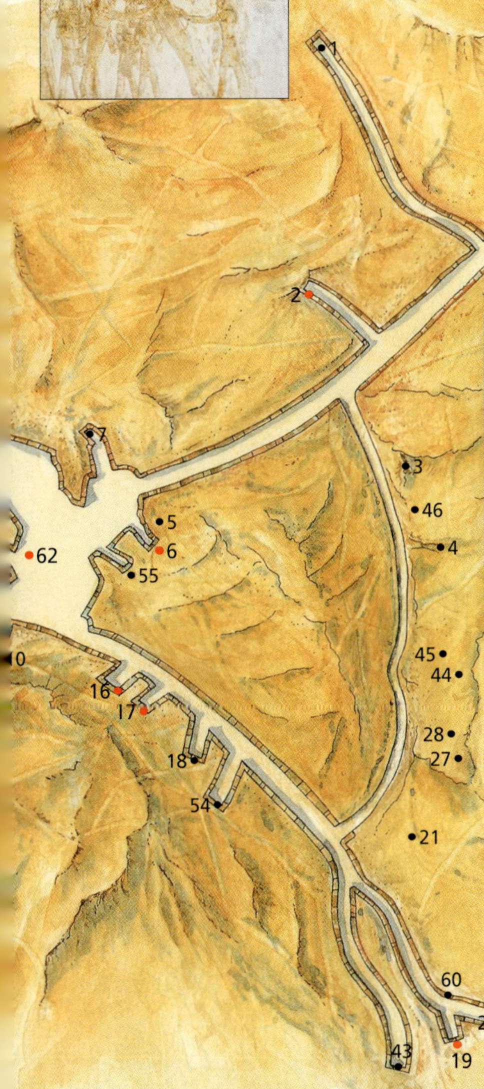

Grab von Ramses VI. (Nr. 9)
Ursprünglich für Ramses V. angelegt, wurde das Grab für Ramses VI. erweitert. Es zeichnet sich durch die Sternendecke aus, auf der die Göttin Nut dargestellt ist. Abends verschluckt sie die Sonnenscheibe und gebiert sie am Morgen neu.

Grab des Tutanchamun (Nr. 62)
Das Grab von Tutanchamun ist klein und teilweise ungeschmückt. Die Sargkammer aber ist einzigartig, denn in dem Sarkophag liegt noch immer die Mumie des jung verstorbenenen Pharaos.

Grab von Ramses IV. (Nr. 2)
Griechische und koptische Wandbemalungen überlagern zwar die Grabreliefs aus der 20. Dynastie, doch das Grab verfügt über schöne Darstellungen aus dem *Buch der Toten*. In der Grabkammer ist an der blauen Decke die Göttin Nut abgebildet. Der gigantische Sarkophag aus rosafarbenem Granit ist mit Darstellungen von Isis und Nephthys verziert, die Ramses' Mumie beschützen sollen.

Grab von Ramses IX. (Nr. 6)
Dieses für die spätramessidische Zeit typische Grab ist lang und steil. Die abfallenden Korridorwände zeigen interessante Ausschnitte aus den Lobpreisungen des Ra – ein religiöses Werk, das die nächtliche Reise des Sonnengottes preist. Ein Raum mit vier Säulen führt zur Sargkammer, deren gewölbte Decke die Göttin Nu zwischen Sternbildern und Sternbarken darstellt. Abbilder von Göttern und Dämonen bedecken die Wände. Spuren am Boden weisen auf den Standort des Sarkophags hin.

Grab des Merneptah (Nr. 8)
Das Grab von Merneptah, Pharao der 19. Dynastie und Sohn von Ramses II., wurde 1903 von Howard Carter ausgegraben. Den Eingang schmücken Isis und Nephthys. Ein Korridor führt in die Tiefe zur Sargkammer mit dem Sarkophag. Eine falsche Grabkammer konnte die Plünderer nicht täuschen – sie entkamen mit vielen Kostbarkeiten. Den schweren Deckel des Sarkophags ließen sie jedoch in einem der Korridore zurück.

Grab von Ramses III. (Nr. 11)
Der schottische Forschungsreisende James Bruce entdeckte 1768 das Grab. Wegen der Darstellung zweier blinder Musiker in einer Seitennische wird es auch »Harfnergrab« genannt. Das Grab ist für ein Königsgrab ungewöhnlich gut erhalten. Die farbigen Reliefs beschreiben u.a. das Alltagsleben im pharaonischen Ägypten.

Grab der Königin Tawsert/ des Sethnachte (Nr. 14)
Ursprünglich wurde das Grab für die Königin Tawsert, Gemahlin von Sethos II., errichtet, dann aber von Sethnachte, Pharao der 20. Dynastie, übernommen. Die ausgezeichnet erhaltenen Wandbemalungen beschreiben u.a. die Zeremonie der Mundöffnung und – in der innersten Grabkammer – die Begrüßung von Sethnachte durch die Götter.

Grab von Ramses I. (Nr. 16)
Das Grab des Begründers der 19. Dynastie ist besonders reich ausgeschmückt. Der italienische Entdecker Giovanni Battista Belzoni fand es 1817. Die Wände sind mit Darstellungen aus dem mythischen *Buch der Pforten* bedeckt. Der große Granitsarkophag steht noch in der Sargkammer.

Grab von Amenophis II. (Nr. 35)
1898 von Victor Loret gefunden ist es eines der tiefsten Gräber des Tals, dessen 90 Stufen zu unterschiedlichen Ebenen abfallen. Zwar wurde auch dieses Grab geplündert, doch Amenophis Mumie lag noch unberührt in ihrem geschmückten Sarkophag. Neun weitere Königsmumien waren von Priestern im Grab versteckt worden. Die Pfeiler der Grabkammer sind reich mit Bildern und Texten aus dem *Buch der Unterwelt* bedeckt.

Farbiges Wandbild aus dem gut erhaltenen Grab des Siptah

Grab des Siptah (Nr. 47)
Das Grab des Siptah, der nur für kurze Zeit gegen Ende der 19. Dynastie regierte, ist mit 106 Metern eines der längsten Felsengräber des Tals. Helle Flachreliefs bedecken die Wände, die Decke ist mit Darstellungen von Geiern versehen, deren Flügelspannweite über die Breite des Korridors reicht.

Grabkammer von Amenophis II. mit dem Sarkophag des Pharaos

KV5

Der amerikanische Archäologe Kent Weeks begann 1994 ein Grab freizulegen, das von Ägyptologen als unbedeutend erachtet worden war. Es erwies sich als das größte Grab im Tal der Könige. Das Areal mit der Bezeichnung KV5 umfasst vermutlich die Grabstätte der 52 Söhne von Ramses II. Eine Halle mit 16 Säulen, mehrere Korridore und über 100 Kammern wurden freigelegt. Wenn auch bisher kein Schatz im üblichen Sinne gefunden wurde, so doch Tausende bedeutende Artefakte. Die Arbeiten an der Ausgrabungsstätte werden sicher noch einige Jahre andauern, ehe das Grab besichtigt werden kann.

Theben: Gräber der Edlen

Südlich vom Tal der Könige erstreckt sich diese Grabanlage, die aus über 400 Gräbern hoher Würdenträger besteht. Während die Königsgräber in einem abgelegenen Tal verborgen waren, befinden sich diese Grabstätten in den Felsen direkt oberhalb des Nils. Wegen des brüchigen Kalkgesteins sind die meisten Grabreliefs nicht eingemeißelt, sondern aufgemalt. Reiches Bildmaterial bedeckt die Wände und gewährt einen ausführlichen Einblick in das Alltagsleben zu Zeiten des Neuen Reichs. Die Gräber von Sheikh Abd al-Gurna liegen um das Dorf Alt-Gurna verstreut. Weiter östlich sind die Nekropolen von Khoka, Assasif und Abu al-Naga mittlerweile für Besucher zugänglich.

Infobox

Theben/Luxor, Westufer (Wegweiser von Alt-Gurna nach Sheikh Abd al-Gurna). *tägl.*
Ticket-Kiosk am Westufer; ein Ticket gilt für 2–3 Gräber der Anlage Sheikh Abd al-Gurna.

Darstellungen des Alltagslebens im alten Ägypten im Grab von Sennefer

Gräber von Sheikh Abd al-Gurna

Alle Gräber datieren aus der 18. Dynastie. Das **Grab des Sennefer (Nr. 96)**, Fürst in Theben und Verwalter der Gärten des Amun unter Amenophis II., ist eines der am besten erhaltenen Gräber der Gruppe. Die Deckenreliefs stellen Sennefer im Kreis seiner Familie dar, sie alle opfern den Göttern. Das **Grab des Rekhmire (Nr. 100)**, der als Wesir unter Thutmosis III. und Amenophis II. diente, zeigt Rekhmire, wie er Abgaben und Geschenke fremder Völker empfängt.

Das **Grab des Nakht (Nr. 52)** ist geschmückt mit Darstellungen des ländlichen Lebens im Nildelta wie Fischfang, Ernte und Jagd. Nakht war der höchste Astronom von Thutmosis IV. Das gut erhaltene **Grab des Menna (Nr. 69)**, Gutsverwalter des Pharao, zeigt Menna und seine Gemahlin, die den Göttern Opfergaben darbieten. Daneben gibt es genaue Darstellungen von Feldarbeiten, Fischfang und Jagd.

Weinherstellung im Grab des Nakht

Das **Grab des Ramose (Nr. 55)**, Stadtverwalter von Theben, verfügt über Reliefs, die sowohl die Rituale der »alten« Religion zeigen wie auch die Verehrung Atons, die von dem »ketzerischen« Pharao Echnaton befohlen wurde. Das **Grab des Userhat (Nr. 56)** hat Szenen aus dem Alltag, z. B. einen Gang zum Barbier. Userhat war einer der höchsten Schreiber Amenophis II.

Das **Grab des Khonsu (Nr. 31)**, Berater von Thutmosis III., enthält Darstellungen des Montu-Fests. Das **Grab des Benia (Nr. 343)** zeigt Skizzen aus dem Alltagsleben und Statuen des Verstorbenen.

Gräber von Khokha

Drei Gräber wurden hier 1915 entdeckt, 1995 wurden sie das erste Mal geöffnet. Das **Grab des Djehuty-Mes (Nr. 295)** zeigt den Priester der 18. Dynastie mit Gemahlin und Familie. Im **Grab des Neferronpet (Nr. 178)** befinden sich Wandbilder von ihm und seiner Gattin vor Osiris. Das **Grab des Nefersekheru (Nr. 296)**, ebenfalls Schreiber der 19. Dynastie, hat ähnliche Darstellungen aufzuweisen.

Nekropole von Assasif

Im **Grab des Kheruef (Nr. 192)**, königlicher Verwalter unter Königin Tiy, befinden sich Darstellungen der Königin und Amenophis III., einem Pharao der 18. Dynastie. Unweit liegt das **Grab des Anchhor (Nr. 414)**, Hohepriester des Amun. Die Malereien sind schlecht erhalten. Das erst vor kurzem geöffnete **Grab des Pabasa (Nr. 279)**, hoher Beamter der 26. Dynastie, ist wegen seiner von vier Pfeilern getragenen Halle sehenswert. Hier finden sich Darstellungen der Obsternte und der Bienenzucht.

Gräber von Abu al-Naga

Die ersten Gräber hier sind erst seit 1999 zugänglich: das **Grab des Roy**, Verwalter der 18. Dynastie, und das **Grab des Shuroy**, Beamter der 18. Dynastie. Beide weisen Bilder aus dem Alltagsleben auf.

Ernteszene im Grab des Menna

Theben: Tempel der Hatschepsut

Kopf der Hatschepsut

Vor einer steilen Felswand liegt in Deir al-Bahri der zum Teil in den Stein gehauene Totentempel der Hatschepsut. Senenmut, Baumeister der Königin, errichtete in der 18. Dynastie das außergewöhnliche Monument, das sich in imposanten Terrassen aus der Wüste erhebt. Der Tempel wurde durch Ramses II. und seine Nachfolger zerstört. Im 3. Jahrhundert n. Chr. ließen sich hier Christen nieder und gründeten ein Kloster – daher der Name Deir al-Bahri, »Nördliches Kloster«. Die noch andauernden Ausgrabungen der Stätte legen immer neue Ausschmückungen frei. Neben dem Haupttempel liegen die Ruinen des deutlich älteren Tempels des Montuhotep II., Herrscher der 11. Dynastie, der Ägypten vereinigte. Auch Überreste des Tempels von Thutmosis III. aus der 18. Dynastie befinden sich hier.

Tempel von Montuhotep II.
Die Ruinen des Tempels von Montuhotep II. – einst Vorlage für den Hatschepsut-Tempel

Der imposante Tempel der Hatschepsut am Fuß einer steilen, hohen Kalkfelswand

Die Tempelanlagen in Deir al-Bahri (Rekonstruktion)

Diese Nachbildung veranschaulicht, wie die Tempel von Montuhotep II., Thutmosis III. und Hatschepsut in der 18. Dynastie ausgesehen haben. Die drei Tempel sind – teils in den Fels gehauen, teils freistehend – als natürliches Amphitheater gebaut. Die bizarren Felswände im Hintergrund verleihen der Anlage zusätzliche Erhabenheit.

Nicht versäumen

- ★ **Hathor-Kapelle**
- ★ **Hatschepsut-Statuen**
- ★ **Reliefs der Punt-Expedition**

★ Hathor-Kapelle
Sehenswert sind die Pfeiler mit Hathor-Kapitellen und die farbigen Wandbilder wie dieses Säulenrelief mit ankh *und* djed *– Symbole des Lebens und der Stabilität.*

★ Hatschepsut-Statuen
Die Portikuspfeiler um die obere Terrasse waren geschmückt mit Statuen der Hatschepsut – zum Teil als Darstellung eines männlichen Königs mit Bart. Viele Figuren wurden von späteren Pharaonen zerstört, aber mittlerweile konnte man einige aus Trümmerfragmenten wieder zusammensetzen.

INFOBOX

2 km nordöstlich des Ticket-Kiosks am Westufer. *oder auch zu Fuß von anderen Sehenswürdigkeiten.* *tägl. 6–17 Uhr.*

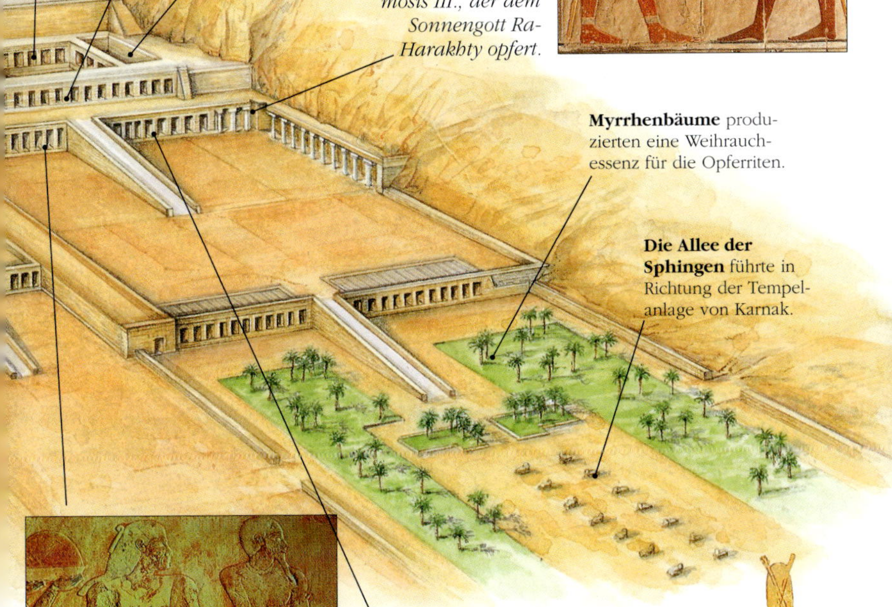

Das Heiligtum Amuns wurde hinter dem Tempel in den Felsen geschlagen.

Heiligtum der Sonne

Anubis-Kapelle
Die Darstellungen sind in den Farben vorzüglich erhalten. Sie zeigen u.a. Thutmosis III., der dem Sonnengott Ra-Harakhty opfert.

Myrrhenbäume produzierten eine Weihrauchessenz für die Opferriten.

Die Allee der Sphingen führte in Richtung der Tempelanlage von Karnak.

★ Reliefs der Punt-Expedition
Wandbilder schildern eine Reise Hatschepsuts in das Land Punt (heute Somalia). Dargestellt sind der König von Punt mit seiner Gemahlin Ati (links).

Pfeiler der Geburtshalle
Darstellungen an der Kolonnade zeigen Hatschepsuts göttliche Geburt, die den Anspruch auf den Thron begründete. Rechts sieht man die junge Königin auf dem Arm ihrer Mutter, der Göttin Neith.

Theben: Tal der Königinnen

Rinderrelief im Grab der Nefertari

Seinen Namen verdankt dieses Tal dem französischen Forscher Champollion. Südwestlich vom Tal der Könige sind die Gräber vieler Königinnen und Prinzen zu finden. Obwohl das Tal bereits in der 18. Dynastie als Grabanlage diente, wurde es erst unter Ramses I., Pharao der 19. Dynastie, zur königlichen Nekropole. Von den 80 Gräbern des Tals ist das Grab der Königin Nefertari das berühmteste. Nur wenige Gräber sind jeweils zur Besichtigung geöffnet.

Grab des Amunherkhepshep (Nr. 55)

Bis zur Wiedereröffnung des Grabs der Nefertari stellte dieses gut erhaltene Grab des Prinzen Amenherkhepshep (Amun), Sohn von Ramses III., den Höhepunkt einer Besichtigungstour im Tal der Königinnen dar. Amun wäre der Nachfolger seines Vaters geworden, doch er starb bereits im Kindesalter und wurde in diesem königlichen Grab beigesetzt. Vom Eingang führen Stufen hinab zur Grabhalle, die ausgezeichnet erhaltene farbige Wandmalereien besitzt, u.a. Darstellungen von Ramses mit seinem jungen Sohn, den Göttern der Unterwelt huldigend. Amun ist durch die charakteristische Frisur leicht als königlicher Prinz zu erkennen. Von hier aus führt ein Korridor in die eigentliche Grabkammer, wo sich – hinter Glas – das Skelett eines fünf Monate alten Fötus befindet. Auch in anderen Grabkammern wurden Föten gefunden; vermutlich wurden sie dort als Teil eines Reinkarnationsritus abgelegt.

Grab der Königin Titi (Nr. 52)

Die Königin Titi war vermählt mit einem ramissidischen Pharao der 20. Dynastie – mit welchem, ist allerdings unklar. Ihr Grab weist besonders schöne, farbige Wandbemalungen auf. Die besten befinden sich in der Grabkammer; dort sieht man die Göttin Hathor sowohl in Gestalt eines Rinds als auch in menschlicher Gestalt, wie sie Nilwasser zur Erfrischung der Königin ausgießt. Das Grab ist ab 2002 nach Restaurierungsarbeiten wieder geöffnet.

Grab des Prinzen Khaemweset (Nr. 44)

Dies ist das Grab eines weiteren Sohns von Ramses III., der im Kindesalter starb. Die fein gearbeiteten Reliefs sind gut erhalten und zeigen Ramses, der Opfergaben anbietet und dabei seinen Sohn den diversen Göttern vorstellt. Man sieht die Göttinnen Isis, Nephthys, Neith und Selket, die sich im Namen des toten Kindes an Osiris wenden.

Tal der Königinnen: Grab der Nefertari

Dieses Grab (Nr. 66) der Hauptgemahlin von Ramses II. gehört zu den schönsten in Ägypten. Entdeckt wurde es 1904 vom italienischen Archäologen Ernesto Schiaparelli. Das neu restaurierte Grab wartet wieder im einstigen Glanz auf. Es ist mit hervorragenden Darstellungen ausgeschmückt, welche die Reise der Seele in die Unterwelt beschreiben.

Die weiß gekleidete Königin Nefertari in der Vorhalle

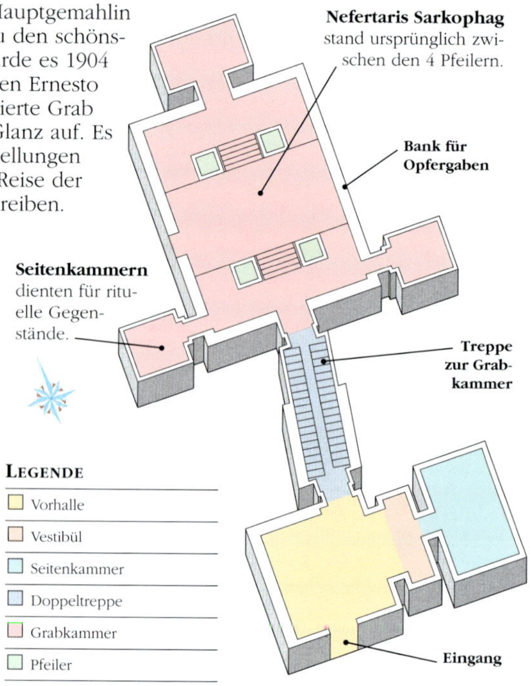

Ra als widderköpfige Gottheit zwischen Isis und Nephthys, Seitenkammer

Infobox

1 km nordwestlich des Ticket-Kiosks am Westufer. *oder zu Fuß von anderen Sehenswürdigkeiten.* *tägl. 7–17 Uhr.* *Es werden jeweils nur 10 Besucher zugelassen; Besuchszeit 15 Minuten.*

Vorhalle

Über eine steile Treppe gelangt man hinunter in die Vorhalle. Auf außergewöhnlich schönen Wandmalereien in leuchtenden Farben ist die Königin Nefertari in Gesellschaft verschiedener Gottheiten abgebildet. Über allem breitet sich die dunkelblaue Decke mit Sternen wie ein Himmel aus. Links vom Eingang befinden sich Inschriften aus dem Totenbuch und Bilder von Nefertari, die das Brettspiel *senet* spielt – eine frühe Version des Damespiels. An der Ostwand der Vorkammer schmücken Bilder von Osiris (links) und Bilder von Anubis (rechts) den Eingang zum Vestibül.

Vestibül

An der linken Seite des kleinen Raums ist zu sehen, wie die Göttin Isis Nefertarit dem skarabäenköpfigen Chepre vorstellt. An der rechten Wand ist der falkenköpfige Harsiesis (eine Erscheinungsform des Horus) mit der Doppelkrone von Ober- und Unterägypten abgebildet. Er führt die Königin zum Re-Harachte und zu Hathor-Imentit. Die Geiergöttin Nekhbet ist über dem Durchgang zur Seitenkammer.

Seitenkammer

Die Seitenkammer ist reich bedeckt mit faszinierenden Wandmalereien. Links sieht man Nefertari, die dem Gott Ptah kostbare Gewänder opfert. Der Gott, eingewickelt in ein weißes Mumientuch, befindet sich in seinem Heiligtum. An der Nordwand steht Nefertari vor Thoth, die große Ostwand gegenüber dem Eingang zeigt die Königin, wie sie Osiris (links) und Atum (rechts) opfert.

Osiris, Seitenkammer

Doppeltreppe

Die Treppenflucht hinab in die Grabkammer ist wundervoll ausgeschmückt. An der linken Seite wird Nefertari vom Gott Anubis, dem schwarzen Schakal, im Totenreich begrüßt. Rechts sieht man Nefertari, die Hathor und Selket Gefäße mit duftenden Flüssigkeiten darbringt. Weiter unten ist die Göttin Maat mit ausgebreiteten Flügeln zu sehen.

Grabkammer

In der Grabkammer sollte sich die Transformation der Seele Nefertaris vollziehen. Die Wandzeichnungen mit Motiven aus dem Totenbuch zeigen die Königin mit den Wächtern der Tore zum Totenreich des Osiris. Es wird dargestellt, wie Nefertari mit Hilfe von Zauberformeln und dem Anrufen der Wärter bei deren Namen diese möglichen Hindernisse auf dem Weg zur Wiedergeburt im Totenreich überwindet.

Pfeiler

Die vier Pfeiler der Grabkammer sind ausgesprochen gut erhalten. Das erste Pfeilerpaar trägt Darstellungen von Horus mit dem Leopardenfell der Priester. Osiris schmückt in charakteristischer Haltung die vier Innenseiten der Pfeiler auf der Nord-Süd-Achse. Gegenüber der Stelle, wo sich der Sarg befand, stehen die gestreiften *Djed*-Pfeiler, die Osiris' Rückrat darstellen.

Restaurierung des Grabs der Nefertari

Das Grab der Nefertari wurde in porösen Kalkstein gehauen. Im Lauf der Zeit zerstörten Wasser, Feuchtigkeit und kristalline Salze die Wandreliefs. Deshalb schloss man das Grab um 1950. Erst 1986 begannen der Supreme Council of Antiquities (Kairo) und das Getty Conservation Institute (Los Angeles) mit der Restaurierung. Der beschädigte Putz wurde abgetragen, gesäubert und verstärkt, außerdem spritzte man Acrylharz in die Wandspalten. Die Malereien wurden behutsam gesäubert, den Farben alter Glanz zurückgegeben. 1992 waren die Arbeiten abgeschlossen, seit 1995 kann es wieder besichtigt werden. Die Zahl der Besucher ist beschränkt.

Das Grab der Nefertari während der Restaurierung

Theben: Ramesseum

Wandrelief des Amun im großen Säulensaal

PHARAO RAMSES II., 67 Jahre lang Herrscher der 19. Dynastie, ließ seinen Totentempel, das Ramesseum, als Symbol seiner ewigen Größe errichten und weihte ihn dem Gott Amun. Die ausgedehnte Anlage, deren Fertigstellung über 20 Jahre in Anspruch nahm, ist stark verfallen. Einst stand hier eine 18 Meter hohe Kolossalstatue von Ramses, deren Trümmer heute weit über das Gelände verstreut liegen. Zu dem Komplex gehören ein kleiner Tempel, Ramses' Mutter Tuya und seiner Gemahlin Nefertari geweiht, ein Königspalast und Vorratsräume.

★ Osiris-Pfeiler
Ramses-Figuren in der Darstellung des Osiris, Gott der Unterwelt, weisen zum zweiten Hof. Die gekreuzten Arme sowie Krummstab und Geißel zeigen an, dass es sich um einen Totentempel handelt.

★ Kopf der Kolossalstatue des Ramses
Die Trümmer von Kopf und Schultern des Ramses-Kolosses liegen im zweiten Hof verstreut. Ein Bild dieser Ansicht inspirierte Percy Bysshe Shelley zu seinem berühmten Gedicht Ozymandias.

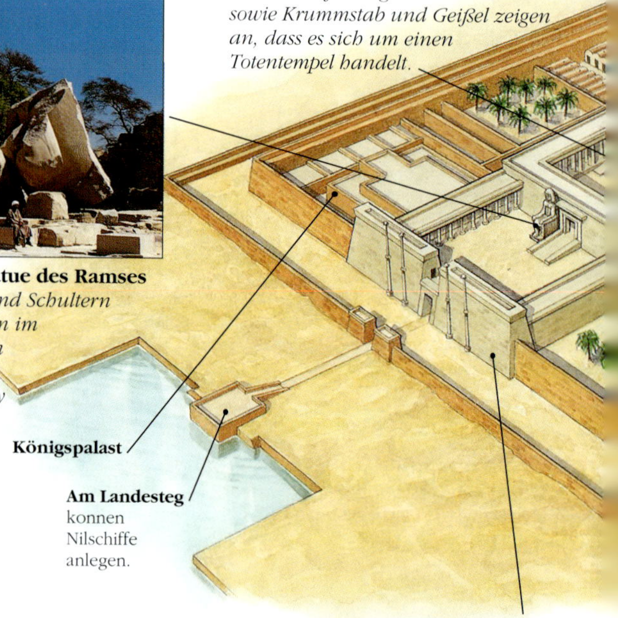

DAS RAMESSEUM (REKONSTRUKTION)
Das Modell zeigt das Ramesseum, wie es um 1250 v. Chr. aussah. Die Schäden durch Erdbeben und die alljährlichen Überschwemmungen hinterließen allerdings nur noch ein Ruinenfeld.

NICHT VERSÄUMEN

★ Osiris-Pfeiler

★ Kopf der Kolossalstatue des Ramses

Erster Pylon
Der imposante erste Pylon trug Darstellungen von Ramses in der Schlacht. Ein Erdbeben zerstörte den Pylon stark; der Durchgang zum ersten Hof wurde 1976 mit Beton befestigt.

Großer Säulensaal
Die Decke des Saals wurde von Säulen getragen. Die farblich gut erhaltenen Kapitelle zeigen Papyrus- und Lotuspflanzen – Symbole für die Vereinigung Ägyptens.

INFOBOX

1 km nordöstlich des Ticket-Kiosks am Westufer. *oder zu Fuß von anderen Sehenswürdigkeiten.* *tägl. 7–17 Uhr.*

Vorhallen führten zum Heiligtum.

Vorratsräume aus Lehmziegeln
Der Tempel war von vielen Ziegelgewölben umgeben, die als Vorratskammern und Werkstätten dienten.

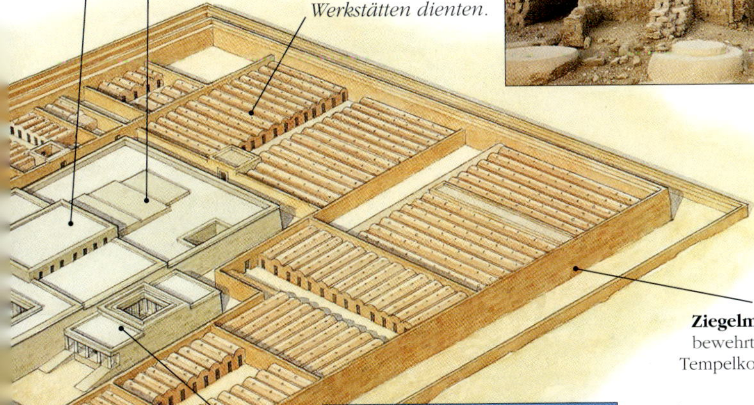

Hohe Ziegelmauern bewehrten den Tempelkomplex.

Fundamente des Tempels der Tuya
Ein kleiner Tempel, Ramses' Mutter Tuya und seiner Gemahlin Nefertari geweiht, schloss sich nördlich an den großen Säulensaal an.

DIE SCHLACHT VON KADESCH

Ramses II. präsentierte sich gerne als todesmutiger, kriegerischer Pharao. Um 1275 v. Chr. führte er die ägyptischen Truppen in die Schlacht gegen die Hethiter bei Kadesch, einer wichtigen Handelsstadt in Syrien. Obwohl die Kämpfe unentschieden endeten, ließ er die Schlacht verherrlichen – so auch auf vielen Wänden im Ramesseum. Man sieht Ramses, wie er fliehende Hethiter mit Pfeilen beschießt oder in traditioneller Pose einem Feind den tödlichen Schlag versetzt.

Relief auf der Innenseite des zweiten Pylons: erschlagener Hethiter in der Schlacht von Kadesch

Weitere Sehenswürdigkeiten in Theben

ZWISCHEN DEN WADIS und Hügeln des Westufers liegen noch einige historische Stätten verstreut, deren Besuch durchaus lohnt. Zugunsten bekannterer thebanischer Monumente werden diese Stätten allerdings häufig unterschätzt und links liegen gelassen. Dabei kann man insbesondere bei Medinat Habu sehr gut erhaltene Tempelbauten besichtigen. Die Reliefs der Gräber von Deir al-Medina gewähren einen seltenen Einblick in den Alltag der einfachen Menschen im antiken Ägpten.

Die Respekt einflößenden Memnon-Kolosse in der Ebene am Westufer

Kolosse des Memnon

1 km östlich des Ticket-Kiosks am Westufer.

Die beiden Sitzfiguren von Amenhotep III., die 18 Meter hoch in den Himmel ragen, werden als Wahrzeichen des Westufers von den meisten Besuchern zuerst angesteuert. Einst bewachten die Giganten Amenhoteps Totentempel, der der größte Tempel in ganz Ägypten gewesen sein soll. Spätere Pharaonen zogen den Tempel als Steinbruch heran, und im Lauf der Zeit wurden die Überreste von den jährlichen Überschwenmmungen zerstört. Die letzten Zeugen der einstigen Größe sind zwei gesichtslose Kolossalstatuen – trotz den Spuren der Zeit ein eindrucksvoller Anblick.

Schon in der römischen Kaiserzeit wurde die nördliche Statue zu einer beliebten Attraktion, da man sie bei Sonnenaufgang »singen« hören konnte. Zu den prominenten Besuchern zählte der römische Kaiser Hadrian, außerdem werden die Kolosse von antiken Chronisten wie Strabo und Pliny erwähnt. Die Griechen glaubten, der Klang komme von der berühmten Säule des Memnon, der seine Mutter Eos, Göttin der Morgenröte, morgens mit einem Klageton begrüßte. In Wahrheit wurde die Statue 27 v. Chr. durch ein Erdbeben beschädigt, ihre Musikalität hatte vermutlich, bedingt durch die Hohlräume im Stein, eine rein physikalische Ursache.

Medinat Habu

Westlich des Ticket-Kiosks am Westufer. *tägl.*

Mit ihrer Größe kommt die wunderschöne Tempelanlage von Medinat Habu gleich nach Karnak, sie gehört aber zu den weniger besuchten Stätten. Der Komplex wird von dem großen Totentempel von Ramses III. geprägt – ein Nachbau des Totentempels von Ramses II. im Ramesseum *(siehe S. 196f)*. Während Invasionen in der Zeit der 20. Dynastie suchte die thebanische Bevölkerung Zuflucht innerhalb der mit massiven Mauern bewehrten Anlage.

Pylonen und Wände des Tempels sind mit ausführlichen Darstellungen der ruhmreichen Kriegstaten von Ramses III. versehen. Im zweiten Hof sieht man Reliefs von religiösen Festen, die farblich ausgezeichnet erhalten sind. Dies ist zum Teil den frühen Christen zu verdanken, welche die Anlage in eine Kirche verwandelten und die anstößigen Wandbilder sorgfältig übertünchten. Westlich des ersten Hofs liegen die Überreste des Königspalastes. Innerhalb der Mauern befindet sich auch der Tempel des Amun, unter Hatschepsut errichtet.

Deir al-Medina

1 km nordwestlich des Ticket-Kiosks am Westufer. *tägl.* *(Extra-Eintrittskarte für das Grab des Peschedu).*

Die Künstler, Handwerker, Diener, Sklaven und Arbeiter der Königsgräber lebten südlich des Tals der Königinnen

Bemaltes Relief aus dem ptolemäischen Tempel in Deir al-Medina

Sennedjem und Gattin huldigen den Göttern der Unterwelt in seinem Grab in Deir al-Medina

im Dorf Deir al-Medina, auch bekannt als »Stadt der Arbeiter«. In der nahe gelegenen Nekropole wurden sie bestattet – in erstaunlich reich ausgeschmückten Gräbern, die von einer kleinen Pyramide gekrönt waren. Eines der am besten erhaltenen Gräber ist das **Grab des Sennedjem (Nr. 1)**, eines Sklaven zur Zeit der 19. Dynastie. Die ockergelben Wände des 1886 entdeckten Grabs sind ausgezeichnet erhalten, sie zeigen Sennedjem und seine Frau, Iyneferti, die verschiedenen Göttern huldigen und in der Unterwelt pflügen. Nebenan liegt das **Grab des Inherkhau (Nr. 359)**, »Verwalter der Zwei Länder«, welches über ähnlich detaillierte Wandmalereien verfügt, etwa die Katze von Heliopolis, die unter dem Heiligen Baum die Schlange Apophis tötet. Aufgrund der Enge der Gräber werden nur kleine Besuchergruppen eingelassen. Das erst kürzlich geöffnete **Grab des Peschedu (Nr. 3)**, Sklave in der Ramessidenzeit, ist für die Darstellung des Verstorbenen unter einer Palme am Fluss berühmt.

Im Norden des Dorfes liegt ein kleiner ptolemäischer Tempel, den Göttinnen Hathor und Maat geweiht. In der koptischen Ära wurde der Tempel in ein Kloster umgewandelt, daher der heutige Name der Stätte: Deir al-Medina (»Klosterstadt«).

Tempel von Sethos I.

3 km östlich des Ticket-Kiosks am Westufer.

tägl.

Abseits der Touristenpfade liegt der Grabtempel des Sethos I. aus der 19. Dynastie. Der nördlichste aller thebanischen Tempel, dem Amun geweiht, war dem Kult des Vaters von Sethos, Ramses I., zugedacht. Nach Sethos' Tod vervollständigte sein Sohn Ramses II. die Tempelanlage. Von den Pylonen und Innenhöfen ist kaum etwas erhalten geblieben, aber die Säle und Vorkammern des Haupttempels aus Sandstein sind in ausgezeichnetem Zustand. Zu den Darstellungen zählen auch Sethos und Ramses II. beim Opferritus vor Amun. Die Decke ist teilweise erhalten und mit Geiern und der geflügelten Sonnenscheibe verziert. Die Anlage wird derzeit vom Deutschen Archäologischen Institut restauriert.

Howard Carters Haus

3 km östlich des Ticket-Kiosks am Westufer.

Der britische Archäologe Howard Carter, berühmt durch die Entdeckung des Tutanchamun-Grabes im Jahr 1922 *(siehe S. 20f)*, lebte viele Jahre lang in diesem Haus im kargen Hügelland nördlich des Tempels von Sethos I. Prinz Charles hegt den Plan, das Haus in ein Museum umzugestalten, in dem Carters persönliche Gegenstände und Dokumente seiner Entdeckungen ausgestellt werden sollen.

Die Dörfer von Gurna

Alt-Gurna wurde teilweise auf den Gräbern der Edlen *(siehe S. 191)* erbaut. Die hellen Ziegelfassaden des Dorfes sind üppig verziert mit Darstellungen der Pilgerreise nach Mekka. Alt-Kurna galt als Gefährdung für die antiken Gräber, und so errichtete man um 1940 Neu-Gurna und siedelte die Bewohner um. Nach Plänen des Architekten Hassan Fathy wurde Neu-Gurna in der kuppelförmigen Lehmziegelbauweise des nubischen Baustils erbaut. Auch der Gebrauch traditioneller Baumaterialien konnte die Einwohner Alt-Gurnas nicht locken – sie wurden mit Geld überzeugt. Heute ist außer der Moschee von Neu-Gurna nur wenig intakt. Die Regierung plant eine erneute Umsiedelung der Bewohner, diesmal in die moderne Reißbrettsiedlung Taref.

Der Kuppelbau des Archäologen Howard Carter

Neu-Gurna

2 km südöstlich des Ticket-Kiosks am Westufer.

Alt-Gurna

1 km nordöstlich des Ticket-Kiosks am Westufer.

Teil des Dorfes Alt-Gurna am Fuß der thebanischen Berge

Detail der astronomischen Decke im Chnum-Tempel in Esna

Esna ⑩

Provinz Qena, 54 km südlich von Luxor. 55 000. *Strecke Luxor–Assuan.*

DIE VERSCHLAFENE ländliche Kleinstadt Esna liegt am Westufer des Nils, südlich des 1906 erbauten Damms über den Fluss. Die Griechen nannten die Stadt Latopolis nach dem hier als heilig verehrten Nilbarsch (griech. *lates*). Heute ist Esna vor allem wegen des **Tempels des Chnum** bekannt.

Dieser griechisch-römische Bau wurde einem weitaus früheren Tempel nachempfunden, der hier seit Thutmosis III., Pharao der 18. Dynastie *(siehe S. 49)*, stand. Beide Tempel waren dem widderköpfigen Gott Chnum geweiht, der – einem ägyptischen Mythos zufolge – mit einer Töpferscheibe aus Nilschlamm Menschen formte.

Im Laufe der Zeit wurde der alte Tempelbau durch Nilüberschwemmungen unter Schlick begraben und die heutige Stadt Esna hier errichtet. Schon 1862 begann man mit Ausgrabungsarbeiten, legte jedoch zunächst nur die römische Säulenhalle frei, die unter dem römischen Kaiser Claudius (41–54 n. Chr.) erbaut worden war. Heute befindet sich diese Halle inmitten einer ausgedehnten Fundstätte im Zentrum der Stadt, etwa zehn Meter unter dem Straßenniveau. Das außergewöhnlich gut erhaltene Dach des Tempels liegt auf gleicher Höhe mit den Fundamenten der ihn umgebenden Häuser.

Die Fassade der Halle trägt ägyptische Namenskartuschen der römischen Kaiser Claudius, Vespasian (69–79 n. Chr.) und Titus (79–81 n. Chr.). Der letzte erwähnte Kaiser ist Decius, der erst 249 n. Chr. starb. Die Decke wird von 24 Säulen getragen, die mit Hieroglyphen versehen sind. Sie beschreiben die heiligen Feste von Esna und tragen Lobpreisungen des Gottes Chnum. Die Farben an der Decke sind verblasst, doch lassen sich die Tierkreiszeichen klar ausmachen.

Tempel des Chnum
tägl.

Edfu ⑪

Provinz Assuan, 115 km südlich von Luxor, 104 km nördlich von Assuan. 56 000. *Strecke Luxor–Assuan.*

EDFU LIEGT auf halbem Weg zwischen Luxor und Assuan am Ostufer des Nils. Das Städtchen war den Ägyptern einst ein heiliger Ort – eine Legende besagt, der falkenköpfige Gott Horus habe hier einen tödlichen Zweikampf mit seinem Onkel Sethos geführt, dem brutalen Mörder seines Vaters Osiris *(siehe S. 26)*.

Granitstatue des Falkengottes Horus

Der **Horus-Tempel** von Edfu, beinahe 2000 Jahre unter Sand und Geröll begraben, zählte zu den größten ptolemäischen Tempeln Ägyptens. Mit dem Bau begann Ptolemäus III. Euergetes 237 v. Chr., der Haupttempel konnte jedoch erst nach 25 Jahren fertig gestellt werden. Weitere Arbeiten erstreckten sich bis zur Zeit von Ptolemäus XII. Neos Dionysus (80–51 v. Chr.). Trotz der eindeutig griechisch-ptolemäischen Bauweise ist der Horus-Tempel für Ägyptologen von besonderem Interesse, da er eine deutlich ältere pharaonische Bauweise wieder aufnimmt. Der imposante, 36 Meter hohe erste Pylon ist mit typischen pharaonischen Darstellungen bedeckt. Sie zeigen Ptolemäus XII. im Kampf gegen Feinde, beobachtet von Horus und Hathor. Zwei schwarze Granitstatuen des Horus flankieren den Eingang, der zu einem großen Kolonnadenhof und zum Säulensaal führt. Dahinter befindet sich eine zweite, kleinere Säulenhalle mit Seitengemächern, die zur Aufbewahrung von Kultgegenständen dienten. Eine Treppe führt vom Opferhof hinauf auf das Tempeldach – von hier oben bietet sich auch heute noch ein wunderschöner Blick über die Landschaft und den Nil.

Pylon des Horus-Tempels in Edfu mit Reliefen, die Ptolemäus XII. zeigen

Die reichen Wandreliefs des Treppenaufgangs beschreiben das Neujahrsfest, ein Ritual, das in allen Tempeln Ägyptens zelebriert wurde. Priester trugen die Statue des Tempelgottes auf das Dach, so dass die Figur von der Sonne »erneuert« werden konnte. Jenseits der Opferhalle liegt ein Horus-Schrein aus schwarzem Granit. Mehrere Kapellen mit Wandreliefs umgeben dieses »Allerheiligste«.

Südwestlich des Tempels sind die Überreste des Geburtshauses des Horus zu sehen. Priester zelebrierten hier den Ritus der Geburt von Horus und dessen menschliche Inkarnation als regierender Pharao.

Horus-Tempel
tägl.

Wandrelief des Krokodilgottes Sobek im Tempel von Kom Ombo

Tempel von Kom Ombo ⓬

40 km nördlich von Assuan.
Strecke Assuan–Luxor.
tägl.

UMGEBEN VON Zuckerrohr- und Maisfeldern ist Kom Ombo eine hübsche südägyptische Stadt, heute die Heimat vieler Nubier, die wegen der Anlage des Nasser-Stausees *(siehe S. 206)* hier neu angesiedelt wurden. Die Ruinen des imposanten griechisch-römischen Tempels ragen an einer besonders schönen Stelle am Nilufer auf. Das Tempelgebäude ist völlig symmetrisch und verfügt über zwei Eingänge, zwei Hallen und zwei Heiligtümer. Diese ungewöhnliche Struktur gründet sich auf die Tatsache, dass in Ombu zwei Gottheiten verehrt wurden – die linke Hälfte des Tempels gehört dem Falkengott Haroeris (Horus, der Ältere), die rechte Seite Sobek, dem Krokodilgott.

Ptolemäus VI. Philometer begann im 2. Jahrhundert v. Chr. mit dem Bau, fertig gestellt wurde die Tempelanlage durch Ptolemäus XII. Neos Dionysus im 1. Jahrhundert v. Chr. Um 30 v. Chr. kam der Pylon am Eingang vom römischen Kaiser Augustus dazu. Vom Vorhof führen zwei Türen in den Säulensaal, der links Darstellungen von Haroeris, rechts von Sobek aufweist. Die Säulen sind mit Lotusblumen (Oberägypten) und Papyrus (Nildelta) geschmückt. Die Kapelle der Hathor, genau südlich des Tempels, beherbergt Krokodilmumien aus der nahe gelegenen Mumienkammer des Krokodilgottes Sobek.

Postkarte mit Beduinen und Kamelen – beide Bewohner der Wüste

WÜSTENSCHIFFE

Camelus dromedarius, das einhöckerige arabische Kamel, ist seit Jahrtausenden Teil des ägyptischen Lebens. In erster Linie dient es als Lasttier, wird aber auch als Lieferant von Milch, Fleisch und Wolle geschätzt. Entgegen dem Gerücht, der Kamelhöcker sei ein Wasserspeicher, enthält er Fett, was es dem Tier ermöglicht, bis zu einer Woche ohne Nahrungsaufnahme auszukommen. Kamele sind für das Leben in der Wüste bestens ausgestattet: Ein durchsichtiges Augenlid erlaubt es ihnen, auch in Sandstürmen zu sehen, die Nasenlöcher schließen sich zwischen zwei Atemzügen, ein Körperthermostat minimiert unnötigen Feuchtigkeitsverlust. Kamele gehen im Passgang, was zu einem schwankenden Gang führt, daher der Name »Wüstenschiffe«.

Daraw ⓭

8 km südlich von Kom Ombo.
31 000. *von Kom Ombo.*
Di.

EIN BESUCH von Kom Ombo wird häufig mit einem Abstecher ins nahe gelegene Dorf Daraw verbunden, denn dienstags wird hier der Kamelmarkt abgehalten, bei dem Hunderte von Tieren den Besitzer wechseln. Die meisten Tiere werden vom Sudan in einer monatelangen Reise entlang der »40-Tage-Route« (einee früheren Sklavenroute) überführt. Der Markt ist chaotisch, farbenprächtig und sehr laut. Die Händler kommen aus Kairo, sie kaufen hier, um die Tiere auf dem Birqash-Kamelmarkt weiterzuverkaufen.

Der Kamelmarkt von Daraw – jeden Dienstag lautstark und voller Leben

Assuan ⑭

Widder-Relief aus dem Tempel des Chnum

Nördlich des ersten großen Nil-Katarakts liegt Assuan, die südlichste Großstadt Ägyptens. Schon zu Zeiten der Pharaonen war Assuan wichtige Grenzbefestigung, von der aus Ziele in Nubien (dem heutigen Sudan) angegriffen wurden, später Schnittpunkt alter Handelsstraßen zwischen Afrika, Asien und Indien. Vor allem der Sklavenhandel brachte viel Geld in die Stadt. Assuan liegt an einem der schönsten Abschnitte des Nils: Die Wüste grenzt direkt an das Flussufer, die kleinen Inseln im Strom wirken wie grüne Punkte auf einem blauen Tuch. Die Bevölkerung ist mehrheitlich nubischer Abstammung, was dem Ort ein fast afrikanisches Gepräge verleiht.

Das imposante Hotel Old Cataract oberhalb des ersten Nil-Katarakts

Hotel Old Cataract

Corniche el-Nil. ☎ *(097) 316 000.*

Die Krimiautorin Agatha Christie schrieb den größten Teil ihres Bestsellers *Tod auf dem Nil* in diesem alten Kolonialhotel, das 1899 im maurischen Stil erbaut wurde. Die Nobelherberge liegt inmitten einer gepflegten Gartenanlage, von der Terrasse und den Zimmern in den oberen Stockwerken hat man einen weiten Blick über den Nil und Elephantine Island. Die Gästeliste ist ellenlang und entsprechend hochkarätig. Der Nachmittagstee auf der Veranda ist eine feste Institution, abends kann man hier romantischste Sonnenuntergänge genießen.

Nubisches Museum

An der Straße zum Assuan-Staudamm, 1 km südlich von Assuan. ☎ *(097) 319 111.* ◯ *tägl. 9–13, 17–21 Uhr (Sommer 18–22 Uhr); Ramadan 9–15 Uhr.*

Das schön angelegte Nubische Museum zeigt die Geschichte einer Region und eines oft unterschätzten Kulturvolks zwischen Assuan und Khartum (Sudan). Historische Relikte und traditionelles Kunsthandwerk von prähistorischen Siedlungen bis zur Gegenwart werden kompetent präsentiert, ebenso eine Dokumentation der UNESCO über die Umsetzung nubischer Tempel *(siehe S. 206)*. Im Garten wurden eine prähistorische Höhle und ein nubisches Rundhaus nachgebaut.

Unvollendeter Obelisk

1,5 km südlich von Assuan neben dem Fatimidischen Friedhof.

◯ *tägl.*

In einem Granitsteinbruch nahe Assuan liegt ein unvollendeter gigantischer Obelisk aus der Zeit des Neuen Reichs. Wäre er fertig geworden, hätte er rund 17 Tonnen gewogen und wäre 41 Meter in die Höhe geragt. Drei Seiten waren schon aus dem Fels herausgearbeitet, dann wurde ein Riss im Stein erkennbar, und das Projekt musste aufgegeben werden. Auf dem fatimidischen Friedhof daneben wurden mehr als zweihundert islamische Gräber mameluckischer Offiziere aus dem 8. bis 12. Jahrhundert freigelegt.

Souk

Sharia as-Souq. ◯ *tägl.*

Von der bestickten *galabija* bis hin zu Gewürzen, lebenden Hühnern und frischem Obst – der Souk ist ein Fest für die Sinne. Die kleinen Seitengassen und Werkstätten sind immer gut besucht, auf den offenen Plätzen bieten die Bauern der Umgebung Obst und Gemüse an. Der chaotisch wirkende Basar verläuft parallel zur Corniche el-Nil und wird, je weiter man sich von der Hauptstraße entfernt, immer authentischer. Eines der kleinen Cafés an der Sharia as-Souq sollte man auf jeden Fall besuchen.

Auf der Sharia as-Souq, der Hauptstraße des Basars von Assuan

◁ **Relief mit der Darstellung der Reise zum Land des Punt, Hatschepsut-Tempel in Deir al-Bahri**

Nubisches Dorf an den Ufern von Elephantine Island

Elephantine Island

Assuan.

Die Insel ist der am längsten besiedelte Teil von Assuan. Zu Zeiten der Pharaonen hieß sie Yebu (Elefant), und es ist bis heute nicht geklärt, ob wegen der Granitblöcke an der Südspitze, die wie badende Elefanten aussehen, oder wegen des früher hier stattfindenden Elfenbeinhandels.

Damals war auf Elephantine Island die Kultstätte des widderköpfigen Gottes Chnum, Erschaffer der Menschen und Herr des Nils. Die Überreste des **Chnum-Tempels** aus dem 4. Jahrhundert v. Chr. liegen an der Südspitze der Insel. Das eindrucksvolle Tor aus dem 1. Jahrhundert v. Chr. ist mit einem Fries des Pharao Ptolemäus XI. geschmückt, der Chnum opfert. Nördlich des Tors ist die griechisch-römische **Totenstadt der Heiligen Widder** zu finden, weiter östlich der von Hatschepsut errichtete **Tempel der Satet**. Die Anlage wird zurzeit von einem Heidelberger Archäologenteam vermessen.

Im Zentrum der Insel gibt es drei nubische Dörfer, die mit ihren leuchtenden Farben klar auszumachen sind.

Nilometer

Elephantine Island.

tägl.

Die steilen Treppen des Nilometers aus der Pharaonenzeit führen bis zur Wasseroberfläche des Nils. Die Markierungen an den Wänden zeigten den Wasserstand an, wodurch Voraussagen für die Ernte des kommenden Jahres möglich wurden. Das Nilometer wurde nach seiner Entdeckung 1822 für kurze Zeit wieder in Betrieb genommen.

Wasserstände am Nilometer

INFOBOX

Provinz von Assuan, 215 km südlich von Luxor und 900 km südlich von Kairo.

220 000. 25 km südwestlich von Assuan.

Bahnhof (097) 312 811; Souk (097) 303 297.

tägl.

Museum von Assuan

Elephantine Island. *tägl.*

Das Museum liegt inmitten schöner subtropischer Gärten am Südende von Elephantine Island. Ausgestellt werden einige gut gekennzeichnete Artefakte aus der Umgebung von Assuan und von Elephantine Island. Die Objekte stammen sowohl aus prähistorischer als auch aus griechisch-römischer Zeit. In einem Nebengebäude sind die allerneuesten Funde zu sehen, beispielsweise Schmuck aus dem Tempel der Satet und ein Heiratsvertrag aus der Zeit um 350 v. Chr.

Üppige Gärten mit Palmen aus aller Welt auf der Nilinsel Kitchener's Island bei Assuan

Kitchener's Island

Assuan. tägl.

Westlich von Elephantine Island ist einer der schönsten und schattigsten Plätze von Assuan. Die üppigen Botanischen Gärten von Kitchener's Island laden zum Spaziergang oder zur Siesta.

Die Insel wurde im Jahr 1892 dem englischen General Horatio Kitchener zum Geschenk gemacht. Seine Truppen hatten die nubischen Aufstände im Sudan niedergeschlagen. Einige Jahre später musste er dafür während der islamischen Erhebung unter der Führung des berüchtigten Mhadi in Khartum mit seinem Leben bezahlen. Kitchener liebte exotische Pflanzen, deshalb ließ er seine Insel mit Gewächsen aus aller Welt bepflanzen. Die Kronen der Sykomoren, Kokospalmen und Dattelpalmen sind das Reich einer bunten Vogelwelt. Besonders am Abend ist die Luft erfüllt vom Gezwitscher einer Vielzahl unterschiedlicher Vogelarten.

Mausoleum des Aga Khan

Am Westufer des Nils, auf dem Weg zum Kloster St Simeon. *der Öffentlichkeit nicht zugänglich.*

Auf einem Hügel oberhalb des westlichen Nilufers steht das Mausoleum des Aga Khan. Das Oberhaupt der ismailischen Schiiten, Aga Khan III. (1877–1957), verbrachte jeden Winter in Assuan. Nach seinem Tod im Jahr 1957 ließ seine Witwe, die Begum, hier ein Mausoleum für ihren verstorbenen Mann errichten.

Der Kuppelbau aus Sandstein sieht wie ein Grabmal aus der Zeit der Fatimiden *(siehe S. 102)* aus. In seinem Inneren befindet sich ein marmorner Schrein und der Sarkophag des Aga Khan. Bis zu ihrem Tod im Jahr 2000 verbrachte die Begum einige Zeit des Jahres in Assuan. Jeden Tag soll sie das Mausoleum besucht und eine rote Rose auf den Sarkophag ihres verstorbenen Mannes gelegt haben.

Das Mausoleum des Aga Khan gegenüber von Assuan

Der Nassersee, eine blaue Fläche inmitten der Wüste

Nassersee

Der Assuan-Stausee verdankt seine Entstehung dem Bau des Staudammes von Assuan. Der See ist mit 480 Kilometern Länge und einer Tiefe bis zu 180 Metern der größte künstliche See der Welt und reicht von Assuan bis Abu Simbel. Etwa 800 000 nubische Bewohner dieser Region wurden umgesiedelt, viele davon nach Assuan oder Wadi Halfa. Die UNESCO ließ 29 Tempel aus pharaonischer Zeit abbauen und oberhalb des Wasserspiegels des Stausees wieder zusammensetzen *(siehe S. 21)*.

Wälle der wehrhaften Klosteranlage St. Simeon bei Assuan

Kloster St. Simeon

Westufer. ab dort per Kamel oder zu Fuß. tägl.

Das Kloster St. Simeon am Westufer des Nils wurde im 7. Jahrhundert n. Chr. erbaut. Bis zu seiner Aufgabe nach einem Angriff durch die Truppen des Saladin (12. Jh.) war das Wehrkloster von rund 300 Mönchen bewohnt. Die Gebäude sind zwar nicht mehr intakt, doch die mächtigen Wälle belegen den einstigen Festungscharakter der Anlage. Die Grundmauern des Komplexes mit Klosterkirche, Wohnräumen, Ställen und Werkstätten bestanden aus Granitsteinen, die Obergeschosse waren aus Lehmziegeln erbaut. In der Basilika sind noch Heiligenfresken zu sehen, deren Gesichtszüge von muslimischen Angreifern herausgekratzt wurden. Bei Sonnenuntergang hat man von hier einen fantastischen Blick über die rotgoldenen Wellen des Sandmeers.

Der Nil wird gebändigt

Der Staudamm von Assuan sollte den Abfluss des Nils regulieren und gleichzeitig als Energielieferant dienen. Bald erwies sich der Damm als zu niedrig für die Wassermassen. Präsident Nasser gründete 1958 ein internationales Konsortium, das 1960–71 den neuen Hochdamm errichtete. Der dadurch entstandene Nassersee dient als Wasserreservoir für die Landwirtschaft. Die aus Wasserkraft gewonnene Energiemenge wurde ab 1972 deutlich gesteigert. Gleichzeitig brachte der Damm gravierende Umweltprobleme mit sich. Der ansteigende Wasserspiegel machte die aufwändige Versetzung zahlreicher antiker Monumente erforderlich.

Der Assuan-Staudamm, von den Briten erbaut

Felsengräber

Qubbet al-Hawwa, Westufer.

tägl.

Die Hügel am Westufer des Nils sind mit Felsengräbern übersät. Die Gräber der Edlen aus dem Alten und Mittleren Reich wurden mit Szenen aus dem Alltag jener Zeiten dekoriert. Das größte und am besten erhaltene Grab ist das von Sarenput II. (Nr. 31), dem Statthalter der 12. Dynastie im südlichen Ägypten. Die Grabkammer ist mit Abbildungen des Prinzen und seines Sohnes bei der Jagd geschmückt. Die Grabkammer von Mekhu (Nr. 25), einem Wesir der 6. Dynastie, und die seines Sohnes Sabni (Nr. 26) wurden mit weniger kostbaren Reliefs ausgemalt. Die Grabkammer von Sarenput I. (Nr. 36), dem königlichen Oberbefehlshaber der Südarmee, zeigt den Prinzen im Kreise seiner Familie, umgeben von seinen Kampf- und Jagdhunden. Nachts wird das Gräberfeld in den Klippen über dem Nil angestrahlt und verbreitet einen fast magischen Zauber, den man noch in Assuan spürt.

Die Felsengräber in den Klippen des Westufers des Nils nahe Assuan

Assuan-Staudamm

11 km südlich von Assuan.

Der erste Staudamm am Nil wurde von 1898 bis 1902 von britischen Ingenieuren errichtet. Der damals größte Staudamm der Welt wurde zweimal erhöht, um die Fluten des Nils vollständig aufstauen zu können. Die Straßen nach Abu Simbel und zum Flughafen führen über die Dammkrone und bieten einen atemberaubenden Blick über das Niltal. Leider ist Fotografieren hier strengstens verboten.

Hochdamm

6 km südlich des Assuan-Staudamms.

Die Maße des 1960–71 gebauten Hochdamms sind beeindruckend: 111 Meter hoch, 3830 Meter lang, an der Basis 980 Meter breit. Am östlichen Ende steht ein Pavillon mit einer Dokumentation zu den Bauarbeiten. Am westlichen Ende der Straße steht ein lotusförmiger Turm, der an die finanzielle und logistische Unterstützung der Sowjetunion beim Bau erinnert.

Die Tempel von Kalabscha am Ufer des Nassersees unweit des Hochdamms von Assuan

Tempel von Philae ⓯

Insel Agilkia, südlich von Assuan. *von Assuan nach Shellal.* *von Assuan.* *tägl.* **Light- und Sound-Show** *Winter 18, 19.30, 21 Uhr; Sommer 20.30, 22, 23 Uhr.*

Die Nilinsel Philae war die wichtigste Kultstätte der Isis. Bis ins 2. Jahrhundert n. Chr. besuchten viele Pilger das berühmte Heiligtum. Isis wachte über die mythische Insel Bigga, auf der ihr Ehemann Osiris begraben sein soll.

Löwe im Tempel der Isis, Philae

Nach dem Bau des Assuan-Staudamms (1898–1902) versanken viele Tempel im Fluss, Besucher fuhren mit Ruderbooten auf den Nil hinaus und begutachteten die versunkenen Tempel. Durch die Errichtung des Hochdamms (1960–71) mussten 29 Tempel in einem UNESCO-Projekt (1972–80) auf die Insel Agilkia umgesetzt werden.

Besucher von Philae werden am Südende der Insel abgesetzt und stehen damit direkt vor dem **Kiosk von Nektanebo II.**, der im 4. Jahrhundert v. Chr. errichtet wurde. Ein gewaltiger Säulengang führt bis zum Heiligtum der Isis, dem Hauptgebäude der Tempelanlage. Der grandiose **Isis-Tempel** wurde in der ptolemäischen Periode erbaut und in römischer Zeit erweitert. Vor allem der östliche Säulengang zeigt den griechisch-römischen Baustil, der eine harmonische Einheit zu der ägyptischen Außenfassade bildet. Ptolemäus XII. Neos Dionysus ließ den ersten Pylon errichten. Die Friese zeigen, wie der Pharao unter den Augen von Isis, Horus und Hathor seine Feinde niedermetzelt. Das Geburtshaus, von Ptolemäus VI. erbaut, ist dem Gott Horus gewidmet. Westlich des Tempels steht das **Hadrianstor**, in dessen Steinquader am 24. August 394 die letzten ägyptischen Hieroglyphen eingemeißelt wurden. Am Ostufer der Insel steht der **Tempel der Hathor**, der mit schönen Reliefs verziert ist. Südwestlich davon erhebt sich am Nilufer der so genannte **Trajanskiosk**. Schmuckszenen zeigen den römischen Kaiser Trajan bei der Opferung an Osiris und Isis. Im nördlichen Teil der Insel befinden sich **Ruinen des Augustus-Tempels** und des **Deokletian-Tors**.

Tempel von Kalabscha ⓰

Westlich des Hochdamms. *von Assuan.* *tägl.*

Der Tempel von Kalabscha wurde unter dem römischen Kaiser Augustus in der Zeit um Christi Geburt errichtet. An derselben Stelle befanden sich einst Tempelbauten von Amenophis II. und Ptolemäus IX. Der Tempel war dem Fruchtbarkeitsgott Marul geweiht. 1970 wurde die Anlage in einer von Deutschland finanzierten Rettungsaktion abgebaut und 50 Kilometer weiter nördlich wieder zusammengesetzt. Jetzt steht er an den Ufern des Nassersees. Die unterschiedlichen Wasserstände lassen vorübergehend Inseln entstehen.

Vom Ufer des Sees führt ein hoher Säulengang zum vorderen Tor, hinter dem sich ein Innenhof mit Kolonnaden öffnet. Die offene Vorhalle ist wegen der reichen Pflanzen-

Der westliche Säulengang führt zum Tempel der Isis in Philae

kapitelle der Säulen des Tempelumgangs besonders zu beachten. Die kunstvollen Reliefs zeigen Amenophis in einem Opferungsritus an die Gottheit Marul.

Umgebung: Nördlich des Kalabscha-Tempels steht der **Kertassi-Kiosk**. Zwei Säulen mit Hathor-Kapitellen bilden den Eingang. Der **Tempel des Beit al-Wali** daneben entstand während der Regierungszeit von Ramses II. Die Wände sind mit großflächigen Szenen verziert, in denen Ramses II. vor allem gegen die Nubier kämpft.

Allee der Sphingen vor dem Tempel von Wadi as-Sebua

Tempel von Wadi as-Sebua ⑰

140 km südlich des Hochdamms.
von Assuan. tägl.

Auf einer Allee von Sphingen kommt man zum Haupttempel, der von Ramses II. für die vergöttlichten Pharaonen Amun-Re und Re-Harachte erbaut wurde. Den Eingang bildet ein zwanzig Meter hoher Steinpylon, vor dem einst vier Ramses-Statuen waren. Nur die linke Statue steht noch aufrecht und hält einen Stab mit Widderkopf, Symbol von Amun-Re. Der Kultraum wurde im 3. Jahrhundert in eine koptische Kirche umgewandelt.

Umgebung: Nördlich steht der **Tempel von Dakka**, der vom äthiopischen König Arkamani um 300 v.Chr. begonnen wurde. Dem Gott Thot geweiht stand der Tempel ursprünglich 40 Kilometer weiter nördlich. Das Eingangstor ist mit demotischen und meroitischen Schriftzeichen versehen. Der kleine **Tempel von Maharraka** stammt aus römischer Zeit. Die Säulenhalle mit Kapitell-Reliefs ist der am besten erhaltene Teil.

Ein gut erhaltenes Relief am Grabmal des nubischen Gesandten Pennout nahe Amada

Tempel von Amada ⑱

185 km südlich des Hochdamms.
von Assuan. tägl.

Der Amun-Re und Re-Harachte geweihte Tempel von Amada wurde von Thutmosis III. und Amenophis II. errichtet. Thutmosis IV. erweiterte den Bau um einen Innenhof mit Säulenumgang. Es ist der älteste nubische Tempel dieses Gebiets. Die gut erhaltenen Reliefs, vor allem auf der Rückwand des Kultraums, gehören zu den schönsten Verzierungen der nubischen Periode. Die Szene ist auch hier eindeutig: Der siegreiche Pharao tötet syrische Kriegsgefangene.

Umgebung: In der Nähe des Tempels von Amada steht der **Tempel von Derr**. Von Ramses II. errichtet wurde der Bau im 9. Jahrhundert in eine Kirche umgewandelt. Der baufällige Tempel enthält in der zweiten Säulenhalle viele farbige Reliefs. Das **Grabmal des Pennout**, eines Botschafters des nubischen Königs am Hof von Ramses VI., lag einstmals 40 Kilometer weiter südlich und war Teil einer Nekropole im Tal von Aniba. Der Steinsarkophag trägt Reliefs von Pennout und seinen Angehörigen.

Qasr Ibrim ⑲

60 km nördlich von Abu Simbel.
tägl.

Die Überreste von Qasr Ibrim mussten nicht versetzt werden, denn das Fort lag einst auf einem Hügel und ist heute direkt auf Uferhöhe. Die Archäologen nehmen an, dass sich hier schon 1000 v.Chr. eine Festung befand. Der Tempel der Isis und ein Tempel des nubischen Königs Taharaqo (um 700 v.Chr.) lagen innerhalb der Festungsmauern. Als eine der letzten Bastionen der ägyptischen Kultreligionen war Qasr Ibrim erst im 9. Jahrhundert vom Christentum vereinnahmt worden. Die Kathedrale aus dem 10. Jahrhundert blieb aber nur bis ins 16. Jahrhundert bestehen. Dann eroberten osmanische Soldaten Qasr Ibrim und verwandelten die Kirche in eine Moschee. Das Fort kann wegen archäologischer Arbeiten nur vom Boot aus besichtigt werden.

Die Ruinen von Qasr Ibrim am Ufer des Nassersees

Abu Simbel ⓴

Steinpavian in Abu Simbel

IM 13. JAHRHUNDERT v. Chr. wurden die großen Tempel von Abu Simbel und der kleinere Tempel der Hathor direkt aus dem Fels gemeißelt. Obwohl die Tempel den ägyptischen Schutzgottheiten Amun (Theben), Ptah (Memphis) und Re-Harachte (Heliopolis) gewidmet waren, manifestierten sie in erster Linie den Ruhm des Pharao Ramses II. Die beeindruckende Fassade mit den 31 Meter hohen Sitzstatuen von Ramses sollte jeden Gegner verstummen lassen. Der »göttliche« Herrscher trägt die Doppelkrone von Ober- und Unterägypten.

★ Tempelfassade
Lange im Sand vergraben wurde der Tempel erst 1813 vom Schweizer Forscher Jean-Louis Burckhardt entdeckt.

Die versetzten Tempel von Abu Simbel
Als die Tempel im See zu versinken drohten, trommelte die UNESCO internationale Hilfe zusammen. Die Tempel wurden aus dem Felsen geschnitten und auf eine künstliche Klippe 67 Meter höher versetzt.

Lagerräume für Opfergaben und rituelle Gerätschaften

Tempelfries mit Affen

Statue des Re-Harachte

Kolossalstatuen von Ramses II. *Die riesigen Sitzstatuen an der Vorderfront des Tempels zeigen den Herrscher eines vereinigten Ägypten umgeben von Abbildungen besiegter Feinde.*

Der zweite Koloss verlor seinen Kopf wahrscheinlich durch ein Erdbeben.

Eingang zum Tempel

NICHT VERSÄUMEN

- **★ Tempelfassade**
- **★ Innere Kultkammer**
- **★ Mittlere Säulenhalle**

Die innere Säulenhalle ist mit Abbildungen von Ramses und Nefertari geschmückt. Beide opfern Amun und Re-Harachte.

★ Innere Kultkammer
Ramses flankiert von Amun-Re, Ptah und Re-Harachte. Zweimal im Jahr fallen die Sonnenstrahlen bis zu den Statuen.

Lagerräume

Statue des Ramses als Verkörperung von Osiris

★ Mittlere Säulenhalle
Hier stehen Statuen mit Geißel und Krummstab, den Symbolen der göttlichen Macht des Osiris. Die Figuren der rechten Reihe tragen die Doppelkrone beider Ägypten, die der linken Reihe nur die Krone Oberägyptens. Wandreliefs zeigen den Pharao Ramses II.

Infobox

Provinz Assuan, 280 km südlich von Assuan.
6–17 Uhr (für die Shows auch länger). **Light- und Sound-Show** *Winter 19, 20, 21 Uhr; Sommer 20, 21, 22 Uhr (über Einzelheiten informiert das Touristenbüro).*

Schlacht von Kadesch
Eigentlich bedeutete die Schlacht gegen die feindlichen Hethiter (1275 v. Chr.) eine Niederlage, aber der Pharao konnte sie in einen Sieg ummünzen.

Tempel der Hathor

Der Tempel der Göttin der Liebe und des Tanzes wurde von Ramses II. für seine Gemahlin Nefertari erbaut. Die Säulen der großen Halle sind mit Kapitellen mit dem Gesicht der Hathor geschmückt. Reliefs zeigen, wie Ramses Feinde tötet. In einer Vorhalle stellen Reliefs eine Opferung dar. Im innersten Kultraum steht eine Statue der Hathor als Kuh (Fruchtbarkeitssymbol).

An der Fassade des Nefertari-Tempels wechseln sich Statuen der Nefertari (als Hathor) und des Ramses ab

Sinai und Rotes Meer

Die Halbinsel Sinai *war schon zu pharaonischen Zeiten – wegen der Vorkommen von Gold, Kupfer und Türkisen – eine Schatzgrube, heute stellt sie mit ihren weißen Sandstränden und der artenreichen Unterwasserwelt ein beliebtes Tourismusziel dar. Die schroffen Berge des Sinai, Schauplatz für viele biblische Ereignisse, haben religiöse Bedeutung für Juden, Muslime und auch Christen.*

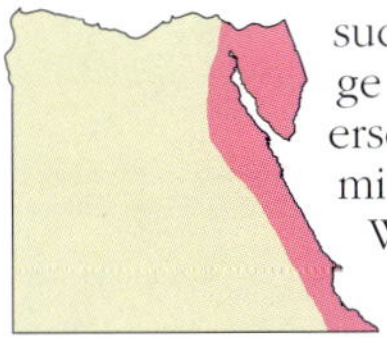

Zwischen Afrika und Kleinasien wird die Halbinsel Sinai von Mittelmeer, Golf von Suez, Golf von Akaba und der Kanalzone des Suezkanals begrenzt. Seit Jahrtausenden Spielball verschiedenster machtpolitischer Interessen war der Sinai zwischen 1967 und 1982 von israelischen Truppen besetzt. Erst nach dem Friedensabkommen von Camp David wurde die felsige Einöde an Ägypten zurückgegeben. An der Ostküste entstanden in den 80er Jahren des 20. Jahrhunderts Hotelanlagen und Tauchbasen, Orte wie Sharm el-Sheik und Nuweiba erlebten einen unverhofften Aufschwung. Neben dem sonnigen, trockenen Klima sind es vor allem die Korallenriffe mit ihrer farbenprächtigen Unterwasserwelt, die Besucher anziehen. Das gebirgige Innere ist dagegen wenig erschlossen, Beduinen ziehen mit ihren Herden von einem Wasserloch zum nächsten, bieten aber immer öfter Tagestouren (per Jeep oder Kamel) zu den versteckten Oasen zwischen bizarren Gebirgszügen an.

Die ägyptische Küste des Roten Meers erstreckt sich über mehr als 1250 Kilometer vom Suezkanal bis zur Grenze des Sudan. Das türkisfarbene warme Meer vor Hurghada und Al-Quesir zieht immer mehr internationalen Tourismus an. Geplant sind neue Hotelanlagen, die auch ökologischen Aspekten gerecht werden sollen.

Der Suezkanal trennt den Sinai vom Festland, der Schiffsverkehr ist einer der wichtigsten Devisenbringer.

Frisches Obst und Gemüse in einem Laden in Hurghada

◁ **Die faszinierende Welt der Korallenriffe im warmen Wasser des Roten Meers**

Überblick: Sinai und Rotes Meer

Das Beste aus zwei Welten – die Berge und das Meer: Das Innere der Halbinsel Sinai hat schon zu alttestamentarischen Zeiten Menschen spirituell angeregt, durch das Rote Meer verliefen uralte Schifffahrts- und Handelsrouten. Die meisten Besucher dieser Region steuern eine der Ferienanlagen an. Von denen kann das berühmte Katharinenkloster auf einem Tagesausflug besucht werden. Von Hurghada aus sind die Klöster St. Antonius und St. Paulus in wenigen Stunden zu erreichen. Die Städte Ismailia und Port Said sind, auch wegen der günstigen Duty-free-Läden, interessant.

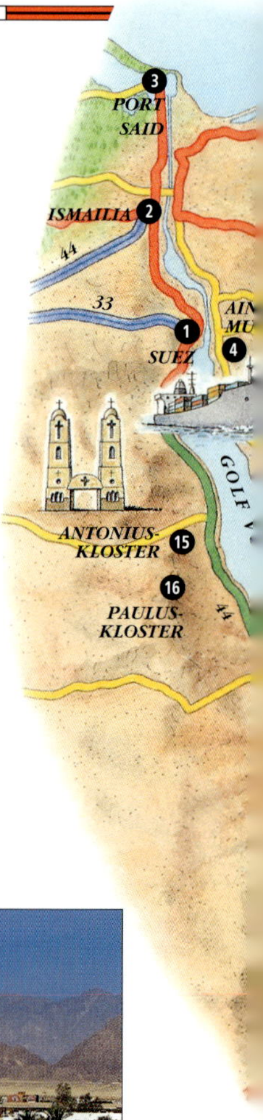

Das Antoniuskloster westlich der Küstenstadt Hurghada

Legende

- Autobahn
- Hauptstraße
- Nebenstraße
- Panoramastraße

0 Kilometer 100

Luxusapartments und Tauchbasis an der Naama Bay, nördlich von Sharm el-Sheik

Sehenswürdigkeiten auf einen Blick

Ain Musa 4
Al-Arish 14
Al-Quesir 19
Antoniuskloster 15
Dahab 10
Hurghada 17
Ismailia 2
Katharinenkloster S. 218 ff 7
Marsa Alam 20
Nuweiba 11
Pauluskloster 16
Pharaoh's Island 12
Port Safaga 18
Port Said 3
Ras-Mohammed-Nationalpark 9
Serabit al-Khadim 5
Sharm el-Sheikh 8
Suez 1
Taba 13
Wadi Feiran 6

Kamele und Beduinen in Assalah, nördlich von Dahab. Hier können Kamelausflüge in die Wüste vereinbart werden

Auf dem Sinai und am Roten Meer

UNTERWEGS

Die Küstenstraßen des Sinai sind gut ausgebaut. Das gebirgige Innere des Sinai erkundet man am besten im Rahmen einer organisierten Bustour, vielleicht auch auf einem Kamel. Nur das Katharinenkloster ist regelmäßig per Linienbus zu erreichen. Die Schnellstraßen nach Hurghada und Safaga sind ebenso sicher wie die Schnellstraße nach Suez und Port Said. Ein Luftkissenboot verbindet mehrmals täglich Hurghada mit Sharm el-Sheik.

SIEHE AUCH

- ***Übernachten*** S. 269ff
- ***Restaurants*** S. 288ff

Die Quelle von Al-Moussa (Ain Musa) soll von Moses zu Trinkwasser verwandelt worden sein

Winziges Fischerboot neben einem Ozeanriesen im Suezkanal

Suez 1

134 km östlich von Kairo.
418 000. *Sharia Suez Canal (062) 331 141.*

Die Stadt Suez am südlichen Ende des Kanals war schon im Mittelalter eine prosperierende Hafenstadt. Nach Inbetriebnahme des Kanals 1869 wuchs Suez beträchtlich an, wurde aber 1967 und 1973, während der Kriege mit Israel, erheblich zerstört. Mit Geldern der wohlhabenden Golfstaaten konnte die Stadt schnell wieder aufgebaut werden und ist heute einer der wichtigsten Häfen Ägyptens und ein wichtiges Industriezentrum für Chemie und Öl.

Für Touristen hat Suez nicht sehr viel zu bieten, nur der Ahmed-Hamdi-Tunnel, zwölf Kilometer nördlich der Stadt, bietet für technisch Interessierte einen gewissen Reiz.

Ismailia 2

120 km nordöstlich von Kairo.
255 000.

Ismailia wurde nach Ismail Pascha benannt, der 1863–79 Ägypten regierte und die Stadt 1861 für die europäischen Ingenieure und die ägyptischen Arbeiter am Suezkanal anlegen ließ.

Ismailia ist die ansehnlichste und beliebteste Stadt in der Kanalzone. Südlich der Bahnstrecke säumen weiße Kolonialvillen mit grünen Gärten die breiten Boulevards. Am Mohammed Ali Quay steht noch das ehemalige Haus von Ferdinand de Lesseps, Direktor der Kanalgesellschaft und damaliger Vize-Konsul von Frankreich in Ägypten. Seine Villa wird heute als Gästehaus der Kanalbehörde genutzt.

Das **Ismailia Museum** besitzt eine Anzahl von griechisch-römischen Artefakten und alte Unterlagen aus der Zeit des Kanalbaus. Der Park von Stelae mit den Ruinen aus pharaonischer Zeit kann nur mit Genehmigung des Museums besichtigt werden. Ein Süßwasserkanal, der vom Nil zum Timsa-See (Krokodil-See) führt, versorgte einst das Heer der Arbeiter am Suezkanal mit Trinkwasser. Eine Fähre verbindet das Ostufer des Kanals mit den ehemaligen Militärposten der ägyptischen Armee, die von hier 1973 ihren Überraschungsangriff auf die israelischen Stellungen auf dem Sinai startete.

Ismailia Museum
Sharia Salah Salem. *tägl.*

Sphinx vor dem Ismailia Museum

Port Said 3

225 km nordöstlich von Kairo.
473 000. *8 Sharia Palestine (066) 235 289.*

Am nördlichen Ende des Suezkanals liegt Port Said, 1859 von Said Pascha für die ägyptischen Arbeiter am Kanalprojekt gegründet. Bis in die 70er Jahre des 20. Jahrhunderts war Port Said als Schmugglernest und Drogenumschlagplatz verrufen, heute ist es als Freihafen und Duty-free-Paradies ein beliebter und erschwinglicher Badeort am Mittelmeer.

Port Said liegt großteils auf trockengelegten Uferarealen des nahen Manzila-Sees. Während der Suezkrise (1956) und der ägyptisch-israelischen Kriege (1967/1973) wurde es mehrfach bombardiert. Die dunkelgrünen Kuppeln des Gebäudes der Kanalverwaltung (1869, Sharia Palestine) sind ein markanter Orientierungspunkt in der Stadt. Im **Port Said National Museum** werden Relikte aus allen Perioden der ägyptischen Geschichte ausgestellt. Besonders beachtenswert sind die vielen Objekte aus der koptischen Vergangenheit sowie einige pharaonische Mumien.

Einige Schritte weiter kann man im **Militärmuseum** (Sharia 23rd July) die wechselvolle Geschichte des Suezkanals nachvollziehen.

Kolonialvilla aus dem 19. Jahrhundert in Ismailia

Blick über den Suezkanal zwischen Port Said und Port Fuad

Port Said National Museum
Sharia Palestine. tägl.

Militärmuseum
Sharia 23rd July. tägl.

Ain Musa ❹

25 km südöstlich vom Ahmed-Hamdi-Tunnel. *von Kairo oder Port Said.*

DER »BRUNNEN des Moses« (arabisch: Ain Musa oder Bir Musa) liegt südöstlich des Ahmed-Hamdi-Tunnels, der unter dem Suezkanal verläuft. Im Alten Testament wird die Geschichte von Moses erzählt, der die Israeliten auf ihrem Weg durch die Wüsten des Sinai zu diesem Brunnen führte und dessen ungenießbares Wasser mit Gottes Hilfe zu Trinkwasser verwandelte. Das alttestamentarische Buch Exodus berichtet von zwölf Brunnen des Moses, davon ist nur einer übrig geblieben. Allerdings hat Ain Musa während der Bauarbeiten des Suezkanals alle Arbeiter mit frischem Trinkwasser versorgen können. Der Brunnen war ab 1967 unter der Kontrolle der israelischen Armee, konnte aber 1973 von ägyptischen Truppen zurückerobert werden.

Etwa drei Kilometer nördlich des Brunnens steht das Military Touristic Memorial of Ain Musa – ein Denkmal zur Erinnerung an die ägyptischen Gefallenen während der Kämpfe bei Ain Musa.

Serabit al-Khadim ❺

32 km östlich von Abu Zneima, Sinai.

DER ANTIKE Steintempel von Serabit al-Khadim (12. Dynastie) heißt nicht umsonst »Sklavenhügel«. Die kleine Tempelanlage steht auf einem 755 Meter hohen Bergrücken nahe der petrochemischen Anlagen von Abu Zneima. In der Zeit des Mittleren Reichs wurden hier von Sklaven Kupfer und Türkise abgebaut. Der Tempel ist der Göttin Hathor geweiht, die sowohl die Göttin der Liebe war als auch den Titel »Geliebte mit den Türkisen« trug. Von Naama Bay an der Südküste des Sinai kann man Serabit al-Khadim per Jeep (am besten mit ortskundigem Fahrer) erreichen. Auch die organisierten Touren der Hotelanlagen fahren dieses Ziel hin und wieder an.

Wadi Feiran ❻

60 km westlich des Katharinenklosters, Sinai. *650.*

AUF HALBEM WEG zwischen dem Katharinenkloster und dem Roten Meer liegt die größte Oase des südlichen Sinai, Wadi Feiran. Das Tal mit seinen Palmenhainen, Tamarisken und Obstgärten entspricht wahrscheinlich dem Ort des Alten Testaments, der »Rephidim« genannt wurde. Hier lagerten die Israeliten, ehe sie zum Berg Sinai aufbrachen.

Die frühe christliche Siedlung, die im 3. Jahrhundert entstand, entwickelte sich zum Sitz des Bischofs und Abts des Katharinenklosters *(siehe S. 218ff)*. Das Kloster wurde im 7. Jahrhundert zerstört, nur eine Kapelle aus den Steinen der byzantinischen Klosterkirche blieb von der ehemaligen Klosteranlage erhalten. Heute gehört das Wadi Feiran zum Stammesgebiet der Tawarah-Beduinen.

Palmen in der Oase des Wadi Feiran, südlicher Teil der Sinai-Halbinsel

Katharinenkloster ❼

Am Fuss des Berges Sinai gilt das Katharinenkloster (Deir Sant Katerin) als das älteste christliche Kloster der Welt. Es wurde im Jahr 527 vom römischen Kaiser Justinian gegründet und liegt an derselben Stelle, an der Moses den Brennenden Dornbusch gesehen haben soll. Schon im Jahr 337 war hier von der byzantinischen Kaiserin Helena eine kleine Kapelle errichtet worden. Das Kloster wurde im 10. Jahrhundert nach der heiligen Katharina umbenannt, die hier auch begraben liegt.

Bibliothek
Eine der bedeutendsten Bibliotheken der Welt besitzt viele frühchristliche Schriften.

★ Ikonensammlung
Das Kloster besitzt über 2000 Heiligenbilder, die zum Teil in der Basilika ausgestellt sind.

Die Mauern aus der Zeit des Justinian (6. Jh.) sind die ältesten Monumente der Klosteranlage.

Der Brennende Dornbusch
Der immergrüne Busch soll ein Ableger des »Brennenden Busches« sein, aus dem Gott zu Moses sprach.

Die Kapelle des Brennenden Dornbusches ist der heiligste Ort der Klosteranlage.

★ Kirche der Verklärung
Die Basilika verdankt ihren Namen einem Mosaik aus dem 6. Jahrhundert. Die Darstellung der Verklärung Christi liegt hinter einer goldenen Bilderwand aus dem 17. Jahrhundert.

Nicht versäumen

- ★ Ikonensammlung
- ★ Kirche der Verklärung

Glockenturm
Die neun Glocken, die vom russischen Zaren Alexander II. gestiftet wurden, läuten nur bei hohen religiösen Feierlichkeiten.

Die Moschee entstand 1106 aus einer Kapelle des hl. Basilius. Damit sollte der Ruhm des Islam auch hier verkündet werden.

INFOBOX

Sinai, 90 km westlich von Dahab und Nuweiba. ☎ *(069) 470 032.* ✈ *10 km nordöstlich des Klosters.* 🚌 *von Kairo, Taba, Dahab, Sharm el-Sheikh zum Dorf Al-Milga, dann per Taxi 3 km bis zum Kloster. Tankstelle beim Kloster vorhanden.*
○ *9–12 Uhr außer Fr und So.*
● *an orthodoxen Feiertagen. Kein Eintritt, Spenden sind aber willkommen.*

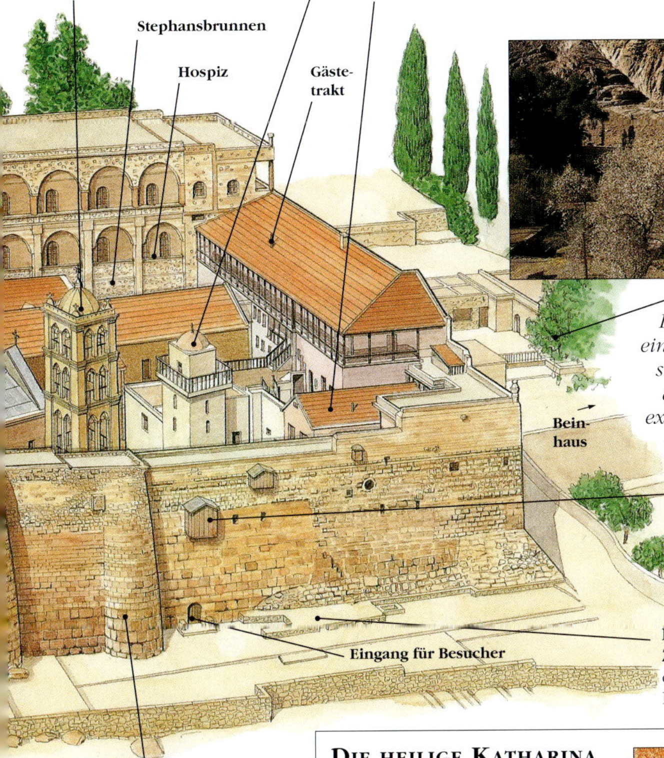

Klostergärten
Der Friedhof liegt in einem Obstgarten. Die sterblichen Überreste der Mönche werden exhumiert und in das Beinhaus gebracht.

Der hoch gelegene Zugang, mit einem Flaschenzug erreichbar, war früher der einzige Eingang.

Die unterirdische Zisterne speicherte das Wassers der Klosterquellen.

Mosesbrunnen
An der wichtigsten Versorgunsquelle des Klosters soll Moses seine spätere Frau Zipporah, Tochter des Jethro, getroffen haben.

DIE HEILIGE KATHARINA VON ALEXANDRIA

St. Katharina war eine der bekanntesten Heiligen des frühen Christentums. Die Tochter eines reichen Kaufmanns aus Alexandria wurde im 4. Jahrhundert zur Märtyrerin. Ihr zerstückelter Körper soll von Engeln auf den Gipfel des Mosesbergs getragen worden sein, ihr unverletzter Körper wurde 600 Jahre nach ihrem Tod ohne Anzeichen von Verwesung aufgefunden. Der marmorne Sarg in der Klosterkirche enthält zwei silberne Kästchen mit den Reliquien der Heiligen.

Die hl. Katharina auf einem klerikalen Gewand

Überblick: Das Katharinenkloster

DAS FRÜHER VÖLLIG ISOLIERTE Kloster in den Bergen des Sinai ist heute eine der meistbesuchten touristischen Attraktionen Ägyptens. Die 20 Mönche (die meisten aus Griechenland) öffnen das Kloster nur für wenigen Stunden des Tages. Das Massiv des Berges Sinai bildet eine atemberaubende Szenerie, die viele Besucher anregt, den ausgetretenen Pfad zum Gipfel des Berges hinaufzusteigen, auf dem Moses von Gott die Zehn Gebote erhalten haben soll. Vom Gipfel aus hat man einen spektakulären Blick über die wahrhaft biblische Landschaft des Alten Testaments.

Eine mit Schnitzereien reich verzierte Tür der Basilika (6. Jh.)

Im Katharinenkloster

Man betritt das Kloster durch eine kleine Tür in der nordöstlichen Mauer. Der hoch gelegene Eingang mit dem Flaschenzug war früher der einzige Zugang zum Inneren der Klosteranlage. Teile der Granitmauern stammen noch aus dem 6. Jahrhundert. Über die Jahrhunderte wurden die Klostermauern immer wieder erneuert, so im 14. Jahrhundert nach einem Erdbeben und nochmals 1800, als Napoleon Kairoer Baumeister zur Restaurierung des Kloster abstellte.

Der Mittelpunkt der Anlage ist die 527 erbaute Kirche der Verklärung. Sie ist eine der wenigen erhaltenen Kirchenbauten aus jener Zeit. Schwere Holztore aus dem 11. Jahrhundert öffnen sich zu einer Vorhalle, hinter der sich eine zweite Tür, die mit Blumen- und Tierschnitzereien verziert ist, befindet. Das Mittelschiff der Basilika wird von sechs Säulen getragen, die mit Abbildungen byzantinischer Heiliger geschmückt sind. Jeder Monat des orthodoxen Kalenders ist durch einen Heiligen vertreten. Der marmorne Boden und die Kassettendecke stammen aus dem 18. Jahrhundert. Eine vergoldete Bilderwand (Ikonostase) aus dem 17. Jahrhundert trennt das Kirchenschiff vom Altarraum. Der gewölbte Himmel der dahinter liegenden Apsis (6. Jh.) ist mit einem wunderschönen Mosaik verziert, das die Verklärung Christi zeigt. Daran schließt sich im Chorscheitel der Basilika der heiligste Ort des Klosters an, die Kapelle des Brennenden Dornbusches. Die aus dem Jahr 1216 stammende Kapelle ist nur selten zu besichtigen. Der heute vorhandene, immergrüne Busch soll ein Ableger des Brennenden Busches sein, aus dem Gott zu Moses sprach. Seltsamerweise findet sich nirgends sonst auf dem Sinai ein Buschwerk der gleichen Spezies.

Schädel der Mönche im Beinhaus

Die Bibliothek des Katharinenklosters mit ihren 3000 meist in Griechisch oder Arabisch verfassten Manuskripten wird nur noch von der Bibliothek des Vatikans übertroffen. Eine der bibliophilen Kostbarkeiten ist der *Codex Syriacus*, eine Niederschrift des Neuen Testaments aus dem 5. Jahrhundert. Die unschätzbar wertvollen byzantinischen Ikonen gehören zu den wenigen sakralen Bildwerken, die die Zeit der christlichen Bilderstürmer des frühen Mittelalters überstanden haben. Besonders die Ikonen des Petrus (6. Jh.) und die Darstellungen der *Herrlichkeit Christi* und der *Himmelsleiter ins Paradies* sollten unbedingt angesehen werden. Noch wird eine Auswahl der Ikonen des Klosters im Vorraum der Basilika ausgestellt; ein größerer Museumsbau soll bis 2003 fertig gestellt werden.

Im Obstgarten des Klosters liegen der Friedhof der Mönche und die Triphoniuskapelle. Deren Krypta beherbergt das Beinhaus, in dem die Knochen von mehr als 2000 Mönchen aufbewahrt werden. Unmittelbar daneben liegt der Pilgerfriedhof, auf dem auch nichtorthodoxe Christen beigesetzt wurden.

UMGEBUNG: Der 1996 Meter hohe **Berg Sinai** könnte der Berg Horeb des Alten Testaments (Exodus 24) sein. Moses soll hier 40 Tage und Nächte zugebracht haben.

Die Kapelle des Brennenden Dornbusches

Blick auf das Katharinenkloster von einem Pfad am Berg Sinai

Hinter dem Kloster führen zwei Pfade zum Gipfel. Am Einstieg des leichteren Wegs, der des Abbas Hilmi, können Kamele gemietet werden, die letzten 700 Stufen muss man aber zu Fuß bewältigen. Der beschwerlichere Pilgerweg mit 2554 Stufen ist kürzer, aber auch steiler. 120 Meter unter dem Gipfels liegt die »Ebene der Zypressen« **(Eliah's Basin)**. Hier sollen die beiden Begleiter von Moses gewartet haben, bis er mit den Gesetzestafeln vom Gipfel zurückkam. Um am Mosesberg zu übernachten, ist diese Ebene besser geeignet als das Gipfelplateau.

Am Gipfel, wo Gott zu Moses gesprochen haben soll, stehen eine **Moschee** (Moses ist auch einer der Stammväter des Islam) aus dem 12. Jahrhundert und die bescheidene **Dreifaltigkeitskapelle**, die 1934 anstelle einer Kirche aus dem 6. Jahrhundert errichtet wurde. Beide Gebetsstätten sind derzeit geschlossen.

Südwestlich des Mosesbergs erhebt sich mit dem 2642 Meter hohen **Katharinenberg** (Gebel Katerin) der höchste Berg auf dem Sinai. Auf den drei Gipfeln liegt oft Schnee, warme Kleidung ist also unbedingt mitzunehmen. Die winzige Kapelle mit zahlreichen Ikonen ist meist verschlossen. Vom Gipfel hat man einen großartigen Rundblick über den Golf von Akaba, den Golf von Suez und die Südspitze des Sinai.

Das 4350 Quadratkilometer große Naturschutzgebiet **St. Catherine's Protectorate** wurde 1996 eingerichtet, um Fauna und Flora sowie die religiösen und historischen Monumente der Region zu schützen. Broschüren der Naturschutzbehörde geben Informationen zu den Wanderwegen im **Wadi Arbaein** und **Wadi Shrayj**. Der Aufstieg zum **Abbas Pasha Mountain** ist dort ebenso beschrieben wie die Geschichte des halbfertigen Palastes des lungenkranken Abbas Pascha, der sich auf 2383 Meter Höhe ein eigenes Sanatorium erbauen lassen wollte.

Die Broschüren können im Besucherzentrum des Katharinenklosters und im Protectorate Management Office im Dorf St. Katharina gekauft werden. Dort kann man auch Touren mit Beduinen-Führern buchen, die für Ausflüge in diesem Gebiet verbindlich vorgeschrieben sind.

Die Beduinen der Sinai-Halbinsel

Die Beduinen des Sinai stammen von Nomaden der Arabischen Halbinsel ab. Sie leben seit Jahrhunderten in einer lebensfeindlichen Region und ziehen mit ihren Kamelen und den Schaf- und Ziegenherden von Oase zu Oase. »Beduine« leitet sich vom arabischen Begriff *bedu*, »Wüstenbewohner«, ab. In ihren traditionellen Gewändern sind die Beduinen leicht vom Rotbraun der felsigen Einöde zu unterscheiden: Die Frauen tragen lange schwarze Kleider und dichte Schleier, die Männer kleiden sich meist in weiße *haiks*. Doch auch hier bleibt die Zeit nicht stehen. Die Ansiedlungsversuche der Regierung und der zunehmende Tourismus verändern die althergebrachte Lebensweise der Nomaden. Sie verlassen ihre Zelte aus Ziegenfell, ziehen in Betonhäuser mit Fernsehanschluss und bestreiten ihren Lebensunterhalt mit organisierten Touren für abenteuerhungrige Touristen. Auch die Kinder gehen seit neuestem zur Schule und tragen Jeans und T-Shirts.

Traditionell gekleidete Beduinenfrau

Die Korallenbänke der Naama Bay vor Sharm el-Sheikh

Sharm el-Sheikh 8

300 km südöstlich von Suez.
Ras-Mohammed-Nationalpark.
(069) 660 559, (069) 660 668.

Der beliebte Badeort Sharm el-Sheikh nördlich von Ras Mohammed zieht sich heute über 20 Kilometer an der Südpitze des Sinai hin. »Sharm«, wie der Ort von den Tauchern und Badegästen genannt wird, ist zweigeteilt: Stadt und Hafen im Süden, sieben Kilometer nördlich die touristischere **Naama Bay**.

Als die israelische Armee den Hafen 1967 erobert hatte, wurden hier zahlreiche Hotels und eine erste Tauchbasis errichtet. In den 80er Jahren begann ein noch immer anhaltender Bauboom, der den anwachsenden Strom der (meist europäischen) Touristen mit angemessenen Unterkünften versorgen soll. Das Meer ist hier besonders klar, die Unterwasserreviere entlang der Küste bieten Top-Spots für Taucher aus aller Welt. Für Tagesausflüge zum Katharinenkloster und in die Bergwelt des Sinai kann man auf die Hilfe der Hotels von Sharm el-Sheikh zählen.

Umgebung: Zehn Kilometer nördlich der Naama Bay liegt die **Shark Bay**. Diese Wassersport-Bucht ist kleiner, günstiger und ruhiger – noch, muss man leider hinzufügen, denn auch hier wird an vielen Stellen gebaut. Die Korallenbänke und Fischbestände vor den Küsten sind atemberaubend, und trotz des Namens »Haibucht« gibt es keine Haie.

Nördlich der Shark Bay, vor dem Golf von Akaba, liegt die Meerenge von Tiran. Von der Naama Bay und der Shark Bay können Tagesausflüge sowie Tauch- und Schnorcheltouren zur **Insel Sanafir** und **Tiran** gebucht werden. Noch weiter nördlich an der Küste erstreckt sich der **Nabq National park**, der den nördlichsten Mangrovenwald der Welt aufzuweisen hat. Hier ist die Gelegenheit, Graureiher, Störche und Fischadler zu beobachten. Der Lebensraum anderer Tiere wie Gazellen, Steinböcke und Wüstenfüchse liegt weiter im Inneren der trockenen Felslandschaften.

Schildkröte im Roten Meer

Nabq-Nationalpark
29 km nördlich von Sharm el-Sheikh.
tägl.

Ras-Mohammed-Nationalpark 9

20 km südlich von Sharm el-Sheikh.
nach Sharm el-Sheikh, ab dort per Taxi. *Besucherzentrum.*
(069) 660 559, (069) 660 668.
tägl.

An der Südspitze der Sinai-Halbinsel liegt Ras Mohammed, der älteste Meeres-Nationalpark Ägyptens. Das 1989 als Park ausgewiesene Tauchrevier bietet wunderbare Tauchgründe mit farbigen Korallenbänken, großen Schwammkulturen und Tausenden von bunten Fischen. Viele Taucher halten diese Unterwasserregion für das schönste Tauchrevier der Welt. Selbst Manta-Rochen, Meeresschildkröten und große Barrakudas kann man unter Wasser antreffen. An Land sieht man Bergschafe (Ibexe), Gazellen, Schakale und Steinadler. Im Besucherzentrum des Parks werden Videos über den Park gezeigt und die farbig markierten Wanderwege zu den Stränden erklärt.

Obwohl der Nationalpark von Ras Mohammed viele Besucher anzieht, gibt sich die Parkleitung viel Mühe, das ökologische Gleichgewicht innerhalb des Reservats zu erhalten. Es dürfen keine Hotels errichtet werden, auch die Anzahl der Tauchboote ist begrenzt.

Eines des vielen Tauchzentren von Sharm el-Sheikh

Die Korallenriffe des Roten Meers

Korallenriffe gehören zu den komplexesten Ökosystemen der Welt. Die Korallenstöcke werden von Myriaden von Kleinstlebewesen (Polypen) aufgebaut. Es gibt zwei Korallenarten: harte und weiche Korallen. Beide unterscheiden sich nur durch die Härte der sedimentierten Ablagerungen, die sich über Zehntausende von Jahren aus abgestorbenen Meeresorganismen verdichten. Die Oberfläche eines Korallenstocks ist wiederum die Heimat von Polypen, die für neue Ablagerungen sorgen. Im Roten Meer bilden die Riffe Wände aus rosafarbenen, gelben und roten Korallen, die flachen, türkisfarbenen Lagunen werden von Schwärmen kleiner Fische bevölkert. Tauchen und Schnorcheln stehen daher ganz oben auf der Liste der Besucher, es gibt zahlreiche Tauchbasen und Bootstour-Anbieter. Wichtig: Korallen sehen zwar robust aus, sind aber empfindliche Ökosysteme, die man ansehen, doch bitte nicht anfassen soll.

Mondsichel-Falterfisch

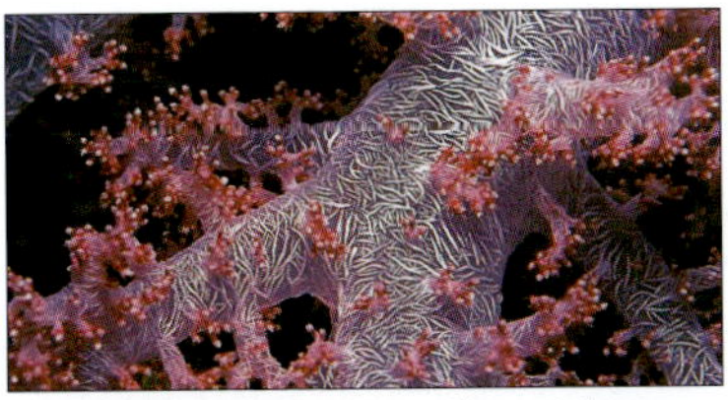

Weiche Korallen *benötigen klares Salzwasser und warme Meeresströmungen, die ihnen Nahrung zutragen. Die Polypen nehmen mit feinen Tentakeln vorbeitreibendes Plankton auf.*

Der Juwelen-Zackenbarsch *bevorzugt schattige Plätze im Korallenriff. Seine farbigen Schuppen fügen sich im Dämmerlicht der Tiefe gut in die Farben der Korallen ein.*

Seeanemonen *sehen wie farbige Pflanzen aus, sind aber Beutejäger aus dem Tierreich. Sie betäuben mit ihren elektrisch aufgeladenen Tentakeln die Beute.*

Ein Blaupunkt-Rochen *gleitet über den Meeresboden und nimmt dabei Seeschnecken, Würmer und Krabben auf.*

Die Wände der Korallenriffe *reichen bis zu 80 Meter Tiefe. Das Ökosystem ernährt über 1000 Fisch- und mehr als 150 Korallenarten.*

Kamele mit ihren Besitzern bei Dahab

Dahab ⑩

100 km nördlich von Sharm el-Sheikh.

Das arabische Wort *dahab* bedeutet Gold oder golden. Die feinen Sandstrände dieses beliebten Badeorts legten diesen Namen also nahe. Die kleinen Hotels, Lodges und Strandhütten, die sich in der Nähe des Beduinendorfes Assalah ausgebreitet haben, sind vor allem für jüngere Besucher mit begrenztem Budget ideal.

Südlich der Stadt wurden zwei große Strandanlagen und Tauchschulen der gehobenen Kategorie eröffnet. Doch das Meer und die Korallenriffe vor Dahab sind für alle da, und so findet jeder, was er sucht. Ein bekanntes Ziel für Tauchtouren ist das Blue Hole (Blaues Loch) nördlich von Dahab. Das fast kreisrunde Loch im Korallenstock fällt fast auf eine Tiefe von 80 Metern ab. Allerdings sind das Blaue Loch und der Unterwasser-Canyon nur für erfahrene Taucher geeignet – jedes Jahr kommen Anfänger in diesen Gewässern um. Eine ungefährliche Alternative ist der Gebrauch einer Schnorchelausrüstung, mit der sich die Schönheiten der Unterwasserwelt ähnlich gut erleben lassen. Kamel- oder Jeepausflüge werden ebenfalls von Dahab aus angeboten. Auf diese Weise bekommt man einen Eindruck von der Schönheit des Sinai und der Lebensweise der Beduinen.

Windsurfer vor Dahab im Golf von Akaba

Nuweiba ⑪

85 km nördlich von Dahab. *von Akaba (Jordanien).*

Auf der ägyptischen Seite des Golfs von Akaba liegt Nuweiba, eine Ansiedlung, die sich in drei Einzelabschnitten über eine Länge von zehn Kilometern erstreckt.

Der nördliche Teil ist die Beduinensiedlung Tarabeen mit den Ruinen einer Mameluckenfestung (16. Jh.). In Nuweiba Village, etwa einen Kilometer südlich, wurden Hotels aller Preiskategoren gebaut. Der südliche Abschnitt besteht hauptsächlich aus dem kleinen Hafen des Ortes. Von hier verkehren Fähren auf die jordanische Seite des Golfs von Akaba.

Ein Tagesausflug in die antike Felsenstadt Petra (3. Jh. v. Chr.), 94 Kilometer von Akaba entfernt, ist täglich von Nuweiba aus möglich. Der Katamaran ist aber nur wasserfesten Ausflüglern zu empfehlen. Für Tagesausflüge muss man unbedingt den Pass mitnehmen.

Die landschaftliche Szenerie von Nuweiba ist durch die bizarren Berggipfel und den Blick auf die felsigen Küstenlinien von Jordanien und Saudi-Arabien besonders spektakulär. In der Ansiedlung Mizela hat sich ein Fischer mit einem Delfin angefreundet, in der vorgelagerten Bucht kann man mit etwas Glück mit dem arabischen Flipper schwimmen.

Umgebung: Von Nuweiba aus kann man das Innere der Sinai-Halbinsel per Kamel oder Jeep erkunden. Der **Coloured Canyon** ist eines der beliebtesten Ziele solcher Ausflüge. Die rund 30 Kilometer lange Strecke führt über die Oase Ain al-Furtaga zu den engen, in allen Farben schillernden Schluchten, die dem Canyon seinen Namen gegeben haben. Das silikatreiche Gestein verändert je nach Sonneneinfall seine Farben und sieht manchmal wie ein modernes Kunstwerk aus, ein Phänomen, das in ähnlicher Weise in den Canyons von New Mexico (USA) auftritt.

Südlich von Nuweiba liegt das **Abu Galum Nature Reserve**, ein Meeresschutzgebiet, das aber für Taucher zugänglich ist. Die Strände sind schön und menschenleer, in den zurückgesetzten Bergen leben in den zerklüfteten Tälern (Wadis) noch Gazellen, Steinböcke und Wüstenfüchse, aber auch Skorpione und Sandvipern. Tragen sie also stabiles, hohes Schuhwerk.

Hotelanlage bei Nuweiba, vor den Bergen der saudi-arabischen Wüste

◁ **Katharinenkloster, gegründet im 6. Jahrhundert am Fuß des Berges Sinai**

Die Kreuzritterburg auf Pharao's Island, südlich von Taba im Golf von Akaba

Pharaoh's Island ⓬

7 km südlich von Taba. *von Taba mit der Fähre.*

Die Insel des Pharao ist bei Tauchern für ihre prächtigen Korallengärten berühmt. Sie liegt nur 270 Meter vom Ufer entfernt, die israelische Grenze verläuft direkt hinter dem Inselchen. Der Fährverkehr nach Taba startet vor dem an der Küstenstraße gelegenen Hotels Saladin.

Die gut erhaltenen Ruinen einer Kreuzfahrerburg aus dem 12. Jahrhundert sind für einen kurzen Abstecher geeignet. Die Burg wurde 1170 von Saladin erobert und diente bis 1183 als muslimische Wehranlage gegen ihre einstigen Erbauer, die Kreuzritter des Templerordens.

Taba ⓭

70 km nördlich von Nuweiba.

Bis 1989 in israelischer Hand wurde Taba als letzter Ort auf dem Sinai an Ägypten zurückgegeben. Es gibt nur einige Restaurants und Cafés hier, Tagesbesucher wollen meist die besondere Situation an der ägyptisch-israelischen Grenze erleben. Die 70 Kilometer lange Strecke von Taba nach Nuweiba wird vom ägyptischen Tourismusministerium »Ägyptische Riviera« genannt. Ob die Projekte diese Bezeichnung rechtfertigen werden, muss sich erst zeigen. Verlässt man Ägypten und reist nach Israel ein, so sollte man beachten, dass viele arabische Länder den israelischen Einreisestempel als Affront auffassen und es besonders in Syrien und im Libanon Visa-Probleme geben könnte. Bitten Sie deshalb um einen separaten Einreisestempel auf einem Tages-Visum.

Al-Arish ⓮

48 km südwestlich von Rafah. *40 000.* *Sharia Fuad Zikry (068) 363 743.* *Do.*

Die nördliche Küste des Sinai am Mittelmeer wird vom Tourismus zu Unrecht übersehen. Zu den schönsten Plätzen hier gehört der Badeort Al-Arish. Die Palmen an der Corniche, weiße Sandstrände und das warme Mittelmeer machen Al-Arish zu einem entspannten Ferienort.

Donnerstags wird in Al-Arish ein Beduinen-Markt abgehalten. Man verkauft bestickte Kleider, Kameltaschen und Silberschmuck. An der Straße zum israelischen Grenzposten steht das **Sinai Heritage Museum**, in dem Kunsthandwerk der Beduinen und präparierte Exemplare der heimischen Tierwelt ausgestellt werden. Vogelfreunde besuchen das Zerenike Protectorate, ein Vogelschutzgebiet 23 Kilometer östlich von Al-Arish entlang der Salzwasserlagune des Bardawil-Sees.

Sinai Heritage Museum
Ortsende von Al-Arish, an der Straße nach Rafah. *(068) 324 105.*
Sa–Do 8.30–14 Uhr.

Palmen an der Promenade des Mittelmeerbadeorts Al-Arish

Die eindrucksvolle Fassade des Klosters des hl. Antonius vor der Bergkulisse am Roten Meer

Antoniuskloster ⓯

47 km westlich von Zafarana.
von Kairo, Suez oder Hurghada.
täglich.

INMITTEN DER felsigen Einöde der Gebirgswelt am Fuß des bis zu 1464 Meter hohen Galala-Plateaus liegt das Antoniuskloster (Deir el-Qaddis Antwân), mit dessen Bau (361–363) die Geschichte der christlichen Klöster auf dem Sinai begann. Die Legende besagt, dass der 20-jährige Antonius in die Berge ging, um Gott zu begegnen und zu dienen. Seine Schüler erbauten das Kloster auf seinem Grab. Die Anlage ist – trotz mehrfacher Angriffe islamischer Krieger und einer blutigen Revolte beduinischer Angestellter im 15. Jahrhundert – weitgehend intakt. Das älteste koptische und größte Kloster Ägyptens hat drei Kirchen, zwei Kapellen und ausgedehnte Wohngebäude und wird von nur 25 Mönchen bewirtschaftet. Auf einer Seitenwand der Kirche sind Wandmalereien und Mosaiken aus dem 13. Jahrhundert zu besichtigen. Etwa zwei Kilometer nordöstlich liegt eine Höhle, in der Antonius seine letzten Lebensjahre zugebracht haben soll.

Zwei der Mönche des Paulusklosters

Pauluskloster ⓰

80 km südöstlich des Antoniusklosters.
von Kairo, Suez oder Hurghada.
täglich.

EINE KURVENREICHE Bergstraße führt zum Pauluskloster (Deir Mar Bolos). Der Namenspatron (228–348 n. Chr.) stammte aus einer reichen Kaufmannsfamilie in Alexandria, beschloss aber mit 16 Jahren, sein Leben als Einsiedler in der Wüste des Sinai zu verbringen. Das Kloster wurde um 366 gegründet und soll direkt über der Höhle des Einsiedlers stehen. Die große Kirche weist Wandgemälde mit Abbildungen der Jungfrau Maria mit Kind und Erzengeln auf. In den Kapellen gibt es Dutzende von Ikonen, von den Decken hängen Straußeneier als Symbol der Wiederauferstehung. Ein fünfstöckiges Gebäude mit eigener Quelle soll die Mönche während der Angriffe räuberischer Beduinen beherbergt haben.

Hurghada ⓱

320 km südlich von Suez. *36 000.*
täglicher Schnellboot-service und wöchentlicher Fährbetrieb von/nach Sharm el-Sheikh. *Sharia Banque Misr (065) 444 420.*

DAS EHEMALIGE Fischerdorf Hurghada hat sich seit den 60er Jahren des 20. Jahrhunderts vollkommen verwandelt. Der Bauboom ist noch immer im Gange, die Hotelanlagen entlang der Küste des Roten Meers haben die Stadtgrenze auf mehr als 23 Kilometer ausgedehnt. Zahlreiche Tauchbasen bieten Tagesausflüge zu den vorgelagerten Korallenriffen an und halten, oft in Zusammenarbeit mit Hotels, auch Kurse ab.

Windsurfbretter am Sindbad Beach von Hurghada

Das Hotelangebot reicht von Billigunterkünften im nördlichen Stadtteil Ad-Dahar bis hin zu luxuriösen Hotels in Sigala am südlichen Ende von Hurghada. Einige Hotelanlagen verfügen über eigene Sandstrände. Mehrmals täglich wird die **Insel Giftun** angesteuert, ein Vergnügen, das man mit vielen Touristen teilen muss. Wer die Wunder der Korallengärten trockenen Fußes erleben möchte, für den steht sogar ein kleines U-Boot bereit, das seine Passagiere für 30 Minuten in die Tiefen des Roten Meers entführt. Das Glasboden-Boot des Marine Sports Club ist preiswerter, aber immer früh ausgebucht.

Im nördlichen Teil Hurghadas stehen an der Corniche ein **Aquarium** und ein kleines **Meeresmuseum**. Um die Sorgen der Umweltschützer bezüglich der Unversehrtheit der Korallenriffe zu zerstreuen, hat die HEPCA (Umweltbehörde von Hurghada) ein – leider nicht sehr durchschlagskräftiges – Schutzprogramm verabschiedet.

Aquarium
Al-Corniche. tägl.

Umgebung: 30 Kilometer nördlich von Hurghada liegt die Anlage **Al-Gouna**. Sie ist neu und verfügt über einen breiten Sandstrand, die Bungalows haben nubische Formgebungen zum Vorbild. **Soma Bay**, 45 Kilometer südlich Hurghadas, wurde ebenfalls mit zwei Hotels der Luxusklasse (18-Loch-Golfplatz und Yachthafen) bestückt. Zwei ehemals römische Steinbrüche sind in einer Tagestour zu besichtigen. Die **Phorphyrvorkommen** 60 Kilometer nördlich von Hurghada wurden 20 v. Chr. von den Römern abgebaut und bis nach Rom und Spanien verschifft. Ruinen der römischen Wohnhäuser sind noch vorhanden. Die Minen von **Mons Claudianus**, 50 Kilometer südöstlich Hurghadas, lieferten schwarzen Granit, den man an den Säulen des römischen Pantheon bewundern kann. Auch hier können Reste der Siedlung besichtigt werden.

Traditioneller Schiffbau in Port Safaga

Port Safaga 18

58 km südlich von Hurghada.
23 500.

Südlich von Hotelanlagen liegt Port Safaga. Die Riffe sind noch unberührt. Die Windsituation ist ideal zum Windsurfen – 1993 wurden hier die Weltmeisterschaften abgehalten. Neben dem Tourismus sind der Abbau von Phosphaten und der Fährverkehr nach Taif (Saudi-Arabien) die Haupterwerbsquellen von Port Safaga.

Typisches Haus einer Straße in Al-Quesir am Roten Meer

Al-Quesir 19

80 km südlich von Port Safaga.
20 500.

Das kleine Fischerdorf Al-Quesir hat eine große Vergangenheit. Von hier segelte Königin Hatschepsut in das Land Punt *(siehe S. 193)*. Zu Zeiten der ptolemäischen Herrscher hieß der Ort »Leukos Limen« (weißer Hafen), er war bis ins 10. Jahrhundert der wichtigste Hafen an der Westküste des Roten Meers. Alle islamischen Pilger fuhren von hier nach Mekka. Nach Eröffnung des Suezkanals verlor Al-Quesir an Bedeutung, aber das Fort des türkischen Sultans Selim (16. Jh.) weist auf die vergangene strategische Rolle von Al-Quesir hin. Die wachsende Zahl der Hotels an der Küste bringt ein größeres Ausflugsangebot mit sich. Die Tauchziele Big Brother und Little Brother, 67 Kilometer nordöstlich von Al-Quesir, werden mehrmals wöchentlich angesteuert. Auch ein Souk (Basar) und ein Beduinendorf sind Tourenziele. Ein alter Karawanenweg führt von Al-Quesir durch die Berge ins Niltal, vorbei an pharaonischen und römischen Rastplätzen.

Marsa Alam 20

132 km südlich von Al-Quesir.
1650.

Der kleine Ort ist durch Phosphatminen und eine Armeegarnison überlebensfähig, doch die weiten Korallengärten ziehen immer mehr Taucher an. Die Hotelindustrie wurde auf Marsa Alam aufmerksam, man plant einen Flughafen zwischen Port Safaga und Marsa Alam. Eine Strandanlage am Wadi al-Gemel soll noch 2002 eröffnet werden. Die 230 Kilometer lange Straße nach Edfu im Niltal wird zurzeit asphaltiert.

Nildelta und Nordküste

Die fruchtbaren Ebenen *des Deltas liegen wie ein leuchtendgrünes Dreieck auf einem sandfarbenen Tuch zwischen den Hauptarmen des Nils. Vor Jahrtausenden haben Pharaonen hier ihre Hauptstädte errichtet, bis heute werden die Strände der Nordküste als Zufluchtsort vor der Hitze des Sommers geschätzt.*

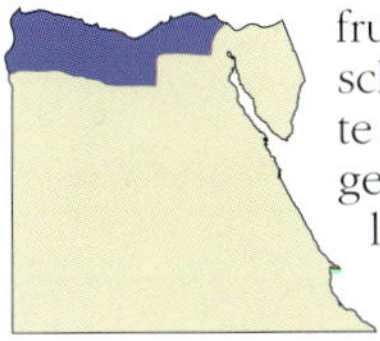

Das Nildelta ist seit der Antike die Kornkammer Ägyptens, drei Viertel der Nahrungsmittel werden hier produziert. Östlich des Deltas liegt die Sinai-Halbinsel, westlich das legendäre Alexandria und 500 Kilometer goldene Sandküste. Doch die Strände können wegen unkartierter Minenfelder, einer Hinterlassenschaft des Zweiten Weltkriegs, nur teilweise touristisch erschlossen werden. Einzig der verschlafene Badeort Marsa Matruh, bis in die 60er Jahre Sommerdomizil der ägyptischen Oberschicht, erlebt mit zahlreichen Hotelneubauten ein touristisches Comeback. Die meisten Besucher Unterägyptens zieht es nach Alexandria, Ägyptens zweitgrößter Stadt. Die geschichtsträchtige Metropole mit dem vergleichsweise moderaten Klima ist auch das wirtschaftliche Zentrum der Nordküste, das fruchtbare Delta das landwirtschaftliche Herz. Ausgeklügelte Bewässerungssysteme bringen vor allem Mais, Baumwolle, Zuckerrohr und Gemüse hervor. Seit pharaonischer Zeit bewirtschaften die Bauern ihre Felder auf die gleiche Weise, lediglich der Einsatz von Kunstdünger steigert heute die Erträge. Die Dörfer aus Lehmhäusern liegen wie Enklaven inmitten der grünen Kulturlandschaft. Die Seen im Nordosten ziehen Millionen Vögel an, im Winter kommen Schwärme von Zugvögeln aus Europa hinzu. Abseits der Touristenrouten wartet die alte Stadt Rosetta mit architektonischen Highlights aus verschiedenen Epochen auf. Hier finden die schönsten *moulids* statt – religiöse Feierlichkeiten, die von Oktober bis Januar das gesamte Nildelta in eine fröhliche Volksfeststimmung versetzen.

Bunte Wassertaxis in Rosetta, wo ein Arm des Nils ins Mittelmeer fließt

◁ **Typisches Wohnhaus in Alexandria in der Nähe der Moschee von Abu al-Abbas Mursi**

Überblick: Nildelta und Nordküste

DIE WECHSELVOLLE GESCHICHTE des Deltas hat fast alle Spuren des glanzvollen antiken Erbes verwischt. Nur die Ruinen der einstigen Königsstädte Tanis und Zagazig weisen auf die historische Bedeutung der Region hin. Damietta und Rosetta wurden stark von der türkischen Herrschaft über Ägypten geprägt. Alexandrias Architektur versprüht noch immer den kolonialen Charme des 19. Jahrhunderts und lässt erahnen, welche herausragende Rolle die Stadt in der griechisch-römischen Zeit gespielt hat. Wie auch am Roten Meer entstehen an der westlichen Mittelmeerküste Ägyptens neue Strandanlagen. Die Soldatenfriedhöfe von El-Alamein erinnern an die Panzerschlachten des Zweiten Weltkriegs.

Eine von drei Sphingen eines Grabmals an der Pompeius-Säule bei Alexandria

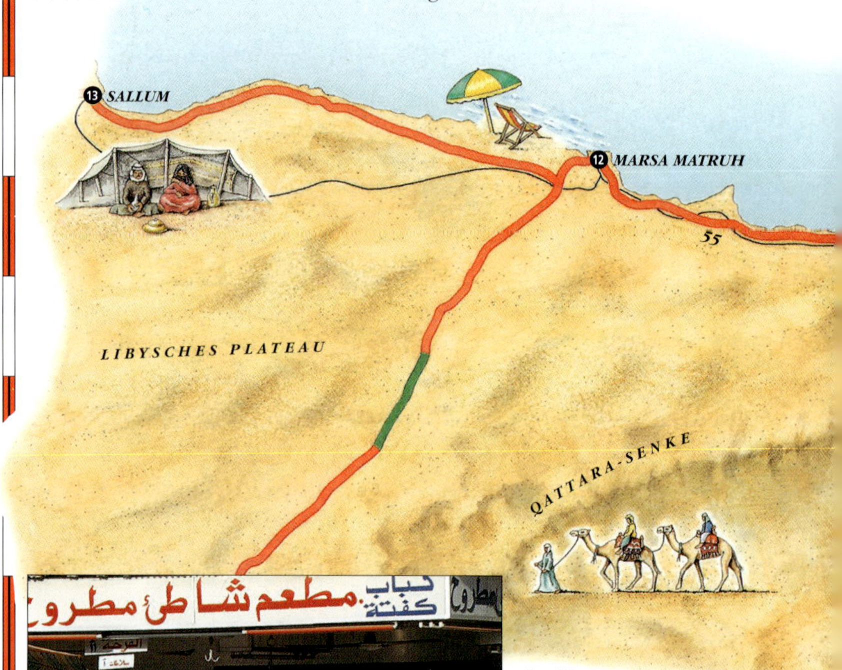

Straßenszene in Marsa Matruh, Badeort westlich von Alexandria

IM NILDELTA UND AN DER NORDKÜSTE UNTERWEGS

Alexandria besitzt einen internationalen Flughafen mit täglichen Flügen nach Kairo, Luxor, Hurghada, Sharm el-Sheikh und Assuan. Regelmäßige Züge und Busse fahren in ca. vier Stunden nach Kairo. Kleinere Orte können per Bahn, Bus oder Sammeltaxi erreicht werden. Klimatisierte Überlandbusse verkehren zwischen Alexandria, der Oase Siwa und der libyschen Grenze. Der tägliche Bummelzug nach Marsa Matruh ist nur etwas für geduldige Reisende, der Badeort ist auch per Flugzeug von Kairo und Alexandria aus erreichbar.

SEHENSWÜRDIGKEITEN AUF EINEN BLICK

Abu Mina 10
Abu Qir 8
Agami 9
Alexandria S. 236 ff 6
Damietta 1
El-Alamein 11
Marsa Matruh 12
Montasah-Palast 7
Rosetta (Rashid) 5
Sallum 13
Tanis 4
Tanta 3
Zagazig 2

Fort Qaitbey (um 1480) auf den Ruinen von Pharos, der Stelle des Leuchtturms des antiken Alexandria

SIEHE AUCH

- ***Übernachten*** S. 273f
- ***Restaurants*** S. 290f

LEGENDE

- Autobahn
- Hauptstraße
- Nebenstraße
- Eisenbahn
- Panoramastraße

0 Kilometer 75

Küste bei Sidi Abdel Rahman nahe den Schlachtfeldern von El-Alamein

Für das Nildalta typische Architektur in der Altstadt von Damietta

Damietta ❶

210 km nordöstlich von Kairo.
78 000.

DIE HAFENSTADT Damietta ist heute eines der exportstärksten Handelszentren (Möbel, Textilien, Nahrungsmittel und Fisch) an Ägyptens Mittelmeerküste. Schon im Mittelalter war Damietta eine wohlhabende Stadt, die immer wieder Angriffsziel von byzantinischen Söldnern, christlichen Kreuzfahrern, Mameluken und Türken war. Im Jahr 1250 wurde die Stadt nach ihrer Eroberung durch die Kreuzritter von mameluckischen Kriegern niedergebrannt, erholte sich aber erstaunlich schnell von dieser Katastrophe. Im 16. Jahrhundert ließen sich hier viele türkische Handelshäuser nieder. Deren schöne Villen und Karawansereien im ottomanischen Stil sind zum Teil erhalten geblieben. Die Eröffnung des Suezkanals (1869) und der Ausbau des Hafens von Port Said ließen Damiettas Bedeutung als Handelsplatz schwinden.

Erst seit den 60er Jahren (20. Jh.) konnte die Stadt erneut zu einem prosperierenden Industrie- und Dienstleistungszentrum aufsteigen. In Damietta selbst ist nur wenig zu besichtigen, aber an der nahen Salzwasserlagune des **Manzila-Sees** nisten vor allem im Winter Flamingos, Reiher, Pelikane und Störche. Ägypten liegt auf der Route von Millionen von Zugvögeln, die hier im Herbst und im Frühjahr Station machen.

Nördlich von Damietta liegt der kleine beliebte Badeort **Ras al-Bar**. Die Restaurants, Hotels und Cafés werden vor allem von jungen Einheimischen und von jugendlichen Globetrottern frequentiert.

Zagazig ❷

80 km nordöstlich von Kairo.
268 000.

ZAGAZIG WURDE 1830 für die Arbeiter an den entstehenden Nil-Schleusen *(siehe S. 165)* aus dem Boden gestampft. Der berühmteste Bürger der Stadt war Oberst Ahmed Orabi, der 1862 eine blutige, aber erfolglose Revolte gegen die englischen Kolonialherren anführte. Sein Denkmal steht vor dem Bahnhof. Im Museum der Stadt werden archäologische Artefakte aus der Region gezeigt.

Südöstlich von Zagazig erinnern die Ruinen von **Bubastis** daran, dass hier während der 22. und 23. Dynastie das politisch-religiöse Zentrum war. Allein das Kultzentrum der Katzengöttin Bastet zog damals Tausende von Menschen an. Die ausgelassenen, ja orgiastischen Feierlichkeiten zu Ehren der Göttin dauerten tagelang. Die in dieser Zeit gezeugten Kinder standen unter dem Schutz der Priester des Bastet-Tempels. Im Gegensatz zu anderen sakralen Zentren blieb von den Tempeln der Bastet so gut wie nichts erhalten. In einer der Nekropolen von Bubastis wurden allerdings Tausende mumifizierte Katzen entdeckt.

Katzenstatue der Göttin Bastet

Schilf am Manzila-See (Damietta) – Schutzgebiet für viele Zugvögel

MOULIDS

Das arabische Wort *moulid* bedeutet »Geburt/Geburtstag«. Sowohl islamische als auch koptische Heilige werden gefeiert. Die großen Feste in Kairo, Luxor und Tanta ziehen Millionen Menschen an. Nach dem Besuch der Moschee oder der Kirche wird der Name Gottes skandiert *(zikr)*. Bei einigen Feiernden stellt sich eine Art religiöse Trance ein, die als von Gott geschickt angesehen wird. Aber auch der weltliche Teil des Festes kommt nicht zu kurz: Man kauft bunte Hüte *(tartours)* und Laternen *(fanous)*, am Abend besucht man Marionetten-Theater oder sieht bei Stocktänzen zu. *Moulids* dauern oft eine ganze Woche, Höhepunkt ist die »Große Nacht«, *Leila al-Kebira* genannt. Dann findet eine Prozession *(zaffa)* statt, die dem Andenken des Heiligen gewidmet ist.

Tanta 3

94 km nördlich von Kairo.
373 000.

Die fünftgrösste Stadt Ägyptens feiert jedes Jahr nach der Baumwollernte ein großes *moulid*, an dem bis zu zwei Millionen Menschen teilnehmen. Das achttägige Fest findet zu Ehren des als Heiligen verehrten Sufi-Meisters Sayyid Ahmed al-Badawi statt, der im 13. Jahrhundert einen der größten Sufi-Orden Ägyptens gründete. Mitglieder des Sufi-Ordens kommen aus ganz Ägypten nach Tanta, um mit stundenlangen Gesängen und Tänzen den Heiligen zu ehren und Allah zu preisen. Der Sheik (Führer) der Sufis von Tanta führt die Prozession an, die vor der Grabmoschee von al-Badawi in exzessiven *zikrs* (Gemeinsame Gesänge und Anrufen des Namens Allahs) endet.

Die ursprünglich rein religiöse Veranstaltung wird natürlich auch zum Anlass genommen, sich in der Anonymität der Menge unbeobachtet austoben zu können.

Die Totenstadt von Tanis mit Gräbern aus der 21. und 22. Dynastie

Tanis 4

70 km nordöstlich von Zagazig.

Unweit des Dorfes San el-Hagar erinnert ein Ruinenfeld an die antike Stadt Djanet oder Tanis, wie sie die ptolemäischen Griechen nannten. Über Jahrhunderte war Tanis die größte Stadt des Deltas, zur Zeit der 21. Dynastie die Hauptstadt des ägyptischen Reichs. Die jährlichen Nilüberschwemmungen schufen eine Sumpflandschaft, ein aufwändiges Landgewinnungsprogramm Anfang des 19. Jahrhunderts machte 60 Quadratkilometer bewohnbar, nach 1820 wurde San el-Hagar gegründet.

Wandverkleidung im türkischen Haus des Amasyali in Rosetta

Archäologische Grabungen in Tanis förderten u.a. Artefakte aus der 6. Dynastie zu Tage. Große Mauerreste und Teile von Steinstatuen eines ramessidischen Tempels des Amun wurden freigelegt, dazu zahlreiche kleinere Grabmäler und Kultstätten aus der Herrschaftsperiode der Hyksos. In einer Nekropole wurden u.a. die Gräber von Psusennes I. und Scheschong III. aus der 21. bzw. 22. Dynastie gefunden, die Grabbeigaben sind heute im Ägyptischen Museum.

Rosetta (Rashid) 5

65 km östlich von Alexandria.
58 000.

Die im 9. Jahrhundert von Ibn Tulun, dem Gouverneur von Ägypten, gegründete Stadt wurde eine der wichtigsten Hafenstädte Ägyptens. Rosetta (heute Rashid) war im 17. Jahrhundert der größte Mittelmeerhafen des Landes. Als Alexandria im 19. Jahrhundert wieder an Bedeutung gewann, begründete dies den Niedergang von Rosetta, heute eine ruhige Hafenstadt, umgeben von Palmenhainen und Obstplantagen. Wohnhäuser und Moscheen aus der ottomanischen Periode zeugen vom einstigen Reichtum.

Neun der ehemaligen Stadtvillen der türkischen Beys sind für Besucher geöffnet. Eines der schönsten ist das Haus des Amasyali an der Sharia Amasyali. Auch das Ramadan House an der Sharia Port Said lohnt einen Besuch.

Ein besonderes Vergnügen ist ein Besuch im Azouz Hammam, einem ehemals öffentlichen Dampfbad aus dem 18. Jahrhundert. Das Bad am Südende von Rosetta ist zwar nicht mehr in Betrieb, man kann hier aber Kaffee trinken.

Die Stadt ist nicht zuletzt wegen des berühmten Rosetta-Steins *(siehe S. 20f)* bekannt geworden, der 1799 von französischen Soldaten gefunden wurde. Der Stein war Teil einer Basaltstele aus dem 2. Jahrhundert v. Chr., auf dem Ptolemäus V. seine Anordnungen mit ägyptischen Hieroglyphen auf Griechisch und Demotisch einritzen ließ. Anhand dieser Schriftreihen konnte man die ägyptischen Hieroglyphen entschlüsseln und die Texte in den Tempeln und Gräbern entziffern.

Palmen am Ufer eines Nilarms bei Rosetta

Alexandria ❻

Einst war Alexandria, die 332 v. Chr. von Alexander dem Großen gegründete Perle des Mittelmeers, das kulturelle Zentrum der hellenistischen Welt. Der Niedergang erfolgte im 4. Jahrhundert n. Chr., erst im 19. Jahrhundert riss ein Projekt die Stadt aus ihrer Lethargie: Ein Kanal verband Alexandria mit dem Hinterland, die Stadt wurde dadurch zum wichtigsten Hafen Ägyptens. Vom morbiden Charme des Schmelztiegels angezogen, kamen europäische Künstler wie Emil Nolde, Man Ray und Dalí nach Alexandria. Von Alexandrias antiker Größe ist nur wenig erhalten, neue Projekte sollen das kulturelle Erbe der Weltmetropole wieder sichtbar machen.

Farbenfrohe Fischerboote im Hafen von Alexandria

Midan Saad Zaghloul

Der direkt am Meer gelegene Platz ist das pulsierende Zentrum des modernen Alexandria. Die Statue des ägyptischen Freiheitskämpfers Zaghloul (1860–1927) *(siehe S. 62)* wacht über die Hafenzone und den Busbahnhof auf dem nahen Midan Ramla. Leider ist nichts mehr vom Caesareum, einem großartigen Tempelbau aus griechisch-römischer Zeit, erhalten. Kleopatra VII. ließ den Tempel für Marcus Antonius errichten. Nach dem tragischen Tod der Liebenden *(siehe S. 54f)* ließ Kaiser Augustus den Rundtempel fertig stellen, 912 brachte ihn ein Erdbeben zum Einsturz. Erhalten blieben nur zwei Obelisken, die 1884 nach New York bzw. London verkauft wurden. Inzwischen ist der Platz mit seinen Hotels, Restaurants, Einkaufszentren und den drei Art-déco-Cafés zum quirligen Mittelpunkt des Hafenviertels geworden.

Bibliotheca Alexandrina

Shatbi. *(03) 483 999, (03) 487 60 24/8.* *Mi, Do, So, Mo 10–17 Uhr, Fr, Sa 15–19 Uhr; Ramadan 11–14 Uhr.*

Die Bibliothek von Alexandria wurde im 3. Jahrhundert v. Chr. von Ptolemäus I. gegründet. Sie war die größte und bedeutendste Bibliothek der antiken Welt und zog viele berühmte Gelehrte an. Über 2000 Jahre nachdem sie einem verheerenden Brand zum Opfer fiel, wurde im Oktober 2002 die neue Bibliothek eröffnet, die an die historische Bedeutung des antiken Vorgängers anknüpfen will.

Das moderne Gebäude am nördlichen Ende der Corniche, das auch ein Planetarium und ein Wissenschaftsmuseum beherbergt, beeindruckt durch seine Architektur und die enormen Ausmaße. Die runde Außenfassade aus grauem Granit trägt Symbole und Buchstaben aus allen Alphabeten der Welt. Das Dach ist teilweise aus Glas und lässt viel Tageslicht in den Lesesaal, in dem 2000 Menschen Platz finden. Bis zu acht Millionen Büchern soll die Bibliothek eines Tages enthalten.

Der Holzschnitt (16. Jh.) zeigt die brennende Bibliothek

Hotel Cecil

16 Midan Saad Zaghloul. *(03) 487 71 73.*

Eines der markantesten Gebäude am Midan Zaghloul ist das Hotel Cecil, das Lawrence Durrell in seinem Roman *Alexandria Quartet* (1960) unsterblich gemacht hat. Die 1929 eröffnete Nobelherberge soll genau an der Stelle stehen, an der Kleopatra Selbstmord beging.

Im Zweiten Weltkrieg hatte der englische Geheimdienst hier seine Zentrale, nach dem Krieg stiegen im Cecil Künstler (Maugham, Coward) und Politiker (Churchill, Adenauer, de Gaulle) ab. Die stilgetreue Renovierung 1992 konnte zwar die Atmosphäre jener Tage nicht wiederbeleben, doch das Dachgarten-Restaurant und die Terrasse sind einzigartig.

Die elegante Fassade des Hotel Cecil

Cavafy Museum

4 Sharia Sharm el-Sheikh, nahe Sharia Nabi Daniel. *Mi–Mo.*

Der Dichter Constantine Cavafy (1863–1933), Sohn griechischer Eltern, setzte seiner Stadt ein literarisches Denkmal. Das kleine Museum ist in der ehemaligen Wohnung des Poeten untergebracht, einige Räume sehen aus, als hätte Cavafis sie gerade verlassen. Zu den ausgestellten Besitztümern des Dichters zählen sein

Marmorbänke des römischen Amphitheaters Kom al-Dikka

Bett, sein Schreibtisch, zahlreiche Erstausgaben und seine Totenmaske. Cavafy liegt auf dem griechischen Friedhof begraben. Ein Raum ist einem seiner Schüler gewidmet, dem Autor Stratis Tsirkas (1911–1981).

Römisches Amphitheater Kom al-Dikka

Sharia Yousef. *tägl.*

1965 wurde ein halbkreisförmiges Amphitheater aus dem 2. Jahrhundert n. Chr. freigelegt. Die Zuschauertribüne war aus Marmor gefertigt, die so genannte Königsloge soll aus Zedernholz bestanden haben. Die römische Arena diente möglicherweise auch als Forum der Stadtverwaltung von Alexandria. Einige Segmente des schönen Mosaikbodens können vor den Ruinen der Arena besichtigt werden. Die laufenden Grabungsarbeiten werden fortgesetzt.

Nördlich des Amphitheaters stehen die Ruinen eines römischen Badehauses. Die Mauerreste der Kanäle und Becken zeigen, wie das erwärmte Wasser in die mit Marmor verkleideten Wannen geleitet wurde. Östlich davon können die Ruinen einer Wohnanlage aus dem 1. Jahrhundert n. Chr. besichtigt werden. Beide Sehenswürdigkeiten sind nur zeitweilig für Besucher zugänglich.

Römisches Mosaik in Kom al-Dikka

Bei archäologischen Unterwasserexpeditionen im seichten Wasser vor Fort Qaitbey wurden 1999 ein Obelisk und mehrere Statuen aus der Zeit von Sethos I. geborgen. Einige der Artefakte sind nun auf dem Gelände des Amphitheaters zu besichtigen.

Infobox

Provinz Alexandria. *3,4 Mio.*
5 km südöstlich der Stadt.
Bahnhof Masr, Midan al-Gumhuriyya. *Busbahnhof 15th May , Sidi Gaber.*
Midan Saad Zaghloul (03) 485 15 56; Bahnhof Masr (03) 392 59 85.

Zentrum von Alexandria

Attarine-Moschee ⑧
Bibliotheca Alexandrina ②
Cavafy Museum ④
Fort Qaitbey ⑪
Griechisch-Römisches Museum ⑥
Hotel Cecil ③
Juwelenmuseum ⑱
Katakomben von Kom ash-Schukafa ⑮
Mahmoud Said Museum ⑰
Midan Saad Zaghloul ①
Midan Tahrir ⑨
Museum der Schönen Künste ⑯
Nekropole von Anfushi ⑫
Osmanischer Stadtteil (Anfushi) ⑩
Pastroudis ⑦
Pompejussäule ⑬
Ras el-Tin Palast ⑭
Römisches Amphitheater Kom al-Dikka ⑤

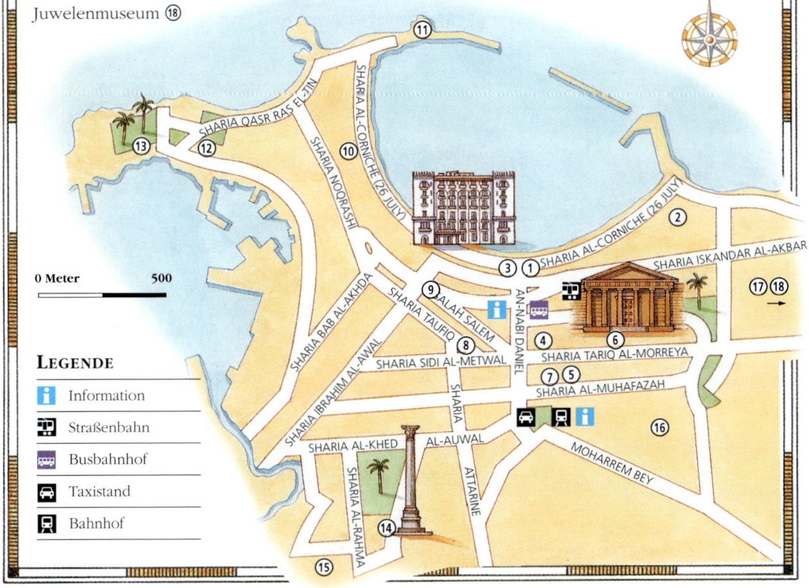

Alexandria: Griechisch-Römisches Museum

Terrakotta-Laterne

Mehr als 40 000 Artefakte aus der Zeit von 300 v. Chr. bis 450 n. Chr. werden im Museum griechisch-römischer Altertümer ausgestellt. Sie stellen vor allem mit den Funden aus der Region einen umfassenden Querschnitt dieser Epochen dar. Besonders sehenswert sind die Papyri, die in einer Krokodilmumie gefunden wurden (Saal 9), und die Kolossalstatue von Ramses II. Von den Exponaten der hellenistischen Ära verdient das Mosaik der Medusa besondere Beachtung. Das Museum wurde 1892 von dem Khediven Abbas II. gegründet und präsentiert seine Schätze heute in 25 Sälen und im Garten.

Museumsgärten
Jedes Fleckchen ist angefüllt mit Sarkophagen und Statuen verschiedener Epochen. Der Kopf einer Monumentalstatue des Marcus Antonius ist besonders ausdrucksvoll gearbeitet.

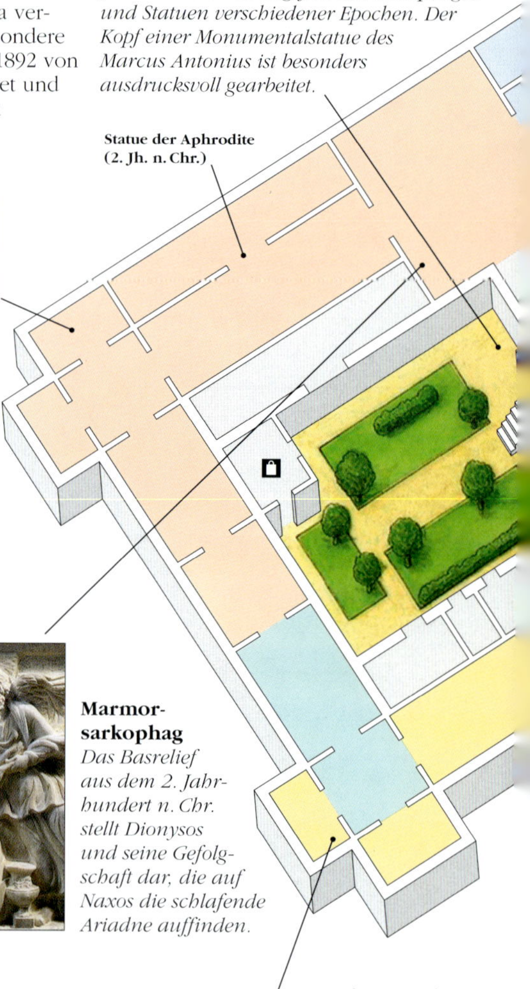

Grabfresken
Zwei Ochsen bewegen ein Wasserschöpfrad, eine Erfindung alexandrinischer Ingenieure. Die Darstellung ist Teil eines Grabfreskos aus dem 2. Jahrhundert n. Chr.

Marmorsarkophag
Das Basrelief aus dem 2. Jahrhundert n. Chr. stellt Dionysos und seine Gefolgschaft dar, die auf Naxos die schlafende Ariadne auffinden.

Heiliges Krokodil
Die Krokodilmumie wurde bei Prozessionen für den Krokodilgott Sobek mitgeführt.

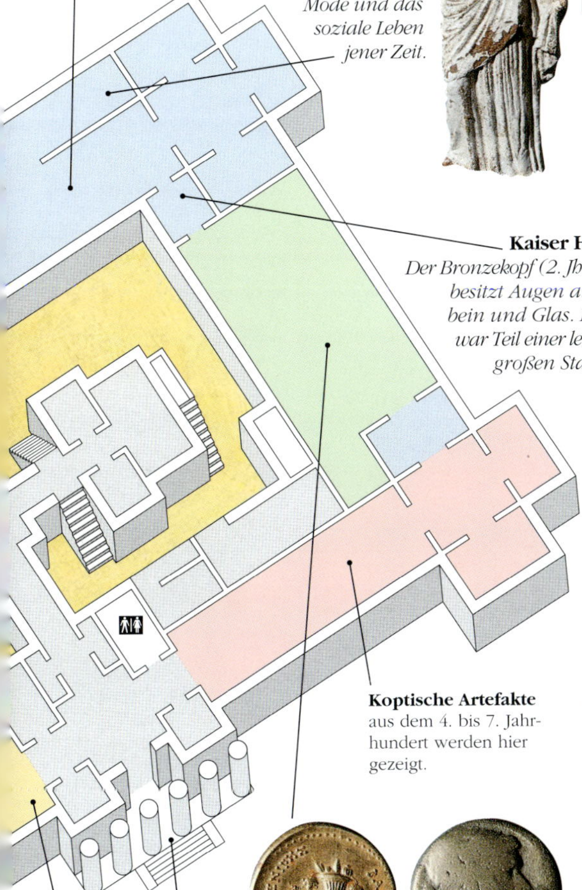

Terrakotta-Modelle der öffentlichen Bauten werden im Saal 18 gezeigt.

★ Tanagra-Figuren
Die lebensecht wirkenden Terrakotta-Figuren aus der griechisch-römischen Periode Alexandrias geben Einblicke in die Mode und das soziale Leben jener Zeit.

Infobox

5 Sharia al-Mathaf ar-Romani. ☎ (03) 486 58 20. 🚗 🚌 🚋 ◯ tägl. 9–17 Uhr; während des Ramadan 9–15 Uhr. ● Fr 11–13 Uhr. 📷 Extra-Gebühr für Foto- und Filmaufnahmen.

Kaiser Hadrian
Der Bronzekopf (2. Jh. n. Chr.) besitzt Augen aus Elfenbein und Glas. Die Büste war Teil einer lebensgroßen Statue.

Kurzführer

Die Ausstellungen sind chronologisch aufgebaut, beginnen im Eingangsbereich und setzen sich im Uhrzeigersinn fort. Diese Anordnung wird durch zwei Themenschwerpunkte unterbrochen: regionales Kunsthandwerk und eine Münzsammlung der ägyptischen Antike. Ebenfalls sehenswert sind die antiken Statuen im Garten.

Koptische Artefakte aus dem 4. bis 7. Jahrhundert werden hier gezeigt.

★ Antike Münzen
Die Münzsammlung enthält auch antike Geldstücke mit dem Profil der Kleopatra (oben rechts).

Legende

- Koptisch
- Ptolemäisch
- Pharaonisch
- Griechisch-römisch
- Kunsthandwerk (alle Perioden)
- Münzen
- Keine Ausstellungsfläche

Alexander der Große (356–323 v. Chr.)
Der Marmorkopf ist nur eines der Porträts, die das Museum von dem griechischen Eroberer besitzt. Nach seinem Tod wurde Alexander wie ein Gott verehrt.

Nicht versäumen

★ Tanagra-Figuren

★ Antike Münzen

Das Pastroudis, einst Stammcafé der literarischen Szene Alexandrias

Pastroudis

39 Sharia Horreya. ☎ (03) 392 96 09.

Die Mahagonivertäfelung im Café Pastroudis hat in 90 Jahren eine edle, dunkelbraune Patina angesetzt, die auch die dürftige Beleuchtung nicht wirklich aufhellen kann. Der englische Schriftsteller und Geheimagent Lawrence Durrell ließ hier einige Szenen seines Romans *Alexandria Quartet* stattfinden, und der berühmte Poet Cavafy lud seine Freunde im Hinterzimmer zum Literatenstammtisch. Das Café ist ideal, um an den kleinen Tischen einen Pastis zu trinken und die Welt an sich vorbeiziehen zu lassen. Die Sharia Horeyya soll bis ins 2. Jahrhundert n. Chr. ein überdachter Kolonnadenweg gewesen sein, der Alexandria vom östlichen Tor der Sonne zum westlichen Tor des Mondes durchquerte.

Attarine-Moschee

Sharia Attarine.

Das Minarett der Moschee ist vom Midan Tahrir aus gut auszumachen. Die Attarine-Moschee ersetzte die berühmte Moschee der tausend Säulen, die ihrerseits wiederum auf den Ruinen der Kirche St. Athanasius (4. Jh.) erbaut wurde. Soldaten der Armee Napoleons zogen einen tonnenschweren Sarkophag aus der Attarine-Moschee, den sie für den Sarg von Alexander dem Großen hielten. Britische Experten fanden später heraus, dass es sich um den Sarkophag des letzten ägyptischen Pharao, Nektanebo II., handelte.

Vor der Moschee beginnt das Viertel der Antiquitätenhändler. Von echtem europäischen Jugendstil bis hin zu Trödel aus der Zeit der napoleonischen Besetzung Ägyptens findet sich hier allerlei. Leider gehen auch hier die besten Stücke direkt an die Einkäufer internationaler Auktionshäuser, echte Schnäppchen bleiben die Ausnahme.

Midan Tahrir

Bis 1873 war die ehemalige *Place des Consuls* Teil des alten, ottomanisch geprägten Alexandria, danach wies das Reiterstandbild von Pascha Mohammed Ali auf den neuen Namen des Platzes hin: Midan Mohammed Ali. Nach dem Bombardement durch britische Kriegsschiffe *(siehe S. 59)* und dem darauf folgenden Wiederaufbau wurde das Areal 1883 in Midan Mansheiyya umbenannt. Erst seit Nassers nationaler Revolution (1952) heißt es Midan Tahrir. 1954 wurde hier ein Attentat auf Nasser verübt, zwei Jahre später verkündete Nasser genau an der Stelle die Verstaatlichung des Suezkanals. Es war der Auftakt zur Suezkrise, die Nasser nur mit Hilfe der UNO überstand.

Nördlich des Midan Tahrir schließt sich der Midan Orabi an, der wichtigste Verkehrsknotenpunkt Alexandrias. Das klassizistische Denkmal des Unbekannten Soldaten, 1937 vom italienischen Architekten Verucci entworfen, beherrscht die breite Corniche und erinnert an die engen, aber konfliktreichen Beziehungen Ägyptens zu Italien.

Midan Tahrir im Zentrum Alexandrias

Fassadendetail der Moschee von Abu al-Abbas el-Mursi in Anfushi

Osmanischer Stadtteil (Anfushi)

Die Halbinsel Anfushi, einst durch einen kilometerlangen Damm mit der Insel Pharos verbunden, war und ist das Stadtviertel der Türken in Alexandria. Jahrhunderte der türkischen Herrschaft über Ägypten (1517–1914) ließen weit verzweigte Souks (Basare) und osmanische Wohnhäuser entstehen, die den Besucher glauben lassen, er wäre am Bosporus.

Die große El-Shorbagi-Moschee in der Mitte von Anfushi ist nur eine der zahlreichen Moscheen aus türkischer Zeit. Mitte des 18. Jahrhunderts erbaut zeichnet sie sich durch eine breite Galerie im ersten Stock aus und – eine Besonderheit – durch Läden im Erdgeschoss. In der Sharia Faransa steht die Moschee von Ibrahim Terbana, die 1685 unter Verwendung zweier antiker

Der Leuchtturm von Pharos

An der Spitze der Insel Pharos stand ein im 3. Jahrhundert v. Chr. erbauter Leuchtturm, der zu den sieben Weltwundern zählte. Das 150 Meter hohe Gebäude aus Kalkstein wurde vom griechischen Architekten Sostratos entworfen und soll aus drei unterschiedlichen Stockwerken zusammengesetzt gewesen sein. Im viereckigen Grundsockel waren Kammern für das Palmöl des Leuchtfeuers. Der zweite Stock hatte vermutlich eine achteckige Form, das dritte Stockwerk war kreisförmig angelegt und mit einem komplizierten Öllampenmechanismus besetzt. Nach Überlieferungen bildete eine riesige Bronzestatue des Meeresgottes Poseidon den krönenden Abschluss. Der Leuchtturm war 1000 Jahre in Betrieb, im 7. Jahrhundert n. Chr. brachen die Brennschüsseln zusammen, Erdbeben im 12. und 14. Jahrhundert brachten den Turm zum Einsturz. Nach der Vorlage des deutschen Malers Friedrich von Thiersch soll der Turm neu errichtet werden.

Rekonstruktion des Leuchtturms

Säulen entstand. Am Midan El-Gawamaa steht die Moschee von Abu el-Abbas el-Mursi (13. Jh.), 1946 vom italienischen Architekten Mario Rossi umgebaut. Den achteckigen Kuppelbau überragt ein 73 Meter hohes Minarett.

Fort Qaitbey

Corniche. 15. *tägl.*

Blickt man von der Corniche auf das Fort am Ende des östlichen Hafenabschnitts, sieht es wie eine Spielzeugburg aus. Aus der Nähe ist das Fort des Sultans Qaitbey (1468–1497) ein imposantes Bauwerk. Es entstand im 15. Jahrhundert an der Stelle des zerstörten Leuchtturms, dessen Fundamente einbezogen wurden. Innerhalb des Festungsbaus sind eine kleine Moschee – die älteste in Alexandria – und ein kleines Marinemuseum untergebracht. Die Exponate stammen von römischen Galeeren und den Schiffen der napoleonischen Ägyptenflotte. Von Napoleons Flaggschiff *L'Orient* sind Weinflaschen und nautische Instrumente erhalten. Das Fort wurde 1882 durch den Beschuss britischer Kriegsschiffe schwer beschädigt, 1894 aber wieder umfassend restauriert. Von der Anhöhe des Fort Qaitbey hat man einen wundervollen Panoramablick über Alexandria.

Nekropole von Anfushi

Sharia Ras el-Tin, Anfushi. *tägl.*

Die fünf Felsengräber der Nekropole von Anfushi, 1901 und 1921 entdeckt, stammen aus der Zeit um 250 v. Chr. Die in den Kalksteinfelsen gehauenen Grabkammern bilden eine Stufentreppe, die zu einem Innenhof hinabführt, in dem weitere Gräber angelegt wurden. Grabkammer Nr. 2 ist am besten erhalten und am interessantesten. Friese mit Darstellungen des Verstorbenen in der Gesellschaft von Horus, Osiris und Isis zieren die Wände. Griechische Inschriften und Szenen aus dem Leben des Toten finden sich auf der gegenüber liegenden Wand. Die für die ptolemäische Periode typische Verbindung griechischer und ägyptischer Stilelemente ist hier besonders gut nachzuvollziehen. Vom Eingangsbereich erreicht man zwei Grabkammern; die nordöstliche wurde mit schwarzweißen Rautenmustern ausgemalt. Die Tür wird von zwei steinernen Sphingen flankiert.

Blick vom östlichen Hafen auf Fort Qaitbey, errichtet auf den Ruinen des Leuchtturms von Pharos

Ras el-Tin Palast

Sharia Ras el-Tin, Bahari.

Der Palast über dem westlichen Hafenabschnitt ist von Gärten umgeben. Die königliche Sommerresidenz von Mohammed Ali Pascha (1805–1849) wurde nur selten von ihm besucht. Während der Regierungszeit Königs Fuad I. (1917–1936) bauten italienische Architekten den Palast zum Sommersitz der ägyptischen Regierung um. Als Nassers Truppen 1952 den Palast umstellten, unterzeichnete König Faruk hier seine Abdankungsurkunde und ging danach ins italienische Exil. Heute dient der Palast als Hauptquartier der Admiralität und Gästehaus der ägyptischen Regierung. Die Gartenanlagen stehen für Besucher offen.

Pompejussäule

Sharia Ahmoud al-Saweiri, Karmous. *16.* *tägl.*

Im Südwestteil Alexandrias, unweit des verarmten Viertels Karmous, ist die 27 Meter hohe Pompejussäule auf den Ruinen des ehemals berühmten Serapis-Tempels das höchste antike Baudenkmal Alexandrias. Die Säule wurde 292 n. Chr. für den römischen Kaiser Diokletian errichtet. Eine griechische Inschrift preist Diokletian als »gerechtesten aller Kaiser, Beschützer Alexandrias, unbesiegbarer Diokletian«. Die Bezeichnung Pompejussäule könnte von mittelalterlichen Reisenden geprägt worden sein, die hier den im Jahr 48 v. Chr. ermordeten römischen General Pompejus begraben wähnten.

Das aus rotem Assuangranit errichtete Bauwerk steht auf den Überresten des Serapis-Tempels, der an dieser Stelle im 3. Jahrhundert v. Chr. entstand. Serapis war eine in der griechisch-römischen Periode populäre ägyptische Gottheit, die Aspekte des Osiris- und des Apiskults miteinander verband. In einem Seitentrakt ihres Tempels soll sich eine Bibliothek befunden haben.

Im 2. Jahrhundert n. Chr. wurde der Serapis-Tempel von Kaiser Hadrian erweitert und als dem römischen Kapitol ebenbürtig gepriesen. Der christliche Kaiser Theodosius

Die Pompejussäule, einst Teil des berühmten Serapis-Tempels

ließ den Tempel 391 zerstören – nur die Säule blieb von der Tempelanlage erhalten. In drei Katakomben wurden die heiligen Apis-Stiere *(siehe S. 160)* begraben.

Katakomben von Kom ash-Schukafa

Sharia al-Nasserieh. *16.* *tägl. 9–17 Uhr; Ramadan 9–15 Uhr).*

Der Katakombenkomplex aus dem 2. Jahrhundert n. Chr. ist die größte griechisch-römische Grabanlage Ägyptens. Der südwestlich der Pompejussäule gelegene Abhang war ursprünglich eine Familiengrabstätte, die sich mit der Zeit zur weit verzweigten Nekropole mit Hunderten von Einzelgräbern ausdehnte.

Die in den Felsen gehauene Grabanlage reicht über drei Ebenen bis auf eine Tiefe von 35 Meter hinab. Die tiefste Ebene ist durch Überflutungen inzwischen unzugänglich geworden.

Man betritt die im Jahr 1900 entdeckte Nekropole durch eine Wendeltreppe mit großem Innenschacht, durch den die Toten abgesenkt wurden. Auf der obersten Ebene liegt eine von einer Kuppel überwölbte Rotunde, das so genannte Triclinium Funebre, ein Saal für die Leichenfestmäler. Östlich dieser Rotunde befindet sich die Caracalla-Halle, ein älterer Grabkomplex, der durch von Grabräubern vorgetriebene Stollen mit der großen Grabkammer verbunden wurde. Dieser Bereich ist Nemesis, der Göttin der Wagenlenker, geweiht. Über Treppen erreicht man die Vorhalle und Grabkammern der zweiten Ebene. Die Sarkophage und Wandreliefs zeigen eine Mischung von ägyptischen, römischen und griechischen Elementen; am Eingang wird Anubis als römischer Legionär, aber mit Krokodilschwanz, dargestellt. Auf jeder Seite der Grabkammer sind, unter dem Haupt der Medusa, zwei riesige Schlangen abgebildet, welche die Doppelkrone Ägyptens tragen. Von der Vorhalle geht ein Gewirr von Seitengängen ab, in denen über 300 *loculi* (schmale Schiebegräber) untergebracht waren.

Museum der Schönen Künste

18 Sharia Menasce. (03) 393 66 16. Sa–Do.

Einige Schritte südöstlich des Bahnhofs Masr steht eine Villa, in der das Museum der Schönen Künste untergebracht

Relief von Anubis, der einer Mumifizierung beiwohnt

wurde. Die reiche jüdische Menasce-Familie vermachte das Haus 1954 der Stadt. Das Museum stellt Wanderausstellungen einheimischer und ausländischer Künstler aus, das Niveau der Kunstsschauen ist außergewöhnlich hoch. Das Museum der Schönen Künste veranstaltet auch die Biennale von Alexandria, auf der Kunst und Künstler des Mittelmeerraums vorgestellt werden. Im Garten der Villa steht eine von Mahmoud Mokhtar (1891–1934) geschaffene Statue; er gilt als bedeutendster Vertreter der modernen Kunst Ägyptens.

Mahmoud Said Museum

6 Sharia Said Pasha, Gianaclis.
(03) 582 16 88. 2.
Di–So 10–18.30 Uhr; Ramadan 10–13.30, 19–22.30 Uhr.

Der alexandrinische Aristokrat Mahmoud Said (1897–1967) ist einer der Erneuerer der ägyptischen Kunst. In der Familienvilla wurde auch sein Museum untergebracht. Dieses zeigt im Erdgeschoss einen repräsentativen Querschnitt aus Saids Schaffen. Said war eigentlich Jurist und jahrelang Richter, widmete sich aber ab 1947 völlig seiner wahren Leidenschaft, dem Malen. Er studierte in Paris Malerei und Bildhauerei. Seine Verbindung von europäischen Maltechniken und antiken ägyptischen Themen brachte ein Œuvre einzigartiger Gemälde hervor. Sein Selbstporträt von 1924 erinnert an die faszinierenden Mumienporträts aus Faijum *(siehe S. 165)*. Neben klassischen Porträts schuf Said vor allem Gemälde mit lebendigen Alltagsszenen seiner Heimatstadt Alexandria. In den ausgehenden 30er Jahren wechselte er zur impressionistischen Landschaftsmalerei über.

Im ersten Stock werden bekannte Maler aus der Kunstszene Alexandrias gezeigt. Die Brüder Seif und Adham Wanly sind international bekannte Vertreter einer ägyptisch-islamischen Kunst neuerer Prägung. Landschaftsgemälde, Porträts und sogar Cartoons belegen den hohen Standard der Exponate des Museums. Im Souterrain sind u. a. Werke der renommierten ägyptischen Maler Sobhi Girgis und Ahmed Fuad Selim ausgestellt. Zwei große Ausstellungsräume sind für Wanderausstellungen reserviert.

Juwelenmuseum

27 Sharia Ahmed Yehia Pasha, Zizinia.
2. *(03) 582 83 48.*
tägl. 9–16 Uhr; Ramadan 9.30–14.30 Uhr.

Das Stadtpalais wurde ursprünglich für die Enkelin von Mohammed Ali, Prinzessin Fatima el-Zaharaa (1903–1983), erbaut und war einer der Wohnsitze des Königs Faruk. Die Ausstellungsstücke reichen von der Zeit Mohammed Alis bis zum Ende der Herrschaft Faruks im Jahr 1952. Die wertvollsten Stücke sind u.a eine Schnupfdose, auf der der Namenszug Mohammed Alis in Diamanten ausgeführt wurde, ein mit Gold und Diamanten besetztes Schachspiel von König Faruk sowie eine großartige Krone aus Platin, die mit über 2000 Diamanten verziert ist. Selbst diamantenbesetzte Gartenwerkzeuge befinden sich unter den Ausstellungsobjekten.

Der Palast ist verschwenderisch, vielleicht etwas zu üppig dekoriert worden. Die Bleiglasvignetten aus Frankreich und die bemalten Decken erinnern an Versailles. Selbst die Toiletten sind entsprechend herausgeputzt: die der Damen mit Fresken badender Nymphen, die der Herren mit französischen Fischern.

Montasah-Palast – Mischung aus maurischer und Florentiner Architektur

Montasah-Palast 7

18 km östlich von Alexandria.
(03) 547 71 52. *tägl.*

DIE EHEMALIGE Sommerresidenz der ägyptischen Könige liegt an einem schönen Küstenabschnitt. Anfang des 20. Jahrhunderts erbaut diente der Palast dem Khediven Abbas II. und König Faruk für erotische Abenteuer. Der Palast weist maurische, türkische und toskanische Baustile auf, der Hauptturm ist dem Palazzo Vecchio in Florenz nachempfunden. Obwohl der Palast als Gästehaus der Regierung nicht zugänglich ist, können Park und Strand betreten werden. Östlich liegt die Strandanlage **Mamoura**. Gegen eine Gebühr kann man den sauberen Strand nutzen.

Mamoura

Sharia Abu Qir.

Die Gärten des Montasah-Palasts östlich von Alexandria

Abu Qir 8

24 km östlich von Alexandria.
33 000.

Das kleine Fischerdorf östlich von Alexandria ist sowohl wegen der historischen Seeschlacht von Abukir (Abu Qir) als auch für seine ausgezeichneten Fischrestaurants bekannt. Im Jahr 1798 versenkte die britische Flotte unter Admiral Nelson die Schiffe von Napoleons Expeditionskorps. Der Verlust seiner Flotte und seines Nachschubs veranlasste Napoleon, den Ägyptenfeldzug abzukürzen. Nur ein Jahr später konnten französische Truppen an gleicher Stelle die zahlenmäßig überlegenen Türken vernichtend schlagen. Seit 1998 fördern Tauchexpeditionen französischer und ägyptischer Wissenschaftler viele Artefakte aus den versunkenen Kriegsschiffen zu Tage: Goldmünzen, Kanonen, Seekarten und persönliche Gegenstände der Besatzungen wurden in teilweise sehr gutem Zustand geborgen.

Obwohl der steinige Strand nicht zum Baden einlädt, kommen am Wochenende viele Besucher nach Abu Qir, um sich in einem der zahlreichen Fischrestaurants die köstlichen Meeresfrüchte schmecken zu lassen. Besonders das Zaphyrion *(siehe S. 290)* – der altgriechische Name von Abu Qir – gilt als eines der besten Restaurants in ganz Ägypten.

Bunt bemalte Fischerboote in Abu Qir

Agami 9

20 km westlich von Alexandria.

In den 50er Jahren des 20. Jahrhunderts war Agami, damals »ägyptisches St. Tropez« genannt, das bevorzugte Sommerziel der Kairoer und Alexandriner Elite. Heute ist von dieser Exklusivität kaum noch etwas zu spüren. Die weiten Strände sind leerer als die von Alexandria, dafür ist das Nachtleben freizügiger als irgendwo sonst an der Küste. Hochhäuser ersetzten die flachen Bungalows. Nur das 1975 errichtete **Beit al-Halawa** des ägyptischen Stararchitekten Abd el-Wahid el-Wakil hebt sich wohltuend von den gleichförmigen Fassaden neuerer Bettensilos ab. Auch die prägnanten Linien der **Villa Lashin**, die 1962 von Ali Azzam entworfen wurde, fallen sofort angenehm auf.

Umgebung: Unter den zahlreichen Strandanlagen der Umgebung sind das preiswerte **Hannoville** und das **Sidi Kir** (14 km westlich von Abu Qir) besonders zu erwähnen.

Abu Mina 10

63 km südwestlich von Alexandria.

Westlich von Alexandria liegt das koptische Kloster von Abu Mina (Deir Mari Mina). Mina war ein in Alexandria geborener römischer Legionär, der Ende des 3. Jahrhunderts n. Chr. für seinen christlichen Glauben in Phrygien (Türkei) den Märtyrertod starb. Der Legende nach hielt das Kamel, das seinen Leichnam trug, genau hier an und wollte nicht mehr weitergehen. Kurz nach der Beisetzung des Heiligen entsprang an der Stelle eine Quelle, der wundertätige Kräfte zugeschrieben wurden. Koptische Glaubensbrüder errichteten über dem Grab des Mina eine Basilika und ein Kloster. Als die Tochter des byzantinischen Kaisers im 4. Jahrhundert durch das Quellwasser geheilt wurde, setzte eine rege Pilgertätigkeit zum Kloster von Abu Mina ein. Im 6. Jahrhundert wurde die Siedlung geplündert, außerdem begann die Quelle auszutrocknen. Das Kloster verfiel. Erst im 20. Jahrhundert wurde ein neues koptisches Kloster erbaut. Die historischen Überreste sind nicht beeindruckend, dennoch plant man ein Museum und einen archäologischen Park.

Kloster von Abu Mina, 1959 auf einer wesentlich älteren Kirche erbaut

◁ **Malerische Fischerboote am Strand von Abu Qir**

El-Alamein ⓫

105 km westlich von Alexandria. 1800.

Das kleine Fischerdorf El-Alamein wurde zum Synonym für eine der blutigsten Schlachten des Zweiten Weltkriegs. Die Niederlage der deutschen Truppen unter Generalfeldmarschall Rommel markiert einen Wendepunkt auf dem Kriegsschauplatz des Mittelmeerraums. Am 23. Oktober 1942 begann bei El-Alamein die entscheidende Schlacht zwischen den Panzerverbänden des englischen Generals Montgomery und dem deutsch-italienischen Afrikakorps. Nach elf Tagen zogen sich die Reste der deutschen Verbände nach Tunis zurück, wo sie sich sechs Monate später ergaben. Beide Seiten hatten über 32 000 Tote, 13 000 Vermisste und 72 000 Verwundete zu beklagen. Das Kriegsmuseum **(War Museum)** westlich von El-Alamein zeigt mit Computer-Simulationen und historischen Exponaten den Verlauf der Kämpfe.

Im **Commonwealth War Cemetery** bezeugen die von Sanddünen umgebenen Gräberreihen die sinnlose Menschenvernichtung des Kriegs. Auf einem Mahnmal sind die Namen von 11 000 britischen Soldaten verzeichnet, deren Leichen nie gefunden wurden. An der Küste liegt ein deutscher Soldatenfriedhof mit einem Dekmal für die 22 000 defallenen Deutschen. Drei Kilometer westlich liegt der italienische Soldatenfriedhof.

Grabsteine des Commonwealth War Cemetery bei El-Alamein

Sherman-Panzer im Hof des War Museum

An der Küste entstanden Strandanlagen, die sich an den Soldatenfriedhöfen nicht zu stören scheinen. Die exklusive Ferienanlage **Sidi Abdel Rahman**, 23 Kilometer westlich von El-Alamein, kann mit feinstem Sandstrand und Service aufwarten.

El-Alamein War Museum
tägl.

Marsa Matruh ⓬

290 km westlich von Alexandria.
52 000. Governorate Building, Al-Corniche (03) 493 18 41.

Die Kleinstadt Marsa Matruh an der Mittelmeerküste ist bei ägyptischen Sommerfrischlern beliebt. Die Strände sind breit, der Ort fällt leider nicht durch übertriebene Sauberkeit auf. Die Anlagen sind nach westlichen Maßstäben eher als vernachlässigt zu bezeichnen.

Aber Marsa Matruh kann auf seine Vergangenheit verweisen: Alexander der Große kam vorbei, die geschlagene Flotte von Kleopatra und Marcus Antonius machte nach der Seeschlacht von Aktium hier fest. Straßennamen erinnern an die Ereignisse.

Sieben Kilometer westlich liegt der schön geschwungene **Cleopatra Beach**. Felsen und starke Strömung trüben allerdings das Badevergnügen. Im nahen Bad der Kleopatra soll die letzte Herrscherin tatsächlich gebadet haben. Am besten schwimmt man am **Agibah Beach** 28 Kilometer westlich von Marsa Matruh. Ein steiler Pfad führt zur Bucht mit den glatten Steinen.

Sallum ⓭

222 km westlich von Marsa Matruh.
6000.

Sallum ist die letzte ägyptische Siedlung vor der libyschen Grenze und ein wichtiger Handelsort der nomadisierenden Beduinen. Die Häuser stehen auf einer hohen Klippe, unten liegt ein kleines Hafenbecken. In der Antike war dies der römische Hafen Baranis. Obwohl Sallum kein ausgesprochener Badeort ist, kann man an den langen Stränden östlich des Ortes ungestört schwimmen und sonnenbaden. Man sollte sich aber bei der örtlichen Touristenpolizei erkundigen, wo die militärischen Sperrzonen die Strände einschließen.

Auch hier wurde ein kleiner **Soldatenfriedhof** für die Gefallenen des Zweiten Weltkriegs angelegt.

Etwas außerhalb von Sallum liegt ein großes Flüchtlingslager der Palästinenser, die 1994 nach einem Streit zwischen Gaddafi und Arafat aus Libyen ausgewiesen wurden.

Wellen brechen sich an den Felsen des Cleopatra Beach nahe Marsa Matruh

Libysche Wüste

Ägyptens Libysche Wüste erstreckt sich über fast drei Millionen Quadratkilometer vom Nil bis zur libyschen Grenze und vom Sudan bis zur Küste des Mittelmeers. Obwohl diese Regionen über zwei Drittel des ägyptischen Staatsgebietes einnehmen, ist diese riesige Landmasse praktisch unbewohnbar. Nur in den fruchtbaren Oasen konnten sich Menschen ansiedeln und Kultur entwickeln.

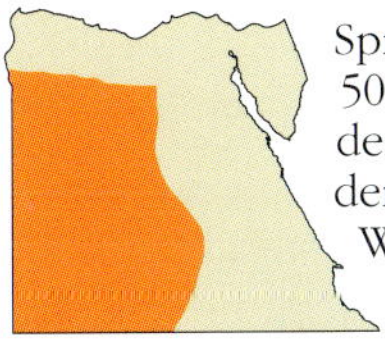

In der Libyschen Wüste konnte man nur in fünf Oasen (Siwa, Kharga, Dakhla, Farafra und Baharija) dauerhaft siedeln. Mit Ausnahme von Siwa waren alle Oasen schon zu Zeiten der Pharaonen bewohnt. Oasen waren überlebenswichtige Stützpunkte der Handelskarawanen auf dem Weg von und nach Schwarzafrika. Die ptolemäischen Tempel und römischen Forts in den Oasen belegen deren Bedeutung, archäologische Ausgrabungen bringen immer wieder aufschlussreiche Funde zum Vorschein.

Jede Oase hat ihren eigenen Charakter. Während die Siedlungen in Baharija und Farafra noch einen dörflichen Charakter haben, konnten sich Dakhla und Kharga zu kleinen Städten entwickeln. In der Oase Siwa, nahe der libyschen Grenze, bewahrten sich die Bewohner ihre eigene Sprache und Kultur. Ende der 50er Jahre des 20. Jahrhunderts fasste Präsident Nasser den ehrgeizigen Plan, die Wüste zu kultivieren und im Zuge eines Umsiedlungsp rogramms Zehntausende aus dem überfüllten Nildelta in den Oasen neu anzusiedeln. Das Projekt trug den verheißungsvollen Namen »New Valley«. Als die ersten Wohnkomplexe bezugsfertig waren, wollten allerdings nur 2000 Menschen den endgültigen Schritt in die Wüste wagen; das Projekt wurde wegen »unzureichender Wasserversorgung« auf Eis gelegt.

Die Libysche Wüste ist eines der wenigen Gebiete, in denen man völlige Einsamkeit erleben kann. Schon die Weite ist überwältigend. Von riesigen Wanderdünen bis hin zu bizarren Felsengebirgen – die Wüste bietet vielfältige dramatische Landschaft.

Mittagspause in der Oase Dakhla, einer der Oasen der Libyschen Wüste Ägyptenss

◁ **Die grenzenlose Weite des Sandmeers rund um die Oase Siwa**

Überblick: Libysche Wüste

Statue im Oasis Heritage Museum, Baharija

Die unendliche Weite der Libyschen Wüste mit ihren grünen Oasen bietet Gelegenheit, sich vom Trubel von Kairo und den überwältigenden Eindrücken des Niltals zu erholen. Besonders die westlich gelegene Oase Siwa verführt dazu, sich der ruhigen, friedvollen Atmosphäre der Wüste zu überlassen. Die Oase Baharija liegt näher an Kairo und ist einfacher zu erreichen. Die Straße zur Oase Farafra führt durch die landschaftlich besonders reizvollen Gebiete der Schwarzen und der Weißen Wüste. An der Straße von Farafra zur Oase von Dakhla findet man immer wieder künstlich bewässerte Felder und Obstplantagen. Wer Antikes sucht, wird sowohl in Dakhla als auch in der größeren Oase von Kharga fündig.

Die grünen Felder der Oase Dakhla – wie eine Fatamorgana inmitten der lebensfeindlichen Wüste

In der Libyschen Wüste unterwegs

In der Libyschen Wüste zu reisen, ist heute wesentlich einfacher und ungefährlicher als früher. Alle großen Oasen sind durch neue Straßen verbunden, klimatisierte Überlandbusse verkehren regelmäßig. Die Oase Siwa ist am besten von Marsa Matruh aus zu erreichen, Baharija und Farafra können von Kairo, die Oasen Dakhla und Kharga von Asyut erreicht werden. Flüge nach Dakhla und Kharga werden zweimal wöchentlich von Kairo aus angeboten. Wer genügend Zeit und (Abenteuer-)Lust hat, sollte die 1000 Kilometer lange Wüstentour von Baharija über Farafra und Dakhla nach Kharga ins Auge fassen. Die gut organisierte Tour beginnt in Kairo und endet fünf Tage später in Luxor oder Asyut. Wenn man die Umgebung der Oasen erkunden will, kann man dies vor Ort buchen.

Blick vom Berg der Toten (Jebel al-Mawta) auf die Oase Siwa und den Salzsee Birket Siwa in der Ferne

Bizarre Felsformationen in der Weißen Wüste zwischen den Oasen Baharija und Farafra

LEGENDE

- Hauptstraße
- Nebenstraße

0 Kilometer 100

SEHENSWÜRDIGKEITEN AUF EINEN BLICK

Oase Baharija 4
Oase Dakhla 2
Oase Farafra 3
Oase Kharga 1
Oase Siwa 5

SIEHE AUCH

• ***Übernachten*** S. 274f

• ***Restaurants*** S. 291

Palmenhaine säumen die fruchtbaren Felder der Oase Dakhla

Oase Kharga ❶

233 km südwestlich von Asyut. *65 000.* *5 km nördlich von El-Kharga.* *Government building, Midan Nasser, El-Kharga.* *(092) 921 206.*

KHARGA, mit 200 Kilometern Länge die größte Oase, erlangte als Zwischenstopp auf der 40-tägigen Sklaven-Route vom Sudan nach Kairo traurige Berühmtheit. Heute ist die Wüstenstadt El-Kharga der Verwaltungssitz der Provinz New Valley, die auch die Oasen Dakhla und Farafra umfasst. Der Ort hat wenig zu bieten, aber die archäologischen Funde aus Kharga und Dakhla im **Antiquities Museum** von Kharga lohnen eine Besichtigung.

Vier Kilometer nördlich von Kharga liegt in einem Palmenhain der gut erhaltene **Tempel von Hibis**, den der persische Kaiser Darius I. im 6. Jahrhundert v. Chr. erbauen und dem ägyptischen Gott Amun weihen ließ.

Ganz in der Nähe liegt die **Nekropole von al-Bagawat**. Der christliche Friedhof umfasst Hunderte von Ziegelgräbern aus der späten römischen Kaiserzeit und der frühen koptischen Periode. Die schönsten Grabmalereien im Grab Nr. 30 stellen den Auszug aus Ägypten und die Teilung des Roten Meers dar.

UMGEBUNG: Auf einem Höhenzug an der Straße nach Baris stehen die Ruinen des **Tempels von al-Ghueita** aus der 25. Dynastie. Weiter südlich treten bei den Dörfern Nasser und Bulaq heiße Thermalquellen an die Oberfläche.

Antiquities Museum
Sharia Gamal Abdel Nasser. *tägl.*

Tempel von Hibis
2 km nördlich von El-Kharga.
tägl.

Nekropole von al-Bagawat
3 km nördlich von El-Kharga.
tägl.

Tempel von al-Ghueita
18 km südlich von El-Kharga.
tägl.

Ziegelgräber in der Nekropole von al-Bagawat, nahe der Oase Kharga

Oase Dakhla ❷

190 km westlich von Kharga. *70 000.* *10 km südwestlich von Mut.* *Sharia as-Sawra al-Khadra, Mut.* *(092) 821 686.*

HUNDERTE VON Quellen schufen die Oase von Dakhla – ein grünes Paradies. Vor der Kulisse der rosafarbenen Bergrücken am nördlichen Horizont gedeihen Oliven, Datteln, Weizen und Reis. Im **Ethnografischen Museum** von Mut fallen die Statuen des einheimischen Bildhauers Mabrouk auf. Außerhalb der Oase befinden sich antike Tempelruinen und Grabstätten verschiedener Zeitalter.

UMGEBUNG: Die verwinkelten Straßen von **Al-Qasr**, 27 Kilometer nordwestlich von Mut, vermitteln eine mittelalterliche Atmosphäre. Der Ort besitzt eine Moschee aus dem 12. und eine Koranschule aus dem 10. Jahrhundert, von deren Dach man einen weiten Blick über die Umgebung hat. Die **Gräber von Al-Muzawaka** stammen aus pharaonischer Zeit. Die am besten erhaltenen Grabstätten mit vielfarbigen Wandreliefs sind die des Petosiris und des Sadosiris. Westlich davon sind die Reste des **Tempels Deir al-Hagar**, der im 1. Jahrhundert n. Chr. vom römischen Kaiser Nero errichtet wurde. Das Dorf **Balat**, 35 Kilometer östlich von Mut, wurde auf einer Siedlung aus dem Alten Reich erbaut, von der 1700 v. Chr. Handel getrieben wurde.

Ethnografisches Museum
Sharia as-Salem. *im Tourist Office zu erfragen.*

Gräber von Al-Muzawaka
5 km westlich von Al-Qasr. *tägl.*

Deir al-Hagar
12 km westl. von Al-Qasr. *tägl.*

Oase Farafra 3

310 km nordwestlich von Dakhla.
2800.

DIE ENTLEGENSTE Oase der New-Valley-Region besticht durch ihre friedvolle Atmosphäre. Die Beduinen von Farafra sind sehr traditionell orientiert und für ihre streng islamische Lebensweise bekannt. Der größte Ort, Al-Farafra, wurde – wie die anderen Oasensiedlungen auch – um ein verlassenes Wüstenfort erbaut. Die alten Lehm- und Ziegelbauten werden immer häufiger durch Betonbauten ersetzt, die im Rahmen des staatlichen Entwicklungsprogramms eilig hochgezogen wurden. Im **Museum** sind historische Fotografien und Lehmfiguren des Berber-Künstlers Badr ausgestellt.

Der Wind hat in der Weißen Wüste nahe der Oase Farafra bizarre Felsgebilde entstehen lassen

UMGEBUNG: Farafra ist ein idealer Ausgangspunkt, um die **Weiße Wüste** zwischen Al-Farafra und der Oase Baharija zu erkunden. Die hellen Gesteinsformationen, die dieser Wüstenregion ihren Namen gaben, erinnern an eine helle Mondlandschaft.

GOLDENE MUMIEN

1996 wurden unweit des Tempels von Alexander dem Großen bei Baharija über 100 griechisch-römische Mumien gefunden. Sie wurden auf die übliche Weise entdeckt: Ein Esel trat in ein Erdloch, und der neugierige Besitzer begann zu graben. Die gut erhaltenen Mumien sind reich vergoldet und mit wertvollen Grabbeigaben beigesetzt worden. Bis jetzt haben Archäologen über 100 Mumien aus dem Tal der Goldenen Mumien bergen können. Vorsichtige Schätzungen gehen davon aus, dass etwa 10 000 Mumien in der größten Nekropole Ägyptens bestattet wurden. Da die Grabungsarbeiten noch andauern, kann die Nekropole nicht besichtigt werden.

Oase Baharija 4

185 km nordöstlich von Farafra.
33 000. *Stadtverwaltung, Bawiti.* *(02) 847 30 35.*

IN PHARAONISCHER Zeit war die Oase Baharija ein wichtiges Anbaugebiet von Obst und Datteln. Schon 700 v. Chr. wurden von hier große Mengen Palmwein bis ins Niltal transportiert. Heute baut man vor allem Oliven und Kaktusfrüchte an. Bawiti, die malerische Siedlung im Zentrum der Oase, besteht immer noch aus Lehmhäusern und ist von Palmenhainen umgeben. Das **Oasis Heritage Museum** zeigt u.a. die Tonfiguren von Mohammed Eed. **Ain Bishmu**, die Quellen westlich und nördlich von Bawiti werden von den Bewohnern der Oase als öffentlicher Swimmingpool und gemeinschaftliches Waschhaus genutzt. Die Ruinen des **Tempels von Alexander dem Großen** (332 v. Chr.) stehen neben einer weit verzweigten Nekropole aus ptolemäischer Zeit. Der **Tempel von Ain al-Muftela**, während der 26. Dynastie errichtet, ist besser erhalten. Die **Black Mountains**, sieben Kilometer nordöstlich von Bawiti, sind ebenfalls einen Abstecher wert.

UMGEBUNG: Die **Schwarze Wüste** mit den vom Wind abgeschliffenen, schwarzen Felsgebilden beginnt 20 Kilometer südlich von Baharija. Weiter südlich glitzert der Quarzstock des **Crystal Mountain** in der grellen Wüstensonne.

Oasis Heritage Museum
1 km nördlich von Bawiti. *tägl.*

Tempel von Alexander dem Großen
6 km südwestlich von Bawiti. *im Tourist Office zu erfragen.*

Tempel von Ain al-Muftela
5 km westlich von Bawiti. *im Tourist Office zu erfragen.*

Tonfiguren im Oasis Heritage Museum in der Oase Baharija

الناس حج البيت

Typisches in Blau gehaltenes Lehmziegelhaus in der Oase Siwa

Oase Siwa 5

550 km westlich von Kairo, 305 km südwestlich von Marsa Matruh. *30 000.* *gegenüber Arous al-Waha an der Straße nach Marsa Matruh (046) 460 28 83.*

Die Oase Siwa taucht wie aus dem Nichts auf, ihre grünen Plantagen schimmern wie eine Fatamorgana im gleißenden Licht der Wüste. Über 300 Quellen und Bäche ermöglichten die Anpflanzung von 320 000 Dattelpalmen und 70 000 Olivenbäumen, große Salzseen tragen zur spektakulären Szenerie von Siwa bei. Die einstmals unbewohnte Oase ist durch neue Straßen mit Marsa Matruh am Mittelmeer und mit der Oase Bahraija verbunden.

Die Überreste der alten Stadt **Shali** liegen oberhalb der neuen Betonbauten des Ortes. Die 1203 n. Chr. errichtete Festung bot den Bewohnern der Oase Siwa seit dieser Zeit Schutz und Zuflucht vor den Überfällen der Nomaden. Die alten Häuser wurden 1926 von heftigen Regenfällen weggespült, doch die Grundmauern und Überreste der Siedlung können noch immer besichtigt werden.

Im Zentrum des Ortes Siwa werden im **House of Siwa Museum** Trachten sowie Kunsthandwerk der Region ausgestellt. Das Museum ist auf Initiative des kanadischen Botschafters in Ägypten entstanden, der die traditionelle Lebensweise der Bewohner dieser Region durch den zunehmenden Tourismus gefährdet sah. Nördlich von Siwa erhebt sich **Jebel al-Mawta** (Berg der Toten), dessen südliche Flanke mit Gräbern aus der Zeit der 26. Dynastie und der ptolemäischen Zeit überzogen ist. Während der deutschen Bombardements im Zweiten Weltkrieg suchten die Bewohner von Siwa in diesen Grabkammern Schutz. Im **Felsengrab des Si-Amun** aus dem 3. Jahrhundert v. Chr. zeigen Grabreliefs den Verstorbenen im Kreise von Familie und Gottheiten.

Detail aus dem Relief der Grabkammer des Si-Amun, Oase Siwa

Drei Kilometer östlich von Siwa steht auf einer Felsenklippe der **Tempel des Orakels**, errichtet zwischen 663 und 525 v. Chr. als Zentrum der antiken Ansiedlung Aghurmi. Das Orakel war weithin bekannt, selbst Alexander der Große kam 332 v. Chr. hierher, um sein Schicksal zu erfragen. Die Tempelanlage ist nicht restauriert, doch der weite Blick über die dunkelgrünen Palmwipfel und die zahlreichen Seen lohnt den Aufstieg.

Östlich davon befand sich ein großer **Amun-Tempel** aus der 30. Dynastie. Die Tempelanlage wurde wahrscheinlich von Nektanebo II. im 4. Jahrhundert v. Chr. erbaut. Die erhaltene Außenmauer ist mit Basreliefs und Halbsäulen geschmückt.

Unweit davon liegt der **Pool der Kleopatra**. Die ägyptische Königin dürfte hier nie gebadet haben, doch viele Besucher nutzen die Gelegenheit zu einem erfrischenden Bad. Algen auf der Wasseroberfläche und neugierige Blicke der Beduinen müssen dabei aber in Kauf genommen werden.

Ein besserer Badeort ist **Fatnis Island** (Fantasy Island) im Salzsee Birket-Siwa sechs Kilometer südlich von Siwa. Ein schmaler Damm führt auf die Insel, in der Mitte befindet sich ein idyllischer Süßwasserpool. Die Insel kann man per Fahrrad oder Eselskarren erreichen.

House of Siwa Museum
Siwa. *Sa–Do.*

Felsengrab des Si-Amun
1 km nördlich von Siwa. *tägl.*

Die Kultur von Siwa

Die Kultur der Bewohner der Region um die Oase Siwa unterscheidet sich wesentlich von den kulturellen Entwicklungen anderer Landesteile. Neben Arabisch spricht man hier Siwi, einen Dialekt der Berber. Die Frauen tragen nach wie vor traditionelle Gewänder mit Münzbesatz. Die Oase ist für Silberschmuck und Bastkörbe bekannt. Die Bewohner sind konservativ, Besucher sollten sich entsprechend kleiden.

Handgemachter Korb aus der Oase Siwa

◁ Das Wandbild an einem Haus in der Oase Siwa ruft zur Pilgerreise nach Mekka auf

Oasen der ägyptischen Wüsten

Die Oasen im ägyptischen Teil der östlichen Sahara verfügen über genug Wasser, um größere Ansiedlungen und eine intensive Landwirtschaft zu ermöglichen. In der Großen Senke der Libyschen Wüste konnten durch den hohen Grundwasserspiegel eine Reihe von Oasen entstehen, die seit Jahrtausenden besiedelt sind. So liegt die Oase Siwa rund 18 Meter unter dem Meeresspiegel. Die Ausdehnungen der Oasen variieren erheblich: Einige bestehen nur aus einigen Palmen und einem Ziehbrunnen, andere besitzen genug Wasser, um damit Obstplantagen und größere Ansiedlungen zu versorgen. Oasen sind aber auch Lebensräume von Wildtieren und Vögeln: Streifenhyänen, Mungos und Smaragdspinte sind hier zu Hause. Die anwachsende Bevölkerung und die intensive Landwirtschaft bedrohen den Wasserhaushalt der Oasen. In Faijum *(siehe S. 164)* kann der Bedarf nur durch eine Pipeline vom Nil gedeckt werden.

Smaragdspint

Die Siedlungen *mitten in der Wüste versorgen sich weitgehend selbst und können einige ihrer Produkte aus den Obstgärten sogar exportieren. Das Leben in einer Oase hat einen ganz besonderen Charakter.*

Salzseen *entstehen durch Verdampfung von Salzwasser, das in unterschiedlichen Erdzeitaltern eingeschlossen wurde. Salze und Sedimente lagern sich auf dem Boden ab.*

Fruchtbare Böden *ermöglichen eine ertragreiche Landwirtschaft. Weizen, Oliven, Datteln, Mangos und Aprikosen werden auch für den Export angebaut.*

Dattelpalmen *liefern mehrere Rohstoffe: die Frucht, das Holz und die Blätter zur Häuserabdeckung.*

Bildung einer Oase

Regenwasser versickert in porösen Gesteinsschichten und fließt langsam unterirdisch weiter. Steigt der Grundwasserspiegel bis zur Oberfläche oder wird der Druck im Gestein zu groß, so hebt sich der Wasserpegel durch Felsspalten und Wasser tritt in den Oasen zu Tage.

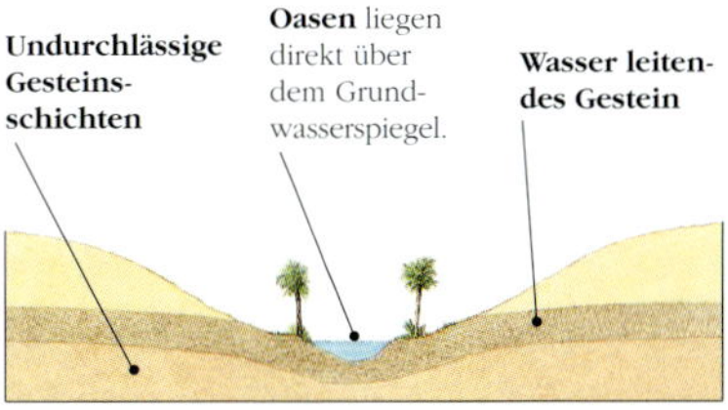

Oase in einer natürlichen Bodensenke

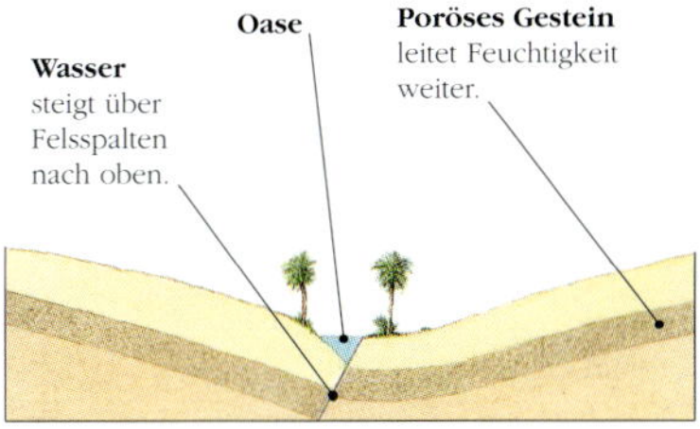

Oasen als Ergebnis des aufsteigenden Grundwassers

Zu Gast in Ägypten

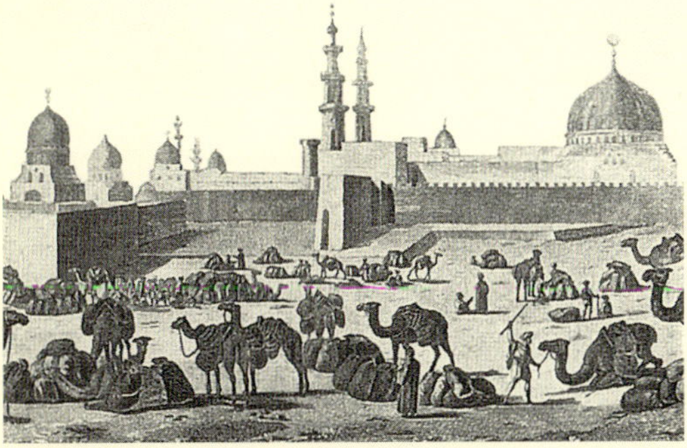

Übernachten

Ein arabisches Wort für Hotel ist *funduk*, ein Ausdruck, der »mit weit geöffneter Tür« bedeutet. Das verdeutlicht den hohen Stellenwert der Gastfreundschaft in Ägypten. Besucher werden überall »offene Türen« vorfinden. Das Angebot an Hotels reicht von einfachsten Unterkünften bis hin zu orientalischen Märchenpalästen – natürlich mit entsprechenden Preisunterschieden. Am oberen Ende finden sich edle Kolonialhotels und die luxuriösen Häuser der internationalen Hotelketten. Die westliche Kategorisierung in 3-, 4- und 5-Sterne-Häuser sagt in Ägypten nicht viel aus. Bei den Strandanlagen gelten eigene qualitative Zuordnungen, über die man sich schon vor Reiseantritt informieren sollte. Der Service ist nicht immer der beste, aber die ägyptische Tourismusindustrie hat begriffen, dass sich dies ändern muss. Am preiswerteren Ende der Skala findet man einfache, schön gelegene und gut geführte Pensionen und Familienhotels. Seien Sie kritisch: Der anspruchsvolle Gast ist meist ein zufriedener Gast.

Portier im Old Cataract Hotel, Assuan

Hotelauswahl

Tourismus hat in Ägypten eine lange Tradition, man findet überall Hotels und Pensionen. In Kairo liegen die guten Hotels hauptsächlich in der Innenstadt und bieten Geschäftsleuten wie Urlaubsreisenden eine große Auswahl an Unterkünften. Einige internationale Hotelketten haben Dependancen in direkter Flughafennähe oder im Vorort Heliopolis, dadurch aber auch in einiger Entfernung von den Sehenswürdigkeiten in Kairo. Vier der Kairoer Luxushotels liegen direkt am Ufer des Nils. Man hat hier zwar einen grandiosen Ausblick und ist nahe an den Kairoer Sehenswürdigkeiten, wohnt aber mitten im Gewühl der Großstadt. Eine gute Alternative sind die Hotels in der Nähe der Pyramiden von Giseh. Viele Besucher Ägyptens fühlen sich hier den berühmtesten Sehenswürdigkeiten des Landes am nächsten und nehmen gerne die relative Entfernung zu den innerstädtischen Attraktionen wie dem Basar Khan al-Khalili und dem islamischen Kairo in Kauf. Preiswertere Unterkünfte findet man z. B. auf den grünen Nilinseln Zamalek und Gesira. Für Rucksacktouristen sind die preiswerten Hotels in der Umgebung des Midan Tahrir, des Midan Talaat Harb und des Midan Opera zu empfehlen. Die Absteigen in der Nähe des Ramses-Bahnhofs sind allerdings nur etwas für Hartgesottene.

Das Sheraton Hotel auf der Insel Gesira, Kairo

Ähnliche qualitative Abstufungen gelten für alle Städte Ägyptens: Die luxuriösen Hotels liegen meist im Stadtzentrum, die billigen Unterkünfte in Bahnhofsnähe, die Häuser der mittleren Kategorie sind über das gesamte Stadtgebiet verstreut.

In Oberägypten und im Nildelta findet man nur wenige 5-Sterne-Hotels. Wer also luxuriös wohnen will, sollte vor allem zur Hauptsaison frühzeitig reservieren.

Mit Marmor ausgekleidetes Foyer des Old Winter Palace, Luxor

Hotelvermittler

Frisch ankommende Reisende fallen oft selbst ernannten Hotelvermittlern in die Hände, die jeden nur möglichen Trick anwenden, um ihre Opfer zu einem ihrer Vertragshotels zu bugsieren. Auch die Taxifahrer erhalten von vielen Hotels eine Vermittlungsprovision. Man sollte auf keinen Fall von seinen eigenen Vorstellungen bezüglich des Preis-Leistungs-Verhältnisses abweichen. Am besten reserviert man ein Zimmer im Voraus und lässt sich auch zu genau diesem Hotel fahren. Gibt der Taxifahrer vor, er kenne dieses Hotel nicht, so steigt man gar nicht ein. Lassen Sie sich niemals von einem Taxifahrer in das von Ihnen gewählte Hotel begleiten, die damit fällige Provision könnte eventuell trickreich auf ihre Hotelrechnung aufgeschlagen werden.

Hotelbuchung

Hotels der höheren Kategorie nehmen Buchungen nach international gültigen Verfahrensweisen entgegen. Eine Kreditkartennummer dient meist als Buchungsbestätigung. Bei Hotels der mittleren Kategorie ist dies ebenfalls üblich, die Verlässlichkeit scheint jedoch mit dem Zimmerpreis abzunehmen. In Hotels der unteren Preisklasse sind keine Reservierungen nötig oder möglich.

Hotelstandards und Serviceangebote

Der Staatliche Ägyptische Tourismusverband hat 1998 eine Standardisierung der Hotelkategorien eingeführt. Internationale Hotelketten und Luxushotels fallen gewöhnlich in die 4- bzw. 5-Sterne-Kategorie, die einheimischen Hotels der mittleren und unteren Preisklasse haben höchstens drei Sterne. Das offizielle Hotel-Rating (Hotel-Bewertung) ist allerdings etwas undurchsichtig und scheint sich mehr auf das Hörensagen als auf die gegenwärtige Qualität und den tatsächlich angebotenen Service zu stützen. Der zuverlässigste Parameter ist immer noch der Preis, denn selbst 5-Sterne-Hotels bieten nicht immer das, was man anderswo für das gleiche Geld erwarten kann.

In Ägypten findet man in Häusern der höchsten Kategorie mehrere Restaurants, mindestens eine Bar und oft auch Nachtklubs oder Diskotheken. Swimmingpools und Fitnessräume sind inzwischen fast obligatorisch. In den exklusiven Strandanlagen sind meist Reitmöglichkeiten, Tauchschulen und Tennisplätze vorhanden. Ein 4-Sterne-Hotel bietet seinen Gästen normalerweise Coffeeshop, Restaurant, Bar und ein kleines Schwimmbecken. Die Hotels der unteren Preisklasse haben im Durchschnitt nur einen Frühstücksraum. Alkohol wird nur in 4- und 5-Sterne-Hotels ausgeschenkt. Kleinere Hotels haben kaum Zimmer mit Telefon.

Das Siwa Safari Paradise Hotel unweit des Amun-Tempels

Versteckte Kosten

Ausser in den Hotelanlagen am am Roten Meer, wo man Inklusiv-Arrangements gebucht hat, bezahlt man für jede Serviceleistung extra. Je nach Hotel werden auf jede Hotelrechnung bis zu 20 Prozent Steuer hinzugerechnet. Kleiderreinigung, Telefongespräche und Minibar werden gesondert ausgewiesen. In kleineren Hotels sollte man unbedingt jeden Einzelposten der Rechnung überprüfen. Oft stellt man fest, dass das Frühstück, der Kühlschrank oder der Fernseher gesondert in Rechnung gestellt werden. Trinkgelder gehören einfach dazu: Die Hotelangestellten leben weitgehend davon, deshalb wird für alles ein kleines *bakschisch* erwartet.

Preisnachlässe

Preisnachlässe können vor Ort nur schwer ausgehandelt werden, aber in der Nebensaison (Juli bis September) werden vor allem in Oberägypten Sonderkonditionen gewährt. Ägypter und Ausländer mit längerer Aufenthaltsgenehmigung bezahlen normalerweise wesentlich niedrigere Hotelpreise.

Hotelketten

In Ägypten sind alle namhaften internationalen Hotelketten vertreten: Hilton, Sheraton, Sofitel, Marriott, Meridien, Mövenpick, Swissôtel und Four Seasons bieten hier Zimmer und Serviceleistungen an. Eine Reihe von Luxushotels garantiert einen sehr guten Service und beste Gastronomie, die Häuser stehen meist unter europäischer Leitung.

Bis jetzt gibt es keine international geführten Mittelklassehotels in Ägypten. Die meisten Hotels der mittleren und unteren Kategorie befinden sich in Familienbesitz oder werden von einheimischen Pächtern geführt – was in Bezug auf Individualität auch von Vorteil sein kann.

Das Taba Hilton vor der Kulisse der Berge des Sinai am Roten Meer

Das Kairoer Nile Hilton Hotel, 1959 anstelle des Qasr el-Nil *(siehe S. 72)* errichtet

Kleinere Hotels

Einer der Nachteile für Individualreisende in Ägypten sind die fehlenden Mittelklassehotels. Sowohl die zahlreichen 5-Sterne-Hotels als auch die Billigunterkünfte für Rucksacktouristen sind überall ausreichend vertreten. Nur das mittlere Preissegment wurde vernachlässigt.

Jedes der Hauptreiseziele im Land besitzt eine Reihe von kleinen, billigen Hotels für ein jüngeres Publikum. Man kann zwischen Zimmern mit und ohne Bad bzw. mit und ohne Klimaanlage wählen. Auch die Anzahl der Betten pro Zimmer ist Verhandlungssache.

In den obersten Stockwerken der alten Apartmenthäuser von Kairo und Alexandria findet man nicht selten kleine Familienhotels, die altmodischen, aber intimen Charme besitzen. Ein einfaches Frühstück ist meist im Preis inbegriffen. In Hotels mit zwei oder drei Sternen sind in der Regel ein Coffeeshop und ein kleines Restaurant integriert. Die Räume sind mit eigenem Bad und Klimaanlage ausgestattet, im Garten wurde manchmal sogar ein Mini-Swimmigpool angelegt. Die Qualität dieser Hotels ist sehr unterschiedlich: Einige sind äußerst empfehlenswert, andere nicht im Entferntesten die geforderten Preise wert. Ehe man in einem dieser Hotels ein Zimmer bucht, sollte man sich vergewissern, dass fließend heißes Wasser vorhanden und die Bettwäsche sauber ist. Außerdem sollte klar vereinbart werden, wann das Frühstück serviert wird und ob es im Übernachtungspreis inbegriffen ist.

Geschäftsreisende

Kairo wird immer mehr zu einem Wirtschaftszentrum der arabischen Welt, und die Hotels der Stadt stellen sich auf diese Entwicklung ein. Die ultramodernen und entsprechend teuren Hotels bieten dem weltläufigen Geschäftsreisenden den entsprechenden Komfort und hoffen, sich neue Einnahmequellen zu erschließen. »Service« hat in diesen Häusern eine weltumspannende Bedeutung, und das Four Seasons am westlichen Nilufer oder das Conrad an der Corniche haben mit modernster Business-Ausstattung hohe Standards gesetzt. Tagungsräume und Konferenzsäle wurden nach westlichen Maßstäben konzipiert, der Limousinenservice dieser Hotels steht rund um die Uhr für die Gäste bereit.

Hotel Metropole, Alexandria

Behinderte Reisende

Ägypten hat sich noch nicht ausreichend auf behinderten Reisende eingestellt. Die meisten kleineren Hotels befinden sich in den oberen Stockwerken großer Gebäude, die Aufzüge sind oft sehr klein. So bleiben fast nur die teuren 5-Sterne-Hotels für behinderte Reisende übrig. Nur dort wurde an Rampen, behindertengerechte Zimmerausstattungen und andere Hilfsmittel gedacht.

Andererseits haben die Ägypter eine offene, unkomplizierte Einstellung gegenüber behinderten Reisenden. Mit der landestypischen Freundlichkeit und einem unglaublichen Geschick für einfallsreiche (Not-)Lösungen hilft man einem Gast in jeder Situation weiter.

Reisen mit Kindern

Ägypter lieben Kinder und sehen in den Sprösslingen einen Segen Gottes. Bis auf die großen Strandanlagen und 5-Sterne-Hotels unternehmen die Hotelleitungen allerdings auch keinerlei Anstrengungen, um die Kleinen etwa im Rahmen von eigens organisierten Kinderprogammen gezielt zu beschäftigen. Sollte man die Swimmingpools der großen Hotels nutzen wollen, so kann dies gegen eine moderate Gebühr arrangiert werden. Die Bademeister sind gerne bereit, auch Kinder von »außerhalb« zu beaufsichtigen. Auch die hoteleigenen Kindergärten stehen für einen geringen Betrag den Kindern von »Nicht-Gästen« offen.

Preiswert reisen

Für Ägyptenreisende mit kleinem Geldbeutel bietet sich eine Vielzahl von Möglichkeiten. Die antiken Stätten im Niltal und die Strände am Roten Meer können auch ohne großen finanziellen Aufwand besucht werden. Überall im Land finden sich akzeptable Unterkünfte zu erstaunlich niedrigen Preisen. Aber wenn man die Qualität mancher Jugendherbergen in Betracht zieht, sollte man auch hier abwägen, ob sich für ein paar Ägyptische Pfund mehr nicht ein besseres Quartier in einem gepflegten Stadtteil finden lässt. In den zahlreichen preiswerten Hotels, die keineswegs nur von Rucksackreisenden bevorzugt werden, herrscht meist eine ungezwungene Atmosphäre.

Das Luxushotel As-Salamlek nahe dem Montasah-Palast, Alexandria

YHA-Zeichen in der Jugendherberge Assuan

Für Camper sieht die Sache nicht ganz so gut aus. Die wenigen Campingplätze, z. B. die in Giseh oder Luxor, sind nicht in bestem Zustand. Nur auf der Halbinsel Sinai wurden in den letzten Jahren sehr schöne Zeltplätze angelegt, im Ras-Mohammed-Nationalpark *(siehe S. 222)* oder in der Nähe von Sharm el-Sheik ist auch die Umgebung schön.

Eine Nacht unter dem Sternenzelt über der Wüste ist sicherlich ein unvergessliches Erlebnis. In den Oasenorten können das ganze Jahr über mehrtägige Safaris gebucht werden. Die geländetauglichen Jeeps sind nur in Kombination mit einem Fahrer zu buchen, der gleichzeitig auch als Führer fungiert. Wenn man einen dieser Ausflüge in die Wüste im Winter antritt, sollte man unbedingt ausreichend warme Kleidung mitnehmen – die Temperaturen in der Nacht können leicht auf unter null Grad fallen. Im Sommer allerdings, wenn die Nächte warm sind, kann man kaum einen Führer dazu bewegen, eine längere Wüstensafari durchzuführen.

Auf allen Camping-Touren sollte man seine Wertgegenstände bei sich tragen. Selbst in den bewachten Nationalparks sind Diebstähle keine Seltenheit.

Auf einen Blick

Hotelbuchungen

Hilton Hotels
(02) 510 02 00 (ET).
0800 18 18 146 (D).
www.hilton.com

Inter-Continental Hotels
0800 44 333 22 (ET).
0800 185 39 55 (D).
www.interconti.com

Marriott Hotels
(02) 510 02 00 (ET).
0800 432 66 26 (EG).
0800 185 44 22(D).
www.marriott.com

Le Meridien Hotels
9714 331 35 55 (ET).
0800 294 40 00 (D).
www.lemeridien.com

Sheraton Hotels
(02) 339 82 20 (ET).
0800 32 55 55 55 (D).
www.sheraton.com

Hotel-Vermittlungen

Verzeichnis der Hotels in Ägypten
www.egypthotelsdb.com

Ägyptisches Fremdenverkehrsamt
Kaiserstraße 64,
60329 Frankfurt/Main.
(069) 25 21 53.
(069) 25 23 19.
FAX *(069) 23 98 76.*

MISR Travel
(staatliches ägyptisches Reisebüro)
1 Sharia Talaat Harb, Kairo.
(02) 393 00 10.
Große Bockenheimer Str. 6,
60313 Frankfurt.
(069) 92 03 95 0.
FAX *(069) 92 03 95 55.*
www.misr-travel.com

Tourist Office
Midan Saad Zaghloul,
Alexandria.
(03) 485 15 56.
tägl. 8–18 Uhr;
Ramadan 9–16 Uhr.

5 Sharia Adly, Kairo.
(02) 391 34 54.
tägl. 8.30–20 Uhr;
Ramadan 9–16 Uhr.

Behinderte Reisende

BSK-Reiseservice
Altkrautheimer Straße 20,
74238 Krautheim/Jagst.
(06294) 683 04.
FAX *(06294) 681 07.*

Bundesarbeitsgemeinschaft Hilfe für Behinderte e.V.
Kirchfeldstraße 149,
40215 Düsseldorf.
(0211) 31 00 60.
FAX *(0211) 31 00 648.*
www.bagh.de

Jugendherbergen

Deutsches Jugendherbergswerk
Bismarkstraße 8,
32756 Detmold.
(05231) 740 10.
www.djh.de

Egyptian Youth Hostel Association
1 Sharia al-Ibrahimy,
Garden City, Kairo.
(02) 794 05 27.

Hotelauswahl

Die Hotels in diesem Führer wurden wegen ihrer Qualität, der Lage oder wegen ihres besonderen Charmes quer durch alle Preiskategorien ausgewählt. Die Einträge beginnen mit den Kairoer Stadtteilen, dann folgen Hotels in anderen Städten. Preise sind in US-$ angegeben. Eine Liste der empfehlenswerten Restaurants finden Sie auf den Seiten 282–291.

Kairo

Hotel	Preis	Anzahl der Zimmer	Kreditkarten	Klimaanlage	Swimmingpool	Restaurant
Stadtzentrum: *Berlin Hotel* 2 Sharia el-Shawarby, 4. Stock, Qasr el-Nil. **Karte** 1 C5, 5 C3. ☎ *(02) 395 75 02.* FAX *(02) 395 75 02.* @ berlinhotelcairo@hotmail.com Schöne Zimmer und ein freundlicher Eigentümer lassen über die schäbige Außenfassade hinwegsehen. Ausflüge zu den Pyramiden werden vom Hotel organisiert. E-Mail-Anschluss vorhanden. ⇅ TV	$	7		●		
Stadtzentrum: *Fontana Hotel* Midan Ramses, Innenstadt. **Karte** 2 D3. ☎ *(02) 592 23 21.* FAX *(02) 592 21 45.* Das komfortable Mittelklassehotel am Midan Ramses besitzt einen kleinen Pool auf dem Dach und eine eigene Diskothek. ⇅ Y TV	$	87		●	■	●
Stadtzentrum: *Ismailia House Hotel* 1 Midan Tahrir, 8. Stock, Innenstadt. **Karte** 1 C5, 5 B4. ☎ *(02) 796 31 22.* Das beliebte Hotel bietet einen schönen Blick über den Midan Tahrir, der die einfache Ausstattung vergessen lässt. Einige Zimmer haben Bad. ⇅	$	27				
Stadtzentrum: *Mayfair Hotel* 9 Sharia Aziz Osman, Zamalek. **Karte** 1 A3. ☎ *(02) 735 73 15.* FAX *(02) 735 04 24.* Das preiswerte Hotel liegt im Stadtteil Zamalek und ist bei Rucksacktouristen sehr beliebt. Vorabbuchungen werden empfohlen.	$	38	■	●		
Stadtzentrum: *Pension Roma* 169 Sharia Mohammed Farid, 4. Stock, Innenstadt. **Karte** 2 D4, 6 D2. ☎ *(02) 391 10 88.* FAX *(02) 579 62 43.* Eines von Kairos komfortabelsten Mittelklassehotels. Elegante Einrichtung und guter Service bei erstaunlich niedrigen Preisen. Fünf Zimmer haben ein eigenes Bad. Unbedingt im Voraus reservieren. ⇅	$	32				●
Stadtzentrum: *Carlton Hotel* 21 Sharia 26th July, Innenstadt. **Karte** 1 C4, 5 C2. ☎ *(02) 575 50 22.* FAX *(02) 575 53 23.* @ carlton@menanet.net Das schöne, alte Stadthotel ist von einer Seitenstraße der Sharia 26th July zugänglich. Die Zimmer wurden kürzlich renoviert, das Dachgartenrestaurant mit Bar genießt einen guten Ruf. ⇅ Y TV	$$	62		●		●
Stadtzentrum: *Horus House Hotel* 21 Sharia Ismail Mohammed, 4. Stock, Zamalek. **Karte** 1 A3. ☎ *(02) 735 36 34.* FAX *(02) 735 31 82.* Kleines, ruhiges Mittelklassehotel in Zamalek. Einige Zimmer sind sehr großzügig geschnitten. Der Service ist gut, der Preis angemessen. ⇅ Y TV	$$	35	■	●		●
Stadtzentrum: *Lotus Hotel* 12 Sharia Talaat Harb, Innenstadt. Karte 1 C5, 5B3. ☎ *(02) 575 09 66.* FAX *(02) 575 47 20.* Sauberes und komfortables Mittelklassehotel im Stadtzentrum. Der Besitzer betreibt auch das Windsor Hotel. Die meisten Zimmer haben ein eigenes Bad. ⇅ Y TV	$$	50	■	●		●
Stadtzentrum: *New Star Hotel* 34B Sharia Yehia Ibrahim, Zamalek. Karte 1 A3. ☎ *(02) 735 09 28.* FAX *(02) 736 13 21.* Komfortables und ruhiges Hotel – trotz der Nähe zur Kreuzung Sharia Hassan Sabry und Sharia 26th July. Die großen Zimmer sind regelrechte Suiten, von den Balkonen kann man auf den Nil blicken. ⇅ TV	$$	26	■	●		●
Stadtzentrum: *Windsor Hotel* 19 Sharia al-Alfy, Innenstadt. **Karte** 2 D4, 6 D2. ☎ *(02) 591 52 77.* FAX *(02) 592 16 21.* @ wdoss@link.net Der ehemalige Offiziersklub der britischen Armee wurde durch eine TV-Serie mit Michael Palin (Monty Pythons) bekannt. Die etwas antiquierte Kolonialatmosphäre ist an der Teakholz-Bar zu verspüren. ⇅ Y TV	$$	50	■	●		●

Preiskategorien pro Nacht für ein Standarddoppelzimmer, Frühstück, Steuer und Service inbegriffen.
- $ unter 25 US-$
- $$ 25–50 US-$
- $$$ 50–100 US-$
- $$$$ 100–200 US-$
- $$$$$ über 200 US-$

Kreditkarten
Die üblichen Kreditkarten werden akzeptiert: American Express, Diners Club, MasterCard, Visa.

Klimaanlage
Einige oder alle Zimmer haben Klimaanlage.

Swimmingpool
Privater Swimmingpool für Hausgäste.

Restaurant
Empfehlenswertes Restaurant, auch für Nicht-Hausgäste offen.

Hotel	Anzahl der Zimmer	Kreditkarten	Klimaanlage	Swimmingpool	Restaurant
Atlas Zamalek Hotel	74	■	●	■	●
Cosmopolitan Hotel	84	■	●		●
Flamenco Hotel	162	■	●		●
Odeon Palace Hotel	30	■	●		●
The President Hotel	117	■	●		●
Cairo Marriott Hotel	1124	■	●	■	●
Sheraton al-Gezira	460	■	●	■	●
Conrad International Hotel	617	■	●	■	●
Nile Hilton	431	■	●	■	●
Royal Nile Tower	714	■	●	■	●

STADTZENTRUM: *Atlas Zamalek Hotel* $$$
20 Sharia Gamiat ad-Dowal al-Arabiyya, Mohandiseen. *(02) 346 65 69.*
FAX *(02) 347 69 58.*
Der ansehnliche Hotelneubau liegt an einer der Durchfahrtsstraßen von Zamalek. Der Swimmingpool und die Disko sind zu empfehlen.

STADTZENTRUM: *Cosmopolitan Hotel* $$$
1 Sharia Ibn Tahlab, Innenstadt. **Karte** 1 C3, 5 C3. *(02) 392 36 63.*
FAX *(02) 393 35 31.*
Elegantes Mittelklassehotel in schönem Art-déco-Gebäude. Einige Zimmer haben Originalmöbel und antike Badezimmerarmaturen.

STADTZENTRUM: *Flamenco Hotel* $$$
2 Sharia Gezirat al-Wusta, Zamalek. **Karte** 1 A2. *(02) 735 08 15.*
FAX *(02) 735 08 19.* @ sales@flamencohotels.com
Das Mittelklassehotel wird von Geschäftsreisenden wegen seiner familiären Atmosphäre bevorzugt. Von den schönsten Räumen kann man den Blick auf den Nil genießen.

STADTZENTRUM: *Odeon Palace Hotel* $$$
6 Abdel Hamid Said, Innenstadt. **Karte** 1 C4, 5 C2. & FAX *(02) 577 66 37.*
Gediegenes Mittelklassehotel in einer ruhigen Seitenstraße. Die Bar im Dachgartenrestaurant ist Treffpunkt der Kairoer Intellektuellen.

STADTZENTRUM: *The President Hotel* $$$
22 Sharia Taha Hussein, Zamalek. **Karte** 1 A2. *(02) 735 06 52.*
FAX *(02) 736 17 52.* @ preshotl@thewayout.net
Gut besuchtes Mittelklassehotel in einem Neubau an einer ruhigen Straße von Zamalek. Das Personal ist überaus zuvorkommend.

STADTZENTRUM: *Cairo Marriott Hotel* $$$$
PO Box 33, Zamalek. **Karte** 1 B3. *(02) 735 88 88.* FAX *(02) 735 66 67.*
@ reservation@cairomarriott.com
Der orientalische Palast wurde 1869 für die Gäste der Eröffnungszeremonie des Suezkanals *(siehe S. 60f)* erbaut. Die Gartenterrasse mit zwei Restaurants ist bei Besuchern und Einheimischen beliebt.

STADTZENTRUM: *Sheraton al-Gezira* $$$$
Al-Gezira, Gesira. **Karte** 3 A1. *(02) 736 15 55.* FAX *(02) 735 50 56.*
@ gzsher@rite.com
Der Rundbau steht am südlichen Ende der Nilinsel Gesira. Alle Zimmer bieten einen schönen Blick auf den Nil. Drei Restaurants und zwei Bars liegen direkt am Nilufer.

STADTZENTRUM: *Conrad International Hotel* $$$$$
1191 Corniche el-Nil, Bulaq. **Karte** 1 B3. *(02) 580 80 00.*
FAX *(02) 580 80 80.* @ reservation@conradcairo.com.org
Das neueste der Kairoer Luxushotels offeriert elegante Suiten mit weitem Nilblick. Die besten Einkaufszentren und Restaurants der Stadt sind vom Conrad-Hotel bequem zu Fuß zu erreichen.

STADTZENTRUM: *Nile Hilton* $$$$$
Midan Tahrir, Innenstadt. **Karte** 1 B5, 5B3. *(02) 578 06 66.*
FAX *(02) 578 04 75.* @ nhilton@brainy1-ie.eg.com
Der Flachbau aus den 1950er Jahren liegt direkt im Stadtzentrum. Die renovierten Zimmer sind großzügig geschnitten und erstaunlich ruhig. Im Garten wurden ein großer Pool und Tennisplätze angelegt.

STADTZENTRUM: *Royal Nile Tower* $$$$$
Corniche el-Nil, Garden City. **Karte** 3 B1, 5 A5. *(02) 362 17 17.* FAX *(02) 368 15 55.*
W www.royalniletower.com
Das Hotel wurde 2001 als Filiale des Luxushotels *Royal Nile* eröffnet. Von allen Zimmern atemberaubender Blick auf den Nil.

Zeichenerklärung siehe hintere Umschlagklappe

Preiskategorien pro Nacht für ein Standarddoppelzimmer, Frühstück, Steuer und Service inbegriffen.
($) unter 25 US-$
($)($) 25–50 US-$
($)($)($) 50–100 US-$
($)($)($)($) 100–200 US-$
($)($)($)($)($) über 200 US-$

KREDITKARTEN
Die üblichen Kreditkarten werden akzeptiert: American Express, Diners Club, MasterCard, Visa.

KLIMAANLAGE
Einige oder alle Zimmer haben Klimaanlage.

SWIMMINGPOOL
Privater Swimmingpool für Hausgäste.

RESTAURANT
Empfehlenswertes Restaurant, auch für Nicht-Hausgäste offen.

STADTZENTRUM: *Semiramis Intercontinental* ($)($)($)($)($)
Corniche el-Nil, Garden City. **Karte** 1 B5, 5 A4. Tel. *(02) 795 71 71.* FAX *(02) 796 30 20.* @ cairo@interconti.com
Eines der bekanntesten 5-Sterne-Hotels Ägyptens mit allen Annehmlichkeiten. Die Zimmer mit Nilblick. Im Sommer steigen viele Gäste aus den arabischen Golfstaaten in diesem Hotel ab.

ISLAMISCHES KAIRO: *Al-Hussein Hotel* ($)($)($)
Midan Hussein, Hussein. **Karte** 2 F5. Tel. *(02) 591 80 89.* FAX *(02) 591 84 79.*
Einfache, aber komfortable Zimmer. 28 Räume mit Klimaanlage, alle übrigen nur mit Ventilator. Der schöne Blick auf die Altstadt wird durch den Lärm des nahen Basars Khan al-Khalili etwas relativiert.

GISEH UND HELIOPOLIS: *Novotel Cairo Airport* ($)($)($)
Flughafen Kairo, Heliopolis. Tel. *(02) 291 85 20.* FAX *(02) 291 47 94.*
Das neue Hotel liegt direkt am Flughafen und ist erstaunlich komfortabel. Pool, Sauna und Bar sind vorhanden.

GISEH UND HELIOPOLIS: *Mövenpick Jolieville* ($)($)($)($)
Wüstenstraße Kairo–Alexandria, Giseh. Tel. *(02) 385 25 55.* FAX *(02) 383 50 06.*
Das behagliche, familienfreundliche Hotel nahe den Pyramiden besitzt einen Park mit großem Pool und Tennisplätzen. Die nahe Sharia 26th July führt direkt ins Stadtzentrum.

GISEH UND HELIOPOLIS: *Mena House Oberoi* ($)($)($)($)($)
Sharia al-Ahram (Pyramids Road), Giseh. Tel. *(02) 383 32 22.* FAX *(02) 383 77 77.* @ obmhobc@oberoi.com.eg
Das berühmteste Hotel von Giseh wurde 1890 eröffnet und bietet einen unvergleichlichen Blick auf die Pyramiden. Golfplatz, Spielbank und eines der besten indischen Restaurants der Stadt.

GISEH UND HELIOPOLIS: *Sheraton Heliopolis* ($)($)($)($)($)
Sharia Uruba, Heliopolis. Tel. *(02) 267 77 30.* FAX *(02) 267 76 00.* @ shhelio@gega.net
Das Hotel in Flughafennähe liegt an einer Ausfallstraße und bietet so einen direkten Zugang zum Stadtzentrum. Das Hotelrestaurant wird von einheimischen Gästen sehr geschätzt.

RUND UM KAIRO

OASIS FAYUM: *Auberge du Lac Hotel* ($)($)($)($)
Qarun-See, Faijoum. Tel. *(084) 572 001/2.* FAX *(084) 572 003.*
König Faruks ehemaliges Jagdhaus am Qarun-See wurde in ein Luxushotel umgewandelt. Hier kann man auf höchstem Niveau entspannen und die umliegenden Sehenswürdigkeiten besuchen.

NILTAL

ABU SIMBEL: *Kariat Abu Simbel* ($)($)
Abu Simbel. Tel. *(097) 400 170.* FAX *(097) 400 770.*
Das ruhige, 2001 eröffnete Hotel bietet guten Komfort zu angemessenen Preisen. Es ist im nubischen Stil errichtet; von der Terrasse genießt man einen herrlichen Blick über den Nassersee.

ABU SIMBEL: *Nefertari Hotel* ($)($)($)($)
Abu Simbel. Tel. *(097) 400 508* oder *(097) 400 510.*
Das Hotel steht nur einen Steinwurf vom Tempel Ramses II. entfernt. Im Sommer liegen die Preise 30 Prozent niedriger als im Winter. Im Garten des Hotels kann man für wenig Geld sogar zelten.

ASSUAN: *Hathor Hotel* ($)
Corniche el-Nil. Tel. *(097) 314 580.* FAX *(097) 303 462.*
Das kleine Hotel hat eine Dachterrasse mit Pool. Die Zimmer zum Nil sind in einem besseren Zustand als die übrigen Räume des Hotels.

Hotel	Anzahl der Zimmer	Kreditkarten	Klimaanlage	Swimmingpool	Restaurant
Semiramis Intercontinental	730	■	●	■	●
Al-Hussein Hotel	56		●		●
Novotel Cairo Airport	207	■	●	■	●
Mövenpick Jolieville	240	■	●	■	●
Mena House Oberoi	523	■	●	■	●
Sheraton Heliopolis	588	■	●	■	●
Auberge du Lac Hotel	76	■	●	■	●
Kariat Abu Simbel	26		●		●
Nefertari Hotel	120	■	●	■	●
Hathor Hotel	64		●	■	●

ASSUAN: *Keylany Hotel* $
Sharia Keylany, bei der Sharia Souq. ☎ *(097) 317 332.* FAX *(097) 317 332.*
Das saubere, kleine Hotel bietet ein exzellentes Preis-Leistungs-Verhältnis. Alle Zimmer mit eigenem Bad, aber ohne Klimaanlage.

ASSUAN: *Orabi Hotel* $
Sharia Keylany, bei der Sharia Souq. ☎ *(097) 317 578.* FAX *(097) 317 578.*
Ein gutes, zentral gelegenes Hotel mit Gemeinschaftsbad. Freundliches Personal. Einige Zimmer haben Klimaanlage.

ASSUAN: *Al-Amir Hotel* $$
An der Corniche el-Nil. ☎ *(097) 314 735.* FAX *(097) 304 411.*
Ein sehr sauberes und komfortables Hotel. Die Ausrichtung auf arabische Gäste verbietet den Ausschank von Alkohol. ⇅ TV

ASSUAN: *Happi Hotel* $$
An der Corniche el-Nil. ☎ *(097) 314 115.* FAX *(097) 307 572.*
Das einfache Hotel glänzt mit gutem Service, einige Zimmer mit Nilblick. Der Pool des Cleopatra Hotel kann gegen Gebühr benutzt werden. ⇅ TV

ASSUAN: *Ramses Hotel* $$
Sharia Abtal al-Tahrir. ☎ *(097) 304 000.* FAX *(097) 315 701.*
Das preisgünstige Hotel hat modern ausgestattete Zimmer mit Telefon, Minibar und Nilblick. Das Hotel wird vor allem von Reisegruppen gebucht. ⇅ TV

ASSUAN: *Basma Hotel* $$$
Sharia Abtal al-Tahrir. ☎ *(097) 310 901.* FAX *(097) 310 907.*
@ basma@rocketmail.com
Das komfortable Hotel neben dem Nubischen Museum besitzt eine schöne Dachterrasse mit Aussicht auf Elephantine Island. ⇅ TV

ASSUAN: *Cleopatra Hotel* $$$
Sharia al-Souq. ☎ *(097) 314 003.* FAX *(097) 314 002.*
Zentral gelegenes, komfortables Hotel mit Dachgartenpool. Die meisten Zimmer sind mit einer Minibar ausgestattet. ⇅ TV

ASSUAN: *Ile d'Amoun Hotel* $$$$
Amun Island. ☎ *(097) 313 800* oder *(02) 574 7991.*
FAX *(097) 317 190.* @ rashab@starnet.com.eg
Die üppige Vegetation der Nilinsel verleiht dem einfachen Hotel einen besonderen Reiz. Besonders für Familien geeignet. Ein eigener Fährbetrieb verbindet das Hotel mit der Corniche von Assuan. TV

ASSUAN: *Isis Hotel* $$$$
Corniche el-Nil. ☎ *(097) 315 100.* FAX *(097) 315 500.*
Das etwas heruntergekommene Hotel steht am Nilufer der Innenstadt und bietet direkten Zugang zum Basarviertel von Assuan. TV

ASSUAN: *Old Cataract* $$$$
Sharia Abtal al-Tahrir. ☎ *(097) 316 001.* FAX *(097) 316 011.*
@ h1666@accor-hotels.com
Das 1899 eröffnete Hotel wird zu den besten der Welt gezählt. Die gelungene Mischung aus Kolonialstil und orientalischen Motiven hat schon Agatha Christie in *Tod auf dem Nil* beschrieben. Die Zimmer des Westflügels bieten weiten Nilblick, die Terrasse ist eines der Highlights. TV

ASSUAN: *Aswan Oberoi* $$$$$
Elephantine Island. ☎ *(097) 314 666.* FAX *(097) 313 538.*
@ aswan_res@oberoi.com.eg
Außer den luxuriösen Zimmern bietet das Oberoi von Mai bis September auch verschiedene Wellness-Anwendungen an. Der hohe, moderne Rundbau beeinträchtigt leider den freien Blick auf Elephantine Island.
⇅ TV

ASYUT: *YMCA* $
Sharia Salah ad-Din al-Ayyubi. ☎ *(088) 323 218.* FAX *(088) 313 118.*
Ein erstaunlich preiswertes Mittelklassehotel. Alle Zimmer haben TV, Kühlschrank und eigene Badezimmer. ⇅ TV

ASYUT: *Assiutel Hotel* $$
Sharia al-Thawra. ☎ *(088) 312 121.* FAX *(088) 312 122.*
Das Mittelklassehotel bietet das beste Preis-Leistungs-Verhältnis von Assuan. Schöne Lage an der Corniche, Zimmer mit Blick auf den Nil. ⇅ TV

Keylany Hotel	28				●
Orabi Hotel	13				●
Al-Amir Hotel	36		●		●
Happi Hotel	64		●		●
Ramses Hotel	112		●		●
Basma Hotel	200	■	●	■	●
Cleopatra Hotel	109	■	●	■	●
Ile d'Amoun Hotel	50	■	●	■	●
Isis Hotel	100	■	●	■	●
Old Cataract	131	■	●	■	●
Aswan Oberoi	244	■	●	■	●
YMCA	30		●		●
Assiutel Hotel	28		●		●

Zeichenerklärung siehe hintere Umschlagklappe

Preiskategorien pro Nacht für ein Standarddoppelzimmer, Frühstück, Steuer und Service inbegriffen.
$ unter 25 US-$
$$ 25–50 US-$
$$$ 50–100 US-$
$$$$ 100–200 US-$
$$$$$ über 200 US-$

KREDITKARTEN
Die üblichen Kreditkarten werden akzeptiert: American Express, Diners Club, MasterCard, Visa.

KLIMAANLAGE
Einige oder alle Zimmer haben Klimaanlage.

SWIMMINGPOOL
Privater Swimmingpool für Hausgäste.

RESTAURANT
Empfehlenswertes Restaurant, auch für Nicht-Hausgäste offen.

Hotel	Preis	Anzahl der Zimmer	Kreditkarten	Klimaanlage	Swimmingpool	Restaurant
LUXOR: *Amon al-Gezira Hotel* Bayarat al-Gezira, Westufer. *(095) 310 912.* FAX *(095) 311 205.* Das saubere Familienhotel liegt nahe der Fähre des Dorfes Al-Gesira. Die Eigentümer sind freundlich, fünf Zimmer haben ein eigenes Bad. Von der Dachterrasse hat man einen schönen Blick über die Zuckerrohrfelder.	$	12		●		
LUXOR: *Happyland Hotel* Sharia al-Kamar. *(095) 371 828.* FAX *(095) 371 140.* happylandluxor@hotmail.com Ein Hotel mit einfachen und sauberen Zimmern. Einige Zimmer mit eigenem Bad. Ansonsten gibt es pieksaubere Gemeinschaftsbäder.	$	24		●		
LUXOR: *Marsam Hotel* Al-Gurna, Westufer. *(095) 372 403.* Das kürzlich renovierte Hotel wurde in den 1920er Jahren für ausländische Archäologen erbaut. 13 Zimmer befinden sich im alten Teil, zehn im neuen Anbau. Alle Zimmer sind einfach, aber geschmackvoll eingerichtet. Nur Gemeinschaftsbäder. Ohne Alkoholausschank.	$	23				●
LUXOR: *St Mina Hotel* Sharia Cleopatra. *(095) 375 409.* FAX *(095) 376 568.* Einfaches Familienhotel im Stadtzentrum. Die Hälfte der Zimmer mit eigenem Bad, manche mit Klimaanlage. Lobby und Restaurant sind sehr sauber.	$	20		●		●
LUXOR: *Venus Hotel* Sharia Yussef Hassan. *(095) 372 625.* Zentral gelegen, beliebt bei Rucksacktouristen. Die meisten Zimmer haben Klimaanlage und eigenes Bad. Auf der Dachterrasse gibt es ein Restaurant und ein Fernsehgerät mit mehrsprachigen Satellitenprogrammen.	$	25				●
LUXOR: *Al-Gezira Hotel* Bayarat al-Gezira, Westufer. *(095) 310 034.* FAX *(095) 310 034.* Nahe am Nil besitzt das kleine Hotel ein eigenes Dachgartenrestaurant mit ausgezeichneter ägyptischer Küche. Der Service ist gut, die Zimmer bieten Bad und Ventilatoren, einige einen schönen Ausblick auf den Nil.	$$	11		●		●
LUXOR: *Flobater Hotel* Sharia Khaled Ibn al-Walid. *(095) 374 223.* FAX *(095) 370 618.* Ein preiswertes Hotel mit eigenem Pool. Das Personal ist freundlich, einige Zimmer bieten einen Blick auf den Nil.	$$	40	■	●	■	●
LUXOR: *Nur al-Gurna* Neben Gurna Antiquities Inspectorate, Westufer. *(095) 311 430.* Das neue Hotel bietet einen Blick über die Hügel von Gurna. Jedes Zimmer ist individuell eingerichtet und besitzt ein eigenes Bad. Ein guter Standort für die Besichtigung des Tals der Könige.	$$	9				●
LUXOR: *Pharaoh's Hotel* Bayarat (in der Nähe des Antiquities Inspectorate), West Bank. *(095) 310 702.* FAX *(095) 311 205.* Ein älterer Betonflachbau mit sauberen, klimatisierten Zimmern. Eine Bar im Garten und der schöne Ausblick sind ein Plus für dieses Hotel.	$$	29		●		●
LUXOR: *St Joseph Hotel* Sharia Khaled Ibn al-Walid. *(095) 381 707.* FAX *(095) 381 727.* Das Hotel im neueren Teil Luxors ist gut eingerichtet, das Personal freundlich. Im Keller befindet sich eine kleine Bar.	$$	75	■	●	■	●
LUXOR: *Windsor Hotel* Sharia Nefertiti. *(095) 375 547.* FAX *(095) 373 447.* Das 3-Sterne-Hotel wird von Europäern bevorzugt. Vor dem Einchecken sollten Sie sich die Zimmer ansehen, Größe und Ausstattung sind unterschiedlich.	$$	120	■	●	■	●

LUXOR: *Emilio Hotel* $$$ Sharia Yousef Hassan. (095) 373 570. FAX (095) 370 000. Das gehobene Mittelklassehotel im Zentrum von Luxor hat einen Dachgartenpool. Im Winter von Reisegruppen belegt, vorab buchen.	48	■	●	■	●
LUXOR: *Gaddis Hotel* $$$ Sharia Khaled Ibn al-Walid. (095) 382 838. FAX (095) 382 837. @ gaddislxr@yahoo.com Das kleine 4-Sterne-Hotel liegt ca. 1 km südlich der Corniche. Die Zimmer sind sehr geräumig und äußerst komfortabel eingerichtet.	55	■	●	■	●
LUXOR: *Mövenpick Jolieville Crocodile Island* $$$$ Crocodile Island. (095) 374 855. FAX (095) 374 936. @ jollie.ville@movenpick/lxr.com.eg Die Bungalows der Hotelanlage sind von einer Bananenplantage umgeben. Das Restaurant ist außergewöhnlich gut. Es gibt Fahrräder, Jogging-Parcours, Feluken, Kinderspielplatz und kleinen Zoo.	332	■	●	■	●
LUXOR: *Novotel Luxor* $$$$ Corniche el-Nil. (095) 380 925. FAX (095) 380 972. Der Hotelneubau am südlichen Ende der Corniche hat Diskothek, großen Pool und weiten Blick über den Nil zu bieten.	185	■	●	■	●
LUXOR: *Sheraton Luxor* $$$$ Sharia Khalid Ibn al-Walid. (095) 374 544. FAX (095) 374 941. W www.sheraton.com 3 km außerhalb der Stadt bietet das Sheraton-Luxor-Hotel u.a. 14 Chalets und einen großen Park. Vielfältige Sportmöglichkeiten, täglich wird ein Bootsausflug zum Tempel von Dendara angeboten.	290	■	●	■	●
LUXOR: *Luxor Hilton* $$$$$ Sharia Karnak. (095) 374 933. FAX (095) 376 571. W www.hilton.com Luxushotel nördlich der Stadt in einem großen Park beim Karnak-Tempel. Ein Shuttle-Bus fährt Hausgäste regelmäßig ins Stadtzentrum.	261	■	●	■	●
LUXOR: *Sofitel Winter Palace Hotel* $$$$$ Corniche el-Nil. (095) 380 422. FAX (095) 374 087. Der alte Teil des berühmten Luxushotels stammt aus dem 19. Jahrhundert. Der neuere Anbau ist zwar nicht ganz so gelungen, dafür sind die Zimmer hier deutlich billiger.	354	■	●	■	●
MINYA: *The Palace Hotel* $ Midan Tahrir. (086) 364 071. Das sehr einfache Hotel mit den noch schlichteren Zimmern kann nur durch seine schönen Wandmalereien in der Lobby überzeugen. Die Atmosphäre hat noch einen leicht kolonialen Charakter.	29				
MINYA: *The Akhenaten* $$ Corniche el-Nil. (086) 365 917/365 918. FAX (086) 365 917. @ kingakhanaton@hotmail.com Sauberes Mittelklassehotel, einige Zimmer mit schönem Nilblick.	48	■	●		●
MINYA: *The Nefertiti & Aton Mercure Hotel* $$$ Corniche el-Nil. (086) 341 515. FAX (086) 366 467. W www.accoregypt.com Abgesehen von den etwas stickigen Räumen und der altmodischen Einrichtung gehört dieses Hotel zu den besten von Luxor.	54	■	●	■	●
SOHAG: *Cazalovy* $ Ostufer. (093) 601 185. FAX (093) 601 170. Komfortable Zimmer und niedrige Preise – eine gute Wahl.	31		●		●
SOHAG: *Merit Amoun Hotel* $$ Madinet Naser, Ostufer. (093) 601 985. FAX (093) 603 222. Großes 3-Sterne-Hotel mit einfachen, aber komfortablen Zimmern.	28		●		●

SINAI UND ROTES MEER

AIN SUKHNA: *Hilton Ain Sukhna Resort* $$$$ Ain Sukhna Road. (062) 290 500. FAX (062) 290 515. Die beste Anlage des Badeortes Ain-Sukhna. Wegen der Nähe zu Kairo wird das Ressort am Wochenende auch von ägyptischen Familien bevorzugt. Vorabbuchung ist sehr zu empfehlen.	41	■	●	■	●

Zeichenerklärung siehe hintere Umschlagklappe

Preiskategorien pro Nacht für ein Standarddoppelzimmer, Frühstück, Steuer und Service inbegriffen.
($) unter 25 US-$
($)($) 25–50 US-$
($)($)($) 50–100 US-$
($)($)($)($) 100–200 US-$
($)($)($)($)($) über 200 US-$

Kreditkarten
Die üblichen Kreditkarten werden akzeptiert: American Express, Diners Club, MasterCard, Visa.

Klimaanlage
Einige oder alle Zimmer haben Klimaanlage.

Swimmingpool
Privater Swimmingpool für Hausgäste.

Restaurant
Empfehlenswertes Restaurant, auch für Nicht-Hausgäste offen.

Al-Gouna: *Sheraton Miramar* ($)($)($)($)($)
Al-Gouna Resort. (065) 545 845. FAX (065) 545 885. www.sheraton.com
Ein alter Leuchtturm, eine Insel mit modernen Skulpturen und eine Reihe von Luxusapartments (mit eigenem Butler-Service) – ein Vorzeigeobjekt unter den Unterkünften von Al-Gouna.

Dahab: *Bishbishi Camp* ($)
Mashraba. (069) 640 727.
Von den über 50 Strandanlagen in Dahab, die vor allem von jungen Leuten besucht werden, ist dies die sauberste. Die Bambushütten besitzen Fensterläden und eigene Duschen. Einige wurden mit Ventilatoren ausgestattet.

Dahab: *Jasmine Pension* ($)
Mashraba. (069) 640 110.
Die Zimmer der preiswerten Pension sind mit eigenem Bad und Ventilatoren ausgestattet. Das kleine Restaurant serviert überraschend gutes ägyptisches Essen.

Dahab: *Blue Beach Club* ($)($)
Lighthouse. (069) 640 413. FAX (069) 640 413. @ bbeach@menanet.net
Nördlich von Asilah liegt dieses kleine, ruhige Strandhotel unter Schweizer Management. Die Zimmer sind mit Ventilatoren und Eisbox ausgestattet.

Dahab: *Club Red* ($)($)
Mashraba. (069) 640 380. FAX (069) 640 380.
@ club-red@club-red.com
Bekannte Tauchbasis mit einfachen Zimmern. Die Mehrbettzimmer sind sehr preiswert. Die teureren Zimmer wurden mit Ventilatoren und eigenen Badezimmern ausgestattet. Taucher erhalten 15 Prozent Preisnachlass.

Dahab: *Nesima Hotel and Diving Centre* ($)($)($)
Mashraba, Asilah. (069) 640 320. FAX (069) 640 321.
www.nesima-resort.com
Eines der schönsten Hotels in Dahab. Die Gebäude sind im maurischen Stil erbaut, der Pool liegt direkt am Strand. Hervorragendes Restaurant und Kinderbetreuung. Vor allem bei Tauchern sehr beliebt.

Dahab: *Hilton Resort* ($)($)($)($)
Dahab Bay. (069) 640 310. FAX (069) 640 424.
www.hilton.com
Die Gebäude wurden um eine kleine Lagune mit eigenem Sandstrand gruppiert. Alle Wassersportarten werden angeboten, die eigene Windsurf-Schule und eine Tauchbasis genießen einen guten Ruf. Der Kindergarten des Hilton Resort steht unter deutscher Leitung.

Hurghada: *Four Seasons Hotel* ($)
Ad-Dahar. & FAX (065) 545 456.
Das Hotel in Strandnähe liegt im Stadtteil Ad-Dahar. Alle Zimmer mit Balkonen zur Meerseite, sechs Zimmer mit Klimaanlage. Gegen eine geringe Gebühr kann der Strand des nahen Geisum Village Resort benutzt werden.

Hurghada: *El-Khan Hotel* ($)($)
Kafr al-Gouna, Al-Gouna Resort. (065) 545 060. FAX (065) 545 061.
Die einfachen Räume im orientalischen Stil ähneln den architektonischen Vorbildern von Kafr al-Gouna. Meerblick in den oberen Zimmern. Die Sporteinrichtungen des Al-Gouna Resort können benutzt werden.

Hurghada: *Empire Hotel* ($)($)
Sharia Hospital & Sayed Korayem. (065) 549 200. FAX (02) 347 56 43.
@ sales@empire.hotels.com
Preiswertes Hotel im Zentrum von Ad-Dahar. Obwohl es keinen eigenen Strand hat, liegt das Hotel nur 200 Meter vom Meer. Hotelgäste können den Village-Strand kostenlos benutzen.

Hotel	Anzahl der Zimmer	Kreditkarten	Klimaanlage	Swimmingpool	Restaurant
Al-Gouna: Sheraton Miramar	338	■	●	■	●
Dahab: Bishbishi Camp	18				●
Dahab: Jasmine Pension	17				●
Dahab: Blue Beach Club	22	■		■	●
Dahab: Club Red	134	■	●		●
Dahab: Nesima Hotel and Diving Centre	40	■	●	■	●
Dahab: Hilton Resort	163	■	●	■	●
Hurghada: Four Seasons Hotel	14		●		
Hurghada: El-Khan Hotel	25	■	●	■	●
Hurghada: Empire Hotel	396	■	●	■	●

HURGHADA: *Jasmine Village Hotel* $$$

Hurghada. (065) 446 442. FAX (065) 446 441. @ jasminevillage@hotmail.com

Die 460 Bungalows der familienfreundlichen Anlage sind komfortabel ausgestattet. Hoteleigener Kindergarten mit Streichelzoo. Eines der Tauchzentren bietet tägliche Ausflüge mit Glasbodenschiffen an.

446	■	●	■	●

HURGHADA: *Dawar al-Umda* $$$$

Kafr al-Gouna, Al-Gouna Resort. (065) 545 060. FAX (065) 545 061.

Das im arabischen Stil erbaute kleine Hotel hat eine angenehm private Atmosphäre. Die Gäste können den Strand sowie die Sport- und Fitnessmöglichkeiten des Al-Gouna Resort benützen.

64	■	●	■	●

HURGHADA: *Iberotel Arabella* $$$$

Al-Sakala. (065) 545 086. FAX (065) 545 090. @ gm@iberotelarabella.com

Eines der schöneren Hotels im Zentrum von Hurghada. Die Diskothek im Haus ist täglich geöffnet. Alle Zimmer werden in Halbpension vermietet.

294	■	●	■	●

HURGHADA: *Sheraton Soma Bay Resort* $$$$

Soma Bay, 48 km südlich von Hurghada. (065) 545 845.
FAX (065) 545 885. @ reservationsomabayegypt@stanwoodhotels.com

Die Anlage wirkt wie ein antikes Tempelareal. 18-Loch-Golfplatz, viele Wassersportmöglichkeiten. Die Hotelleitung bemüht sich, das Resort nach umweltgerechten Gesichtspunkten zu führen.

310	■	●	■	●

HURGHADA: *Hurghada InterContinental* $$$$$

Hurghada. (065) 446 911. FAX (065) 446 910. @ hurghada@interconti.com

Eine der luxuriösesten Anlagen Hurghadas. Eigener Yachthafen sowie ein umfassendes Fitness- und Wassersportangebot.

244	■	●	■	●

ISMAILIA: *Nefertari* $

41 Sharia Sultan Hussein. (064) 912 822. FAX (064) 910 940.

Komfortable und saubere Zimmer. Eines der bevorzugten Hotels der Stadt mit hauseigener Disko und kleiner Bar.

32				●

ISMAILIA: *Mercure Forsan Island* $$$$

Gezirat al-Forsan. (064) 918 040. FAX (064) 918 043.
W www.accoregypt.com

Das beste Hotel der Stadt liegt auf einer kleinen Insel im Timsah-See. Die Preise sind dem exklusiven Ambiente angemessen.

152	■	●	■	●

MARSA ALAM: *Red Sea Diving Safari* $$

Marsa Shagra, 18 km nördlich von Marsa Alam. (02) 337 18 33.
FAX (02) 749 42 19. @ redseasaf@hotmail.com

Auf Tauchgruppen spezialisierte Anlage an einer schönen Bucht. Jeweils zehn Großzelte, Standhütten mit Gemeinschaftsbädern und Chalets mit Bad und Küche. Pauschalpreise schließen nicht-alkoholische Getränke ein.

50	■			●

MARSA ALAM: *Shams Allam* $$$

50 km südlich von Marsa Alam. (02) 417 00 46. FAX (02) 417 01 58.
@ info@shamshotels.com

Die Tauchbasis der südlichsten Anlage am Roten Meer bietet Ausflüge zu wenig besuchten Tauchrevieren und Korallengärten an. Die zweistöckigen Chalets haben jeweils vier komfortable Zimmer. Nur Halbpension.

159	■	●	■	●

NUWEIBA: *Basata* $

Ras al-Burqa. (069) 500 481. FAX (069) 500 480.

Ökologisch ausgerichtete Anlage 23 km nördlich von Nuweiba an einem privaten Sandstrand mit Bambus- bzw. Lehmhütten. Eigene Stromversorgung und Entsalzungsanlage. Obwohl man hier weder tauchen noch Alkohol konsumieren oder fernsehen kann, ist die Anlage immer gut besucht.

16	■			●

NUWEIBA: *La Sirene* $$$

Nuweiba City. (069) 500 701. FAX (069) 500 702.

Das Mittelklassehotel mit eigener Tauchbasis liegt nördlich von Nuweiba an einem schönen Strand. Längerfristige Vorausbuchung empfohlen.

40	■	●		●

NUWEIBA: *Coral Hilton Resort* $$$$

Nuweiba City. (069) 520 320. FAX (069) 520 327.
@ rm_nuweiba@hilton.com

Das etwas ältere Resort wird von israelischen Gästen bevorzugt. Außer den normalen Zimmern stehen noch 20 Strandvillen zur Verfügung. Die hauseigene Disko ist jeden Abend geöffnet. Ein reiches Angebot an Wassersportmöglichkeiten macht diese Anlage besonders populär.

200	■	●	■	●

Zeichenerklärung siehe hintere Umschlagklappe

Preiskategorien pro Nacht für ein Standarddoppelzimmer, Frühstück, Steuer und Service inbegriffen.
$ unter 25 US-$
$$ 25–50 US-$
$$$ 50–100 US-$
$$$$ 100–200 US-$
$$$$$ über 200 US-$

KREDITKARTEN
Die üblichen Kreditkarten werden akzeptiert: American Express, Diners Club, MasterCard, Visa.

KLIMAANLAGE
Einige oder alle Zimmer haben Klimaanlage.

SWIMMINGPOOL
Privater Swimmingpool für Hausgäste.

RESTAURANT
Empfehlenswertes Restaurant, auch für Nicht-Hausgäste offen.

PORT SAID: *Hotel de la Poste* $
42 Sharia al-Gumhuriyya. Tel. (066) 224 048. FAX (066) 221 473.
Das Hotel in der Altstadt von Port Said wurde in den 1940er Jahren erbaut, was die Fassade auch zeigt. Die hohen Zimmer mit Bad und Ventilatoren, einige davon mit Balkon, verströmen kolonialen Charme. TV

PORT SAID: *Sonesta Port Said* $$$$
Sharia Sultan Hussein. Tel. (066) 325 511. FAX (066) 324 825.
Unauffälliges Hotelhochhaus mit komfortablen Zimmern mit Blick auf das Mittelmeer und den Suezkanal. TV

QUESIR: *Quesir-Sirena Beach Mövenpick* $$$$$
Al-Qadim Bay. Tel. (065) 332 100. FAX (065) 332 129.
@ resort@movenpick-quesir.com.eg
Nach umweltfreundlichen Maßstäben geführtes Hotel, eines der angenehmsten am Roten Meer. Tauchbasis, Wüstenausflüge und Reitmöglichkeiten. Freier Aufenthalt für Kinder bis 16 Jahre. TV

RAS SUDR: *Moon Beach Resort* $$$
Ras Sudr. Tel. (02) 336 5103. FAX (02) 336 5103.
Kleinere, preiswerte Anlage mit bekannter Windsurf-Schule. Die einfachen Hütten sind mit einer ausreichenden Grundausstattung versehen. Am Wochenende ist die Anlage bevorzugtes Ziel von Kairoer Familien. TV

SAFAGA: *Holiday Inn Safaga Palace* $$$
Safaga. Tel. (065) 252 821. FAX (065) 252 825.
@ holidayinnsafaga@yahoo.com
Eine halbe Autostunde vom Flughafen Hurghada entfernt, bietet die Mittelklasseanlage vor allem Wassersportlern zahlreiche Möglichkeiten. Kinderspielplatz, familienfreundliche Atmosphäre. TV

SHARM EL-SHEIKH: *Pigeon House* $
Naama Bay. Tel. (069) 600 996. FAX (069) 600 995.
@ pigeon@access.com.eg
Eines der bekanntesten Hotels vor Ort. Die Gäste können zwischen Strandhütten oder Zimmern wählen, davon 36 mit Bad. Im nahen Anemone Dive Centre kann der Strand mitbenutzt werden. Buchung empfehlenswert.

SHARM EL-SHEIKH: *Shark's Bay Camp* $$
Shark's Bay. Tel. (069) 600 943. FAX (069) 600 941.
Einfache Hotelanlage mit einheimischem Management 10 km nördlich der Naama Bay. Die Gemeinschaftsbäder sind sauber. Während der jüdischen Feiertage kommen vor allem israelische Urlauber in die Shark's Bay.

SHARM EL-SHEIKH: *Amar Sina* $$$
Sharm el-Sheikh. Tel. (069) 662 222. FAX (069) 662 233.
Mittelklassehotel oberhalb des Hafenviertels. Die besondere Architektur mit Bögen und Kuppeln schafft ein arabisches Ambiente. TV

SHARM EL-SHEIKH: *Camel Hotel* $$$
Naama Bay. Tel. (069) 600 700. FAX (069) 600 601.
@ info@cameldive.com
Das kleine Hotel an der Naama Bay hat sich weitgehend auf die Bedürfnisse behinderter Reisender eingestellt. Im Camel Dive Centre können Behinderte auch Tauchkurse absolvieren. TV

SHARM EL-SHEIKH: *Sanafir Hotel* $$$
Naama Bay. Tel. (069) 600 197. FAX (069) 600 196.
@ sanafir@access.com.eg
Das Hotel war einer der ersten Hotelbauten in der Region. Die Zimmer haben Klimaanlage und Meerblick. Gleich mehrere Bars und Restaurants sowie ein populärer Nachtklub sind angegliedert. TV

Hotel	Anzahl der Zimmer	Kreditkarten	Klimaanlage	Swimmingpool	Restaurant
Hotel de la Poste	44		●		●
Sonesta Port Said	110	■	●	■	●
Quesir-Sirena Beach Mövenpick	250	■	●	■	●
Moon Beach Resort	50	■	●		●
Holiday Inn Safaga Palace	327	■	●	■	●
Pigeon House	68		●		●
Shark's Bay Camp	96		●		●
Amar Sina	91	■	●	■	●
Camel Hotel	38	■	●	■	●
Sanafir Hotel	60	■	●	■	●

SHARM EL-SHEIKH: *Ritz-Carlton Resort* $$$$$
307 ■ ● ■ ●
Ras Umm Sid. (069) 661 919. FAX (069) 620 500.
@ ritzcarltonssh@sinainet.com.eg
Das erste Ritz-Carlton in Afrika bietet noch immer allen Luxus. Vor dem Sandstrand liegt ein schmales Korallenriff.

SHARM EL-SHEIKH: *Sofitel Coralia Sharm el-Sheikh* $$$$$
302 ■ ● ■ ●
Naama Bay. (069) 600 083. FAX (069) 600 085.
@ sofitel@sofitelsharm-redsea.com
Geschmackvoll im maurischen Stil konzipiertes Luxushotel direkt an der Naama Bay. Ausgezeichnetes indisches Restaurant.

ST.-KATHARINENKLOSTER: *Auberge St Catherine* $$$
52 ■ ●
St Catherine's Monastery. (069) 470 353. FAX (069) 470 353.
Unmittelbar neben dem Kloster am Fuße des Berges Sinai. Die Zimmer sind einfach, aber komfortabel eingerichtet und werden mit Halbpension vermietet. Im Restaurant serviert man auch Wein und Bier.

ST.-KATHARINENKLOSTER: *St Catherine Tourist Village* $$$$
118 ■ ● ■
St Catherine Village. (069) 470 333. FAX (069) 470 326.
4-Sterne-Hotel liegt unweit des Klosters, jedoch abseits der Hauptstraße. Das beste Haus vor Ort.

SUEZ: *Red Sea Hotel* $$$
75 ■ ● ●
13 Sharia Riad, Port Tawfiq. (062) 334 302. FAX (062) 334 301.
Eines der besten Hotels von Suez. Vom Dachgartenrestaurant hat man einen schönen Blick über den Suezkanal.

TABA: *Sea Star Hotel* $$$
171 ■ ● ■ ●
Taba Heights Resort. (069) 530 190. FAX (069) 530 192.
@ seastar@link.net
Eines der preiswerteren Hotels unter den Anlagen von New Taba Heights. Das Restaurant, die Tauchschule, eine Spielbank und ein großes Wassersportzentrum liegen gleich nebenan.

TABA: *Hilton Taba Resort* $$$$
410 ■ ● ■ ●
Taba Beach. (069) 530 140. FAX (02) 578 70 44.
W www.hilton.com/TBAHITW
Die Anlage war über zehn Jahre ein Zankapfel zwischen Ägypten und Israel, 1989 wurde die Landzunge an Ägypten übergeben. Eine Spielbank und ein Wassersportzentrum wurden 1992 angegliedert.

ZAAFARANA: *Windsor Zaafarana* $$$$
160 ■ ● ■ ●
Küstenstraße, Zaafarana. (02) 414 56 02. FAX (02) 419 99 99.
Die 5-Sterne-Anlage eignet sich gut als Ausgangspunkt für Besuche der Klöster St. Paulus und St. Antonius.

NILDELTA UND NORDKÜSTE

ALEXANDRIA: *Acropole Hotel* $
33
Midan Saad Zaghloul. (03) 480 59 80.
Dieses kleine, bescheidene Hotel in einem Art-déco-Gebäude im Zentrum Alexandrias strapaziert den Geldbeutel nicht sonderlich. Von den Balkonen hat man einen herrlichen Ausblick auf Stadt und Meer.

ALEXANDRIA: *Union Hotel* $
40 ●
164 Sharia 26th July, 5. Stock. (03) 480 73 50. FAX (03) 480 73 50.
Das bekannte Hotel in einem Art-déco-Gebäude unweit des Midan Saad Zaghloul ist eine sehr gute Wahl. Das Personal ist freundlich, die Zimmer mit eigenem Bad sind sauber und komfortabel.

ALEXANDRIA: *Le Crillon Hotel* $$
36 ●
5 Sharia Adib Ishaq, 4. Stock. (03) 480 03 30.
Schönes, zweistöckiges Hotel in einem Gebäude mit Flair. Einige Zimmer haben ein eigenes Bad. Die Zimmer zum Hafen sind noch mit französischen Balkontüren ausgestattet. Unbedingt im Voraus buchen.

ALEXANDRIA: *Intercontinental Metropole Alexandria Hotel* $$$$
66 ■ ● ●
62 Sharia Saad Zaghloul. (03) 486 14 65. FAX (03) 486 20 40.
@ metropole@interconti.com
In dem renovierten Jugendstilgebäude soll der Dichter Constantine Cavafy zeitweise gelebt und gearbeitet haben. Die zentrale Lage und die komfortablen Räume machen den fehlenden Meerblick mehr als wett.

Preiskategorien pro Nacht für ein Standarddoppelzimmer, Frühstück, Steuer und Service inbegriffen.
$ unter 25 US-$
$$ 25–50 US-$
$$$ 50–100 US-$
$$$$ 100–200 US-$
$$$$$ über 200 US-$

Kreditkarten
Die üblichen Kreditkarten werden akzeptiert: American Express, Diners Club, MasterCard, Visa.

Klimaanlage
Einige oder alle Zimmer haben Klimaanlage.

Swimmingpool
Privater Swimmingpool für Hausgäste.

Restaurant
Empfehlenswertes Restaurant, auch für Nicht-Hausgäste offen.

	Anzahl der Zimmer	Kreditkarten	Klimaanlage	Swimmingpool	Restaurant
Alexandria: *As-Salamlek Hotel* $$$$$ Montasah-Palast. *(03) 547 79 99.* FAX *(03) 547 35 85.* @ salamlek@sangiovanni.com Aufwändig renoviertes Palasthotel, 1892 für den Khediven Abbas Helmi II. errichtet. Die Suiten sind sehr gediegen eingerichtet, Kinoraum und Spielkasino erinnern an alte Hollywoodfilme.	*20*	■	●		●
Alexandria: *Cecil Hotel* $$$$$ Midan Saad Zaghloul. *(03) 487 71 73.* FAX *(03) 485 56 55.* Das Hotel wurde in Lawrence Durrells *Alexandria Quartet* beschrieben. Die Zimmer sind großzügig mit schönem Meerblick.	*84*	■	●		●
Alexandria: *Helnan Palestine Hotel* $$$$$ Montasah-Palast. *(03) 547 40 33.* FAX *(03) 547 33 78.* @ resp@helnan.com An der weiten Montazah Bay werden Jogging-Pfad, Kindergarten, Windsurfen und Charterboote angeboten.	*231*	■	●		●
Damietta: *Al-Manshy Hotel* $ 5 Sharia an-Nokrashy. *(057) 323 308.* FAX *(057) 334 884.* Die Zimmer sind einfach, aber sauber. Rings um dieses Hotel stehen noch zahlreiche Beispiele der islamischen Architektur Damiettas.	*20*		●		●
Marsa Matruh: *Reem Hotel* $$ Corniche, Marsa Matruh. *(046) 493 36 05.* FAX *(046) 493 36 08.* Das einfache Hotel liegt unweit des malerischen Hafens der Stadt. Es gehört zu den besseren Übernachtungsmöglichkeiten vor Ort.	*51*	■			●
Marsa Matruh: *Beau Site* $$$$ Corniche, Marsa Matruh. *(046) 493 20 66.* FAX *(046) 493 33 19.* @ beausite@hiba.com Das große Feriendorf besitzt einen breiten Sandstrand und ist im Sommer mit ägyptischen Familien belegt. Besser im Voraus buchen.	*170*	■	●	■	●
Sidi Abdel Rahman: *El-Alamein Hotel* $$$$ Sidi Abdel Rahman. *(046) 468 01 40.* FAX *(046) 468 03 41.* Das von ägyptischen Urlaubern sehr geschätzte Hotel liegt an einem blendend weißen Strand, der eine südseeblauen Lagune umschließt.	*228*	■	●		●
Tanta: *Arafa Hotel* $$$ Midan al-Mahatta. *(040) 340 50 40.* FAX *(040) 335 70 80.* Das Hotel gehört zu den besten des Ortes. Während des Moulid von Sayed Ahmed al-Badawi im Oktober ist das Hotel ausgebucht.	*58*	■	●	■	●
Libysche Wüste					
Baharija: *Ahmed's Safari Camp* $ Bawiti. *(02) 847 33 99.* FAX *(02) 847 30 90.* Das Camp 4 km westlich das Ortszentrums von Bawiti wird vor allem von Rucksack- und Ökotouristen bevorzugt. Das Angebot reicht von arabischen Apartments bis zu einfachen Hütten. Moderate Preise.	*25*				●
Baharija: *Alpenblick Hotel* $ Bawiti. & FAX *(02) 847 21 84.* Angenehmes, beliebtes Hotel. Einige Zimmer mit eigenem Bad; Frühstück ist im Übernachtungspreis inbegriffen.	*22*				●
Baharija: *Al-Beshmo Lodge* $$ Bawiti. & FAX *(02) 847 21 77.* Das schöne und komfortable Hotel liegt neben einer der Quellen der Oase und bietet den Blick über einen Wald von Dattelpalmen. Zwölf Zimmer mit blitzsauberen Gemeinschaftsbädern, 13 Zimmer mit Klimaanlage und eigenem Bad.	*25*		●		●

BAHARIJA: *International Health Centre* $$ Bawiti. (02) 847 30 14. FAX (02) 847 23 22. www.whitedeserttours.com Das 3-Sterne-Wellness-Hotel liegt an einer heißen Schwefelquelle. Der Preis schließt Halbpension und Quellbäder ein.	36				●
DAKHLA: *Bedouin Camp* $ Sharia Mut al-Qasr. (092) 850 480. Das Camp liegt auf einer Anhöhe 7 km nördlich von Mut. Das Restaurant ist wie ein arabisches Zelt gestaltet. Die Zimmer mit Gemeinschaftsbad sind einfach, aber sauber.	21				●
DAKHLA: *Mebarez Hotel* $ Mut. (092) 821 524. FAX (092) 821 524. Das Hotel wird von Reisegruppen bevorzugt. 18 der einfachen Zimmer sind mit Klimaanlage und eigenem Bad ausgestattet.	33		●	■	●
DAKHLA: *Mut Talata* $$$ Mut. (092) 821 530. FAX (092) 927 983. Die Anlage an einer heißen Quelle besteht aus Chalets, einer kleinen Villa und einfachen Zelten. Die Zimmer sind einfach eingerichtet, aber sauber.	11		●	■	●
FARAFRA: *Al-Badawiyya Safari & Hotel* $$ Farafra. (092) 510 060. FAX (092) 510 400. badawya@link.net Das geschmackvolle Hotel gehört zu den besten der Libyschen Wüste. Das Angebot reicht von Suiten bis zu Schlafsälen. Die Anlage ist sehr sauber, das Essen ausgezeichnet. Unbedingt im Voraus buchen.	30				●
KHARGA: *Hamad Allah Hotel* $ Kharga. (092) 920 638. FAX (092) 925 017. Die Zimmer, einige mit Kühlschrank und Balkon, sind etwas dunkel, aber komfortabel eingerichtet. Das Hotel ist bei Safaritouristen beliebt.	54		●		●
KHARGA: *Kharga Oasis Hotel* $$ Kharga. (092) 921 500. FAX (092) 921 615. Modernes Hochhaushotel mit einfachen, komfortablen Zimmern. Großer Palmengarten. Bis auf sechs Zimmer haben alle Klimaanlage.	30		●	■	●
KHARGA: *Pioneers Hotel* $$$ Kharga. (092) 927 982. FAX (092) 927 983. Der 5-Sterne-Bungalowbau bietet das beste Essen in Kharga. Die Zimmer sind komfortabel, die Preise für Halbpension angemessen.	102		●	■	●
SIWA: *Alexander Hotel* $ Siwa. (046) 460 05 12. FAX (046) 460 00 06. Das Hotel ist das neueste der Oase. Die Zimmer sind einfach, sauber und mit Ventilatoren ausgestattet. Dachterrasse und Wäscheservice.	17				
SIWA: *Palm Trees Hotel* $ Siwa. (046) 460 23 04. Preiswerte Übernachtungsmöglichkeit im Zentrum des Ortes. Die Zimmer sind etwas heruntergekommen. Palmengarten und freundlicher Service.	26				●
SIWA: *Arous al-Waha Hotel* $ Siwa. (046) 460 21 00. FAX (046) 460 00 06. Die Hotelarchitektur ist zwar einfallslos, aber die Zimmer sind sauber, und der Service erweist sich als ausgesprochen gut.	20				●
SIWA: *Shali Lodge* $$$ Siwa. (046) 460 23 99. FAX (046) 460 17 99. info@eqi.com.eg Sehr schönes Hotel mit großen Zimmern und kleinem Pool. Das Restaurant liegt in einem Palmengarten, Dinner unbedingt vorher buchen.	8			■	●
SIWA: *Siwa Safari Paradise* $$$ Siwa. (046) 460 22 89. FAX (046) 460 22 86. Das Angebot reicht von Bungalows bis zu einfachen Hütten. Durch die Lage nahe dem Ortszentrum eine überlegenswerte Option.	70	■	●	■	●
SIWA: *Adrere Amellal* $$$$$ Sidi Jaafar. (02) 735 19 24. FAX (02) 735 54 89. info@eqi.com.eg Das erste wirklich ökologisch ausgerichtete Hotel Ägyptens verzichtet zwar auf Elektrizität, bietet seinen Gästen aber einheimische Speisen und einen Swimmingpool in einer warmen Quelle, die schon von den Römern genutzt wurde. Wüstenausflüge sind im Preis inbegriffen.	32	■		■	●

Zeichenerklärung siehe hintere Umschlagklappe

Restaurants

Mitarbeiter des Kairoer Café Riche

Die ägyptische Küche verbindet arabische und türkische Rezepte mit Gerichten aus Europa und Afrika. Das Ergebnis wird oft als einfallslos bezeichnet, doch damit tut man der Küche dieses Landes Unrecht. Die herzhaften Hauptgerichte werden mit einer reichhaltigen Auswahl von Gemüsen, Saucen und eingelegten Sauerfrüchten gereicht, die allen geschmacklichen Vorlieben Rechnung tragen. Eine der unerlässlichen Zutaten der ägyptischen Küche ist *semna* (geklärte Butter), die als Geschmacksverstärker fungiert. In Ägypten gilt zwar die Devise »keine Mahlzeit ohne Fleisch«, doch *fuul* (ein Brei aus weißen Bohnen), *taamiyya* (frittierte Fladen, gefüllt mit Bohnenpaste und frischen Kräutern) und *koshari* (Mixtur aus Nudeln, Reis, Linsen und Zwiebeln) werden in großen Mengen konsumiert. In größeren Städten findet man auch europäische Restaurants, deren Kochkünste jedoch häufig stark zu wünschen übrig lassen. In den letzten Jahren haben die internationalen Fastfood-Ketten auch in Ägypten Fuß gefaßt.

Restaurants und Bars

Ausser in Alexandria und Kairo ist das gesellschaftliche Ritual, essen zu gehen, in Ägypten noch nicht weit verbreitet. Deshalb bekommt man viele typische Gerichte wie die wohlschmeckenden Gemüseeintöpfe auch nicht im Restaurant, sondern nur zu Hause serviert. Es gibt jedoch einige Gerichte, die bemerkenswert schnell den veränderten Ernährungsgewohnheiten angepasst wurden. *Fuul*-Sandwiches oder Brathuhn *(firakh)* werden mittlerweile an jeder Straßenecke angeboten. In jeder größeren Ortschaft gibt es ein oder mehrere *kebabgi*, (Kebab-Buden), die verschiedene Kebabs und frische Salate anbieten. Dazu gibt es *hummus* (Brei aus Fava-Bohnen und Gewürzen), *tahina* (Sesampaste) und *babaghanoush* (gegrillte Auberginen mit Sesampaste). Die Qualität der örtlichen Kebab-Häuser ist unterschiedlich, dennoch sollte man sich dieses kulinarische Erlebnis nicht versagen.

Gastraum von L'Aubergine, einem vegetarischen Restaurant in Zamalek

Eingang zum Restaurant Che Omar's, Luxor

Ein anderes Lieblingsgericht der Ägypter sind Tauben. Sie werden auf dem Grill zubereitet und mit Reis gefüllt oder mit Zwiebeln und Tomaten zu Eintopf *(tagine)* verkocht.

Im kosmopolitischen Alexandria hat sich eine Reihe von griechischen, italienischen und französischen Restaurants etablieren können. Hier kommen auch die Freunde von Meeresfrüchten auf ihre Kosten. Fische, Krebse und Hummer werden sowohl in Straßenküchen zubereitet als auch in den teuren Restaurants angeboten. Und immer ist die Qualität hervorragend.

In Kairo trifft sich das diplomatische Korps in den teuren europäischen Restaurants. Die jüngeren Ausländer und Ägypter aus der Oberklasse bevorzugen die In-Restaurants der Stadt. Das Glitzerdekors, die laute Popmusik und die mediterrane Form der Nouvelle Cuisine liegen in Kairo voll im Trend. Gleichzeitig hat die fernöstliche Küche auch hier Fuß gefasst: Von japanischer und koreanischer bis hin zu thailändischer und indonesischer Küche ist alles vertreten.

Einige der bekannteren Restaurants haben in Nebenräumen eine Bar eingerichtet. So kann ein Abendessen problemlos zum Night-Entertainment ausgeweitet werden. Auch Kairos alte Cafés im Kolonialstil, wie das Café Riche, erleben gegenwärtig eine Renaissance.

Öffnungszeiten

Die zahlreichen Imbissbuden, an denen man die Traditionsgerichte *fuul* und *taamiyya* bekommt, sind schon früh am Morgen geöffnet. Die Fruchtsaftbars machen zwischen 8 und 10 Uhr das große Geschäft. *Koshari*-Restaurants bieten ihre *Baladi*-Sandwiches (Fladenbrot mit Füllung) etwa ab 10 Uhr an. Außer den reinen Frühstückscafés öffnen Restaurants frühestens ab 12.30 Uhr, an Freitagen generell erst ab 13 Uhr. In Ägypten wird das Mittagessen am frühen Nachmittag eingenommen. Bis auf Restaurants mit eigener Bar schließen die meisten Lokale um 23 Uhr.

Preise und Trinkgeld

In ägyptischen Restaurants werden die Gerichte einzeln bestellt. Die obligatorischen *mezzes* *(siehe S. 280f)* werden unaufgefordert an den Tisch gebracht. Wenn man nichts davon will, sollte man dies deutlich sagen und beim Bezahlen darauf achten, dass diese Vorspeisen nicht berechnet werden.

Auf jede Rechnung werden 12 Prozent an Abgaben aufgeschlagen. Die Umsatzsteuer von 5 Prozent kommt am Schluss noch dazu. Alles in allem werden Sie auf einer Restaurantrechnung rund 20 Prozent Aufschläge finden. Wer zufrieden ist, sollte etwa 10 Prozent Trinkgeld geben, wobei die Obergrenze bei 10 £E liegt.

Reservierungen

Reservierung ist nur in den teuersten Restaurants nötig. Das Personal spricht oft nicht viel Englisch, also stellen Sie sicher, dass die verabredete Zeit und die Anzahl der Personen auch verstanden wurden. In den Restaurants der mittleren Kategorie werden die Buchungen nicht so penibel gehandhabt. Sollte die Reservierung nicht vermerkt sein, wird man trotzdem alles tun, um für Sie einen akzeptablen Tisch zu finden.

Schautafeln eines ägyptischen Fastfood-Restaurants

Tischsitten und Kleiderordnung

In Ägypten sind kurze Hosen und Miniröcke keine passende Kleidung für einen Restaurantbesuch. Die Ägypter ziehen sich gerne gut an – selbst wenn man nur einen besseren Schnellimbiss besucht. Bei Ausländern übt man in dieser Beziehung durchaus Nachsicht. Nur in teureren Restaurants sollte man Hemden mit Krawatte und geschlossene Schuhe tragen. Andererseits sieht man am Abend auch ägyptische Damen in freizügigen Cocktailkleidern, was wiederum die europäischen Gäste verwundern kann.

In den Restaurants und Bars wird üblicherweise geraucht. In gehobeneren Restaurants wurden zwar Nichtraucher-Zonen eingerichtet, doch die befinden sich meist in muffigen Ecken – und nicht weit von den Tischen mit rauchenden Gästen entfernt. Nur die Fastfood-Ketten halten sich an das Rauchverbot, welches kürzlich vom Ministerium für Umwelt für Restaurants erlassen wurde.

Kinder im Restaurant

Kinder sind in den allermeisten Cafés und Restaurants immer willkommen, in Bars sieht man sie dagegen nicht so gerne. Den Luxus von Kinderstühlen findet man selten, aber einige Restaurants haben – manchmal im Gartenbereich – eigene Kinderecken eingerichtet. Restaurants der Kette Felfela bieten in einigen Lokalen (z. B. an der Corniche in Kairo und bei den Pyramiden von Giseh) betreute Kindergärten an.

Typische Kairoer Saftbar, in der frisch gepresste Säfte verkauft werden

Ein Straßenrestaurant in Assuan bietet frittierte Fava-Bohnen und *taamiyya* an

Behinderte Gäste

Nur ganz wenige Restaurants Ägyptens wurden behindertengerecht eingerichtet. Rollstuhlrampen oder Ähnliches sind die absolute Ausnahme, behindertengerechte Toiletten so gut wie unbekannt. Trotzdem wird das Personal behinderten Gästen immer gern behilflich sein.

Fastfood-Ketten

Seit den 1970er Jahren gibt es Fastfood-Restaurants in Ägypten, aber erst in den letzten Jahren haben internationale Unternehmen auch in Ägypten Niederlassungen eröffnet. Außer Burger King sind alle einschlägigen Firmen vertreten. Das vorwiegend junge Publikum hat damit den Sprung in die kommerzielle Globalisierung geschafft.

Doch in Ägypten hatte sich schon vor der Ankunft von McDonalds & Co. eine eigene Fastfood-Tradition entwickelt. Außer den üblichen Verkaufsständen, die *Fuul*-Sandwiches und *taamiyya* anbieten, gibt es noch andere Spezialitäten. *Koshari*, eine Mischung aus Reis, Nudeln, gebratenen Zwiebeln und Tomantensauce, wird in den unzähligen Straßenrestaurants des Landes verkauft. In den so genannten *fatatris*, etwas netteren, caféähnlichen Schnellimbissbuden, wird *fatir* angeboten, ein Fladengebäck zwischen Pfannkuchen und Pizza, das mit süßer oder herzhafter Füllung bestellt werden kann.

Das Café Riche in Kairo – eine Reminiszenz an Ägyptens Kaffeehaus-Kultur

Vegetarisches Essen

Vegetarische Ernährungsweise ist in Ägypten die Ausnahme, deshalb findet man auch nur sehr wenige vegetarische Restaurants. Das Restaurant L'Aubergine in Zamalek *(siehe S. 283)* ist eine der rühmlichen Ausnahmen.

Viele landestypische Gerichte kommen ohne Fleisch aus, und die einfachen Restaurants bieten sowieso nur fleischlose Speisen an. Die teureren Restaurants haben fast immer einige vegetarische Gerichte auf der Speisekarte, und *fuul*, *taamiyya* und *koshari* sowie die leckeren frisch gepressten Säfte können für strikte Veganer durchaus eine akzeptable Ernährung sein.

Blauschimmelkäse, Salat und Baguette als Vorspeise

Hygiene

Wer einige Tage in Ägypten verbringt, sollte anfangs mit leichten Magen- oder Verdauungsbeschwerden rechnen. Erfahrene Globetrotter haben einige Vorsichtsmaßnahmen parat: Meiden Sie frischen Salat und rohes Gemüse, eingelegtes Gemüse ist dagegen unbedenklich.

Auch der Verzehr von Fleisch kann für westliche

Restaurant auf einem ehemaligen Nilschiff an der Corniche vor Zamalek

Mägen anfangs problematisch sein, auf jeden Fall muss jede Art von Fleisch gut durchgebraten oder gekocht sein. Selbst nach einem Essen in einem guten Restaurant kann man Magenbeschwerden bekommen. Die Fastfood-Produkte gelten als relativ sicher, aber auch hier ist die folgenschwere Ausnahme Teil der Regel.

In den größeren Städten kann das Leitungswasser bedenkenlos getrunken werden, doch das beigemengte Chlor schmeckt unangenehm durch. Mineralwasser *(mayya maadaniyya)* ist auf jeden Fall sicherer und schmeckt besser. Beim Kauf von Mineralwasser sollte man auf die versiegelte Verschlusskappe achten *(siehe auch Gesundheitstipps, S. 316f)*.

Ramadan

Während des Fastenmonats Ramadan steht die islamische Welt – und damit auch Ägypten – von Sonnenaufgang bis Sonnenuntergang still. Der neunte Monat des islamischen Kalenders steht im Zeichen der körperlichen Abstinenz (kein Essen, Trinken, Rauchen, Sex) und der inneren Einkehr (keine Geldgeschäfte). Erst kurz nach Sonnenuntergang ruft der Muezzin zum Abendgebet, und das nächtliche Leben erwacht. Jeder isst und trinkt, so viel er kann, und alle Muslime feiern bis zum nächsten Sonnenaufgang.

Trotz des Ramadan sind tagsüber einige Restaurants geöffnet. Die Gläubigen anderer Religionen sollen nicht unter den islamischen Fastengeboten leiden – eine erstaunliche Vorschrift, die in der *Sunna* (Erklärungen zum Koran) schon 700 n. Chr. ausdrücklich erwähnt wird.

Nach Sonnenuntergang allerdings sind die Restaurants überbelegt. Wer Platz hat, errichtet große Zelte, um den Andrang der Hungrigen zu bewältigen. Auch für Besucher ist diese Zeit eine gute Gelegenheit, einen aussagekräftigen Querschnitt der einheimischen Bevölkerung mitzuerleben. Denn während der opulenten Nachtmähler wird eine große Auswahl traditioneller Gerichte serviert, die man sonst selten findet. Kurz vor Sonnenaufgang kommt das letzte Gericht einer Nacht, *sohour*, auf den Tisch. Einige besondere Getränke wie verdickter Aprikosensaft und süßer Apfeltee werden nur während des Ramadan angeboten.

Schild eines Fischrestaurants in Abu Qir

Das L'Aubergine in Zamalek bietet vorwiegend vegetarische Gerichte an

Unterhaltung

Sollte man das Abendessen mit einem Unterhaltungsprogramm verbinden wollen, so bieten sich die 5-Sterne-Hotels der großen Städte an. Neben einem exzellenten Abendessen wird hier ein Unterhaltungsprogramm mit meist guten Tanz- und Musikdarbietungen geboten. Abendgarderobe und Reservierungen sind für diese Veranstaltungen obligatorisch.

Zur Abwechslung kann man eines der schwimmenden Restaurants auf dem Nil besuchen. Manche Restaurantboote kreuzen während des Dinners langsam durch die Nacht. Ab 23 Uhr beginnt dann ein Unterhaltungsprogramm mit Bauchtanz und ägyptischer Musik. An der Corniche von Zamalek liegen einige alte Nilkreuzer vertäut, auf deren Deck man opulente Dinners serviert bekommt. Auch hier beginnt nach dem Essen ein erstklassiges Unterhaltungsprogramm.

Falls Ihnen die 5-Sterne-Hotels zu teuer sind, können Sie auf preiswertere Nachtklubs ausweichen. Einige dieser Restaurants mit eigener Bar liegen an der Pyramid Road in Giseh. Die Qualität der Speisen und der nachfolgenden Live-Darbietungen sind allerdings sehr unterschiedlich. Die Unterhaltungsprogramme beginnen hier nicht vor 23.30 Uhr und dauern meist bis drei oder vier Uhr morgens.

Was isst man in Ägypten?

Eingelegte Gemüse

DIE ÄGYPTISCHE SPEISEKARTE verdeutlicht den Einfluss mehrerer Kulturkreise – Afrika, Arabien und Mittelmeerraum. Die traditionellen Gerichte orientieren sich am Angebot der lokalen Märkte. Obwohl die Basare voller Gewürzstände sind, ist die ägyptische Küche nicht sehr scharf. Und obwohl Ägypten ein islamisches Land ist, werden fast überall Bier und Wein ausgeschenkt. Die frisch gepressten Fruchtsäfte sollte man versuchen.

KOSHARI
Ein urägyptisches Gericht aus Nudeln, Reis, Linsen und Tomatensauce, auf Wunsch auch mit gebratenen Zwiebeln und scharfer Chilli-Sauce erhältlich.

MEZZES

Eine ägyptische Mahlzeit beginnt immer mit einer Auswahl von *mezzes*, kleinen geschmackvollen Vorspeisen. Die *torshi* (eingelegtes Sauergemüse) können auch als Hauptgericht bestellt werden. Vegetarier sollten vorher fragen, ob die gefüllten Gemüse Fleisch enthalten.

Taamiyya
Die Küchlein aus Fava-Bohnenpaste und Gewürzen sind von einem Teigmantel umhüllt.

Aish (Brot)
Das Fladenbrot ist immer frisch gebacken und eignet sich gut zum Aufnehmen von Dips.

Linsensuppe
Linsen und Bohnen gehören zu den ägyptischen Grundnahrungsmitteln.

Fuul
Ein traditionelles Gericht aus pürierten Fava-Bohnen, Zitronensaft, Öl und Gewürzen.

Hummus
Standardgericht des Mittleren Ostens. Kichererbsenmus mit Öl und Sesampaste (tahini).

Babaghanoush
Milder Dip aus gegrillten Auberginen und tahini *mit rauchigem Beigeschmack.*

Käse
Der *weiße, salzige* Domiati-*Käse eignet sich gut zu Tomaten und Sauerteigbrot.*

Gefüllte Weinblätter
Weinblätter werden mit Reis und Gewürzen, manchmal auch mit Lammfleisch gefüllt.

Salat
Warmes Klima und fruchtbare Böden bringen viele wohlschmeckende Salatsorten hervor.

Hauptgerichte

Ägyptens Küche ist einfach und herzhaft. Viele Gerichte bestehen aus Fleisch, Gemüse und Salat. *Samak* (Fisch), *firakh* (Huhn) oder *hamaam* (Taube) werden auf dem Grill, oft mit einer Marinade aus Zitrone und Gewürzen, zubereitet.

Bamiyya
Auflauf aus Okra und Tomaten, manchmal mit Lamm – serviert auf einem Reisbett.

Molokhiyya
Eine ägyptische Spezialität aus grünen Gemüsesorten, oft mit Fleischeinlage.

Gegrilltes Fleisch
Lamm, Huhn oder kofta *(Hammelfleisch mit Minze) werden oft als gegrillte Kebabs serviert.*

Gefülltes Gemüse
Paprika, Auberginen, Tomaten oder Süßkartoffeln werden mit Reis und Zwiebeln gefüllt.

Gefülltes Lamm
Marinierter Lammbraten wird auch mit Zwiebeln, Rosinen und Nüssen gefüllt.

Nachspeisen und Früchte

Früchte bilden oft den Abschluss einer Hauptmahlzeit. Die Süßspeise *Baklawa* besteht aus Brandteig, Pistazien und Nüssen und wird in heißen Sirup getaucht. *Umm Ali* ist eine Nachspeise aus Blätterteig mit Rosinen und Nüssen sowie Milch und Honig.

Baklawa

Umm Ali

Wassermelone

Datteln

Aprikosen

Typische Getränke Ägyptens

Das in Ägypten gebraute Stella-Bier ist gut, und die ägyptischen Weine sind trinkbarer geworden. Unter den Heißgetränken sind vor allem *chai* (Minztee) und *ahwa* (arabischer Kaffee mit Kardamom) sehr beliebt. Kaffee kann *ziyada* (süß), *mazboota* (mittel) oder *saada* (bitter) bestellt werden. *Karkade* ist kalter Hibiskusblütentee.

Ägyptische Weine

Stella-Bier

***Ahwa* (Kaffee)**

Aprikosensaft

Karkade

***Chai* (Minztee)**

Zuckerrohrsaft
Das Fleisch des Zuckerrohrs wird gepresst und ergibt asab, *einen hellgrünen Fruchtdrink.*

Restaurantauswahl

Die in diesem Reiseführer aufgelisteten Restaurants wurden nach Qualität, Atmosphäre, Lage und Preis-Leistungs-Verhältnis ausgewählt. Die nachfolgende Aufstellung soll Ihnen bei der Wahl des richtigen Restaurants helfen. Die empfohlenen Restaurants sind nach Regionen zusammengefasst. Den Kartenteil Kairo finden Sie auf den Seiten 140–149.

Kairo – Stadtzentrum

	Kreditkarten	Garten, Terrasse, Hof	Vegetarische Gerichte	Weinkarte	Lange Öffnungszeiten
Abou Tarek ($) Sharia Champollion, Innenstadt. **Karte** 1 C4 & 5 C2. Die grelle Fassade sollte Sie nicht abschrecken; hier gibt es die besten *koshari* der Stadt und eine große Auswahl an ägyptischen Süßspeisen.			■		
Koshari Goha ($) Sharia Emad ad-Din. **Karte** 2 D4 & 6 D2. Der ausladende Stuck an der Decke dieses berühmten *Koshari*-Restaurants erinnert an die früheren Glanzzeiten des Goha.			■		
Koshari Hilton ($) Midan Tahrir, Innenstadt. **Karte** 1 C5 & 5 B4. Das Restaurant wurde nicht zufällig nach dem nahen Hotel Nile Hilton benannt. Hier kann man gut, aber preiswert essen und ganz elegant den aufdringlichen Straßenverkäufern vor dem Hotel entkommen.			■		
Alfi Bey ($$) 3 Sharia Mohammed Alfy, Innenstadt. **Karte** 2 D4 & 5 C2. ☎ *(02) 577 49 99.* Ein gutes Restaurant, in dem Kebab, *kofta*, Tauben, Hühnchen und traditionelle Vorspeisen des Nahen Ostens serviert werden.			■		
An-Nil Restaurant ($$) 25 Sharia al-Bustan, Innenstadt. **Karte** 1 C5 & 5 B3. ☎ *(02) 354 00 42.* Das freundlich eingerichtete Restaurant liegt am Markt Bab al-Louq. Vor allem das reichhaltige Angebot an frischem Fisch ist überzeugend.					
Aly Hassan al-Haty & Aly Abdou ($$) 3 Midan Halim Pasha, Innenstadt. **Karte** 2 D4 & 6 D2. ☎ *(02) 591 60 55.* Das Restaurant ist für seine Steaks und Kebabs berühmt. Die hohen, eleganten Räume erinnern an das dekadente Kairo zu Zeiten König Faruks.					
Andrea ($$) Sharia Abu al-Fida, Zamalek. **Karte** 1 A2. ☎ *(02) 737 05 23; 737 05 25; 737 05 29.* Von der Nilterrasse dieses Restaurants in Zamalek hat man einen weiten Blick auf die südlichen Stadtteile Kairos. Die gegrillten Hühnchen sind hier besonders zu empfehlen. 🍸	■	●	■	●	■
Café Olé ($$) Nile Hilton Hotel, Midan Tahrir, Innenstadt. **Karte** 1 C5 & 5 B4. ☎ *(02) 578 04 44.* Das Café oberhalb des Midan Tahrir bietet seinen Gästen ein besonders gutes Frühstück. Ab 10 Uhr gibt es ofenwarme Pasteten. ♿ P	■		■	●	
Café Riche ($$) 17 Sharia Talaat Harb, Innenstadt. **Karte** 1 C5 & 5 C3. ☎ *(02) 391 8873.* An den Wänden des historischen Cafés hängen die Porträts der Stammgäste aus Film, Fernsehen und Show-Biz. Der Espresso ist legendär. ☰ ♿ 🍸	■		■	●	
Dido's Al-Dente ($$) 26 Sharia Bahgat Ali, Zamalek. **Karte** 1 A2. ☎ *(02) 735 91 17.* Das gut besuchte Restaurant bietet gute Pasta zu guten Preisen. Wenn die großen Fenster offen sind, fühlt man sich wie in einem italienischen Patio.			■		
Fatatri Pizza Tahrir ($$) 165 Sharia at-Tahrir, Innenstadt. **Karte** 1 C5 & 5 B4. ☎ *(02) 795 35 96.* Das 24-Stunden-Restaurant hat Fisch-, Fleisch- und Käse-*fateers* (Blätterteigpasteten) auf der Karte. Einige *fateers* gibt es auch mit süßer Füllung.			■		■
The Greek Club (Le Club Hellenique) ($$) Qasr el-Nil, Innenstadt. **Karte** 1 C5 & 5 C3. ☎ *(02) 575 07 59.* Von November bis Mai isst und trinkt man im kolonial gestylten Speisesaal. In den Sommermonaten verlagert sich das Ganze auf die große Terrasse. 🍸		●	■	●	

Preiskategorien für ein dreigängiges Menü pro Person, inklusive Kaffee, Steuern und Service.

- $ unter 5 US-$
- $$ 5–10 US-$
- $$$ 10–15 US-$
- $$$$ 15–20 US-$
- $$$$$ über 20 US-$

KREDITKARTEN
Die üblichen Kreditkarten werden akzeptiert: American Express, Diners Club, MasterCard, Visa.

GARTEN, TERRASSE, HOF
Hier kann man in schöner Umgebung im Freien essen.

VEGETARISCHE GERICHTE
Die Karte bietet eine Auswahl an vegetarischen Gerichten.

WEINKARTE
Man kann unter mehreren Weinen wählen.

LANGE ÖFFNUNGSZEITEN
Bis 2 Uhr morgens kann man hier speisen.

JO SUSHI — $$
47 Sharia Mohammed Mazhar, Zamalek. **Karte** 1 A2. *(02) 735 77 46.*
Das einfach eingerichtete Jo Sushi ist eines der besten japanisch-chinesischen Restaurants Kairos. Die Vorspeisen sind im Preis inbegriffen.

MAISON THOMAS — $$
157 Sharia 26 July. **Karte** 1 A3. *(02) 735 70 57.*
In der 24 Stunden geöffneten Maison Thomas gibt es die besten Pizzen Kairos. Das Restaurant hat nur wenige Sitzplätze und keine Toilette.

ANGUS — $$$
34B Sharia Yehia Ibrahim, Zamalek. **Karte** 1 A3. *(02) 735 18 65; 735 09 28.*
Das argentinische Steak-House im New-Star-Hotel von Zamalek ist nichts für Vegetarier. Die angebotenen Gerichte sind gut, die Portionen groß.

L'AUBERGINE — $$$
5 Sharia Sayed al-Bakry, nahe Sharia Hassan Sabry, Zamalek. **Karte** 1 A3. *(02) 738 00 80.*
Das elegante Restaurant wird von Vegetariern bevorzugt. Aber auch einige Fleischgerichte werden angeboten.

ESTORIL — $$$
12 Sharia Talaat Harb, Innenstadt. **Karte** 1 C5 & 5 B3. *(02) 574 31 02.*
Das bekannte franko-levantinische Restaurant mit Bar bietet eine entspannte, gediegene Atmosphäre. Die *mezzes* sind besonders zu empfehlen.

FELFELA — $$$
15 Sharia Hoda Shaarawi, Innenstadt. **Karte** 1 C5 & 5 C3. *(02) 392 27 51.*
Das Englisch sprechende Personal und die wohlschmeckenden, ägyptischen Gerichte machen dieses Restaurant zum Ziel vieler Touristen. Die Speisekarte bietet sowohl vegetarische als auch fleischhaltige Speisen.

LE GRILLON — $$$
8 Qasr el-Nil, Innenstadt. **Karte** 1 C5 & 5 C3. *(02) 574 31 14.*
Das ehemalige Künstlerlokal mit schönem Garten bietet eine reichhaltige Auswahl an ägyptischen und europäischen Gerichten.

ROY'S COUNTRY KITCHEN — $$$
Cairo Marriott Hotel, Sharia Saray al-Gezira, Zamalek. **Karte** 1 B3. *(02) 735 88 88.*
Das Frühstücks-Büfett des texanisch anmutenden Restaurant-Cafés ist eine Augenweide. Besonders an Freitagen Treffpunkt der Amerikaner.

ASIA HOUSE — $$$$
Helnan Shepheard Hotel, Corniche el-Nil, Garden City.
Karte 3 B1 & 5 A5. *(02) 795 38 01.*
Das Restaurant erinnert an einen islamischen Palast. Die Speisekarte offeriert allerdings indische, chinesische und japanische Gerichte.

LA BODEGA — $$$$
157 Sharia 26 July. **Karte** 1 A3. *(02) 735 67 61.*
Das Restaurant in einem Art-déco-Gebäude in Zamalek liegt voll im Trend. Das Publikum ist entsprechend gestylt. Um Reservierung wird gebeten.

CINZANO — $$$$
Sharia Amerika al-Latineya, Garden City. **Karte** 3 B1 & 5 A5.
Die Kairoer Upperclass nimmt hier ihre Pasta ein. Der im mediterranen Stil eingerichtete Kellerraum hat Atmosphäre. Vor der Weinbestellung sollten Sie auf den hier geforderten Preis achten.

FIVE BELLS — $$$$
13 Sharia Ismail Mohammed, Zamalek. **Karte** 1 A3. *(02) 735 89 80 oder 735 86 35.*
Das beliebte und elegante Restaurant mit abgeschlossenem Garten bietet eine Mischung aus französischer und mediterraner Küche.

	Kreditkarten	Garten, Terrasse, Hof	Vegetarische Gerichte	Weinkarte	Lange Öffnungszeiten
Jo Sushi	■		■	●	
Maison Thomas			■	●	■
Angus	■		■	●	■
L'Aubergine	■		■	●	■
Estoril			■		
Felfela			■		
Le Grillon	■	●	■	●	■
Roy's Country Kitchen	■		■	●	■
Asia House	■		■	●	
La Bodega	■		■	●	■
Cinzano	■			●	
Five Bells	■	●	■	●	

Zeichenerklärung siehe hintere Umschlagklappe

Preiskategorien für ein dreigängiges Menü pro Person, inklusive Kaffee, Steuern und Service.
- $ unter 5 US-$
- $$ 5–10 US-$
- $$$ 10–15 US-$
- $$$$ 15–20 US-$
- $$$$$ über 20 US-$

Kreditkarten
Die üblichen Kreditkarten werden akzeptiert: American Express, Diners Club, MasterCard, Visa.

Garten, Terrasse, Hof
Hier kann man in schöner Umgebung im Freien essen.

Vegetarische Gerichte
Die Karte bietet eine Auswahl an vegetarischen Gerichten.

Weinkarte
Man kann unter mehreren Weinen wählen.

Lange Öffnungszeiten
Bis 2 Uhr morgens kann man hier speisen.

Ha Na $$$$
21 Sharia Aziz Abaza, am Midan Sidki, Zamalek. **Karte** 1 A3. *(02) 738 29 72.*
Im hübsch eingerichteten Kellergeschoss werden hauptsächlich koreanische Gerichte serviert und auf Wunsch auch am Tisch zubereitet.

Harry's Pub $$$$
Cairo Marriott Hotel, Sharia Saray al-Gezira, Zamalek. **Karte** 1 B3. *(02) 735 88 88.*
Für Nordländer mit Heimweh ist Harry's Pub eine kleine Oase, in der Steak, Kidneybohnen und englisches Bier serviert werden. Fußballfans können auf dem Megabildschirm europäische Spiele verfolgen.

Il Piccolo Mondo $$$$
Le Pacha 1901, Anlegestelle an der Sharia Saray al-Gezira, Zamalek. **Karte** 1 B5. *(02) 735 67 30.*
In dem italienischen Restaurant auf einem Hausboot unweit dem Hotel Cairo Marriott ist nicht nur die reichhaltige Salatbar zu empfehlen. Ein Fensterplatz ist nur bei Reservierung gesichert.

Kowloon $$$$
Cleopatra Hotel, 2 Sharia al-Bustan, Innenstadt. **Karte** 1 C5 & 5 B3. *(02) 575 98 31.*
Die köstlichen chinesischen und koreanischen Gerichte werden in einem surreal anmutenden Saal mit leuchtendem Aquarium serviert.

Paprika $$$$
1129 Corniche el-Nil, Maspero. **Karte** 1 B4 & 5 A2. *(02) 578 94 47.*
Die Mitarbeiter des nahen Arab Television Building sind hier Stammgäste. Die mediterrane Küche reicht von italienischer Pasta bis zu traditionellen ägyptischen Gerichten.

Le Steak $$$$
Le Pacha 1901, Anlegestelle an der Sharia Saray al-Gezira, Zamalek. **Karte** 1 B5. *(02) 735 67 30.*
Ausgezeichnete Steaks und arabische Gerichte werden im eleganten Restaurant mit Blick auf den Nil gereicht. Abendkleidung ist erwünscht.

Ciao Italia! $$$$$
Sheraton al-Gezira. **Karte** 3 A1. *(02) 736 15 55.*
In dem kleinen Restaurant gibt es die authentischsten italienischen Gerichte von Kairo. Der schöne Blick auf den Nil ist gratis.

The Fish Market $$$$$
Sharia Saray al-Gezira; Anlegestelle beim Hotel Cairo Marriott. **Karte** 1 B3. *(02) 737 48 33.*
Die Spezialitäten des schwimmenden Restaurants sind Meerbrasse, Shrimps und die Nachspeisen. Leider verstellt ein zweites Boot den direkten Blick auf den Nil.

Tropicana Garden $$$$$
Nile Hilton Hotel, Midan Tahrir, Innenstadt. **Karte** 1 C5 & 5 A3. *(02) 578 04 44.*
Ausgezeichnete internationale Grillgerichte und ägyptische Spezialitäten können Sie im schönen Garten des Hotels Nile Hilton genießen.

Islamisches Kairo

Koshari Gomhourya $
Sharia al-Azhar, Midan Hussein. **Karte** 2 F5.
Der einfach ausgestattete *Koshari*-Imbiss ist ein guter Ort, um sich vor einem Rundgang über den Khan al-Khalili ausgiebig zu stärken.

Abu Bassem Grill $$
2 Al-Gahini Alley, Midan Hussein. **Karte** 2 F5. *(02) 593 79 35.*
Die altislamische Einrichtung ist die Hauptattraktion des Restaurants, in dem *kofta*, Kebab, Lamm, gegrilltes Huhn und köstliche *mezzes* gereicht werden.

	Kreditkarten	Garten, Terrasse, Hof	Vegetarische Gerichte	Weinkarte	Lange Öffnungszeiten
Ha Na	■		■	●	
Harry's Pub	■		■	●	■
Il Piccolo Mondo	■		■	●	■
Kowloon	■		■	●	
Paprika	■		■	●	
Le Steak	■		■	●	
Ciao Italia!	■	●	■	●	
The Fish Market	■		■	●	
Tropicana Garden	■	●	■	●	
Koshari Gomhourya			■		
Abu Bassem Grill		●	■		■

AR-RIFAI $$
Beim Midan Sayyida Zeinab, an der Sharia al-Barrani. **Karte** 4 D2.
Das Restaurant besteht nur aus einigen Tischen, bietet aber echte Kairoer Atmosphäre. Die Kebabs werden nach Gewicht verkauft. Gut für eine Zwischenmahlzeit. Bis 1 Uhr nachts geöffnet.

EGYPTIAN PANCAKE HOUSE $$
Beim Midan Hussein. **Karte** 2 F5.
Spezialität des Hauses sind *fateers*, Blätterteigpasteten mit süßer oder herzhafter Füllung. Die Zubereitung wird am Tisch im Stil der tanzenden Derwische vollzogen.

FELFEL RESTAURANT $$
9 Sharia Mohammed Farid, Al-Nasariyya, Sayyida Zeinab. **Karte** 4 D1 & 6 D5.
Lamm vom Grill und gute Salate sind die Spezialitäten dieses Restaurants. Das Personal ist schnell und freundlich.

KHAN AL-KHALILI RESTAURANT & CAFE $$$
5 Al-Badistan, Khan al-Khalili. *(02) 593 22 62.* **Karte** 2 F5.
In einem altislamisch gestalteten Gastraum werden ägyptische Gerichte serviert. Als Franchise der Oberoi-Hotel-Gruppe wird das Restaurant vorwiegend von Reisegruppen besucht.

GISEH UND HELIOPOLIS

ABU HAIDAR $
15 Sharia Ibrahim al-Laqqani, Roxy, Heliopolis. *(02) 570 871.*
Das traditionelle Restaurant in Heliopolis ist für seine saftigen *shawarma* und den frisch gepressten Mangosaft bekannt.

AL-KODS $
52 Sharia Haroun al-Rashid, Heliopolis. *(02) 632 34 67.*
Das Restaurant wird seit den 1960er Jahren von Abu Riyadh betrieben. Die *falafel*, *hummus* und die frischen Joghurts sind ein Gedicht.

KOSHARI HIND $
Sharia Thawra, in der Nähe des Midan Korba, Heliopolis.
Unweit des Baron's Palace gibt es die besten *koshari* von Heliopolis. Im rückwärtigen Teil befinden sich abgeschlossene Räume für Familien.

TUT EXPRESS $
1 Sharia al-Saad al-Aali, Doqqi. *(02) 335 09 15.*
Eigentlich eine Drive-In-Saftbar. Hier bekommt man aber auch ägyptisches Fastfood wie *shawarma* und überbackene Makkaroni. P *an der Straße.*

AL-AMOUDI $$
4 Sharia Zamzam, Mohandiseen. *(02) 749 96 94.*
Das enge jemenitische Restaurant bietet traditionelle arabische Speisen. Wer mag, kann hier gegrillte Lammhoden probieren.

ANDREA'S $$
4–5 Sharia Saqqara, Al-Maryutiya. *(02) 381 02 05.*
Das Lokal in der Nähe der Pyramiden ist ein Ableger des großen Restaurants in der Innenstadt. Die frischen Brotsorten sollte man probieren. P

ATATURK $$
20 Sharia al-Riyadh, Mohandiseen. *(02) 347 51 35.*
Die Karte nennt *mezzes*, Suppen und gegrilltes Fleisch. Doch die türkische Küche erschließt sich in den Details. Besonders zu empfehlen: Grillhuhn.

AT-TEKKIA $$
12 Midan Ibn al-Walid, in der Nähe des Shooting Club, Doqqi. *(02) 749 66 73.*
In Restaurants wird selten nach Familienrezepten gekocht – dies ist die Ausnahme. Die Bedienung ist leider etwas langsam.

CHANTILLY $$$
11 Sharia Baghdad, Korba, Heliopolis. *(02) 290 73 03; 290 52 13.*
Im Lokal, das wie ein Schweizer Chalet aufgemacht ist, kann man europäisch frühstücken, Croissants essen und ausländische Zeitungen lesen.

CHOPSTICKS $$$
23b Sharia Syria, Mohandiseen. *(02) 304 85 68.*
Eines der besten chinesischen Restaurants von Kairo. Im Keller wurde eine anheimelnde Karaoke-Bar eingerichtet.

Preiskategorien für ein dreigängiges Menü pro Person, inklusive Kaffee, Steuern und Service.
$ unter 5 US-$
$$ 5–10 US-$
$$$ 10–15 US-$
$$$$ 15–20 US-$
$$$$$ über 20 US-$

KREDITKARTEN
Die üblichen Kreditkarten werden akzeptiert: American Express, Diners Club, MasterCard, Visa.

GARTEN, TERRASSE, HOF
Hier kann man in schöner Umgebung im Freien essen.

VEGETARISCHE GERICHTE
Die Karte bietet eine Auswahl an vegetarischen Gerichten.

WEINKARTE
Man kann unter mehreren Weinen wählen.

LANGE ÖFFNUNGSZEITEN
Bis 2 Uhr morgens kann man hier speisen.

Restaurant	Preis	Kreditkarten	Garten, Terrasse, Hof	Vegetarische Gerichte	Weinkarte	Lange Öffnungszeiten
JAITTA 120 Sharia al-Thawra, Heliopolis. (02) 415 23 26; 417 31 35. In dem libanesischen Restaurant werden ausgezeichnete *kofta* serviert.	$$$	■	●	■		■
THE CAIRO JAZZ CLUB 197 Sharia 26 July, in der Nähe des Midan Sphinx, Agouza. (02) 345 99 39. Der Eintrittspreis ist gesalzen und der Kellerraum verraucht. Aber nur hier hört man echten Jazz. Die ägyptische *Nouvelle Cuisine* ist gut.	$$$$	■		■	●	■
KANDAHAR Sharia Gamaat al-Dawal al-Arabiya (2. Stock), beim Midan Sphinx, Mohandiseen. (02) 303 06 15. Das kleine Restaurant serviert köstliche Vorspeisen und viele indische Gerichte – auf Wunsch auch extra scharf.	$$$$	■		■	●	
LE TABASCO 8 Midan Amman, Mohandiseen. (02) 336 55 83. Ein sehr populärer Nachtklub. Das Personal ist aufmerksam und die mediterrane Küche ausgezeichnet. Besonders die Pasta ist zu empfehlen.	$$$$	■		■	●	■
MOGHUL ROOM Mena House Oberoi Hotel, Al-Haram. (02) 383 32 22. Umgeben von der Pracht der Mogule, bekommt man hier die bestgewürzten indischen Gerichte Kairos. Um Reservierung wird gebeten.	$$$$$	■		■	●	
RUND UM KAIRO						
FAYOUM: *Queen Hotel* Sharia Lotfallah Hassan. (084) 346 819. Das Hotel-Restaurant bietet europäische und ägyptische Küche. Das gegrillte Huhn ist besonders empfehlenswert.	$$		●	■		
FAYOUM: *Auberge du Lac-Fayoum* Qarun-See. (084) 572 001. Das Luxushotel war einst ein Jagdsitz von König Faruk. Die Preise liegen leider über der Qualität der Speisen.	$$$$$	■	●	■	●	■
NILTAL						
ASSUAN: *Hamam* Corniche el-Nil Das Café ist 24 Stunden geöffnet und besonders auf Fleischgerichte mit Reis und Nachspeisen spezialisiert.	$					■
ASSUAN: *Sayida Nafisa* Sharia al-Souq. Das einfache Restaurant im Basarviertel bietet gute einheimische Kost und frisch gepresste Säfte.	$		●	■		
ASSUAN: *Aswan Moon.* Neben der Felukenanlegestelle am nördlichen Ende der Corniche. Dank der Neonreklame nicht zu verfehlen, offeriert das Restaurant am Nilufer eine annehmbare ägyptische und europäische Küche.	$$		●	■		
ASSUAN: *Aswan Panorama* Corniche el-Nil, vor dem Gerichtsgebäude. (097) 306 169. Das Restaurant mit Garten liegt direkt am Nil. Vor allem die Fleisch- und Fisch-*tagines* (Eintöpfe) und die Grillspezialitäten sind vorzüglich.	$$		●	■		
ASSUAN: *Darwish* Sharia Saad Zaghloul. In dem blitzsauberen Restaurant wird – neben den üblichen ägyptischen Gerichten – auch frischer Fisch aus dem Nassersee angeboten.	$$			■		

ASSUAN: *Emy* $$
Corniche el-Nil, im Zentrum der Stadt.
In dem schwimmenden Restaurant an der Corniche werden frischer Fisch und typische Gerichte der Region serviert. Vom Oberdeck hat man einen schönen Blick auf den Nassersee und Elephantine Island.

ASSUAN: *Al-Masry* $$
Sharia al-Matar. *(097) 302 576.*
Das helle und saubere Restaurant im Stadtzentrum ist für seine große Auswahl an ägyptischen und europäischen Speisen bekannt.

ASSUAN: *Medina* $$
Sharia al-Souq, gegenüber dem Cleopatra Hotel.
Köstliche *kofta*, Kebabs und frischer Fisch sind die Highlights in diesem Restaurant. Der Basar liegt nur einige Meter entfernt.

ASSUAN: *Mona Lisa* $$
Corniche el-Nil.
Das Restaurant am Flussufer ist auf einfache, aber wohlschmeckende italienische Speisen und frische Säfte spezialisiert. Der wundervolle Ausblick auf Elephantine Island ist im Preis inbegriffen.

ASSUAN: *Nubian Restaurant* $$$
Essa Island, freier Fährtransport von der Anlegestelle gegenuber EgyptAir.
Das Restaurant auf einer kleinen Nilinsel südlich von Elephantine bietet vor allem nubische Spezialitäten. Jeden Abend traditionelle Live-Musik.

ASSUAN: *The Terrace Bar & Restaurant* $$$
Old Cataract Hotel. *(097) 316 000.*
Das luxuriöse Kolonialhotel eignet sich besonders für ein elegantes Dinner. Die Tempel auf Elephantine Island bilden dazu die eindrucksvolle Kulisse.

ASYUT: *Akhnaton Hotel* $$
Akhnaton Hotel Restaurant. *(088) 337 723.*
Die Küche des Hotelrestaurants bietet europäische Gerichte und authentische Pizzen. Bitte reservieren.

EDFU: *New Egypt Restaurant* $
Midan Maabad (Temple Square).
Das Restaurant ist die einzige Gelegenheit, um in Edfu gut zu essen. Die Grillspezialitäten sind besonders empfehlenswert.

KOM OMBO: *Venus Cafeteria & Restaurant* $
Am Nilufer auf dem Weg zum Tempel.
Die Qualität der Speisen ist eher mittelmäßig. Doch die Lage am Fluss und die langen Öffnungszeiten sprechen für einen Besuch bei Venus.

LUXOR: *Abu Haggar* $
Sharia Abdel Moneim al-Adasi. *(095) 376 306.*
Das antik gestaltete Abu-Haggar ist ein beliebtes Restaurant in Luxor. Die Preise für Kebabs, *koftas* und frische Salate sind der guten Qualität angemessen.

LUXOR: *Khased Khear* $
Sharia al-Mahatta, in der Nähe des Bahnhofs. *(095) 384 580.*
In dem engen Kebab-Haus in Basarnähe werden Fleisch-, Geflügel- und Lamm-Kebabs serviert.

LUXOR: *Mensa* $
Sharia al-Mahatta.
Eine gutes, einfaches Restaurant für den großen Hunger. Besonders gegrilltes Huhn und gefüllte Tauben sollte man hier versuchen.

LUXOR: *Sultana* $
Sharia Television.
Das freundlich eingerichtete Café mit Klimaanlage bietet sowohl Pizza und Sandwichs als auch ägyptische Speisen wie *mezzes* und *kofta*.

LUXOR: *Amoun* $$
Sharia Karnak.
Das Amoun ist durch seine Nähe zum Basar und die günstigen Preise immer gut besucht. In etwas ödem Ambiente werden typisch ägyptische und mediterrane Gerichte serviert.

Preiskategorien für ein dreigängiges Menü pro Person, inklusive Kaffee, Steuern und Service.
$ unter 5 US-$
$$ 5–10 US-$
$$$ 10–15 US-$
$$$$ 15–20 US-$
$$$$$ über 20 US-$

KREDITKARTEN
Die üblichen Kreditkarten werden akzeptiert: American Express, Diners Club, MasterCard, Visa.

GARTEN, TERRASSE, HOF
Hier kann man in schöner Umgebung im Freien essen.

VEGETARISCHE GERICHTE
Die Karte bietet eine Auswahl an vegetarischen Gerichten.

WEINKARTE
Man kann unter mehreren Weinen wählen.

LANGE ÖFFNUNGSZEITEN
Bis 2 Uhr morgens kann man hier speisen.

Restaurant	Preis	Kreditkarten	Garten, Terrasse, Hof	Vegetarische Gerichte	Weinkarte	Lange Öffnungszeiten
LUXOR: *Al-Gezira Hotel* Westufer, 250 m links vom Fähranleger auf der Straße in die Stadt. Eines der wenigen Hotels, in dem Alkohol ausgeschenkt wird. Die ägyptischen Gerichte des Hotel-Restaurants sind durchwegs gut. Der Blick von der Terrasse über den Nil trägt zu einem romantischen Abend bei.	$$		●	■		
LUXOR: *Al-Houda* Sharia Television. Die Mischung aus gutem Service, annehmbarer ägyptisch-mediterraner Küche und fairen Preisen macht dieses Restaurant zur kulinarischen Alternative zum Restaurant-Einerlei in Luxor.	$$					
LUXOR: *King's Head Pub* Sharia Khaled ibn al-Walid, hinter dem Isis Hotel. Das englische Pub mit Dart-Spiel und Billardtischen offeriert jeden Sonntag einen Brunch mit Roastbeef, Ale vom Fass, Sandwiches und Yorkshire-Pudding. Der Trafalgar Square lässt grüßen.	$$	■				■
LUXOR: *Marhaba* Sharia Karnak, über dem Touristenbasar. Von dem Dachrestaurant sieht man auf den Luxor-Tempel und den Nil. Auf der Speisekarte stehen ägyptische und mediterrane Gerichte.	$$		●	■		
LUXOR: *Tutankhamun Restaurant* Westufer, südlich des Fähranlegers. Das ausgezeichnete Restaurant liegt im Schilf des Nils versteckt. Die ägyptischen Gerichte und die gute Bedienung sind stadtbekannt. Wenn man darum bittet, wird der Tisch direkt am Flussufer aufgestellt.	$$		●	■		
LUXOR: *Anubis* Corniche el-Nil, in der Nähe des Mumifizierungsmuseums. Das Restaurant am Nil bietet eine europäisierte Version der ägyptischen Küche: geröstetes Huhn, Kebabs, gefülltes Gemüse und *mezzes*.	$$$	■	●	■		
LUXOR: *Class* Sharia Khalid Ibn al-Walid. ☎ *(095) 376 327.* Hier werden europäische und ägyptische Gerichte in guter Qualität angeboten. Die Bedienung ist außergewöhnlich zuvorkommend und schnell.	$$$	■		■	●	
MINYA: *Cafeteria Aly Baba* Corniche el-Nil, nördlich der Sharia Port Said. Bei Ali Baba kann man für wenig Geld typisch ägyptische Gerichte wie Kebabs, Huhn und *mezzes* bekommen.	$					
SINAI UND ROTES MEER						
AL-ARISH: *Maxim* Am Strand bei der Sharia Fouad Zakry. Das erstklassige Restaurant liegt in einem Palmenhain direkt am Meer. Die Qualität der Menüs entspricht den hohen Preisen. Mai–Oktober geöffnet.	$$$$		●	■		■
DAHAB: *Crazy House* Al-Masbat. Das Restaurant ist – typisch für Dahab – Teil eines Taucher-Camps. Das Preisniveau liegt über dem der Konkurrenz, doch hier bekommt man Bier und europäische Gerichte.	$$		●	■		■
DAHAB: *INMO Divers Home Restaurant* Al-Mashraba. ☎ *(069) 640 370.* Auch dieses angenehme Restaurant ist Teil einer Taucher-Anlage. Die Speisekarte reicht von ägyptischen Gerichten bis zu Hamburgern mit Pommes frites. Aber auch vegetarische Gerichte werden angeboten.	$$$	■	●	■		

Dahab: *Nesima Restaurant* $$$$ Al-Mashraba. (069) 640 320. Das Hotel-Restaurant bietet eine gute internationale Küche. Von der gemütlichen Bar im Dachgarten kann man den Sonnenuntergang genießen.	■	●	■	●	
Hurghada: *Felfela Hurghada* $$ Sharia Sheraton. (065) 442 411. Das Franchise-Restaurant einer erfolgreichen ägyptischen Hotelgruppe bietet gutes Essen in angenehmer Atmosphäre mit Blick aufs Meer.		●	■		
Hurghada: *Young Kang* $$ Sharia Sheikh Sebak. Das chinesisch-koreanische Restaurant im Stadtzentrum bietet qualitativ hochwertigere Speisen, als das schäbige Dekor vermuten lässt.					
Hurghada: *Portofino* $$ Sharia General Hospital. (065) 546 250. Der engagierte Eigentümer, Herr Hakim, hat eines der besten italienischen Restaurants der Region etabliert. Pizzen und Pasta sind ausgezeichnet.	■	●	■	●	
Hurghada: *Red Sea I* $$$ Bei der Sharia Tariq Nasr, Ad-Dahar. (065) 547 704. Eine der Top-Adressen für Meeresfrüchte. Außerdem werden Pizza und ägyptische Gerichte angeboten. Für Plätze auf dem Dachgarten vorher reservieren.	■	●	■	●	
Ismailia: *King Edward Restaurant* $$ 171 Sharia at-Tahrir. (064) 369 611. Eines der besseren Restaurants des Ortes und sehr sauber. Das Huhn vom Grill ist besonders gut. Für Vegetarier wird so gut wie nichts angeboten.	■			●	■
Naama Bay: *Bua Khao* $$$$ Sharm Holiday Resort. (069) 601 391. Das ausgezeichnete Thai-Restaurant ist Teil eines Resorts. Die Gerichte sind eine Abwechslung zum Einerlei der italienischen Restaurants der Region.	■		■	●	
Nuweiba: *Blue Bus* $$ Tarabeen. Das einfache Restaurant liegt in einer der ersten Tauchbasen an der Tarabeen Bay. Die Gerichte (Fisch, Pasta, Pizza) sind gut, die Preise angemessen.		●	■		
Nuweiba: *Ibn Hamido* $$ Nuweiba City. Das Restaurant liegt neben dem Helnan Nuweiba Hotel und bietet Pizza mit frischen Meeresfrüchten sowie ägyptische Gerichte.			■		
Nuweiba: *Helnan Restaurant Panorama* $$$$ Helnan Nuweiba Hotel, Nuweiba City. (069) 500 402. Das beste Restaurant von Nuweiba ist Teil eines Luxushotels und bietet eine entsprechende Auswahl an Gerichten an. An der Strandbar werden preiswertere Sandwiches und Snacks verkauft.	■	●	■	●	
Port Safaga: *Al-Fayrouz* $$$$ An der Straße Hurghada–Safaga. (065) 252 821. Der riesige Speisesaal mit 600 Plätzen ist Teil des Holiday Inn Safaga Palace. Die Klimaanlage und das gute Essen stellen eine willkommene Abwechslung zu den kulinarischen Angeboten der Tauchbasen dar.	■		■	●	
Port Said: *Hotel de la Poste* $$ 42 Sharia al-Gumhuriyya. (066) 224 048. Eigentlich mehr ein Café und eine Bar als ein Restaurant. Man kann aber jederzeit Sandwiches, Pizza und Salate bekommen. Die Terrasse ist zum Relaxen bestens geeignet.		●	■		
Port Said: *Maxim* $$$$ Sharia Palestine. (066) 238 628. Das teuerste Restaurant der Stadt findet man im neuen Shopping-Center unweit des Sonesta Hotel. Die hohen Preise werden durch die exzellenten Fischgerichte und den schönen Ausblick weitgehend ausgeglichen.			■		
Sharm el-Sheikh: *Al-Fanar Restaurant* $$$ Am Strand Ras Um Sid. (069) 662 218. Die Lage unterhalb des Leuchtturms und die große Terrasse über dem Strand geben diesem Restaurant eine romantische Note. Die italienischen Gerichte sind ausgezeichnet zubereitet.	■	●	■	●	

Zeichenerklärung siehe hintere Umschlagklappe

Preiskategorien für ein dreigängiges Menü pro Person, inklusive Kaffee, Steuern und Service.
- $ unter 5 US-$
- $$ 5–10 US-$
- $$$ 10–15 US-$
- $$$$ 15–20 US-$
- $$$$$ über 20 US-$

KREDITKARTEN
Die üblichen Kreditkarten werden akzeptiert: American Express, Diners Club, MasterCard, Visa.

GARTEN, TERRASSE, HOF
Hier kann man in schöner Umgebung im Freien essen.

VEGETARISCHE GERICHTE
Die Karte bietet eine Auswahl an vegetarischen Gerichten.

WEINKARTE
Man kann unter mehreren Weinen wählen.

LANGE ÖFFNUNGSZEITEN
Bis 2 Uhr morgens kann man hier speisen.

Restaurant	Preis	Kreditkarten	Garten, Terrasse, Hof	Vegetarische Gerichte	Weinkarte	Lange Öffnungszeiten
SHARM EL-SHEIKH: *Safsafa* Asia Mall, Zentrum von Sharm el-Sheikh. ☎ *(069) 660 474 oder (069) 603 418.* Die wohlschmeckenden Fischgerichte und die freundliche Atmosphäre des kleinen Restaurants, das einige Filialen hat, sorgen für ein volles Haus.	$$$			■		
SHARM EL-SHEIKH: *La Luna Restaurant* Ras Um Sid. ☎ *(069) 661 919.* Das Hotel-Restaurant des Ritz-Carlton bietet eine gute italienische Küche. Die Nudeln werden hier täglich frisch produziert.	$$$$	■	●	■	●	
SUEZ: *Fish Restaurant* Sharia as-Salaam. Der frische Fisch und die Langusten werden nach Gewicht berechnet und köstlich zubereitet. Das Restaurant liegt unweit des White House Hotel.	$$			■		
NILDELTA UND NORDKÜSTE						
ABU QIR: *Zaphyrion* 41 Sharia Khaled Ibn al-Walid, Abu Qir. ☎ *(03) 562 13 19.* Hier werden beste Meeresfrüchte und köstlich zubereitetes Fleisch geboten. Die Lage über der Bucht, in der Admiral Nelson im Jahr 1798 die französische Flotte versenkte, ist ebenfalls erstklassig.	$$		●	■		
ALEXANDRIA: *City Café* 21 Salah Salem. ☎ *(03) 484 79 94.* Das mediterran anmutende Café im Stadtzentrum bietet einen der besten Cappuccinos der Stadt, außerdem Pasteten, Sandwiches, Pizza und Nudelgerichte. Die Einrichtung ist einfach, aber gepflegt.	$			■		
ALEXANDRIA: *Fuul Mohammed Ahmed* 17 Sharia Shakour. ☎ *(03) 487 35 76.* Das Restaurant hat den Ruf, das beste *fuul* von Ägypten anzubieten. Außerdem werden *falafel, mezzes* und andere ägyptische Spezialitäten serviert.	$			■		
ALEXANDRIA: *Elite* 43 Sharia Safia Zaghloul. ☎ *(03) 486 35 92.* Hier wird gute europäische Küche mit einem freien Blick auf die lebendige Straßenszenerie verbunden. Der rückwärtige Teil mit den gerahmten Drucken an der Wand ist dagegen uninteressant.	$$			■	●	
ALEXANDRIA: *Gezirat al-Malika* 48 Sharia Safr Basha, Ras el-Tin. ☎ *(03) 480 49 96.* *Kofta* und Kebab werden nach Gewicht berechnet. Das gefüllte Gemüse ist besonders zu empfehlen. Der Raum erinnert an ein ägyptisches Dorf.	$$			■		
ALEXANDRIA: *Pastroudis* 39 Sharia al-Huriya, westlich der Sharia Safia Zaghloul. ☎ *(03) 392 96 09.* Das berühmteste Literaten-Café Ägyptens eröffnete 1923 und ist für seine Vielfalt an frischem Gebäck berühmt. Die Sandwiches und die Pasta sind zwar ebenfalls gut, aber deutlich überteuert.	$$			■	●	
ALEXANDRIA: *Taverna* Sharia Mahattat al-Ramla, gegenüber vom Bahnhof. ☎ *(03) 486 8189.* Das Restaurant ist das beste der Taverna-Kette. Pizza und *fateers* kommen direkt aus einem Steinofen. Auch die Huhn- und Lamm-*shawarma* oder die *mezzes* sind exzellent zubereitet.	$$			■		
ALEXANDRIA: *China Restaurant* Cecil Hotel, Midan Saad Zaghloul. ☎ *(03) 487 71 73.* Das Dachgartenrestaurant bietet zwar nur durchschnittliche chinesische Küche, doch der Blick über den nächtlichen Hafen von Alexandria ist einfach atemberaubend.	$$$	■	●	■	●	

ALEXANDRIA: *Eddoura* 33 Sharia Bayrim at-Tonsi. (03) 480 04 05. 24-Stunden-Grillrestaurant mit exzellenten Meeresfrüchten am Fort Qaitbey.	$$$	■	●			■
ALEXANDRIA: *Trianon* Sharia Saad Zaghloul. (03) 486 09 86. Die herrliche Art-déco-Architektur des Trianon wurde aufwändig restauriert. Die Nachspeisen und das *Umm Ali* sollten hier probiert werden.	$$$	■		■		
ALEXANDRIA: *Santa Lucia* 40 Sharia Safia Zaghloul. (03) 486 03 32 oder 486 42 40. Das edel eingerichtete Restaurant bietet vor allem Fisch und Meeresfrüchte der höchsten Qualitätsstufe an. An der Bar spielt der Hauspianist.	$$$$	■	●	■	●	■
ALEXANDRIA: *Al-Farouk* As-Salamlek Palace Hotel, Montazah Gardens. (03) 547 79 99. Das Jagdschloss König Faruks wurde aufwändig umgebaut und beherbergt nun mehrere elegante, hochklassige Restaurants und zwei Bars.	$$$$$	■			●	
ALEXANDRIA: *Saraya San Giovanni Restaurant* (03) 546 77 73. Das gehobene Restaurant offeriert europäische Gerichte und Meeresfrüchte. Von der Terrasse hat man einen schönen Blick auf die Stanley Bay.	$$$$$	■			●	
LIBYSCHE WÜSTE						
BAHARIJA: *Popular Restaurant* Bawiti, al-Bahariyya Oasis. Eines der wenigen Restaurants außerhalb einer Hotelanlage. Am Vormittag werden frische *falafel* angeboten. Die Bar ist ab 12 Uhr geöffnet.	$$			■		
DAKHLA: *Ahmed Hamdy's Restaurant* Mut. (092) 820 767. Das bekannteste Restaurant von Mut serviert u.a. verschiedene Kebabs und *kofta* mit Reis. Der Manager ist außergewöhnlich hilfsbereit.	$$		●	■		
DAKHLA: *Garden's Hotel Restaurant* Mut. (092) 821 577. Das Restaurant in der Altstadt von Mut besticht durch ein gutes Preis-Leistungs-Verhältnis. Der Garten ist ein weiteres Plus.	$$		●	■		■
FARAFRA: *Hussein Restaurant* Qasr al-Farafra. Das durchgehend geöffnete Restaurant liegt zentral, die einheimischen Gerichte sind preiswert. Vor allem von Rucksacktouristen bevorzugt.	$			■	●	
FARAFRA: *Al-Badawiyya Safari and Hotel* An der Straße nach Bawiti, Qasr al-Farafra. (092) 510 060. Eines der besten Restaurants der Oase und immer gut besucht. Das Bier ist angenehm gut gekühlt.	$$					
KHARGA: *Kharga Oasis Hotel* El-Kharga. (092) 921 500. Der gesichtslose Hotelneubau im Stadtzentrum besitzt einen erfreulich gepflegten Garten und eine eigene Hotelbar.	$$			■		
KHARGA: *Pioneers Hotel* El-Kharga. (092) 927 982. Das 5-Sterne-Restaurant vermittelt zwar kein Wüstengefühl, doch die Klimaanlage und die Qualität der Gerichte machen das wieder wett.	$$$	■	●	■		
SIWA: *Alexander Restaurant* Alexander Hotel, Siwa. Das Hotelrestaurant bietet gute einheimische Kost, aber keinen Alkohol.	$					
SIWA: *Abdu Restaurant* Siwa. (046) 460 22 43. Auf der Speisekarte stehen nicht nur die üblichen ägyptischen Gerichte, sondern auch Pizza und verschiedene Pasta.	$		●	■		
SIWA: *Siwa Safari Paradise Hotel* Siwa. (046) 460 22 89. Das teuerste Hotelrestaurant von Siwa bietet eine reichhaltige Auswahl an Speisen. Folklore-Feste mit traditionellen Musik- und Tanzdarbietungen.	$$$	■	●	■		

Zeichenerklärung siehe hintere Umschlagklappe

Läden und Märkte

Ägyptens Basare sind die Reviere der passionierten Souvenirjäger. Der weltberühmte Khan al-Khalili *(siehe S. 88ff)* ist seit 500 Jahren ein eigener Stadtteil im Herzen des islamischen Kairo. Auf den ersten Blick scheint der Basar seine Schätze nur für Touristen auszubreiten, doch in den verwinkelten Gassen arbeiten Tausende von Handwerkern und Händlern, die eine riesige Auswahl an Kunsthandwerk anbieten können. Neben den üblichen Geschenkartikeln werden vor allem Schmuck, Glas- und Kupferwaren sowie Textilien in allen Varianten und Preislagen angeboten. Die Auswahl in den Basaren von Alexandria, Assuan und Port Said kann mit der märchenhaften Fülle des Khan al-Khalili allerdings nicht mithalten. Wer im Basar einkaufen will, sollte sich vorher unbedingt in der Kunst des Feilschens üben. Neben den traditionellen Souks haben sich in den größeren Städten Ägyptens auch moderne Einkaufszentren durchgesetzt.

Verkäufer im Basar von Luxor mit Wasserpfeife

Öffnungszeiten

Allgemein verbindliche Öffnungszeiten sind in Ägypten unbekannt, jeder Ladenbesitzer öffnet und schließt nach eigenem Gutdünken. Bis auf die großen Supermärkte, die schon früher geöffnet haben, beginnt das ägyptische Geschäftsleben zwischen 9 und 10 Uhr vormittags. Zwischen 14 Uhr und 17 Uhr wird Siesta gehalten; nur in Kairo und Alexandria bleiben die Läden durchgehend geöffnet. Die Kunden nutzen gern die kühlen Abendstunden zwischen 20 und 22 Uhr, um in aller Ruhe einzukaufen. Freitags bleiben viele Läden geschlossen, nur im Kairoer Basar Khan al-Khalili kennt man keinen Ruhetag. Während des Mittagsgebets kommt aber auch hier das Geschäftsleben für mehrere Stunden zum Erliegen. Die von Christen geführten Läden bleiben an Sonntagen geschlossen. Während des Ramadan schließen zwar alle Geschäfte eine Stunde vor Sonnenuntergang, sie werden jedoch ab 21 Uhr wieder für einige Stunden geöffnet. An hohen nationalen Feiertagen wie Eid al-Fitr und Eid al-Adha ist alles geschlossen.

Bezahlen

Die Akzeptanz von Kreditkarten nimmt zwar langsam zu, doch bisher kann man nur in großen Kaufhäusern, Hotels und Tourismus-Zentren damit bezahlen. Auch Reiseschecks werden nur selten angenommen. In Ägypten bezahlt man üblicherweise in bar. Das Ägyptische Pfund ist generell die einzig legale Währung, doch in den Großstädten werden oft US-Dollars als Zahlungsmittel akzeptiert.

Souks und Märkte

In Kairo existieren außer dem Khan al-Khalili noch eine ganze Reihe von kleineren Basaren und Märkten, die durchaus einen Abstecher lohnen. An jeder Straßenecke werden Obst, Gemüse und Brot verkauft. In der Kairoer Innenstadt liegt nördlich der Sharia 26th July der Markt Tawfiqiyya. Er hat so ausgedehnte Öffnungszeiten, dass viele Ladenbesitzer in ihren Geschäftsräumen übernachten. Am östlichen Nilufer gegenüber von Zamalek werden auf dem Bulaq-Markt vor allem Textilien, Autozubehör und Waren aus Militärbeständen angeboten. Ein noch bemerkenswerteres Sortiment findet man auf dem Wochenmarkt von Al-Gomaa südlich der Zitadelle. Hier reicht das Angebot von Trödel aller Art bis hin zu Hauskatzen und Kakadus. Jedes Wochenende treffen sich nördlich des Midan Opera, in Al-Azbakiyya Gardens, die Liebhaber von Büchern und Magazinen aus aller Welt.

Buchladen im Kairoer Stadtzentrum mit vielen Büchern über Ägypten

In den engen Gassen des alexandrinischen Stadtviertels Attarine bieten unzählige Antiquitätenhändler ihre Sammlerstücke an, die leider nicht immer echt sind. In El-Arish im Norden der Sinai-Halbinsel wird jeden Donnerstag vormittags ein farbenfroher Beduinenmarkt abgehalten. Die hier angebotenen bestickten Kleider und Lederwaren sowie die große Auswahl an schön gearbeitetem Schmuck sind erschwinglich und besonders gut als Souvenirs geeignet.

Warenangebot in einem Kairoer Supermarkt

Kupferwaren im Basar Khan al-Khalili

Einkaufszentren

In Kairo und auch in Alexandria haben inzwischen einige moderne Einkaufszentren ihre Tore geöffnet. Hier wird von Grußkarten bis zu europäischer Mode und Stereoanlagen alles verkauft, was das zahlungskräftige Publikum als begehrenswert erachtet. Fastfood-Restaurants und Kinos sorgen für einen ständig wachsenden Besucherstrom. Eines der exklusivsten Einkaufszentren von Kairo ist das **World Trade Centre** an der Corniche el-Nil. Der Komplex beherbergt auch Boutiquen, in denen Designer-Mode und Accessoires auf Käufer warten. Eine Reihe von In-Restaurants, Klubs und ein modernes Kino runden das Angebot ab. Auch die **First Residence Mall** in Giseh will die Bedürfnisse einer zahlungskräftigen Klientel bedienen. Die **Ramses Hilton Mall** im Stadtzentrum von Kairo ist an das gleichnamige Hotel angeschlossen. Hier decken sich auch Familien mit Schuhen und Kleidung ein, im Dachgeschoss wurden ein Kino und eine Billardhalle untergebracht. In Heliopolis *(siehe S. 136f)* finet man unweit der Basilika die **Horreyya Mall**, deren Geschäfte sich auf ein junges Publikum eingerichtet haben.

Antiquitätenkauf

Die allermeisten Antiquitäten sind alles andere als antik. Die »alten« Papyri wurden sehr wahrscheinlich erst eine Woche zuvor aus getrockneten Bananenblättern hergestellt. Auch die angeblich antiken Skarabäen wurden mit an Sicherheit grenzender Wahrscheinlichkeit aus Kamelknochen geschnitzt und anschließend an Truthähne verfüttert, deren Magensäfte den Antik-Look fördern. Aber die Händler haben auch keine Wahl: Wirklich antike Stücke (mehr als 100 Jahre alt) dürfen nur mit schriftlicher Genehmigung des ägyptischen Amts für Altertümer ausgeführt werden.

Die Kunst des Handelns

Kaufen und Verkaufen ist in Ägypten – wie im ganzen Nahen Osten – eine ritualisierte Prozedur, die weit mehr beinhaltet als nur die Festlegung des Preises. Ziel des Rituals ist es, einen fairen Preis zu ermitteln, der Käufer und Verkäufer gleichermaßen zufrieden stellt. Ein Geschäftsmann wird seine Kunden zu Tee oder Kaffee einladen und wortreich seine Waren ausbreiten. Durch diese vermeintlich bevorzugte Behandlung sollte sich aber niemand zum Kauf verpflichtet fühlen. Hier ist dies Teil der gängigen Geschäftspraxis. Selbst in modernen Einkaufszentren mit scheinbar festen Preisen wird kräftig gefeilscht. Im Basar muss man unbedingt handeln, sonst bezahlt man garantiert einen zu hohen Preis.

Wenn man ein Objekt der Begierde erspäht hat, sollte man die Hälfte dessen bieten, was der Geschäftsinhaber als ersten Preis nennt. Man darf sich von den geheuchelten oder lautstarken Protesten der Verkäufer nicht beirren lassen und sollte sein Angebot nur langsam steigern. Im Zuge von Angebot und Gegenangebot erreicht man schließlich ein Preisniveau, mit dem beide leben können. Wenn man keinen zufrieden stellenden Preis aushandeln kann, sollte man sich bedanken und den Laden verlassen. Der Verkäufer wird sehr wahrscheinlich ein neues Angebot unterbreiten, das in der Nähe des letzten Angebots des Kunden liegt.

Ein schlechtes Gewissen ist übrigens trotz des Gejammers des Händler nicht angesagt: Der Verkäufer wird nie unter einem bestimmten Preis verkaufen und macht deshalb immer einen Gewinn.

Die Sindbad Shopping Mall in der Strandanlage von Hurghada

Einkäufe und Mitbringsel

Für Souvenirjäger ist Kairos Khan al-Khalili *(siehe S. 88ff)* die erste Adresse. Im Dreieck zwischen Sharia Talaat Harb, Sharia 26th July und Qasr el-Nil findet man eine Vielzahl von Läden und Touristikbüros. Auf der Nilinsel Zamalek haben sich vor allem Boutiquen, Antiquitätenhändler und Ethno-Läden angesiedelt. In Alexandria können Antiquitätenliebhaber fündig werden. In Assuan lassen sich schöne Stoffe finden, in den Oasen sollte man Töpferarbeiten oder Beduinenschmuck ins Auge fassen.

Souvenirs

Der Khan al-Khalili und viele andere Touristen-Basare in Oberägypten bieten vermehrt unglaublichen Kitsch zu überhöhten Preisen an. Wer das mag, hat unter Tausenden von Nofretete-Lampen, Alabasterpyramiden, neuen Kameltaschen und Baseball-Kappen mit Tutanchamun-Emblem die freie Auswahl. Ein besseres Mitbringsel könnten Backgammon-Spiele mit Intarsien oder hochwertige Lederwaren sein. Auch eine der alten Wasserpfeifen kann ein schönes Souvenir sein; in diesem Fall sollte man genügend Tabak und mehrere Pfeifenköpfe mitnehmen. Ebenfalls gerne gekauft werden die mit Perlmutt eingelegten Dosen aus Palmholz oder Schachbretter mit Intarsienarbeiten. Fast jeder, der Ägypten besucht, bringt mindestens eines der typischen Papyrusbilder heim. Wer allerdings echte Papyri sucht, sollte das **Dr. Ragab Papyrus Institute** besuchen, in dem nach alten Methoden gezogener Papyrus mit anspruchsvolleren Motiven bemalt wird.

Anubisfigur als Souvenir

Kupferwaren

In den Werkstätten des Khan al-Khalili werden Kupferwaren wie Tabletts, Kaffee- und Teekannen angefertigt. Wer eine bessere Qualität sucht, sollte sich auf dem Markt der Kupferschmiede (Souk an-Nahassin) in der Sharia al-Muizz li-Din Allah südlich der Moschee von Bein al-Qasreen umsehen.

Stand mit Ledergürteln am Midan Ataba

Kunsthandwerk

In den verschiedenen Landesteilen wird unterschiedliches Kunsthandwerk angeboten, doch auch in Kairo findet man eine reiche Auswahl. Im **Al-Khatoun**, einem kleinen Basar in einem ehemaligen türkischen Handelshaus hinter der Moschee al-Azhar, werden u.a. Möbel aus handgeschmiedetem Eisen, Wandbehänge und Lederwaren angeboten. In der **Wikala al-Ghouri**, einer Karawanserei aus dem 17. Jahrhundert, haben verschiedene Kunsthandwerker ihre Werkstätten eingerichtet. Gegenüber der Moschee Ibn Tulun liegt der **Khan Misr Touloun**, eine wunderbare Galerie, in der Kunsthandwerk aus Ägyptens Oasen verkauft wird. Dort hat man eine reiche Auswahl an Holztruhen, verschiedensten Schüsseln, Geschirr, Glas, Tonfiguren, Tüchern und gewebten Teppichen. Im **Egypt Craft** in Zamalek kann man Beduinenteppiche aus dem Sinai und der Libyschen Wüste, handgeschöpfte Papiere aus Mokkatam und fein gesponnene Textilien aus Oberägypten erstehen. Die Galerie **Nomad**, ebenfalls in Zamalek, hat sich wiederum auf Silberschmuck der Beduinen und traditionelle Textilien aus den Oasen spezialisiert.

Teppiche und Wandbehänge

Anderes als Persien oder die Türkei tritt Ägypten nicht als Teppichproduzent auf. Lediglich die braun-beige-gestreiften Beduinenteppiche aus Kamelhaar haben viele Liebhaber gefunden. Die größte Auswahl hat man im **Haret al-Fahhamin** hinter der Moschee Al-Ghouri in der islamischen Altstadt Kairos. Aber auch einige der rechts genannten Kunsthandwerksläden führen Beduinenteppiche. Fachkundige Sammler besuchen auch den Wochenmarkt in Al-Arish auf dem nördlichen Sinai und den Wochenmarkt von Dahab.

Werkstatt eines Kupferschmieds in der Sharia al-Muizz li-Din Allah

Einheimische auf dem Teppich-Basar von Kairo

An der Straße nach Sakkara liegt das **Wissa Wassef Art Centre**, das sich auf folkloristische Wandbehänge spezialisiert hat. Ähnliche Stücke können auch bei **Senouhi**, einem kleinen, aber feinen Laden in Kairos Innenstadt, gekauft werden. Darüber hinaus findet man hier schönen Schmuck, Antiquitäten, Beduinenteppiche und geschmackvolle Volkskunst.

Kleidung und Textilien

Baumwolle ist einer der größten Exportartikel Ägyptens. Die Läden in Kairo und Alexandria bieten eine große Auswahl an qualitativ hochwertigen Hemden, Unterwäsche und T-Shirts. Die Läden der **Safari**-Kette führen ein besonders ausgesuchtes Sortiment an Baumwollkleidung. Das Dorf Akhmim in Mittelägypten ist das Zentrum der traditionellen Webkunst dieser Region. Die Legende sagt, dass selbst die Pharaonen in Seidentüchern aus Akhmim bestattet wurden. Die Produktion wurde inzwischen zwar weitgehend industrialisiert, doch die intensiven Farben und floralen Muster entsprechen den traditionellen Vorgaben aus den kleinen Heimwerkstätten der Umgebung. Am besten kauft man direkt in den Fabriken nahe Luxor. Manchmal führen auch Boutiquen in Hotels schöne Ware.

Bauchtanzkostüme

Reich verzierte Oberteile, Gürtel mit Perlenbesatz, Schleier und hoch geschlitzte Röcke werden in Spezialgeschäften im Khan al-Khalili verkauft. Einer dieser Läden liegt am Durchgang vom Muski zu Fischawi's Coffee House. Profis besuchen das Studio von **Amira al-Khattan** in Mohandiseen, wo Bauchtanzkostüme nach Maß angefertigt werden.

Schmuck

Die meisten Gold- und Silberschmiede findet man im Herzen des Khan al-Khalili. Schmuck wird hier prinzipiell nach Gewicht verkauft, für die Goldschmiedearbeit wird ein kleiner Aufpreis veranschlagt. Der Goldpreis wird täglich in der *Egyptian Gazette* veröffentlicht. Die populärsten Souvenirs sind Gold- oder Silberkartuschen, in die der Name in altägyptischen Hieroglyphen eingraviert wird.

Gewürze und Kräuter

Khan al-Khalili, aber auch der Basar von Assuan bieten eine schier unendliche Auswahl an Gewürzen. Was hier angeboten wird, ist frischer, billiger und intensiver als die abgepackten Gewürze in westlichen Supermärkten. Besonders Safran sollte man mitnehmen. In den Gewürzläden stehen Säcke mit violetten Hibiskusblättern. Wenn man diese Blätter mit heißem Wasser übergießt, filtert und abschließend zuckert, erhält man *karkade*, einen tiefroten Softdrink. Einige Ladenbesitzer sollen für eine Reihe von Krankheiten die richtigen Kräuter zur Hand haben.

Farbenfrohes Angebot im Gewürzbasar

Auf einen Blick

Einkaufszentren

First Residence Mall
Sharia al-Giza, Giseh, Kairo.

Horreyya Mall
Sharia al-Ahram, Heliopolis, Kairo.

Ramses Hilton Mall
Midan Abdel Moniem Riad, Kairo. **Karte** 1 B4, 5 B2.

World Trade Centre
Corniche el-Nil, Bulaq, Kairo. **Karte** 1 B4.

Kunsthandwerk

Al-Khatoun
Sharia Sheikh Mohammed Abdu, Kairo. **Karte** 2 F5.
(02) 226 53 29.

Dr. Ragab Papyrus Institute
Corniche el-Nil, Kairo. **Karte** 3 A2.
(02) 571 86 75.

Khan Misr Touloun
Sharia Tulun, Kairo. **Karte** 4 D2.

Egypt Craft
27 Yehia Ibrahim, Zamalek, Kairo. **Karte** 1 A3.
(02) 736 51 23.

Nomad
14 Sharia Saray al-Gezira, Zamalek, Kairo. **Karte** 1 B4.
(02) 736 19 17.

Wikala al-Ghouri
Sharia al-Azhar, Kairo. **Karte** 2 E5.
(02) 511 04 72.

Teppiche

Senouhi
54 Sharia Abd al-Khaliq Sarwat, Kairo. **Karte** 5 C2.
(02) 391 09 55.

Wissa Wassef Art Centre
In der Nähe des Motel Salma an der Straße nach Sakkara, Harraniyya.
(02) 385 04 03.

Kleidung

Safari
10 Sharia Lotfalla, Zamalek, Kairo. **Karte** 1 A3.
(02) 735 19 09.

Bauchtanzkostüme

Amira al-Khattan
27 Sharia Basra, Kairo.
(02) 749 03 22.

Was kauft man in Ägypten?

Holzschachtel mit Perlmuttintarsien

Die Basare und Souks bieten einen orientalischen Mix aus Ramsch, landestypischen Souvenirs und echtem Kunsthandwerk. Die Qualität ist sehr unterschiedlich, deshalb sollte man das Angebot genau inspizieren und einen guten Preis aushandeln *(siehe S. 293)*. *Sheeshas* (Wasserpfeifen), Backgammon-Spiele, dekorative Holzschachteln, Kamelhaarteppiche oder kitschige Mitbringsel, alles wird in Ägypten hergestellt, die Kupferwaren und das Muski-Glas sogar direkt im Kairoer Basar Khan al-Kahlili *(siehe S. 88f)*. Beduinenschmuck stammt aus den Oasen der Libyschen Wüste, Seide aus dem mittelägyptischen Akhmim.

Sheesha
Eine Wasserpfeife ist ein beliebtes Mitbringsel. Die Tonköpfe der mit Edelstahl oder getriebenem Blech verzierten Pfeifen werden mit parfümierten Tabaken gefüllt.

Backgammon-Spiel
Backgammon und Schach sind in Ägypten eine populäre Freizeitbeschäftigung. Man hat eine reiche Auswahl bezüglich Qualität und Preis. Die teureren Exemplare sind aus Hartholz gefertigt und mit verschlungenen Perlmutt- oder Elfenbeinintarsien verziert.

Sandalen
In den Basaren werden Ledertaschen, Geldbörsen und Sandalen zu niedrigen Preisen angeboten.

Glas- und Töpferwaren
Aus dem mundgeblasenen blauen Muski-Glas werden u.a. Teller, Vasen, und Kerzenhalter hergestellt. Die Töpferwaren aus den Oasen und vom Sinai sind von besonders guter Qualität.

Parfümflaschen
Hauchdünne Glasflaschen werden in verschiedenen Größen angeboten und eignen sich bestens als Geschenke oder Souvenirs.

Beduinenschmuck
Der Schmuck aus der Oase Siwa und vom Sinai besteht zum Teil aus alten Münzen. Echter Beduinenschmuck ist nur noch schwer zu finden, doch auch die Imitate sind von guter Qualität. Einige Exemplare zeigen auch pharaonische, islamische oder nubische Einflüsse.

Kupferwaren
Kupferwaren werden überall in Ägypten verkauft, die größte Auswahl bieten die Basare und Werkstätten in Kairo. Kaffeekannen aus getriebenem Kupferblech, mit Arabesken verzierte dekorative Tabletts und Hängelampen machen den größten Teil der Souvenirs aus.

Kleidung und Textilien

Textilien aus hochwertiger Baumwolle sind in Ägypten überall erhältlich. Besonders Hosen und traditionelle galabijas *(weite, lange Hemden) lohnt es sich zu kaufen. Die bunten Stoffe eignen sich für Schals, Kissenbezüge, Überwürfe oder zur Wanddekoration. Auch Bauchtanzkostüme werden gerne als Mitbringsel gekauft.*

Bestickte Hemden

Farbenfroher Webschal

Ägyptisches Bauchtanzkostüm

Souvenirs

In den Tourismuszentren Ägyptens wird ein unüberschaubares Sammelsurium von Pharaonenbüsten, Ledersitzkissen, Nofretete-köpfen und Papyrusrollen angeboten. Zusammen mit Holzschachteln, Aschenbechern, Schachbrettern und Wasserpfeifen bilden sie das Gros der typisch ägyptischen Souvenirs.

Kamelfigur aus Leder

Papyri mit Pharao-Motiven

Büste der Nofretete

Figurinen pharaonischer Gottheiten

Alabaster-Aschenbecher

Ägyptische Musik

Die Erinnerung an eine Ägyptenreise lässt sich am besten mit Musik wach halten. Die Musikauswahl auf den CDs und MCs reicht von traditioneller Volksmusik bis zu den gefühlvollen Liedern von Umm Kolthum.

Gewürze und Kräuter

Der Geruch von Gewürzen und Kräutern liegt über jedem ägyptischen Basar. Hier sind Gewürze frischer, intensiver und weitaus billiger zu bekommen als im Westen. Ein Hinweis: Der in Ägypten verkaufte Safran ist zwar erstaunlich preiswert, aber nicht immer von überzeugender Qualität.

Affenbrot

Zimt

Nelken

Chillies

Tamarinde

Cayennepfeffer

Kardamomkapseln

Safranfäden

Unterhaltung

Vielen Besuchern fällt auf, dass das Unterhaltungsangebot in Ägypten erstaunlich mager ausfällt. Kairo ist dabei die Ausnahme von der Regel. Die ägyptische Bevölkerung vergnügt sich lieber auf privaten Feiern oder verbringt die Freizeit in den zahlreichen Kaffeehäusern – soweit es die Männer angeht. Einige wenige Kultur-Events wie die Cairo International Book Fair im Frühjahr und das Cairo Film Festival im November/Dezember *(siehe S. 41)* erfreuen sich regen Zulaufs. Auch religiöse Feiertage, wie Eid al-Adha und Eid al-Fitr *(siehe S. 33)* werden ausgiebig gefeiert. Das Ende des Fastenmonats Ramadan ist ebenso Anlass für Volksfeste und Familienfeiern. An diesen Tagen finden auf öffentlichen Plätzen folkloristische Musik- und Tanzdarbietungen statt. Seit einiger Zeit haben die Märchenerzähler wieder Konjunktur: Die dramatisch vorgetragenen Geschichten werden von Schauspielern nachgestellt.

Zeitungslektüre in einem Kairoer Kaffeehaus

Die Lichter des nächtlichen Kairo, gespiegelt im Nil

Veranstaltungen

Es gibt mehrere Veranstaltungskalender: Das monatlich erscheinende Magazin *Egypt Today* gibt einen landesweiten Überblick über künstlerische und kulturelle Veranstaltungen aller Art. In den englischsprachigen Wochenzeitungen *Al-Ahram Weekly*, *The Middle East Times* und *The Cairo Times* findet man detaillierte Hinweise auf Kairos Kinoprogramme, Galerien und Theateraufführungen. Das alternative Magazin *The Big Croc* kommt vierteljährlich heraus und nennt die trendigsten Nachtklubs und Unterhaltungsveranstaltungen. Auf der Internetseite des Magazins (www.ecroc.com) können die neuesten Infos und aktuelle Termine abgerufen werden.

Ein zentrale Kartenvorverkaufsstelle ist in Ägypten unbekannt, deshalb muss man alle Eintrittskarten bei den jeweiligen Vorverkaufs- oder Abendkassen bestellen. Will man eine bestimmte Veranstaltung auf keinen Fall versäumen, ist eine mehrtägige Vorausbuchung angebracht.

Arabische Musik

Das Programm des **New Cairo Opera House** und des **Sayed Darwish Theatre** in Alexandria beinhaltet auch einige Konzerte mit klassischer arabischer Musik. Vor allem während des Ramadan werden im **Beit Zeinab Khatoun** und im **Al-Ghouri Palace for Traditional Culture** *(siehe S. 91f)* Musikabende und Theateraufführungen geboten. Man sollte wenigstens eine der Veranstaltungen im Al-Ghouri-Komplex besuchen – und sei es auch nur wegen der außergewöhnlich stilvollen Atmosphäre des historischen Palastes in der islamischen Altstadt von Kairo.

Tanzende Derwische

Ebenfalls im im Al-Ghouri-Komplex finden jeden Mittwoch und Samstag ab 21 Uhr Vorführungen der tanzenden Derwische statt. Die kostenlose Show dauert etwa eine Stunde und kann ein unvergessliches Erlebnis sein. Da die Zahl der Sitzplätze begrenzt ist, sollte man rechtzeitig dort sein. Fotografieren ist erlaubt, Videoaufnahmen allerdings nicht.

Aufführung der tanzenden Derwische – ein besonderes Erlebnis

Bauchtanz

Trotz der langen Tradition dieser Tanzform, die bis in die Zeit der Pharaonen zurückreicht, ist der Bauchtanz erst im 19. Jahrhundert wiederentdeckt worden. Die prüden Kolonialherren erlagen schnell dem sinnlichen Ausdruck der Tänzerinnen und verwechselten in freudiger Erwartung Bauchtanz mit Prostitution. Selbst professionelle Bauchtänzerinnen, die sich selbst lieber als »orientalische Tänzerinnen« bezeichnen, müssen noch heute gegen dieses Missverständnis ankämpfen. Durch die ägyptische Filmindustrie der 50er Jahre wurden einige Bauchtänzerinnen berühmt und der erregende Hüftschwung im Westen populär. Doch trotz der wachsenden Popularität des Bauchtanzes üben nur wenige Ägypterinnen diese Kunstform aus. Die Tänzerinnen in Ägypten kommen häufig aus der Türkei oder vom Balkan.

Begleitmusiker einer Bauchtänzerin

Tänzerinnen *spielten eine wichtige Rolle bei den Ritualen der ägyptischen Antike. Wie man an diesem Relief sieht, haben sich die Posen im modernen Bauchtanz wenig verändert.*

Superstar Amira *tanzt vor den Pyramiden von Giseh. Trotz der islamisch-fundamentalistischen Widerstände gehören die Stars unter den Bauchtänzerinnen zu den Top-Verdienern in Ägypten.*

Salome *forderte für ihren Tanz von König Herodes den Kopf des Johannes. Die Schriftsteller des 19. Jahrhunderts machten eine erotische Verführungsgeschichte daraus, freizügige Cabarets nahmen diese Vorlage begierig auf.*

Europäische Maler *zeichneten ein exotisch-erotisches Bild von orientalischen Tänzerinnen. Die Lithografie von 1914 übersieht die Tatsache, dass Männer – außer dem Hausherrn – im Harem keinen Zutritt hatten.*

Bauchtänzerinnen *in den Nachtklubs von Kairo zeigen ihre Kunst vor einem überwiegend männlichen Publikum.*

Blick vom 185 Meter hohen Kairo-Turm ***(siehe S. 84)*** **auf das Cairo Opera House**

Bauchtanz und folkloristische Tänze

Die besten Tänzerinnen treten in den teuren Nachtklubs der 5-Sterne-Hotels, so z. B. in **Haroun al-Rashid Club** oder **Auberge du Nil** auf. Im wesentlich preiswerteren **Palmyra** wird jeden Abend ein ähnliches Unterhaltungsprogramm geboten. Hier beginnen die Darbietungen nicht vor 23 Uhr und gehen erst im Morgengrauen zu Ende. In den Hotels und Clubs von Alexandria, Port Said oder Luxor kann man ebenfalls Bauchtänzerinnen bewundern. Im **Assuan Cultural Palace** stehen regelmäßig folkloristische Tanz- und Musikgruppen auf suf em Programm.

Light- und Sound-Shows

Seit einiger Zeit fühlt sich fast jede größere Stadt in Ägypten berufen, eine dieser Shows mit Licht und Klang zu veranstalten. Nach Sonnenuntergang werden die Tempel bunt illuminiert, eine Stimme vom Tonband erzählt aus der Geschichte und Mythologie. Der historische Gehalt des Erzählten lässt zwar oft zu wünschen übrig, doch ein Besuch kann eindrucksvoll sein. In Giseh, Luxor, Karnak, Philae und Abu Simbel finden pro Abend mehrere Shows statt – auch in Deutsch und Englisch.

Westliche klassische Musik

Ägyptens wichtigste Bühne für klassische Musik ist das **New Cairo Opera House** auf der Nilinsel Gesira. Im großen Saal finden die Gastspiele der Klassik-Stars aus Europa und Amerika statt. Man trägt zu diesen Anlässen immer Abendgarderobe. Im kleinen Saal treten Solokünstler, Quartette und Ensembles auf. Das Kairoer Symphonieorchester gibt von September bis Juni jeden Samstag gut besuchte Konzerte. In *Al-Ahram Weekly* werden die wichtigeren Konzerte ausführlich angekündigt bzw. besprochen.

Plakate für klassische Konzerte in Kairo

Die europäischen Konsulate und Kulturinstitute in Alexandria veranstalten in der **Alexandria Conference Hall** und im **Sayed Darwish Theatre** Konzerte mit klassischer Musik aus Europa. Ankündigungen hängen im Fenster des Elite-Restaurants *(siehe S. 290)*.

Oper und Ballett

Die Räume des **New Cairo Opera House** werden sowohl von der Cairo Ballet Company als auch von der Cairo Opera Company genutzt. Die Spielzeit ist nur kurz, hin und wieder kommen auch ausländische Ballett-Ensemble nach Kairo. Auch im **Gumhuriyya Theatre** finden gelegentlich Tanzvorführungen statt. Fast jedes Jahr wird unter der Schirmherrschaft des Ministeriums für Kultur eine große *Aida*-Aufführung inszeniert. Die Oper war 1869 für die Eröffnung des Suezkanals geschrieben worden. Bis vor einigen Jahren wurde das beeindruckende Feilichtspektakel vor dem Tempel der Hatschepsut im Tal der Könige oder vor der Kulisse des Tempels von Karnak nahe Luxor aufgeführt. Jetzt bilden die Pyramiden von Giseh den Hintergrund für Verdis Pharaonen-Oper, die Liebhaber aus aller Welt anzieht.

Eine In-Bar in Kairos Nobelviertel Mohandiseen

Bars und Diskotheken

Trotz der islamischen Ausrichtung Ägyptens gibt es auch außerhalb der Hotels einige Bars. Das Schild »Cafeteria« weist oft auch auf eine Bar hin. In Alexandria sind das **Cap d'Or** und das **Havana** besonders zu empfehlen. In Kairo bilden in den Stadtteilen Zamalek und Mohandiseen die Bars **Deals**, **L'Aubergine**, **Le Tobasco** und **Bull's Eye** die Treffpunkte von Yuppies und ausländischen Journalisten. Am späteren Abend zieht man in die Diskotheken der Innenstadt weiter, wo Hip-Hop und internationale Pophits aufgelegt werden. Die **Space Disco**, eine der In-Discos der Stadt, ist Teil des hypermodernen Vergnügungskomplexes Cairo-Land.

Auch in den Touristenorten auf dem Sinai und am Roten Meer – Sharm el-Sheik, Naama-Bay und Hurghada – findet man eine Reihe von Bars und Diskotheken. Da die Szene ständig in Bewegung ist, sollte man *Sinai Today* oder *Red Sea Today* kaufen, um beim »Nightclubbing« am Puls der Zeit zu sein. Die Beach Ressorts entlang der Nordküste können ebenfalls mit einigen schönen Bars und Discos aufwarten. Wie das **Summer Moon** im edleren Küstenort Agami sind die meisten Bars an die großen Hotelanlagen und Ressorts angeschlossen.

Hotel-Disko in Agami, einem Küstenort westlich von Alexandria

Rock, Jazz und Pop

Rock-, Jazz- und Pop-Konzerte sind noch die Ausnahme in Ägypten. Nur einige wenige Pop-Künstler wie Sting, Shirley Bassey und Jean-Michel Jarre haben vor den Pyramiden gespielt. Auch ägyptische Popstars geben kaum Live-Konzerte. Nur bei Hotel-Galas treten hin und wieder ägyptische Popmusiker auf. Jedes der 5-Sterne-Hotels hat Sänger oder Jazz-Quartette unter Vertrag, die aber kaum außerhalb Ägyptens Grenzen bekannt sind. Nur im **Cairo Jazz Club** kann man jeden Abend akzeptablen Jazz genießen. Die wenigen einheimischen Jazzmusiker erhalten hier eine Chance, ihr Können vor Publikum unter Beweis zu stellen.

Auf einen Blick

Arabische Musik und tanzende Derwische

Alexandria Conference Hall
International Conference Centre, Shatby, Alexandria.
(03) 487 80 93.

Al-Ghouri Palace for Traditional Culture
Sharia al-Muizz li-Din Allah, Kairo. **Karte** 2 F5.
(02) 510 08 23.

Beit Zeinab Khatoun und Beit al-Harawi
Harat al-Azhar, Kairo.
Karte 2 F5.
(02) 735 70 01.

New Cairo Opera House
Sharia at-Tahrir, Gesira, Kairo. **Karte** 1 A5.
(02) 739 81 14.

Sayed Darwish Theatre
22 Tariq al-Horreyya, Alexandria.
(03) 486 51 06.

Bauchtanz

Aswan Cultural Palace
Corniche, Assuan.
(097) 313 390.

Auberge du Nil
Royal Nile Tower Hotel, Corniche el-Nil, Kairo.
Karte 5 A5.
(02) 362 17 17.

Haroun al-Rashid Club
Semiramis Hotel, Corniche el-Nil, Kairo.
Karte 5 A4.
(02) 795 71 71.

Palmyra
Südlich der Sharia 26th July, zwischen Sharia Sharif und Mohammed Farid, Kairo.
Karte 2 D4, 6 D2.

Light- and Sound-Shows

Für alle Orte
(02) 386 34 69.
W www.sound-light.egypt.com

Oper und Ballett

Gumhuriyya Theatre
12 Sharia al-Gumhuriyya, Kairo. **Karte** 2 D3.
(02) 390 77 07.

Bars und Diskotheken

L'Aubergine
5 Al-Sayyid al-Bakri, Zamalek, Kairo. **Karte** 1 A3.
(02) 738 00 80.

Bull's Eye
32 Sharia Jedda, Mohandiseen, Kairo.
(02) 361 6888.

Cap d'Or
4 Sharia Adib, Alexandria.
(03) 487 51 77.

Deals
Al-Sayyid al-Bakri, Zamalek, Kairo.
Karte 1 A3.
(02) 736 05 02.

Havana
Sharia Tariq al-Horreyya, Alexandria.

Space Disco
Cairo Land, 1 Sharia Salah Salem, Kairo. **Karte** 3 C4.
(02) 365 69 13.

Summer Moon
Summer Moon Hotel, Strandseite, Agami.
(03) 433 03 67.

Le Tabasco
8 Midan Amman, Doqqi, Kairo.
(02) 336 55 83.

Rock, Jazz und Pop

Cairo Jazz Club
197 Sharia 26th July, Mohandiseen, Kairo.
(02) 345 99 39.

Das Cosmos Cinema, eines der vielen Kinos in Kairo

Kino

In den letzten Jahren erlebten ägyptische Kinos einen wahren Modernisierungsschub. In Kairo und Alexandria wurden große, moderne Multiplexkinos eröffnet und alte Kinosäle aufwändig renoviert. Neben den arabischen Kitschepen werden die neuesten Hollywoodstreifen, meist in Originalsprache mit arabischen Untertiteln, gezeigt. Die Zensur sieht sich vorher jeden Film genau an. Nur während des Cairo Film Festivals *(siehe S. 41)* können unzensierte Filme gezeigt werden. Die Aussicht auf freizügige Sexszenen sorgt dort regelmäßig für volle Kinosäle.

Plakatwerbung für das Kino Diana Palace

Der Kinobesuch ist in Ägypten ein Erlebnis für sich. Die Zuschauer kommentieren jede Szene mit Applaus und Buhrufen oder lautstarker Anfeuerung. Nahe der Sharia Talaat Harb hat noch eine Reihe von alten Kinos geöffnet. Im **Metro**, **Miami** und im **Radio**, laufen Filme in englischer Sprache. Modernere Kinos findet man in den neuen Einkaufszentren, z. B. das **Horreyya I & II** in Heliopolis, das **Ramses Hilton I & II** und das **Renaissance** im World Trade Centre.

In Alexandria sind das **Amir** und das **Metro** wundervolle Beispiele einer nostalgisch-verspielten Kinoarchitektur. Das luxuriöseste Kino Alexandrias ist das **Renaissance** in der Smouha Mall östlich des Stadtzentrums.

Die aktuellen Kinoprogramme werden in den Tageszeitungen *The Egyptian Gazette, Middle East Times* und in der Wochenzeitung *Al-Ahram Weekly* veröffentlicht.

Theater

Die lebendige Theaterszene in Kairo belegt das Interesse an dieser Kunstform. Die Stücke werden in arabischer Sprache aufgeführt und haben, oft unterlegt mit Bauchtanzeinlagen, in der Regel Boulevard-Charakter. In Kairos Innenstadt, an der Sharia Emad al-Din, liegen einige kleinere Theater wie das **At-Talia** und das **Gumhuriyya Theatre**. Im **Wallace Theatre** werden Theaterstücke in englischer Sprache aufgeführt. Die Theatergruppe der Amerikanischen Universität von Kairo *(siehe S. 72)* spielt Werke amerikanischer Dramatiker.

Hin und wieder gastieren auch weltbekannte Theatergruppen wie beispielsweise die Royal Shakespeare Company im **New Cairo Opera House**.

Einmal im Jahr bringt das International Experimental Theatre Festival *(siehe S. 41)* Theatertruppen aus aller Welt nach Kairo. In der Zeitung *Al-Ahram Weekly* werden diese besonderen Events ausführlich angekündigt und besprochen. Die Spielpläne der Kairoer Theater sind in den großen Tageszeitungen abgedruckt.

Kasinos

Viele der grossen 5-Sterne-Hotels in Ägypten haben eigene Spielbanken eröffnet, die nur für Ausländer zugänglich sind. Es gibt Kontrollen, die Pässe müssen in der Regel am Eingang vorgezeigt werden. Alle Einsätze werden in US-Dollar getätigt, der Mindesteinsatz beträgt 1 US-$.

Unter den Hotels mit einer Spielbankkonzession sind das **Semiramis Intercontinental**, das **Marriott Cairo** und das **Nile Hilton** in Kairo. In Alexandria darf im **As-Salamek Palace** ganz legal gespielt werden.

In Ägypten kann die Bezeichnung »Casino« manchmal auch auf eine Bar hinweisen, die keine offizielle Alkohollizenz besitzt.

Plakatwand einer arabischen Theaterproduktion

Sportveranstaltungen

Fussball ist Ägyptens Volkssport Nr. 1. Während eines wichtigen Spiels hält das ganze Land inne – bis der Schlusspfiff ertönt. Dann bricht ein Inferno aus Autohupen und den Schlachtrufen der Fans los, das über Stunden anhält. Die Kairoer Fußballmannschaften Ahly und Zamalek führen die ägyptische Ligatabelle an. Zusammen mit Alexandrias Fußballklub Ittihad stellen diese Vereine vier Fünftel der ägyptischen Nationalmannschaft. Die Lokalderbys der Kairoer Mannschaften sind sportliche Großereignisse, die immer im **Cairo Stadium** in Medinat Nasr ausgetragen werden. Die Spiele sind schon Monate vorher ausverkauft. Die Medien konzentrieren sich fast ausschließlich auf Fußball – auch im Sommer, wenn nicht gespielt wird.

Nur Squash stößt auf ein ähnliches Medieninteresse. Das jährlich stattfindende Al-Ahram International Squash Tournament zieht Spieler aus der ganzen Welt an. Der Wettbewerb wird in einer Squash-Anlage unweit der Pyramiden ausgetragen. Die Pyramiden in Giseh sind auch Start- und Zielpunkt der alljährlichen Pharaoh's Rallye, einem Wüstenrennen für Geländewagen und Enduro-Motorräder. Zwischen November und April finden jeden Freitag auf dem Nil Ruderwettbewerbe statt. Von Oktober bis Mai veranstalten der **Gezira Sporting Club** und der **Alexandria Sporting Club** Pferderennen. In Sharm el-Sheik wird von den Beduinen zweimal pro Jahr ein Kamelrennen *(siehe S. 38)* veranstaltet.

Alle wichtigen Veranstaltungen sind in der *The Egyptian Gazette* und in der *Al-Ahram Weekly* nachzulesen.

Fußballfans in Kairo feiern die ägyptische Nationalmannschaft

Auf einen Blick

Kinos

Amir
41 Sharia Horreyya, Alexandria.
(03) 391 79 72.

Horreyya I & II
Sharia al Ahram, Heliopolis, Kairo.
(02) 469 80 25.

Metro
35 Sharia Safiya Zaghloul, Alexandria.
(03) 487 04 32.

Metro
35 Sharia Talaat Harb, Innenstadt, Kairo.
Karte 1 C5, 5 C3.
(02) 393 75 66.

Miami
38 Talaat Harb, Innenstadt, Kairo.
Karte 1 C5, 5 C3.
(02) 574 56 56.

Radio
24 Sharia Talaat Harb, Innenstadt, Kairo.
Karte 1 C5, 5 C3.
wegen Renovierung derzeit geschlossen.

Ramses Hilton I & II
Ramses Hilton Annex, Sharia al-Galaa, Innenstadt, Kairo.
Karte 1 C4.
(02) 574 74 36.

Renaissance
World Trade Centre, 1119 Corniche el-Nil, Kairo. **Karte** 1 B2.
(02) 580 40 39.

Renaissance
Smouha Mall, Sharia Victor Emmanuel, Smouha, Alexandria.
(03) 424 25 55.

Theater

At-Talia Theatre
Midan Ataba, Innenstadt, Kairo.
Karte 2 E4.
(02) 593 79 48.

New Cairo Opera House
Sharia at-Tahrir, Gesira, Kairo.
Kairo 1 A5.
(02) 739 81 44 (Info).
(02) 739 81 32 (Info).
(02) 739 81 14 (Karten).
W www.cairooperahouse.org

Gumhuriyya Theatre
12 Sharia al-Gumhuriyya, Kairo.
Karte 2 D5, 6 D3.
(02) 390 77 07.

Wallace Theatre
Sharia Mohammed Mahmoud, Innenstadt, Kairo.
Karte 1 C5, 5 B4.
(02) 797 69 35.

Kasinos

As-Salamek Palace Hotel
Montazah Palace, Alexandria.
(03) 547 79 99.

Marriott Cairo
Sharia al-Gezira, Kairo.
Karte 1 A4.
(02) 735 88 88.

Nile Hilton
Midan Tahrir, Kairo.
Karte 1 C5, 5 B4.
(02) 574 40 02.

Semiramis Intercontinental
Corniche el-Nil, Kairo.
Karte 1 B5.
(02) 795 71 71.

Sportveranstaltungen

Alexandria Sporting Club
Mahatet al-Riada, Alexandria.
(03) 542 04 35.

Cairo Stadium
Medinat Nasr, Kairo.
(02) 260 78 63.

Gezira Sporting Club
Zamalek, Kairo. **Karte** 1 A4.
(02) 735 39 14.

Ägyptische Kaffeehäuser

DIE ZAHLREICHEN Kaffeehäuser *(ahwas)* spielen im öffentlichen Leben Ägyptens eine wichtige Rolle. Im Kaffeehaus kann man plaudern, Freunde treffen, Zeitung lesen oder im Fernsehen ein Fußballspiel verfolgen. Die Kaffeehäuser sind immer gut besucht, und viele haben rund um die Uhr geöffnet. Außer Kaffee *(ahwa)* werden auch Tee *(chai)* , frische Säfte *(lamoon)*, eiskalte *karkade*, ein erfrischender Tee aus Hibiskusblüten, das Joghurtgetränk *zabaady* und *sahleb*, ein Mixgetränk aus Milch und gemahlenen Nüssen, serviert. In jedem Kaffeehaus werden außerdem *sheeshas*, große Wasserpfeifen, in denen parfümierter Tabak geraucht wird, bereitgehalten. Zeitungen, ein Schuhputzservice und mobile Friseure komplettieren den Service in den größeren Kaffeehäusern.

Kartenspieler genießen beim Spiel eine *sheesha*

Ein typisches Kaffeehaus *wie das Fishawi's im Khan al-Khalili besteht oft nur aus ein paar Stühlen und Tischen, die in einer Gasse aufgestellt werden.*

Schach *ist in Ägypten fast ebenso beliebt wie Backgammon. Schachfans stehen im Ruf, nur in ihrem Stammcafé zu spielen, so hier im Kairoer Café Horreyya.*

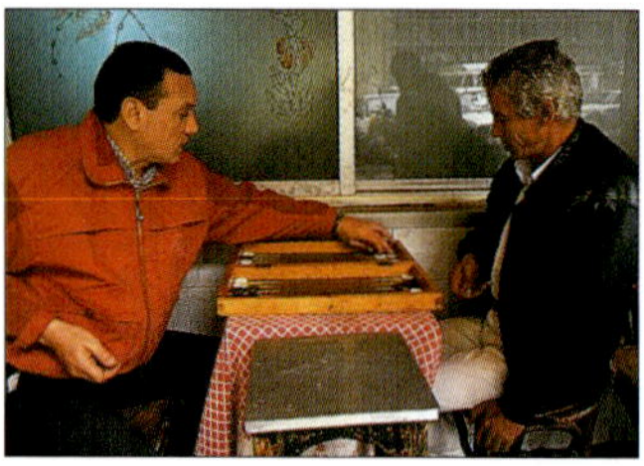

Backgammon *und Domino sind die beliebtesten Spiele. Die Steine werden dabei oft recht geräuschvoll aufs Brett gesetzt.*

Sheeshas *(Wasserpfeifen) bringt man mit den Getränken an den Tisch und entzündet sie mit glühender Holzkohle.*

Kaffeehäuser *wie das Horreyya werden zwar nur von Männern besucht, ausländische Besucherinnen sind aber akzeptiert.*

Freizeitangebote für Kinder

Wenn die Hitze in Kairo zu groß wird, bietet **Dr. Ragab's Pharaonic Village** für Kinder ein umfangreiches Freizeitprogramm. Das Dorf ist ein Freizeitpark an der Südspitze der Nilinsel Al-Qorsaiah. Auf kleinen Booten gleitet man durch eine Nil-Landschaft, in der kostümierte Schauspieler den Alltag im antiken Ägypten nachstellen. Sogar ein Tempel wurde nachgebaut.

Das **Cairo Puppet Theatre** nördlich des Midan Opera zeigt bekannte Märchen wie Sindbad oder Ali Baba. Von Oktober bis Mai wird täglich gespielt, und obwohl die Aufführungen in arabischer Sprache stattfinden, können die Kinder der Spielhandlung mühelos folgen. Eine Alternative ist der **Zoo in Giseh**. Der Tierpark liegt gegenüber der Nilinsel Roda. Die Tierhaltung entspricht leider nicht westlichen Vorstellungen.

Am Kairoer Stadtrand wurden seit 1998 mehrere Freizeitparks eröffnet. Im **Dream Park** nordwestlich von Kairo nimmt man sich die Disney-Parks zum Vorbild. Zusätzlich wurden eine Gokart-Bahn sowie Golf- und Tennisplätze angelegt. Der **Aquapark**, 32 Kilometer östlich von Kairo, bietet eine gigantische Wasserrutschbahn, ein Wellenschwimmbad und einen Spielplatz. Das **Gero Land** kann mit einer Achterbahn und anderen Loopings aufwarten.

Außerhalb Kairos findet man kaum Vergnügungsparks

Kinderspaß auf dem Rummelplatz eines lokalen Volksfests

oder spezielle Angebote für Kinder. Während der Festtage, der *moulids*, kommen jedoch auch die Kleinen zu ihrem Spaß. In den großen Strandanlagen an den Küsten werden zur Freude der Kleinen oft besondere Programme für Kinder aller Altersstufen angeboten.

Kaffeehäuser

Jedes der unzähligen Kaffeehäuser *(ahwas)* hat sein Stammpublikum. Einige der interessantesten Kaffeehäuser, wie das bunt ausgemalte **Ash-Shams**, liegen in den engen Gassen der Kairoer Altstadt. Eines der ältesten und bekanntesten Kaffeehäuser ist das **Fishawi's** *(siehe S. 90)*. Das Café im Basar Khan al-Khalili ist 24 Stunden geöffnet und ein unbedingtes »Muss« für alle Ägyptenbesucher, denn hier kann man noch einen Hauch des altislamischen Kairo verspüren.

Auf einen Blick

Freizeitangebote für Kinder

Aquapark
Sharia Ismailia.
(02) 477 00 99/88.

Cairo Puppet Theatre
Al-Azbakiyya Gardens, Kairo.
Karte 2 D4, 6 D2.
(02) 591 09 54.

Cairo Zoo
Sharia al-Giza, Giza, Kairo.
(02) 570 88 95.

Dr. Ragab's Pharaonic Village
3 Sharia al-Bahr al-Azam, Corniche el-Nil, Giseh, Kairo.
(02) 571 86 75.

Dream Park
Sharia Oasis, 6th of October City.
(02) 840 05 61/62.

Gero Land
El-Obour City, Sharia Ismailia.
(02) 477 10 87.

Kaffeehäuser

Ash-Shams
Souq al-Tawfiqiyya, Kairo.
Karte 1 C5, 5 C3.

Fishawi's
Khan al-Khalili, Kairo. **Karte** 2 F5.

Horreyya
Midan al-Falaki, Sharia at-Tahrir, Kairo. **Karte** 5 C3.

An der Corniche von Alexandria liegen mehrere stilvolle Kaffeehäuser *(siehe S. 236)*, ebenso in den Basarvierteln von Luxor und Assuan.

Hochzeiten

Der Donnerstagabend beendet die islamische Woche und ist traditionell der Tag der Hochzeitsfeiern. Die Feierlichkeiten werden mit Trommeln, Tamburins, Autohupen und dem typischen Jubelgeschrei der Frauen eingeleitet. In Ägypten sind Hochzeitsfeiern eine öffentliche Angelegenheit, bei der Musiker und Tänzer für Stimmung sorgen. Manchmal werden auch Fremde spontan zum Mitfeiern aufgefordert.

Ideal zum Burgenbauen – Sandstrand in der Anlage von Dahab

Sport und Aktivurlaub

Hinweis für Ausritte in die Wüste um Kairo

DIE ZERKLÜFTETEN Berge der Halbinsel Sinai, die spektakulären Korallenriffe des Rotes Meeres und die schier endlosen Wüstenregionen bieten vielfältige Möglichkeiten für sportliche Betätigung und Abenteuer. Man kann auf Kamelen oder Pferden reiten, schnorcheln oder tauchen, segeln oder windsurfen, Wasserski fahren oder sich von einem Boot gezogen in die Lüfte erheben. Die Luxushotels in Kairo haben Golf- und Tennisplätze sowie Fitness-Center, die in der Regel auch Nicht-Hausgästen offen stehen.

Golf

IN JÜNGSTER Zeit erlebt Golf in Ägypten so etwas wie einen Boom. Mitten in Kairo bietet der **Gezira Club** einen 9-Loch-Platz an, im 1902 erbauten **Mena House Oberoi** in Giseh kann man den Ball fast im Schatten der Pyramiden abschlagen. Zu den neuen Golfplätzen östlich von Kairo zählen **Katameya Heights** mit 27 Löchern und **Mirage City** in der Nähe des Flughafens. Das **Jolie Ville Golf Resort** in Sharm el-Sheikh bietet eine schöne Anlage in wunderbarer Umgebung.

Tauchen und Schnorcheln

DAS ROTE MEER ist für sein klares Wasser und den Artenreichtum an Korallen und Meerestieren berühmt. Besonders an der Südspitze der Halbinsel Sinai, am Golf von Akaba und am Roten Meer bei Hurghada findet man eine Vielzahl von Tauchbasen. Hier werden auch Tauch-Safaris angeboten, bei denen man auf einem Schiff bis zu 14 Tage lang die besten Tauchgründe anläuft und erkunden kann. Die Klubs veranstalten Tauchlehrgänge für alle Stufen, auch den beliebten 5-tägigen PADI-Kurs.

Bei der Wahl einer Tauchbase sollten Sie darauf achten, dass der Trainer Ihre Sprache fließend beherrscht, dass er die nötigen Zertifikate besitzt und dass die Ausrüstung in erstklassigem Zustand ist.

Zu den empfehlenswerten Tauchzentren gehören das **Aquarius Diving Centre** in Hurghada, der **Canyon Dive Club** in Dahab und der **Camel Dive Club** in der Naama Bay. In Letzterem werden auch Tauchmöglichkeiten für Behinderte angeboten.

Tafel einer Bootsvermietung in Kairo

Schnorcheln ist eine wunderbare Alternative und wird fast überall an der Küste des Roten Meeres angeboten. Allerdings ist die Leihausrüstung oft nicht vom Feinsten – die kann man aber leicht selbst erwerben.

Reiten – auf Kamelen oder Pferden

REITEN IST in Ägypten nichts Ungewöhnliches, an vielen Orten kann man Pferde mieten. Zu den bewährten Anbietern verlässlicher Pferde gehört **MG** bei den Pyramiden von Giseh. Der **Saqqara Country Club** bietet fünfstündige Ausritte zwischen Giseh und Sakkara *(siehe S. 158f)* an. Auch bei **Al-Ferousseya** am Gezira Sporting Club in Zamalek und im berühmten Arabergestüt **Az-Zahraa Stud Farm** bei Heliopolis kann man reiten.

Besonders an den Pyramiden und rings um Assuan ist Kamelreiten angesagt. Passen Sie auf, dass Sie nicht wesentlich mehr als die üblichen 20–30 £E pro Stunde bezahlen. Längere Touren in der Libyschen Wüste und auf dem Sinai vermitteln verschiedene örtliche Anbieter.

Bergtouren

SCHROFFE BERGE, Quellen und zerfallene historische Stätten kennzeichnen das spektakuläre Landesinnere der Halbinsel Sinai und machen es zum Paradies für Wanderer. Weite Gebiete gehören zum **St. Catherine Protectorate** – hier darf man nur mit einem Beduinenführer unterwegs sein. Es gibt Touren zum Berg Sinai, zum 2383 Meter hohen Gipfel des Jebel Abbas Pascha, aber auch leichtere Touren in den Wadis. Das Besucherzentrum am Katharinenkloster *(siehe S. 218f)* ist die richtige Info- und Anlaufstelle.

Faszinierende Begegnung mit einem Dornenkronenseestern im Roten Meer

Heißluftballon über dem Tal der Könige

Abenteuerurlaub

Die meisten Ägyptenbesucher versuchen sich einen Tag beim Schnorcheln oder besteigen einmal wagemutig ein Kamel. Es gibt jedoch auch Reiseveranstalter, die solch ungewohnte Betätigung auch über einen längeren Zeitraum als Abenteuerurlaub anbieten. Ferien der besonderen Art können Sie zu Hause bei einer ganzen Reihe von Anbietern buchen – hier hilft das Reisebüro weiter oder auch das Internet.

In Kairo bietet die **Egypt Exploration Society** eine Vielfalt von speziellen Touren und Unternehmungen an. Auch in den großen Hotelanlagen und in den lokalen Reisebüros können die verschiedensten Aktivitäten gebucht werden. Oft bewegt man sich dabei außerhalb der üblichen Touristenpfade und nimmt eine ganz besondere, unvergessliche Erinnerung an Ägypten mit.

Im rauen Inneren der Halbinsel Sinai kann man klettern, bergsteigen und wandern. Die Libysche Wüste kann zum besonderen Erlebnis werden, wenn man sie einen oder mehrere Tage lang intensiv erlebt oder gar im Freien übernachtet.

Wem dies zu anstrengend ist, dem sei ein ganz besonderes Vergnügen empfohlen: Ballonfahrten über das Tal der Könige bei Luxor werden von **Balloons Over Egypt** angeboten. Auch Ausflüge in die Wüste rings um die Oasen, etwa die von Kharga oder Baharija *(siehe S. 252f)*, kann man vor Ort buchen.

Auf einen Blick

Golf

Jolie Ville Golf Resort
Sharm el-Sheikh, Sinai.
☎ *(069) 603 200.*

Katameya Heights
New Cairo City, Kairo.
☎ *(02) 758 0512.*
W www.katameya.com

Mena House Oberoi
Pyramids Road, Giseh.
☎ *(02) 383 32 22.*

Mirage City
Marriott Hotel, Cairo Ring Road, Kairo.
☎ *(02) 408 50 41/42.*

The Gezira Club
Zamalek, Kairo.
Karte 1 A4.
☎ *(02) 736 03 28.*

Tauchen und Schnorcheln

Aquarius Diving Centre
Hurghada Marriott Beach Resort.
☎ *(065) 446 950.*

Cairo Divers
4 Sharia Omar Shaaban, Kairo.
☎ *(02) 417 65 15.*

Camel Dive Club
Sharm el-Sheikh, Sinai.
☎ *(069) 600 700.*

Canyon Dive Club
Dahab, Sinai.
☎ *(069) 640 058.*

Divers' Lodge
Naama Bay, Sinai.
☎ *(069) 601 255.*
W www.divers.lodge.com

Pirates' Diving Network
Beach Albatross Hotel, Hurghada.
☎ *(065) 446 066.*

Sinai Divers
Ghazala Hotel, Naama Bay, Sinai.
☎ *(069) 600 697.*

Info im Internet
W www.aegypten-urlaub.com
W www.reise-service-muc.de
W www.reisen.ch/tauchen
W www.tauchen4you.de

Reiten

Al-Ferrousseya
The Gezira Club, Zamalek, Kairo. **Karte** 1 A4.
☎ *(02) 735 60 00.*

Az-Zahraa Stud Farm
Heliopolis, Kairo.
☎ *(02) 298 37 33.*

MG
Sharia Abu al-Houl, Giza, Kairo.
☎ *(02) 385 38 32.*

Saqqara Country Club
An der Straße nach Sakkara.
☎ *(02) 381 14 15.*

Info im Internet
W www.pferdreiter.de/aegypten

Wandern

St. Catherine Protectorate
Village of St. Catherine, South Sinai.
☎ *(069) 470 032.*

Info im Internet
W www.walkabout-travel.de

Abenteuer- und Aktivurlaub

Aegyptus Intertravel
3 Sharia Lutfy el Sayed, Demerdash, Kairo.
☎ *(02) 682 47 47.*
W www.aegyptus.com (Website auch deutsch).

Balloons Over Egypt
Luxor.
☎ *(095) 376 515.*

Egypt Exploration Society
British Council, 192 Sharia el-Nil, Agouza, Kairo.
☎ *(02) 347 61 18.*

Reiseveranstalter im Internet
W www.bedu.de
W www.djoser.de
W www.exo-outdoor.de
W www.lkreisen.de
W www.nomad-reisen.de
W www.outdoornet.de
W www.saro-expedition.de

GRUND-INFORMATIONEN

Praktische Hinweise

Schild am Tempel des Amun, Siwa

Ägypten hat seine touristische Infrastruktur in den letzten Jahren weiter ausgebaut. Auch in den Bereichen Sicherheit und Service wurde viel getan. Die Großstädte sind heute für nicht Arabisch sprechende Besucher gut ausgeschildert. An den antiken Monumenten und Tempeln vermisst man jedoch oft aussagefähige Schautafeln und verständliche Beschilderungen. Die wuchernde Bürokratie mit ihren offiziellen und inoffiziellen Vorschriften kann das Vergnügen einer Individualreise manchmal trüben. Auch wenn nur Kleinigkeiten zu erledigen sind, sollte man immer ein Vielfaches der Zeit einplanen, die man von zu Hause gewohnt ist. Neben Sonnencreme und Reiseführer sollten deshalb auch Geduld und Humor im Reisegepäck nicht fehlen.

Hinweistafel auf die antiken Sehenswürdigkeiten von Sakkara

Pässe und Visa

Die Pässe aller Besucher müssen, vom Tag der Einreise gerechnet, noch mehr als sechs Monate gültig sein. Alle Staatsbürger der EU, der USA und der nicht-arabischen Welt benötigen ein Visum. Das kann vor der Abreise bei den ägyptischen Konsulaten beantragt werden, man kann sich bei der Ankunft in Ägypten jedoch auch ein Touristen-Visum in den Pass stempeln lassen. Bitte beachten Sie, dass weder an den Grenzstationen in Rafah und Taba noch in Assuan oder Suez Visa ausgestellt werden. Generell sind diese Touristen-Visa einen Monat gültig. Seit Februar 2002 können deutsche Staatsangehörige auch mit dem Personalausweis nach Ägypten einreisen. In diesem Fall muss eine Einreisekarte mit Passbild bei der Ankunft ausgefüllt werden.

An den Grenzstationen in Taba, Sharm el-Sheik und Nuweiba werden so genannte »Sinai-Visa« ausgestellt, die nur für den Küstenstreifen am Golf von Akaba und die Region um Sharm el-Sheik gültig sind. Manche Polizisten sehen diese Einreisegenehmigungen nicht gerne und machen Schwierigkeiten, aber auch diese Visa sind offiziell gültig. Falls man mit offiziellen Stellen Schwierigkeiten bekommt, sollte man auf alle Fälle immer freundlich bleiben.

Zollbestimmungen

Wer Zigaretten oder Alkohol für den persönlichen Bedarf einführen will, kauft diese am besten nach dem Zoll und direkt im Flughafengebäude. Die Duty-free-Läden sind hier auch für ankommende Reisende zugänglich.

Ausländische Besucher dürfen vier Liter Spirituosen bzw. drei Liter Spirituosen und zwölf Dosen Bier zollfrei kaufen, aus dem Ausland darf man nur einen Liter Alkohol einführen. Bei Zigaretten ist pro Person die zollfreie Einfuhr von 200 Stück erlaubt. Sollte man bei der Einreise keine Zeit für den Einkauf haben, so kann man dies innerhalb von 24 Stunden in den Duty-Free-Läden der großen Hotels nachholen. Das Semiramis Hotel, das Giza Sheraton und eine Ladenzeile am Ende der Sharia Gamiat ad-Dowal al-Arabiyya in Mohandiseen sind Standorte von gut sortierten Duty-free-Geschäften in Kairo. Auch in den Stadtzentren von Luxor und Hurghada kann man zollfrei einkaufen. Bitte unbedingt den Pass mitbringen. Manchmal werden Touristen von Ägyptern gebeten, ihren Pass kurzfristig herzuleihen, um dort einkaufen zu können. Diese Bitte sollte man nur bei sehr engen Freunden erfüllen.

Auch das Semiramis Hotel in Kairo hat einen Duty-free-Shop

Wer eine Videokamera und/oder einen Computer nach Ägypten mitnehmen will, muss diese Geräte vorher im Zollformular »Form D« eintragen. Wird eines dieser Geräte gestohlen, muss bei der Ausreise eine Kopie der Polizeianzeige vorgelegt werden, sonst wird eine nachträgliche Importgebühr erhoben.

Sprache

In den Großstädten sprechen fast alle Ägypter ein wenig Englisch oder Französisch. Die Mitarbeiter der Touristik-Branche sprechen alle ausreichend Englisch, Französisch oder ein wenig Deutsch, um sich Ihrer Wünsche an-

Ticketschalter in Philae – die Verkäufer verstehen meist etwas Englisch

nehmen zu können. Trotzdem sollte man einige arabische Redewendungen einstudieren. Die arabischen Zahlensymbole helfen bei der Orientierung und bei der Erkennung der ägyptischen Geldscheine. Jeder Araber nimmt das arabische Begrüßungswort *Salam* erfreut zur Kenntnis. Bewegt man sich außerhalb der Tourismushochburgen sollte man sich auf jeden Fall einige Wörter Arabisch aneignen.

Öffentliche Toiletten

Ausser in Kairo und Alexandria sind öffentliche Toiletten in Ägypten kaum zu finden. Die Toiletten in Tankstellen, Cafés, Bahn- und Busbahnhöfen bestehen in der Regel nur aus einem Loch im Boden. Toilettenpapier sollte man daher immer selbst dabeihaben. Die Agypter benutzen Papiertaschentücher, die in jedem Eckladen gekauft werden können. Hochklassigere Hotels und Restaurants besitzen alle Toiletten mit Wasserspülung. Das Toilettenpersonal reinigt die WCs nach jedem Gebrauch. Das obligatorische Trinkgeld für diesen Service liegt bei 50 Piaster.

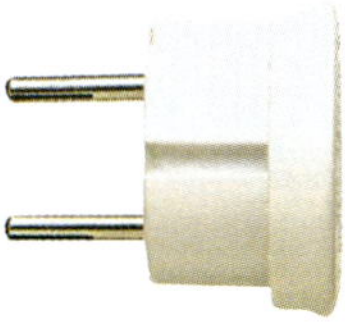

Zweipoliger Stecker

Strom

Die Netzspannung in Ägypten beträgt 220 Volt. Die Stecker sind – wie in Europa – zweipolig, Sie brauchen also keinen Adapter. Stromausfälle sind keine Seltenheit, deshalb gehört eine Taschenlampe zum Reisegepäck.

Zeit

Ägyptens Zeitzone liegt eine Stunde vor der mitteleuropäischen Zeit. Allerdings hat man hier eine eigene Auffassung von Zeit, die mit »IBM-Time« *(Inshallah, Bokra, Maalesh)* gut beschrieben ist.

Inshallah (»so Gott will«) bezieht Allahs Wille in alle Unternehmungen mit ein und relativiert im touristischen Alltag alle Zeitpläne. *Bokra* heißt »morgen« und bedeutet die Verschiebung auf morgen, auf nächste Woche oder auf nie, auf jeden Fall bedeutet es, dass am selben Tag nichts mehr erledigt wird. *Maalesh* steht für »mach dir keine Sorgen« oder auch »vergiss es einfach«. Ägypter wollen nicht unhöflich sein und ihre Gäste nie enttäuschen. Man muss sehr freundlich, aber nachdrücklich nachfragen, wie und wann eine Angelegenheit zu Ende gebracht wird.

Trinkwasser

An allen öffentlichen Brunnen *(sabil)* kann Wasser entnommen werden. Der islamische Brauch empfiehlt sich nicht für westliche Besucher. Man sollte immer auf Mineralwasser in original versiegelten Flaschen zurückgreifen.

In den Wüstenregionen ist eine ausreichende Wasserversorgung der Bevölkerung keine Selbstverständlichkeit. Die großen Hotels verbrauchen Unmengen von Trinkwasser, als Gast sollte man sich ein wenig einschränken.

Auf einen Blick

Diplomatische Vertretungen Ägyptens

Deutschland
Botschaft
Stauffenbergstraße 6–7,
10785 Berlin.
☎ *(030) 477 54 70.*
FAX *(030) 477 10 49.*

Konsularabteilung
☎ *(030) 47 90 18 80.*
FAX *(030) 477 40 00.*
W www.egyptian-embassy.de

Generalkonsulate
Harvestehuder Weg 47,
20149 Hamburg.
☎ *(040) 413 32 60.*
FAX *(040) 410 61 15.*

Eysseneckstraße 34,
60322 Frankfurt/Main.
☎ *(069) 955 13 40.*
FAX *(069) 597 21 3 .*

Österreich
Botschaft
Hohe Warte 52–54,
1190 Wien.
☎ *(01) 370 81 04/-06.*
FAX *(01) 370 81 04 27.*

Schweiz
Botschaft
Elfenauweg 61,
3006 Bern.
☎ *(031) 352 80 12/13.*
FAX *(031) 352 06 25.*

Ägyptische Tourismusbüros

Deutschland
Kaiserstraße 64a,
60329 Frankfurt/Main.
☎ *(069) 25 23 19.*
☎ *(069) 25 21 53.*
FAX *(069) 23 98 76.*

Österreich
Opernring 3/3,
1010 Wien.
☎ *(01) 587 66 33.*
FAX *(01) 587 66 34*

Schweiz
Marktgasse 59,
3011 Bern
☎ *(031) 311 22 10.*
FAX *(031) 311 22 85.*

Info im Internet
W www.touregypt.net
W www.afrika-auf-einen-blick.de/aegypten.html
W www.auswaertiges-amt.de

Tipps für Reisende

Obwohl die Auskünfte der ägyptischen Tourismusbüros (Eygptian Tourist Board) nicht immer weiterhelfen, sollte man sich zuerst doch an deren Mitarbeiter wenden. Man spricht dort Englisch, vereinzelt auch Deutsch. Die Reisebüros und Hotels bieten oft einen besseren, sprich aktuelleren Service bezüglich Unterkunft, Reisemöglichkeiten und anderen Fragen.

Tourismusbüro mit nubischem Kuppeldach in Assuan

Öffnungszeiten

Die wichtigsten historischen Stätten sind täglich von 9 bis 17 Uhr (im Sommer bis 18 Uhr) geöffnet. Während des Ramadan verkürzen sich die Öffnungszeiten tagsüber auf 10 Uhr bis 15 Uhr.

Am Abend bleiben die Läden oft bis Mitternacht geöffnet. Die Büros der Behörden sind freitags geschlossen, einige Geschäfte schließen an Sonntagen. Die meisten Geschäfte sind vormittags von 9 bis 14 Uhr und abends von 17 bis 21 Uhr offen. In den Tourismuszentren haben Geschäfte und Restaurants in der Regel bis tief in die Nacht geöffnet.

Frauen mit Kopftuch und langer Kleidung

Besuch religiöser Stätten

Die Moscheen in Ägypten können prinzipiell auch von Nicht-Muslimen besucht werden. In den ländlichen Gebieten außerhalb von Kairo und Alexandria sollten man vorher den Imam um Erlaubnis fragen. Mit Ausnahme der Moscheen Al-Hussein und Sayyida Zeinab werden alle Moscheen Kairos als historische Baudenkmäler gesehen, die zwischen 9 und 16 Uhr besichtigt werden können. Trotzdem empfiehlt es sich, während der Gebetszeiten den Moscheen aus Pietätsgründen fern zu bleiben.

Besucher sollten entsprechend respektvoll gekleidet sein. Da die Haare bedeckt sein müssen, werden bei Bedarf Kopftücher an Frauen verteilt. Vor dem Betreten der Moschee müssen alle Besucher ihre Schuhe ausziehen. In den größeren Moscheen nimmt ein Bediensteter die Schuhe entgegen und bekommt dafür ein kleines Trinkgeld. Sollte man ein Minarett besteigen, so trägt man seine Schuhe mit gegeneinander gepressten Schuhsohlen bei sich.

Bis auf das Ausziehen der Schuhe gelten ähnliche Regeln auch in christlichen Klöstern. Die koptischen Klöster öffnen tagsüber ihre Pforten für jeden Besucher. Nur in der Fastenzeit bleiben auch ihre Tore geschlossen. Das griechisch-othodoxe Katharinenkloster hat keine besonderen Besuchsregeln, doch gesittetes Verhalten wird auch hier vorausgesetzt.

Behinderte Reisende

Nur wenige touristische Ziele Ägyptens sind behindertengerecht ausgestattet. Allerdings kennt man hier keine Scheu vor Behinderung, das Personal von Restaurants, Hotels und Museen hilft behinderten Besuchern gern.

Das ägyptische Reiseunternehmen **Misr Travel** organisiert Touren für behinderte Reisende. Auch **ETAMS Tours** bietet Reisen für physisch behinderte Touristen an. Für diejenigen, die am Roten Meer schwimmen oder tauchen wollen, hat der **Camel Dive Club** eigene Kurse im Angebot.

Studenten

Studenten mit gültigem internationalem Studentenausweis (ISIC) erhalten ermäßigte Flug-, Bus- und Bahntarife. Auch Museen und historische Stätten gewähren erhebliche Preisnachlässe. Sollte man seinen Ausweis vergessen haben, so stellt das Egyptian Scientific Centre auf der Insel Roda (Sharia al-Manial 23) Ersatzausweise aus. Einige Kairoer Hotels stellen gegen eine Gebühr ebenfalls »Student-Cards« aus. Man sollte aber vor Fälschungen auf der Hut sein.

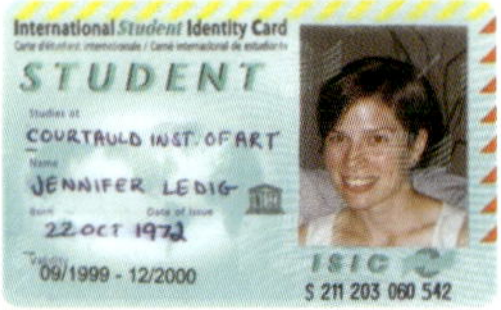

Internationaler Studentenausweis

Verhaltensregeln

Ägypten ist eines der liberalsten Länder des Mittleren Ostens, seine Bewohner werden wegen ihrer Toleranz, Großzügigkeit und menschlichen Wärme geschätzt. Die weltoffene Atmosphäre in den

Ein Besucher übt sich im Basar von Assuan in der uralten Kunst des Handelns

5-Sterne-Hotels, Strandanlagen und Spielbanken lässt viele Besucher des Landes zu dem voreiligen Schluss kommen, alles und jeder in Ägypten sei so liberal, wie es der lockere Umgangston vermuten lässt. Dem ist nicht ganz so. Tief in ihrem Inneren sind die meisten Ägypter konservative Menschen mit traditionellen Wertvorstellungen.

Um den Menschen wirklich näher zu kommen, sollte man diese Werte durch entsprechende Kleidung und sensibles Verhalten achten. Besonders die landesübliche Kleiderordnung, über die man sich im Zweifelsfall im Hotel erkundigen kann, sollte eingehalten werden. Kurze Hosen und Badeanzüge sind nur für den Strand geeignet. Am Abend sollten die Damen Schultern und Oberarme bedecken. Ein aufbrausendes Verhalten oder offen zur Schau getragene Arroganz werden allgemein als unpassend empfunden. Selbst bei unverschämten Beamten oder aufdringlichen Straßenhändlern sollte man immer ruhig und freundlich bleiben.

Auch in Ägypten hilft Humor über vieles hinweg – eine Einstellung, die auch von vielen Einheimischen als die einzig wahre und erfolgreiche angesehen wird. In arabischen Ländern ist es üblich, dass sich Männer öffentlich an den Händen halten und sich bei Begrüßung und Verabschiedung küssen. Wenn aber heterosexuelle Paare öffentlich körperliche Zärtlichkeiten austauschen, wird dies als äußerst unschicklich empfunden.

Wenn man in das Haus einer ägyptischen Familie eingeladen wird, sollten als Geschenk Blumen oder Süßigkeiten mitgebracht werden. Männer sollten keinesfalls mit überkreuzten Beinen dasitzen, das Zeigen der Schuhsohlen gilt als absoluter Fauxpas. Die Ladenbesitzer offerieren ihren Kunden oft Tee oder Kaffee, was aber keinesfalls zu einem Kauf verpflichtet. Handeln ist fast Pflicht, hat man sich dann geeinigt, sollte die Ware auch gekauft werden. Als Besucher sollte man weder den Islam, den Präsidenten noch landesübliche Gebräuche kritisieren.

Fotografieren

In Museen und an antiken Stätten werden für Foto- und Videoaufnahmen zusätzliche Gebühren erhoben. Das Benutzen von Blitzgeräten ist oft untersagt, deshalb sollte man für Innenaufnahmen hochempfindliche Filme mitnehmen. Wenn Sie Menschen oder religiöse Motive fotografieren wollen, sollten Sie unbedingt vorher um Erlaubnis fragen. Kasernen, Armeegelände, Flughäfen, Regierungsgebäude, Dämme, Brücken und andere strategische Ziele dürfen nicht fotografiert werden.

Ein oft fotografiertes Objekt: die Sphinx vor den Pyramiden

Auf einen Blick

Tourismusbüros

Alexandria
Midan Saad Zaghloul.
tägl. 8–18 Uhr (Sommer bis 20 Uhr).
(03) 485 15 56.

Bahnhof Masr.
tägl. 8–20 Uhr.
(03) 392 59 85.

Assuan
Bahnhof Assuan.
tägl. 9–15 und 18–20 Uhr, Sommer 9–15 und 19–21 Uhr.
(097) 312 811.

Kairo
5 Sharia Adly.
tägl. 9–20 Uhr.
(02) 391 34 54.

Terminal 1, Flughafen Kairo.
tägl. 8–21 Uhr.
(02) 291 42 55.

Terminal 2, Flughafen Kairo.
24 Stunden.
(02) 291 42 77.

Bahnhof Ramses.
tägl. 8–20 Uhr.
(02) 579 07 67.

Pyramiden von Giseh.
tägl. 8.30–17 Uhr.
(02) 383 88 23.

Luxor
Sharia el-Nil (südlich des Luxor-Tempels).
tägl. 8–20 Uhr.
(095) 37 32 94.

Flughafen Luxor.
24 Stunden.
(095) 372 306.

Behinderte Reisende

Camel Dive Club
Sharm el-Sheikh, Sinai.
(069) 600 700.
FAX *(069) 600 601.*

ETAMS Tours
Sharia Qasr el-Nil, Kairo.
(02) 575 47 21.
FAX *(02) 575 14 91.*

Misr Travel
1 Sharia Talaat Harb, Kairo.
(02) 393 00 10.

Deutschland
Handicapped Scuba Association (HSA)
Fürstenwall 228,
40215 Düsseldorf.
(0211) 938 39 31.
W www.hsa-germany.de

Sicherheit

TROTZ DER GRÖSSE des Landes und dem Bevölkerungsreichtum der Städte ist Ägypten ein relativ sicheres Reiseland. Besucher müssen jedoch in Touristenorten mit kleinen Diebstählen rechnen. Die üblichen Vorsichtsmaßnahmen wie Geldgürtel am Körper und ein wachsames Auge auf Fotoapparate und Videokameras sollten also immer getroffen werden. Die Geschichten über besonders ehrliche Taxifahrer können nicht immer bestätigt werden, aber das Wohlergehen der Gäste liegt allen Ägyptern am Herzen.

POLIZEI

DAS GROSSE Polizeiaufgebot vor Flughäfen, Regierungsgebäuden und auf den Hauptstraßen irritiert viele Besucher Ägyptens. Die hohe Polizeipräsenz ist kein Zeichen einer akut drohenden Gefahr, sondern hat sich schon seit den 1960er Jahren eingebürgert.

Die verschiedenen Polizeikräfte nehmen sich unterschiedlicher Aufgaben an. Die städtische Polizei – je nach Jahreszeit in dunkelgrüner, hellbrauner oder weißer Uniform – kümmert sich zusammen mit der Verkehrspolizei, die breite, schwarze Streifen an den Uniformen trägt, in den Städten um Ordnung.

Die Touristenpolizei ist für die Fragen und Belange der Besucher zuständig. Die Polizisten tragen Khaki-Uniformen, die Offiziere im Winter schwarze, im Sommer weiße Uniformen. Die Armbinden mit der Aufschrift »Tourist Police« sind gut sichtbar, die Beamten sprechen meist etwas Englisch. Sie sind an Flughäfen, in Bahnhöfen, bei Sehenswürdigkeiten, Museen und in Hafenstädten stationiert. Außer bei Drogen- oder Spionagedelikten werden Touristen von der Polizei sehr zuvorkommend behandelt.

Schild der Antiquitätenpolizei

Die Staatspolizei bewacht Botschaften, Banken und Überlandstraßen. Mit den schwarzen Uniformen und der schweren Bewaffnung sehen sie martialisch aus. Bei Demonstrationen sollte man in ein Café, Hotel oder Geschäft ausweichen.

KLEINKRIMINALITÄT

ÄGYPTEN IST STOLZ auf den hohen Grad der inneren Sicherheit im Land. Generell haben Touristen keinen Grund zur Sorge. Trotzdem sollte man im Landesinneren nicht allein reisen. Wie in vielen Großstädten sind belebte Straßen und Märkte das bevorzugte Revier von Taschendieben und Trickbetrügern. Geld und Pass sollten am Körper getragen, Fotoapparate und Videokameras nicht zu offen gezeigt werden. Auf Zeltplätzen, in Jugendherbergen und Strandanlagen sind die Sicherheitsstandards oft nicht sehr hoch. Geben Sie Wertgegenstände an der Rezeption ab.

Belebte Straße im Basar Khan al-Kahlili – auf Wertgegenstände sollte man hier aufpassen

TERRORISMUS

DIE REGION Mittelägypten mit den Städten Minya, Asyut, Sohag sowie den historischen Stätten Beni Hassan, Tell al-Amarna, Abydos und Dendara sind seit einigen Jahren die Zentren sozialer und politischer Unruhen *(siehe S. 172)*. Die ägyptischen Behörden versuchen deshalb, ausländische Touristen vom Besuch dieser Region abzuhalten. Die Bewegungsfreiheit ist erheblich eingeschränkt, Polizeikontrollen sind an der Tagesordnung. Sollte man hier außerhalb einer Reisegruppe von der Polizei entdeckt werden, wird man wahrscheinlich zurück zum Hotel eskortiert.

Die Gründe für die Spannungen sind für Ausländer nicht einfach zu verstehen und richten sich auch nicht direkt gegen Touristen. Wer aber unvorsichtig ist, kann schnell in unangenehme Situationen kommen. Angriffe auf Touristen haben sich seit dem Massaker am Tempel der Hatschepsut in Luxor, das am 17. November 1997 verübt wurde, nicht wiederholt. Seit diesem tragischen Vorfall, der zu einer Krise der ägyptischen Tourismusindustrie führte, hat die ägyptische Regierung alles getan, um Terroranschläge künftig zu verhindern. Vor allem die wichtigsten historischen Stätten werden von den Polizeikräften gut gesichert.

Vor einer Ägyptenreise kann man sich bei den zuständigen Ministerien (in Deutschland: Auswärtiges Amt) über den Sicherheitsstatus in Ägypten informieren. Allgemein gilt, dass die innenpolitische Stabilität der Staaten im Nahen Osten rascher und stärker auf die Probe gestellt werden kann, wie es von westeuropäischen Ländern bekannt ist.

BRANDGEFAHR

JUGENDHERBERGEN, preiswerte Hotels und viele öffentliche Gebäude haben weder Feuerleitern noch Feuerlöscher. Deshalb sollte sich jeder mit

Fahrzeug der Feuerwehr, auch für unwegsames Terrain ausgestattet

den Gegebenheiten der Hotels und einem möglichen Rettungsweg im Brandfall vertraut machen.

Allein reisende Frauen

In den letzten Jahren haben sich auch in Ägypten die konservativeren Kräfte durchgesetzt. Immer mehr Frauen tragen das traditionelle Kopftuch *(hijab)*. Es empfiehlt sich auch für Besucherinnen, in ländlichen Gegenden Kopftücher zu tragen. Bei der Besichtigung einer Moschee ist das Kopftuch Pflicht.

Die sozialen Normen für die ägyptische Frau unterscheiden sich deutlich von der Lebensweise westlicher Frauen. Allein reisende Touristinnen werden – vor allem in ländlichen Gebieten – oft als »Freiwild« betrachtet. Obwohl Vergewaltigungen nur sehr selten vorkommen, sehen sich Frauen öfter mit verbalen Anzüglichkeiten konfrontiert. Man kann dieses Risiko mit passender Kleidung minimieren. Wer Brust, Oberarme und Beine mit langen, weiten Kleidern bedeckt, läuft nicht so schnell Gefahr, belästigt zu werden. Auch unverheiratete Besucherinnen tragen während eines Ägyptenaufenthalts oft einen Ehering. In Bussen oder Bahnen ist es ratsam, sich neben andere Frauen zu setzen. In der Kairoer U-Bahn ist der erste Wagen für Frauen reserviert. Direkter Augenkontakt sollte unterbleiben, es wird oft als eindeutige Aufforderung verstanden. Die arabischen Redewendungen *haram* (Schande) oder *sibnee le wahdi* (lass mich in Ruhe) helfen, Belästigungen abzuwehren.

Botschaften

Sollten Sie in ernsthafte Schwierigkeiten kommen, können die Botschaften und Konsulate nützlich sein. Sie helfen bei juristischen Problemen, ernsthaften Erkrankungen, Unfällen und verloren gegangenen Pässen. Wer mutwillig gegen die Gesetze des Gastlandes verstößt, kann allerdings nur auf sehr begrenzte Hilfe seitens der diplomatischen Vertretungen hoffen.

Auf einen Blick

Notrufnummern

Feuerwehr ☎ *125.*

Tourist Police ☎ *126.*

Botschaften

Deutschland
W www.german-embassy.org.eg
2 Sharia Berlin (Ecke Sharia Hassan Sabry), Zamalek, Kairo. **Karte** 1 A4.
☎ *(02) 7 39 96 00.*
FAX *(02) 7 36 05 30.*

Honorarkonsulat in Alexandria: 9 rue El-Fawatem, Bab Sharki.
☎ (03) 486 75 03.

Österreich
W www.austriaegypt.org
5. Stock Riyadth-Tower, 5 Sharia Wissa Wassef/ Ecke Sharia al-Nil, Giseh. **Karte** 1 A2.
☎ *(02) 570 29 75.*
FAX *(02) 570 29 79.*

Schweiz
10 Sharia Abdel Khalek Saroit, Kairo. **Karte** 1 C4.
☎ *(02) 575 82 84.*
@ vertretung@cai.rep.admin.ch

Eine Polizeieskorte begleitet den Kamelritt einer Besucherin nahe Assuan

Gesundheit und Versicherung

Schild einer ägyptischen Apotheke

Das Risiko, während einer Ägyptenreise zu erkranken, kann durch Vorsichtsmaßnahmen deutlich minimiert werden. Vor Reiseantritt sollten Sie eine Reise- oder Auslandskrankenversicherung abschließen. Manche Besucher leiden in den ersten Tagen an leichtem Durchfall, der durch harmlose Bakterien in Nahrungsmitteln verursacht wird. Auch die ungewohnte Hitze und intensive Sonneneinstrahlung können Probleme verursachen. Kopfbedeckung und Sonnencreme sollte man deshalb immer griffbereit haben.

Ägyptische Apotheke mit arabischer und englischer Aufschrift

Allgemeine Hinweise

Die meisten Ägyptenreisenden müssen sich erst an die Nahrungsumstellung und die ungewohnt starke Sonneneinstrahlung gewöhnen. In die Reiseapotheke gehören Pflaster, Bandagen, antiseptische Wundsalbe und Schmerztabletten. In den Oasen, an der Sinai-Küste, im Nildelta und bei Ausflügen mit Nilbooten ist Mückenschutz unerlässlich. Bei Magen- und Darmbeschwerden sollten entsprechende Medikamente eingenommen werden, die bei Bedarf auch in ägyptischen Apotheken erhältlich sind. Für Kontaktlinsen sollte unbedingt ausreichend Flüssigkeit mitgenommen werden. Der feine Wüstensand kann für Kontaktlinsenträger zum Problem werden, daher ist eine Ersatzbrille eine gute Idee. Die Sonneneinstrahlung ist auch im Winter sehr intensiv. Vor allem in Oberägypten sollte man dies nie vergessen und im Freien Sonnenbrille und Kopfbedeckung tragen.

Impfungen

Normalerweise sind für Ägypten keine besonderen Impfungen erforderlich. Um ganz sicherzugehen, kann man sich einige Wochen vor Reiseantritt bei den Tropeninstituten der Universitäten informieren. Grundsätzlich sinnvolle Impfungen sind: Schutz gegen Tetanus, Diphterie, Polio und Hepatitis A, bei einem längeren Aufenthalt auch gegen Hepatitis B. Bei besonderer Gefährdung kann Impfschutz gegen Typhus und Tollwut sinnvoll sein.

Da viele Tiere an Tollwut leiden, sollte man auf keinen Fall frei lebende Hunde, Katzen, Fledermäuse oder Affen streicheln.

Apotheken

Bei kleineren Beschwerden können Apotheker oft weiterhelfen. Sie sprechen meist Englisch und haben für die üblichen Gesundheitsprobleme passende Medikamente parat. Die Preise für Arzneien sind deutlich niedriger als in Europa, gängige Präparate werden in der Regel ohne Rezept verkauft. Apotheker können im Bedarfsfall auch den richtigen Arzt empfehlen.

Bootsausflug auf dem Roten Meer – wegen der intensiven Sonneneinstrahlung unter Umständen ein Risiko

Magenverstimmung

In den ersten Tagen eines Ägyptenbesuches treten manchmal Magenprobleme und Durchfall auf. Einige Vorsichtsmaßnahmen können dies verhindern.

Das Wasser aus den Leitungen ist trinkbar, aber mit sehr viel Chlor angereichert. In Flaschen abgefülltes Wasser ist ebenfalls chemisch behandelt, schmeckt aber wesentlich besser. Rohes Gemüse und ungeschälte Früchte sollten – vorzugsweise mit Mineralwasser – abgewaschen werden. Eiscreme ist nur in abgepackter Form ratsam. Restaurants wählt man auch nach hygienischen Gesichtspunkten aus. Fleisch und Fisch müssen gut durchgebraten sein. Manchmal hilft bei Unwohlsein ein Glas Mineralwasser mit einem Spritzer Zitronensaft.

Ein bekanntes Mineralwasser in Ägypten

Weitere Gefahren

Unzureichende Flüssigkeitsaufnahme, Sonnenbrand und Hitzschlag sind die häufigsten Beschwerden, unter denen Ägyptenreisende leiden. Die intensive Sonneneinstrahlung und der feine Flugsand in den Oasen machen vielen zu schaffen. Man sollte ausreichend Trinkwasser mit einer kleinen Menge Salz zu sich nehmen, um so Mineralienverlust durch verstärktes Schwitzen auszugleichen. Sonnenhüte oder Kappen und weite, luftige Kleidung sind unerlässlich. Am Roten Meer sollte man auch im Wasser immer ein T-Shirt tragen. Einen Hitzschlag darf man nicht auf die leichte Schulter nehmen, die Folgen können gravierend sein. Die Symptome reichen von Hautrötungen über starke Kopfschmerzen bis zu Erbrechen und Kreislaufproblemen. Eine rasche medizinische Versorgung ist unumgänglich.

In Oberägypten kann man sich mit Bilharziose-Bakterien anstecken. Die heimtückischen Krankheitserreger werden von Insekten übertragen, die in stehenden Gewässern brüten. Ein Bad und das Barfußgehen in schlammigen Uferbereichen ist deshalb nicht gefahrlos.

Medizinische Notfälle

Private Krankenhäuser bieten die beste medizinische Versorgung im Land, bleiben aber meist hinter dem Standard westlicher Hospitäler zurück. Wenn möglich, sollte man eine der Privatkliniken in Kairo oder Alexandria konsultieren. Die ägyptischen Universitätskliniken sind ebenfalls gut ausgestattet und haben auch die kompetentesten Ärzte.

Außer dem ambulanten Dienst des As-Salaam Hospital in Kairo verfügt kein Krankenhaus über mobile Notärzte. Da die Telefonleitungen in Ägypten oft überlastet sind, sollte man sich in einem medizinischen Notfall am besten mit dem Taxi in das nächstliegende Krankenhaus fahren lassen.

Sowohl staatliche als auch private Krankenhäuser verlangen in der Regel eine finanzielle Vorleistung. Das Krankenhaus muss jede Zahlungen eines Patienten quittieren, bestehen Sie auf eine Quittung.

Reiseversicherung

Der Abschluss einer Auslands-Reisekrankenversicherung wird nachdrücklich empfohlen. Die meisten Reiseversicherungen decken medizinische Notfälle mit ab. Achten Sie darauf, dass auch die Kosten für einen eventuell erforderlichen Rücktransport übernommen werden. Falls Sie risikoreiche sportliche Unternehmungen beabsichtigen, sollten Sie die Versicherung darüber im Voraus in Kenntnis setzen, sonst könnte die Kostenübernahme im Unglücksfall gefährdet sein. Die Telefonnummer des Versicherungsunternehmens sollten Sie auf einer Reise möglichst immer dabeihaben.

Auf einen Blick

Notrufnummern

Tourist Police
126.

Medizinischer Notdienst
123.

Krankenhäuser in Kairo

Anglo-American Hospital
Sharia al-Hada az-Zuhriya, Gesira.
Karte 1 A5. *(02) 735 61 62/3.*

As-Salaam Hospital
3 Sharia Syria, Mohandiseen.
(02) 302 90 91 oder (02) 303 05 02.

As-Salaam International Hospital
Corniche el-Nil, Maadi.
(02) 524 02 50.

Apotheken in Kairo

Isaaf
38 Sharia 26 July. **Karte** 1 C4, 5 B2.
24 Stunden. *(02) 574 33 69.*

Ataba Pharmacy
17 Midan Ataba. **Karte** 2 D4, 6 D2.

Victoria Pharmacy
6 Sharia al-Brazil, Zamalek.
Karte 1 A3. *bis 23 Uhr.*
(02) 735 16 28.

Ägyptische Krankenwagen sind rot-weiß gestreift

Telefon, Post und Medien

In den letzten Jahren wurde das ägyptische Kommunikationsnetz umfassend erneuert. Im ganzen Land findet man neue Kartentelefone, in den größeren Städten sogar Internet-Cafés. Der staatliche Postdienst hat leider nicht an Effizienz gewonnen. Postsendungen aus Ägypten kommen in Europa erst nach frühestens zehn Tagen an, manche auch nie. Neben dem staatlichen Fernsehen können sechs private TV-Programme empfangen werden. Einige ägyptische Zeitungen sind auch in englischer Sprache erhältlich.

Briefmarken mit Motiven aus Gegenwart und Vergangenheit

Öffentliche Telefone

Zwei halbstaatliche Telefongesellschaften – Menatel und Nile Telephone – haben eigene Telefonnetze mit modernen Kartentelefonen aufgebaut. Die gelb-grünen Telefonzellen von Menatel sieht man überall in Ägypten, in Kairo an jeder Straßenecke. Die passenden Telefonkarten können in Apotheken, Zeitungskiosken, Tabakläden und in einigen Hotels gekauft werden. Für Inlandsgespräche muss eine Karte für 10 £E, für Auslandsgespräche eine mit 30 £E gekauft werden. Dreiminütige Stadtgespräche kosten 25 Piaster. Die Telefonzellen der Gesellschaft Nile Telephone sind nicht so zahlreich vertreten. Für Inlandsgespräche werden ebenfalls Karten für 10 £E angeboten, bei Auslandsgesprächen kann man unter Wertkarten für 20 und 40 £E wählen. Von den Telefonzellen beider Anbieter können auch Mobilfunkanschlüsse angewählt werden. Die Bedienungsanleitungen sind in arabischer und englischer Sprache angebracht. Die Modernisierung der Telefonsysteme wird zwar allseits begrüßt, doch es kann noch immer einige Zeit dauern, bis die gewünschte Verbindung zustande kommt. Die Telefonnummern werden ständig neu vergeben, doch ein freundlicher Ansagedienst in englischer Sprache nennt gut verständlich die aktuelle Teilnehmernummer.

Telefonkarten von Nile Telephone und Menatel

Post

Die meisten Postämter sind, außer freitags, von 9 bis 15 Uhr geöffnet. Falls man allerdings nicht Arabisch spricht, ist es sehr schwierig, sich zurechtzufinden oder Auskunft zu bekommen. Die blauen Briefkästen sind für Briefe ins Ausland, die roten Briefkästen werden für die Inlandspost verwendet. Es empfiehlt sich, seine Briefsendungen von einem Hotel aus aufzugeben.

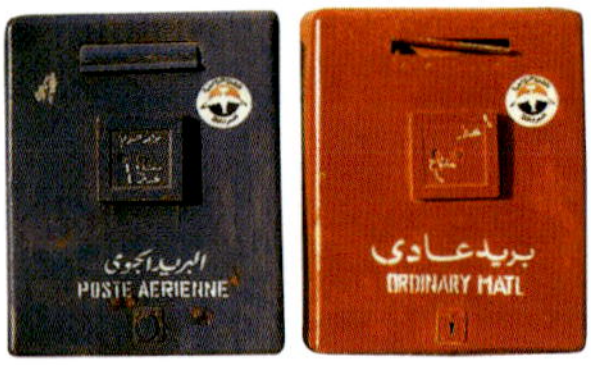

Blauer Briefkasten für Briefe ins Ausland, der rote ist für Inlandspost

Für Paketsendungen ist es ratsam, die internationalen Paketdienste (z. B. Federal Express oder DHL) in Anspruch zu nehmen. Die Adressen sind in den Telefonbüchern zu finden. Deren Dienste sind zwar teurer als die ägyptische Post, aber wesentlich schneller und zuverlässiger. Alle Poste-Restante-Briefe (hinterlegte Postsendungen) sollten an ein Hotel geschickt werden. Wer eine Kreditkarte von American Express hat, kann sich Briefsendungen auch an die Kairoer Niederlassung von American Express (15 Sharia Quasr el-Nil, Kairo) schicken lassen.

Alle Pakete aus dem Ausland werden vom ägyptischen Zoll inspiziert. Videokassetten, CDs und Computerspiele kommen oft verspätet oder auch gar nicht an. Darüber hinaus ist die Zollgebühr in der Regel höher als der Wert des Paketinhalts.

Nützliche Telefonnummern

- Ländervorwahl Ägypten: 00 20.
- Innerhalb Ägyptens: 0 + Stadtvorwahl + Teilnehmernummer.
- Stadtvorwahlnummern: Kairo und Giseh: 2; Alexandria: 3; Assuan: 97; Faijum: 84; Luxor: 95; Ismailia: 64; Hurghada: 65; Sharm el-Sheikh: 69.
- Internationale Gespräche: 00 + Ländervorwahl + Telefonnummer.
- Ländervorwahlen: Deutschland: 49; Österreich: 43; Schweiz: 41; Niederlande: 31; Belgien: 32; Frankreich 33; Italien 39.
- Für internationale Mobilfunknetze: 0 + 12 (oder 0 + 10) + Telefonnummer.

TV und Radio

Auf den TV-Kanälen 1 und 2 werden Programme des staatlichen ägyptischen Fernsehens gesendet. Auf Kanal 2 gibt es mehrmals täglich Nachrichten in französischer und englischer Sprache. Kanal 3 ist nur in Kairo und Umgebung zu empfangen. Die TV-Kanäle 4 bis 8 zeigen Sendungen der TV-Stationen von Alexandria, Ismailia, Tanta, Minya und Assuan. Alle Sender zeigen auch ausländische Programme (mit arabischen Untertiteln). Größere Hotels bieten fremdsprachige Satelliten-Programmen an.

Radioprogramme in Englisch oder Französisch können in der Regel nur im Sendegebiet von Kairo und Alexandria empfangen werden. Einige private Sender bieten eine Mischung aus westlicher Popmusik und Nachrichten.

Zeitungskiosk mit ausländischen Publikationen in Alexandria

Englischsprachige Zeitungen und Magazine in Ägypten

Zeitungen und Zeitschriften

Die Tageszeitung *Egyptian Gazette* und die wöchentlich erscheinenden Zeitungen *Middle East Times* und *Al-Ahram Weekly* bringen internationale und inländische Nachrichten und Kommentare. In *Al-Ahram Weekly* sind alle kulturellen Events, Kinoprogramme, Theaterspielpläne und TV- bzw. Radioprogramme zu finden. Die Wochenzeitschrift *Cairo Times* bietet ein buntes Gemisch aus Klatsch, Lokalnachrichten und Feuilleton. Außerhalb von Kairo ist *Egyptian Gazette* die einzige Tageszeitung in englischer Sprache.

Einige Magazine erscheinen auf Englisch: Das monatlich aufgelegte *Egypt Today* enthält u. a. empfehlenswerte Restaurants und nützliche Veranstaltungshinweise.

Ausländische Zeitungen (auch einige deutsche Blätter) werden ein bis zwei Tage nach Erscheinen in Kairo verkauft. Magazine wie *Spiegel*, *Stern* oder *Time Magazin* treffen zwei Tage nach Erscheinen in Ägypten ein.

Internet und Fax

Faxgeräte stehen in jedem Hotel zur Verfügung, doch die Gebühren sind hoch. Auch die Post hat eigene Fax- und Telefonzentren, die Geräte dort arbeiten jedoch oft nur unzuverlässig.

Der Internet-Boom hat auch Ägypten erfasst, in allen größeren Städten schießen Internet-Cafés aus dem Boden. Internet ist gerade hier ein Fenster zur Welt. In den allermeisten 5-Sterne-Hotels gehört ein Internet-Anschluss mittlerweile zur Grundausstattung eines Zimmers.

Eines der größten Internet-Cafes: glob@l net in Alexandria

Auf einen Blick

Hauptpostämter

Kairo
Midan Ataba. **Karte** 6 E2.

Luxor
Sharia al-Mahatta.

Internationale Kurierdienste

Federal Express
1079 Corniche el-Nil, Garden City, Kairo. **Karte** 5 A5.
(02) 795 04 27.

DHL
20 Gamal ad-Din Abu Mahasid, Garden City, Kairo. **Karte** 5 A5.
(02) 795 73 01.

Internet-Cafés

Internet Egypt
Erdgeschoss, 2 Midan Simon Bolivar, Garden City, Kairo. **Karte** 5 B4.
(02) 796 28 82.

Nile Hilton Cybercafé
Nile Hilton Shopping Mall, Kairo. **Karte** 5 B3.
(02) 578 04 44/758.

Mohandiseen Cybercafé
Sharia Gamiat ad-Dowal al-Arabiyya, Kairo.
(02) 305 04 93.

glob@l net
6. Stock, 29 Sharia al-Nabi Daniel, Elghonemy Bld, Alexandria.
(03) 491 22 89.

Rainbow Internet Café
Officers' Club, Corniche (nördlich der Sharia as-Sayyed Youssef), Luxor. *(095) 38 79 38.*

Banken und Währung

Logo der Banque de Caire

In Ägypten wird überwiegend mit Bargeld bezahlt. Sowohl Banken als auch Wechselstuben tauschen ausländische Währungen und Reiseschecks ein. Generell sind Service und Kurse in den Wechselstuben besser als in den Banken. Kreditkarten werden meist nur von großen Hotels, in einigen Einkaufszentren sowie in den touristisch erschlossenen Regionen akzeptiert. Vor einigen Banken wurden Geldautomaten installiert, die Gebühren sind beträchtlich. Ägyptens Gesetze verbieten die Ausfuhr einheimischer Banknoten; die Mitnahme macht auch keinen Sinn.

Geldautomat mit Anweisungen in mehreren Sprachen

Banken

Die Banken haben in der Regel Sonntag bis Donnerstag von 8.30 bis 14 Uhr geöffnet, Wechselstuben zusätzlich von 18 bis 21 Uhr. Die meisten Banken sind freitags und samstags zu. Einige internationale Banken wie Citibank und Deutsche Bank haben zumindest in Kairo Niederlassungen eröffnet. Am besten erledigt man seine Bankgeschäfte frühmorgens, dann ist weniger los.

Thomas-Cook-Wechselstube an der Corniche in Luxor

Wechselstuben

In Großstädten und Tourismuszentren findet man zahlreiche Wechselstuben, deren Umtauschkurse deutlich besser sind als die von Banken und Hotels. Der Schwarzmarkt für harte Währungen (Dollar, Euro etc.) verliert zunehmend an Bedeutung. Die Wechselstuben auf den großen Flughäfen haben meist 24 Stunden geöffnet.

Kreditkarten und Reiseschecks

Fast alle Banken und Wechselstuben nehmen Reiseschecks entgegen (Pass bereithalten). Die Bankquittung und die Seriennummern der Reiseschecks müssen getrennt von den Schecks aufbewahrt werden. Nur dann wird ein eventueller Verlust ersetzt. Außerhalb der Großstädte und Tourismuszentren sind Kreditkarten und Reiseschecks nutzlos, hier besteht man auf Barzahlung. In den touristischen Gebieten werden alle üblichen Kreditkarten wie Visa, MasterCard oder American Express akzeptiert.

Trinkgelder

Wenn Sie ohne Gegenleistung um ein *bakschisch* gebeten werden, sollten Sie freundlich, aber bestimmt ablehnen. Die meisten Ägypter müssen von kleinsten Gehältern leben und sehen Trinkgeld als willkommenes Zubrot an. In Restaurants rundet man den Rechnungsbetrag deutlich auf oder gibt dem Kellner 10 Prozent der Rechnungssumme als Trinkgeld. Kleine Beträge (50 Piaster bis zu 1 £E) erhalten all diejenigen, die Koffer tragen, Lifte bedienen oder Autos parken. Das Personal an den historischen Stätten sollte pro Person 50 Piaster erhalten. Wenn man Extrawünsche hat (längere Öffnungszeiten oder eine Privatführung), beträgt das *bakschisch* bis zu 10 £E pro Person. Trotzdem ist mit Geld nicht alles käuflich. Ein zu sorgloser Umgang mit Trinkgeldern kann beim Empfänger auch ein Gefühl der Demütigung hervorrufen.

Auf einen Blick

Banken

Banque Misr
151 Sharia Mohammed Farid, Kairo. **Karte** 2 D5, 6 D4.
(02) 391 21 72.

Barclays International
12 Midan al-Sheikh Yusuf, Garden City, Kairo. **Karte** 3 B1, 5 A5.
(02) 366 26 00.

Citibank
4 Sharia Ahmed Pasha, Kairo. **Karte** 3 B1, 5 A5. *(02) 794 72 46.*

Wechselstuben

American Express
15 Sharia Qasr el-Nil, Kairo. **Karte** 1 C5, 5 C3. *(02) 574 79 91.*

Winter Palace Arcade, Luxor.
(095) 378 333.

Thomas Cook
17 Sharia Mahmoud Bassiouni, Kairo. **Karte** 1 C5, 5 B5.
(02) 574 39 55.

Semiramis Hotel, Kairo. **Karte** 3 B1, 5 A5. *(02) 795 85 44.*

Midan Saad Zaghloul, Alexandria.
(03) 484 40 73.

Winter Palace Arcade, Luxor.
(095) 372 402.

Kreditkartenverlust

American Express
in ET: (02) 570 34 11.
in D: 0049 69 97 97 10 00.

MasterCard
weltweit: 001 31 42 75 66 90.

Visa
weltweit: 001 41 05 81 38 36.

WÄHRUNG

Das Ägyptische Pfund, abgekürzt £E, ist die offizielle Währung. Im Alltag werden meist Banknoten mit kleinem Nennwert benutzt, 50- und 100-Pfund-Noten sind manchmal schwierig zu wechseln. Es empfiehlt sich, immer einige 10-Pfund-Noten dabeizuhaben, für *bakschisch* sollte man immer einige 1-Pfund-Noten in der Tasche haben. Von Taxifahrern und Ladenbesitzern werden nur unbeschädigte Scheine angenommen, alte Banknoten muss man in der Bank tauschen.

Münzen

Münzen werden im Wert von 5, 10, 20 und 25 Piaster ausgegeben und als Trinkgeld benutzt. Von den 10-Piaster-Münzen gibt es zwei Prägungen.

5 Piaster (5 pt)

10 Piaster (10 pt)

10 Piaster (10 pt)

20 Piaster (20 pt)

25 Piaster (25 pt)

Banknoten

Ägyptische Banknoten sind in den Nennwerten 25 und 50 Piaster, 1, 5, 10, 20, 50 und 100 £E (Pfund) erhältlich. Die alten 5- und 10-Piaster-Scheine sind kaum noch im Umlauf. Wenn der Restbetrag eines Einkaufs nur einige Piaster beträgt, werden hin und wieder Bonbons statt der Münzen zurückgegeben.

50 Piaster (50 pt)

25 Piaster (25 pt)

1 Ägyptisches Pfund (1 £E)

5 Ägyptische Pfund (5 £E)

10 Ägyptische Pfund (10 £E)

20 Ägyptische Pfund (20 £E)

50 Ägyptische Pfund (50 £E)

100 Ägyptische Pfund (100 £E)

Reiseinformationen

Die meisten Besucher Ägyptens landen heute direkt auf den Charterflughäfen von Hurghada oder Sharm el-Sheik, wer mit Linie fliegt, kommt in Kairo, Alexandria oder Luxor an. Ägypten wird oft auch als Ausgangspunkt einer Weiterreise in andere Staaten des Nahen Ostens oder Afrikas gewählt. Neben einem Direktflug gibt es die Möglichkeit, von Jordanien oder Israel nach Ägypten einzureisen. Dabei können die Visaformalitäten allerdings einige Zeit in Anspruch nehmen. Die Fährverbindung zwischen dem jordanischen Hafen Akaba und dem ägyptischen Nuweiba bietet eine Möglichkeit, die bürokratischen Einreisebestimmungen der ägyptischen Behörden zu reduzieren.

Logo von EgyptAir

Cairo International Airport im Nordosten der Hauptstadt

Anreise mit dem Flugzeug

Ägypten wird von fast allen europäischen Fluglinien und einigen Chartergesellschaften angeflogen. Die staatliche ägyptische Fluggesellschaft EgyptAir bietet ebenfalls zahlreiche Flüge von Europa nach Ägypten an. Die Flugzeit von und nach Mitteleuropa beträgt rund vier Stunden. Charterflüge aus Deutschland, Österreich und der Schweiz landen in Kairo, Luxor, Hurghada oder Sharm el-Sheik. Der Preisunterschied der Linienflüge ist saisonal bedingt (Hochsaison im Winter, Nebensaison im Sommer). Wer in Ägypten Inlandsflüge bucht, wird über den relativ hohen Preis erstaunt sein. Es ist ratsam, Flugtickets schon im Heimatland zu erwerben.

Flüge von Kairo nach Jordanien, in den Sudan oder auf die Arabische Halbinsel können in ägyptischer Währung bezahlt werden und sind durch den günstigen Wechselkurs relativ preiswert. Vorher muss in den Botschaften dieser Staaten ein Visum beantragt werden. Seit einigen Jahren bietet EgyptAir auch Flüge nach Israel (Tel Aviv) an, die Formalitäten und Sicherheits-Checks können sich allerdings recht nervenaufreibend gestalten.

Vom Flughafen Kairo in die Innenstadt

Cairo International Airport liegt 20 Kilometer nordöstlich der Stadt. Europäische und amerikanische Fluglinien werden im Terminal 2 (auch als »New Airport« bekannt) abgefertigt. Die ägyptischen, arabischen, osteuropäischen und afrikanischen Fluglinien landen auf dem alten Flughafen und werden im Terminal 1 abgefertigt. Flugzeuge der israelischen El-Al sind aus Sicherheitsgründen in einem eigenen Hangar untergebracht. Von beiden Terminals verkehren Flughafenbusse ins Stadtzentrum von Kairo und nach Giseh (nähere Hinweise zu Bussen und Taxis *siehe S. 325ff*).

Am Flughafen ein Taxi zu bekommen ist nicht schwer, denn Taxifahrer stürzen sich auf alle Passagiere, die das Flughafengebäude verlassen. Der Fahrpreis richtet sich nach der Zahl der Fahrgäste, Tageszeit, Verkehrsaufkommen und natürlich dem individuellen Verhandlungsgeschick. Eine Fahrt vom Flughafen in die Innenstadt kostet zwischen 25 £E und 35 £E. Mit einer klimatisierten Limousine kostet die Fahrt 40 bis 50 £E.

In beiden Terminals gibt es Duty-Free-Läden, Cafés und mehrere Wechselstuben.

Zubringerservice von anderen Flughäfen

Der Flughafen von Alexandria liegt fünf Kilometer südlich der Stadt. Auch hier kann man zwischen Bus und Taxi wählen. Eine Taxifahrt ins Zentrum kostet 10–20 £E. Wer in Luxor landet, wird meist von Reiseleitern oder Minibussen der Hotels in Empfang genommen. Falls

Taxi vor dem Flughafen von Alexandria

man trotzdem ein Taxi braucht, muss man mit einem Fahrpreis von 10–15 £E rechnen. Wer auf dem Flughafen von Sharm el-Sheik landet und nicht von einem Hotelbus in die Stadt transportiert wird, hat Taxikosten von 25–30 £E zu erwarten. In Hurghada sollte eine Taxifahrt zu den Hotels oder Anlagen maximal 20 £E kosten.

Verbindungen nach Jordanien und Israel

Normalerweise gibt es Busverbindungen von Tel Aviv und Jerusalem nach Ägypten, aufgrund der angespannten Lage im Nahen Osten sollten Sie sich jedoch aktuell erkundigen. Die Busse passieren in Rafah oder Taba die ägyptische Grenze.

Von Jordanien aus kann man über einen schmalen Landkorridor auf israelischem Staatsgebiet den ägyptischen Grenzort Taba erreichen. Nach fünf Kilometer Taxifahrt von Akaba bis zur israelischen Grenze passiert man diese zu Fuß und nimmt ein israelisches Taxi zum Busbahnhof in Eilat. Von dort geht es per Bus oder Taxi weiter zum israelisch-ägyptischen Grenzort Taba.

Bei jedem Grenzübertritt werden Gebühren *(departure tax)* erhoben. Es ist ratsam, den israelischen Visum-Stempel auf einem Extrablatt oder in einem zweiten Pass vermerken zu lassen, um Schwierigkeiten in arabischen Ländern zu vermeiden.

Kreuzfahrtschiff im Suezkanal

Einreise per Schiff

Obwohl Ägypten an der Mittelmeerküste und am Roten Meer zahlreiche Häfen besitzt, haben preiswerte Charterflügen das Passagieraufkommen der Schifffahrtslinien sinken lassen. Nur die Fährverbindung zwischen Akaba in Jordanien und Nuweiba auf dem Sinai verzeichnet steigende Passagierzahlen. Die Fähre legt die 38 Kilometer lange Strecke – je nach Wellengang – in drei bis fünf Stunden zurück, der Hochgeschwindigkeits-Katamaran benötigt nur rund eine Stunde.

Die Fährverbindungen von Limassol auf Zypern nach Alexandria wurden 1997 eingestellt. Man kann jedoch eine Zwei-Tages-Tour von Limassol nach Port Said und zurück unternehmen.

Von vielen Kreuzfahrtschiffen, die im Mittelmeer und im Roten Meer unterwegs sind, werden eintägige Landausflüge organisiert, bei denen man historische Stätten besichtigen kann.

Auf einen Blick

Flughäfen

Alexandria
(03) 427 10 36.

Kairo
(02) 291 42 66.

Luxor
(095) 374 655.

Internationale Fluggesellschaften

Air France
2 Midan Talaat Harb, Kairo. **Karte** 1 B5, 5 B3.
(02) 575 88 99.

Air Sinai
Nile Hilton, Midan Tahrir, Kairo. **Karte** 1 B5, 5 B3.
(02) 578 04 44 *oder (02) 577 29 49.*

Austrian Airlines
4 Sharia al-Gezira, Zamalek, Kairo. **Karte** 1 A4.
(02) 735 27 77
Cairo International Airport.
(02) 417 64 19.

British Airways
1 Sharia Abd al-Salaam Arif, Midan Tahrir, Kairo. **Karte** 1 C5, 5 B3.
(02) 578 07 42.
15 Midan Saad Zaghlool, Alexandria.
(03) 486 15 65.

EgyptAir
9 Talaat Harb, Kairo
(02) 245 02 60/70.
Cairo International Airport.
(02) 245 44 00.
www.egyptair.egyptguide.net

KLM
Cairo International Airport.
(02) 418 23 85.

Lufthansa
6 Sharia al-Sheikh al-Marsafi, Zamalek, Kairo. **Karte** 1 A4.
(02) 739 83 39.
Cairo International Airport.
(02) 417 64 19.

Malev
5 Sharia Talaat Harb. **Karte** 1 C5, 5 B3.
(02) 392 01 88.

Olympic Airlines
23 Sharia Qasr el-Nil. **Karte** 2 D5, 5 C3.
(02) 393 12 77.

Busse und Fähren

East Delta Bus Company
4 Sharia el-Tayaran, Madinet Nasr, Kairo.
(02) 261 18 82 86/89.

Travco
13 Sharia Mahmoud Azmi, Kairo.
(02) 735 22 24.
www.travco-eg.com

Busse verkehren in Kairo v. a. vom Abbassia- oder Koulali-Terminal.

In Ägypten unterwegs

Logo von Egyptian Tour

Das Streckennetz der ägyptischen Flug- und Bahnlinien ist dicht geknüpft. Die (umständlichen) Buchungsformalitäten und die Pünktlichkeit lassen allerdings sehr zu wünschen übrig. Die zahlreichen Bahnverbindungen ins Niltal, in die Städte des Nildeltas und an die Kanalzone vereinfachen die Reiseplanung. Die staatlichen Fluglinien EgyptAir und Air Sinai fliegen die wichtigsten Städte Ägyptens an. Inlandsflüge sind relativ teuer, aber für längere Strecken stehen so genannte Nachtbusse bereit, die ihre Fahrgäste oft schneller und bequemer ans Ziel bringen als die Expresszüge.

Eingang des Flughafens von Abu Simbel im südlichen Niltal

Inlandsflüge

Alle Inlandsflüge in Ägypten werden von der staatlichen EgyptAir durchgeführt. Deren Tochtergesellschaft Air Sinai fliegt Ziele auf dem Sinai und in Israel an. Die direkte Flugverbindung nach Israel verdeutlicht die Sonderrolle Ägyptens in der arabischen Welt. EgyptAir bedient von Kairo aus mehrmals täglich die Ziele Luxor, Hurghada und Assuan. Alexandria wird zweimal pro Tag angeflogen. Alle Inlandsflüge starten von Terminal 1, dem alten Flughafen von Kairo. Zwischen Assuan und Abu Simbel werden täglich zwei Flüge angeboten. Air Sinai bedient von Kairo aus die Ziele Luxor, Hurghada, Sharm el-Sheik und das Katharinenkloster.

Flugbuchungen

Inlandsflüge entsprechen dem europäischen Preisniveau und werden in US-$ berechnet. Nur bei Vorlage einer entsprechend hohen Umtauschbescheinigung kann der Flugpreis in ägyptischer Währung bezahlt werden. Alle Buchungen sollten so früh wie möglich vorgenommen werden. Besonders im Winter und an den muslimischen Feiertagen wie Eid al-Fitr und Eid al-Adha kommt es zu Überbuchungen. Kümmern Sie sich rechtzeitig um die Reservierung, bewahren Sie die Reservierungsnummer gut auf. Stundenlange Verspätungen sind nicht ungewöhnlich, ein spannendes Buch dabeizuhaben kann also nicht schaden. Das Fluggepäck ist auf 20 kg begrenzt, doch die Menge an Handgepäck wird selten überprüft. Bei Inlandsflügen muss man eine Stunde, bei internationalen Flügen mindestens zwei Stunden vor Abflug am Schalter der Fluggesellschaft erscheinen.

Züge

Expresszüge, die zwischen den großen Städten des Landes verkehren, sind eine Alternative zu Flugzeugen und Bussen. Kurzstrecken sollte man besser mit dem Bus zurücklegen. In Ägypten sind Züge in verschiedene Kategorien unterteilt: Mit Klimaanlage (das schließt die Luxuszüge der *Wagons-Lits* mit ein) und ohne Klimaanlage (3. Klasse und Vorortzüge). Züge mit Klimaanlage sind in Waggons der 1. Klasse und der 2. Klasse unterteilt. Die Wagen der 1. Klasse bieten den höchsten Komfort, die 2. Klasse ist fast ebenso bequem, aber wesentlich preiswerter. Für beide Klassen können Plätze eine Woche im Voraus reserviert werden. Fahrkarten für die Rückreise sollte man gleich bei Ankunft am Zielort reservieren.

Täglich verkehren zwischen Kairo und Alexandria 16 klimatisierte Züge. Von Kairo nach Assuan (über Luxor) werden täglich fünf Zugverbindungen angeboten. Zusätzlich verlassen am frühen Abend zwei Nachtexpresszüge Ramses Station Richtung Luxor und Assuan.

Expresszug nach Assuan in der Ramses Station in Kairo

Eingang zum Bahnhof Masr in Alexandria

Überlandbus der West Delta Bus Company

Die nächtliche Zugverbindung von Kairo nach Luxor und Assuan mit Schlafwagen muss mindestens zwei Tage im Voraus gebucht werden. Jedes Abteil hat ein eigenes Bad mit Dusche. Der Service im Speisewagen und im Salonwagen steht rund um die Uhr bereit, Frühstück und Dinner werden von livrierten Kellnern im Abteil serviert. Derartiger Luxus hat seinen Preis: von Kairo nach Assuan 120 US-$. In Kairo übernimmt das American-Express-Büro oder das Helnan Shepheard Hotel die Buchungen.

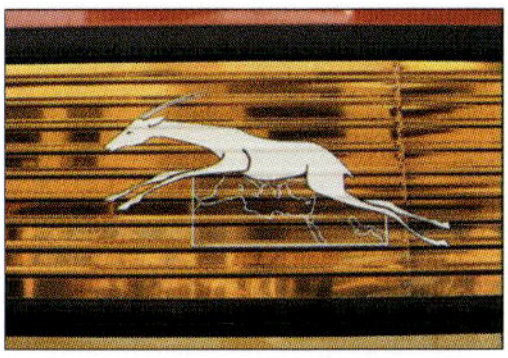

Logo auf einem Superjet-Bus der Arab Union Transport Company

Überlandbusse

Drei grosse Busunternehmen beherrschen den Markt: Das Streckennetz der Upper Egypt Bus Company umfasst das Niltal, Faijum, die Oasen der Libyschen Wüste und die Küstenorte am Roten Meer bis hinunter nach Quesir. Außerdem fährt ein Luxusbus dieser Gesellschaft jede Nacht von Kairo nach Luxor und Assuan. Die East Delta Bus Company bedient mehrere Badeorte auf dem Sinai, so Sharm el-Sheik, Dahab, Nuweiba und Taba. Außerdem werden das Katharinenkloster sowie Port Said, Suez und Ismailia angefahren. Die West Delta Bus Company verbindet Alexandria, Marsa Matruh, die Oase Siwa und einige Städte im Nildelta. Auch hier haben Reisende die Wahl zwischen neueren, klimatisierten Bussen und älteren, nicht-klimatisierten Gefährten, die zudem unsicherer und langsamer sind. Allerdings kann man nicht unbedingt davon ausgehen, dass die Klimaanlagen der Busse immer funktionieren oder das Nichtraucher-Zeichen auch wirklich beachtet wird. Die luxuriösen Superjet- und Golden-Arrow-Busse der Arab Union Transport Company verkehren zwischen Kairo und Alexandria sowie zwischen Kairo und Luxor, Hurghada, Sharm el-Sheik und Assuan. Auch Port Said wird neunmal pro Tag von Superjet-Bussen angesteuert. Alle Busse sind mit Klimaanlage, Toilette und Videomonitor ausgestattet. Eine Stewardess verkauft unterwegs Softdrinks und Snacks.

In Kairo fahren alle Langstreckenbusse vom Busbahnhof hinter Ramses Station ab. In Alexandria, Port Said und Ismailia muss der Bus-Terminal im Tourismusbüro erfragt werden. Fahrkarten für die klimatisierten Langstreckenbusse werden 24 Stunden vor Abfahrt in den Büros der Busunternehmen verkauft. In kleineren Städten kann man Tickets oft erst eine Stunde vor Abfahrt kaufen. Die Preise hängen von der Kategorie des Busses, der Tageszeit und der Nachfrage ab. Es ist ratsam, stark frequentierte Strecken so früh wie möglich zu buchen und mindestens 30 Minuten vor Abfahrt am Busbahnhof zu sein.

Auf einen Blick

Flughäfen

Alexandria
(03) 427 10 36.

Assuan
(097) 48 03 33.

Hurghada
(065) 442 831 oder 442 592.

Kairo
(02) 291 42 66.

Luxor
(095) 374 655.

Sharm el-Sheikh
(069) 601 140.

Busunternehmen

East Delta
(02) 419 85 33.

Superjet
(02) 579 81 88.

Upper Egypt
(02) 431 67 23.

West Delta
(02) 414 13 18.

Bahnhöfe

Alexandria
Masr Station, Midan al-Gumhuriyya.
(03) 392 32 07.

Kairo
Ramses Station, Midan Ramses.
Karte 2 D3.
(02) 575 35 55.

Der imposante Eingang von Ramses Station am Midan Ramses in Kairo

Mit dem Auto unterwegs

Zapfsäule in Ägypten

Der Straßenverkehr in Ägypten ist nichts für schwache Nerven. In Kairo ist das Verkehrschaos sprichwörtlich, die breiten Ausfallstraßen sind echte Gefahrenzonen. Der Fahrstil in Alexandria präsentiert sich zwar nicht besser, die Verkehrsdichte ist jedoch weniger Furcht erregend. Service-Taxis bieten eine schnelle und preiswerte Art der Fortbewegung. Wegen des technischen Zustands der meisten Taxis sollte man sich aber nur auf den Hauptstraßen bewegen. Für Tagesausflüge kann man auch einen Wagen mit Chauffeur mieten. Das Personal am Empfang Ihres Hotels ist bei der Anmietung gerne behilflich.

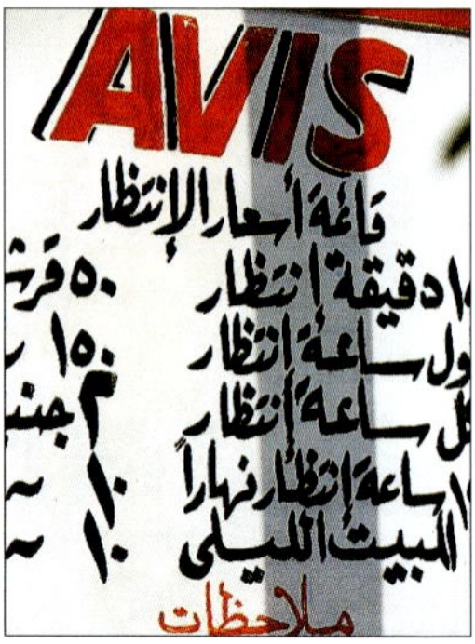

Einer der zahlreichen internationalen Autovermieter in Ägypten

Service-Taxis

Wie in vielen Ländern des Mittleren Ostens stellen die vielen Service-Taxis (Sammeltaxis) einen wichtigen Bestandteil des nationalen Transportsystems Ägyptens dar. In der Regel werden geräumige Peugeot-Kombis und japanische Minibusse als Service-Taxis eingesetzt. Die Fahrer versammeln sich an den Bus- oder Bahnstationen und werben lautstark um Passagiere. Losgefahren wird erst, wenn das Auto voll besetzt ist. Will man nicht so lange warten, muss man einen entsprechenden Aufpreis bezahlen. Es kann einige Zeit dauern, bis man das richtige Taxi gefunden hat. Für kleinere Reisegruppen bieten Service-Taxis eine preisgünstige Möglichkeit, auch abgelegenere Sehenswürdigkeiten zu besuchen. Die stundenweise Anmietung ist in der Regel billiger, als sich einen Wagen mit Fahrer zu mieten. Auf längeren Strecken können die Enge und der Mangel an Komfort den Reisespaß allerdings erheblich schmälern. Trotz des obligatorischen Gepäckträgers auf dem Dach bleibt für umfangreiches Reisegepäck nur wenig Platz. Dazu kommt, dass die Fahrkünste der Taxifahrer selbst bei Ägyptern gefürchtet und die Fahrzeuge oft in einem bedenklichen Zustand sind. Wem die waghalsigen Manöver den Angstschweiß auf die Stirn treiben, der sollte doch lieber auf Bus oder Bahn umsteigen.

Als Service-Taxis dienen geräumige Kombis der Marke Peugeot

In einem Minibus finden bis zu zwölf Fahrgäste Platz

Mietwagen

Bekannte internationale Autovermieter wie Hertz, Avis und Budget sind auf allen Flughäfen und in den Hotels der Tourismusregionen vertreten. Der Anmieter muss zwischen 25 und 70 Jahre alt sein und einen gültigen internationalen Führerschein vorweisen. In den größeren Städten findet man genügend Tankstellen, in ländlichen Gebieten sollte man vor jeder längeren Fahrt voll tanken. Abseits der großen Straßen sind ein voller Reservekanister, Trinkwasser und Werkzeug unabdingbar. An den meisten Tankstellen kann man kleinere Reparaturen durchführen lassen, die ägyptischen Mechaniker sind dabei äußerst erfinderisch.

Straßenverkehr

Die in Europa üblichen Verkehrsregeln werden in Ägypten so gut wie gar nicht beachtet. Hier wechselt man abrupt die Spur, fährt auf Einbahnstraßen in beiden Richtungen und missachtet grundsätzlich jede rote Ampel. Die Verständigung zwischen den Fahrern findet per Handzeichen oder Hupe statt. Die landesübliche Aufforderung zum Anhalten wird mit zusammengepressten Fingerspitzen signalisiert. Eine wedelnde Vorwärtsbewegung der Hand heißt »überholen« oder »schneller«. Das bevorstehende Abbiegen wird mit einer Armbewegung aus dem geöffneten Autofenster angezeigt.

Auch die verschiedenen Hupsignale haben ihre Bedeutungen: Kurze Huptöne mahnen zur Vorsicht, längere Hupintervalle signalisieren die ungebremste Weiterfahrt. In den Städten müssen Autofahrer jederzeit mit von Bussen oder Eselskarren abspringenden Menschen oder mit Tieren auf der Fahrbahn rechnen.

Verkehrsstau unweit des Midan Ramses in Kairo

Auf den Landstraßen lauern noch größere Gefahren: Viele Lastwagenfahrer überholen selbst bei starkem Gegenverkehr. Bis auf wenige Ausnahmen sind die Straßen in schlechtem Zustand. Dicht an den Straßenrändern spielen Kinder, jederzeit können Schafe, Ziegen oder Kamele die Fahrbahn kreuzen. Vor Unfallstellen werden anstelle eines Warndreiecks meist nur Steinhaufen aufgeschichtet.

Nachtfahrten sollten Sie generell vermeiden. In Ägypten werden die Scheinwerfer nur kurz zur Begrüßung entgegenkommender Fahrzeuge eingeschaltet. Im Bereich der Kanalzone, des Gebietes um El-Alamein und auf dem Sinai sollten man ohne ortskundigen Führer auf Gelände-Touren verzichten. Die Minen aus dem Zweiten Weltkrieg und aus den arabisch-israelischen Kriegen sind bis heute nur zum Teil geräumt worden. An den zahlreichen Straßensperren der Polizei werden Ausländer meist durchgewunken, trotzdem sollte man den Pass immer zur Hand haben.

Einen Wagen mit Fahrer zu mieten kann unter Umständen preiswerter sein als ein regulärer Mietwagen, auf jeden Fall ist es ein wenig nervenschonender. Die Hotels und Reisebüros helfen bei Bedarf gerne weiter. Für Tagesausflüge kann man auch ein Taxi mieten. Der Preis ist – wie fast immer – Verhandlungssache.

Strassenkarten

Ägypter richten sich selten nach Autokarten. Außer für Kairo werden auch so gut wie keine Straßenkarten angeboten. Die beste Straßenkarte ist die von Freytag & Berndt, die in den meisten touristischen Regionen angeboten wird. Außerdem hilft der *Motoring Guide to Egypt* von Mobil, den man in Mobil-Tankstellen kaufen kann.

Stopp-Schild

Unebene Fahrbahn

Hupen verboten

Auf einen Blick

Autovermietung

Avis
Cairo International Airport.
(02) 265 24 29.

Nile Hilton,
Corniche el-Nil, Kairo.
Karte 5 A3.
(02) 579 24 00.

Budget Rent-a-Car
Cairo International Airport.
(02) 265 23 95.

Cairo Marriott,
Sharia Saray al-Gezira.
Karte 1 B4.
(02) 735 88 88.

Europcar
27 Sharia Libnan,
Mohanduseen, Kairo.
(02) 374 47 12/13.

Hertz
Cairo International Airport.
(02) 265 24 30.

Ramses Hilton,
Corniche el-Nil, Kairo.
Karte 5 A3.
(02) 577 74 44.

195 Sharia 26th July,
Mohandiseen,
Kairo.
(02) 347 22 38.

7/1 Sharia El Laselki,
Maadi.
(02) 754 94 13.

J-Car
Cairo International Airport.
(02) 265 23 40.

33 Sharia Mesiah,
Dokki.
(02) 335 05 21.

Automobilverbände

Allgemeiner Deutscher Automobilclub (ADAC)
Am Westpark 8,
81373 München.
(089) 76 76 0.
FAX (089) 76 76 25 00.
W www.adac.de

Automobilclub von Deutschland (AvD)
Lyoner Straße 16,
60528 Frankfurt/Main.
(069) 66 06 0.
W www.avd.de

Automobile and Touring Club Egypt
10 Sharia Qasr el-Nil, Kairo.
Karte 1 C5.
(02) 574 33 55.

Strassenkarten

AUC Bookshop
AUC, Mohammed
Mahmoud Gate, Kairo.
Karte 1 C5, 5B4.
(02) 797 59 29.

In Kairo und Alexandria unterwegs

U-Bahn-Schild am Midan Opera

Der Straßenverkehr in Kairo kann nur als Katastrophe bezeichnet werden. Als Besucher sollte man die Stadt lieber per Taxi oder zu Fuß erforschen. Das Nahverkehrssytem der Stadt stützt sich auf meist überfüllte Busse und eine U-Bahn, deren kurzes Streckennetz für Besucher nur bedingt von Nutzen ist. Die preiswerten Taxis sind immer noch das bequemste und individuellste Transportmittel Kairos. Im Stadtgebiet von Alexandria besteht das öffentliche Verkehrssystem aus uralten Straßenbahnen und einigen Buslinien. Die überschaubare Innenstadt Alexandrias kann problemlos zu Fuß erkundet werden. Umwege sind dabei kaum zu vermeiden, denn die Straßen sind, wenn überhaupt, nur mit arabischen und französischen Straßenschildern gekennzeichnet.

Straßenbahn vor der Basilika in Heliopolis *(siehe S. 136f)*

Zu Fuss unterwegs

Das einzigartige Flair Kairos lässt sich besonders gut bei einem Fußmarsch erleben. Man braucht aber einige Tage, um sich an den Verkehr und die zweifelhaften Fahrkünste der ägyptischen Autofahrer zu gewöhnen. Als Fußgänger muss man sich zwischen dem lärmenden Strom der Automobile hindurchschlängeln und sollte sich dabei tunlichst beeilen. Zebrastreifen und Fußgängerampeln sind in ganz Ägypten die absolute Ausnahme. In den ärmeren Stadtvierteln nimmt der Autoverkehr merklich ab und die Zahl der Fußgänger zu. In der Enge der Altstadt und besonders im Basar Khan el-Khalili warten Taschendiebe auf ihre Chance. Für Touristinnen bleiben ungewollte Komplimente und Anmache die Ausnahme. In einem solchen Fall sollten Sie das nächste Geschäft oder ein Café aufsuchen.

Taxis

In Kairo bieten die schwarzweißen Taxis die beste Art der Fortbewegung. Man stellt sich an den Straßenrand und winkt eines heran. Das Fahrtziel sollte genau angegeben werden. Es ist üblich, dass der Fahrer noch andere Personen mitnimmt, die in die gleiche Richtung wollen. Die Taxiuhr sollte zwar eingeschaltet werden, doch in der Praxis hält sich niemand daran. Um nicht zu viel zu bezahlen, sollte man ungefähr wissen, was die Fahrt kosten darf. Im Innenstadtbereich und nach Mohandiseen oder Zamalek sind 3 bis 5 £E angemessen, von der Innenstadt nach Heliopolis oder Maadi liegt der Fahrpreis bei 10 bis 15 £E. Von der Innenstadt zum Flughafen müssen 25 bis 35 £E bezahlt werden. Nach 23 Uhr erhöht sich der Preis um 1 bis 2 £E. Die Taxis vor den 5-Sterne-Hotels berechnen höhere Fahrpreise, sind aber in einem besseren Zustand; meist sprechen die Fahrer etwas Englisch. Frauen ohne Begleitung sollten am besten im Fond des Taxis Platz nehmen.

Fähren und Feluken

Die preiswerten Fährboote, »Riverbus« genannt, sind eine erwägenswerte Alternative zum chaotischen Straßenverkehr. Die Flussboote verkehren zwischen dem koptischen Kairo und dem Arab Television Building nördlich des Ägyptischen Museums. An der Insel Roda *(siehe S. 124f)* wird ein Zwischenstopp eingelegt. An den Wochenenden sind besonders die Nilfähren in Richtung Norden dicht besetzt. Das letzte Boot legt gegen 16 Uhr ab. Die farbenfrohen Feluken (Segelboote) liegen an mehreren Stellen entlang dem Nil und können stundenweise (35 bis 45 £E) gemietet werden. Die Fahrt mit einer Feluke ist besonders bei Sonnenuntergang unvergesslich. Man kann Feluken auch für längere Touren buchen *(siehe S. 330)*.

U-Bahn

Die Kairoer U-Bahn ist sauber, sicher und preiswert. Für die Stadtbesichtigung kommen aber nur einige Haltestellen in Betracht. Eine

Eines der vielen schwarz-weiß lackierten Kairoer Taxis

Feluke auf dem Nil in Kairo – eine entspannte Art des Sightseeing

davon ist Mar Girgis Station gegenüber dem koptischen Stadtteil von Kairo.

Die beiden U-Bahn-Linien sind nach Richtung und Endstation gekennzeichnet. Eine Linie verläuft zwischen Al-Marg und Helwan am Ostufer des Nils, die erst kürzlich eröffnete zweite Strecke von Shubra nach Giseh (Giza) hat auch eine Station unterhalb des Midan Tahrir. Auf jedem Bahnsteig sieht man das gesamte Streckennetz. Fahrkarten sind an jeder Haltestelle erhältlich und nur für eine Fahrt in einer Richtung gültig. An allen Eingängen stehen elektronische Sperren, an denen die Fahrkarten vor Betreten und bei Verlassen der Bahnsteige entwertet werden müssen. Während des Berufsverkehrs sind die Züge voll besetzt. Der erste Wagen (in manchen Fällen auch der zweite) ist für weibliche Fahrgäste reserviert.

Busse

Städtische Busse sind rot, blau und weiß lackiert. Die Liniennummer ist auf der Frontpartie in arabischen Ziffern angebracht. Kairos Busse sind meist überfüllt, in bedenklichem technischem Zustand und schon deshalb nicht besonders zu empfehlen. Aber sie fahren in jeden Winkel der 12-Millionen-Stadt – und das zu einem absolut niedrigen Preis. Die ebenfalls städtischen Minibusse (orange und weiß) bieten ein nur unwesentlich angenehmeres Fahrvergnügen. Auf den fünf Strecken, die alle am Midan Tahrir starten, wird ein einheitlicher Fahrpreis erhoben. Die Haltestellen sind durch runde Metallschilder gekennzeichnet. Für Besucher sind besonders die Minibuslinien Nr. 82 und Nr. 83 von Interesse, die vom Midan Tahrir bis nach Giseh fahren. Die städtischen Mikrobusse und einige Service-Taxis verlangen Festpreise und halten auf Handzeichen der Fahrgäste.

Fahrt in einem städtischen Bus – ein Stück Kairoer Lebensgefühl

In Alexandria unterwegs

Alexandrias öffentlicher Nahverkehr besteht hauptsächlich aus einem veralteten Straßenbahnnetz; den Waggons sieht man die Jahre an. Die Straßenbahnen verkehren zwischen 5.30 Uhr und Mitternacht, in den Sommermonaten eine Stunde länger. Der zentrale Knotenpunkt der Straßenbahnlinien, Ramla Terminal, liegt östlich des Midan Saad Zaghloul. Alle Straßenbahnen, die in östlicher Richtung fahren, sind blau, die in westliche Richtung fahrenden gelb. Bei jeder Straßenbahn mit drei Wagen ist der mittlere Waggon den weiblichen Fahrgästen vorbehalten. Für Besucher Alexandrias ist die Linie 15, die zur Moschee Abu al-Abbas Mursi *(siehe S. 240f)* und zum Fort Qaitbey *(siehe S. 241)* fährt, von Bedeutung. Die Linie 16 fährt an der Säule des Pompeius *(siehe S. 242)* vorbei, Linie 2 legt zwei Drittel des Wegs zum Montasah-Palast *(siehe S. 243)* zurück. Leider sind die Nummern und Endstationen der Straßenbahnen nur auf Arabisch angebracht.

Wie in Kairo sind auch Alexandrias Busse alt und oft überfüllt. Die städtischen Minibusse, die über weite Strecken dieselben Routen wie die Straßenbahnen bedienen, sind weiß. Die privaten Minibusse sind blau oder grau, der Fahrpreis liegt unter 1 £E. Die Minibusse 706 und 707 fahren über die Corniche zum Fort Qaitbey, die Linien 703 und 710 vom Midan Orabi zum Flughafen, die Linien 728 und 729 von der Masr Station nach Abu Qir *(siehe S. 246)*.

Die lizenzierten Taxis Alexandrias sind schwarz-gelb bzw. schwarz-orange. Die Pferdekutschen auf der Corniche und vor der Masr Station bieten eine geruhsame Möglichkeit, die Sehenswürdigkeiten Alexandrias zu genießen.

Gen Westen fahrende Straßenbahn in Alexandria

Kreuzfahrten auf dem Nil

Tour auf einer Feluke

Eine Fahrt auf dem Nil eröffnet einzigartige Perspektiven auf die landschaftlichen Schönheiten und die zahlreichen antiken Monumente am Ufer der Lebensader Ägyptens. Mehr als 200 Kreuzfahrtschiffe und unzählige Feluken schippern flussauf- und flussabwärts, die meisten starten als mehrtägige pauschale Ausflugsreise von Kairo aus nilaufwärts. Entweder bucht man diese Nilfahrten schon vor Reisebeginn oder bei den Tour-Anbietern in Kairo, Luxor *(siehe S. 180f)* und Assuan *(siehe S. 204f)*.

Pauschalangebote

Nilkreuzfahrten waren schon im 19. Jahrhundert bei aristokratischen Globetrottern ein beliebtes Freizeitvergnügen. Das britische Reiseunternehmen Thomas Cook organisiert seit 1843 regelmäßige Schiffstouren auf dem Nil *(siehe S. 187)*. In den letzten Jahrzehnten haben sich besonders Pauschalangebote zu einer profitablen Sparte der ägyptischen Tourismusindustrie entwickelt. Im Jahr 2000 verkehrten über 240 registrierte Kreuzfahrtschiffe zwischen Kairo, Luxor und Assuan.

Die besondere Mischung aus Sightseeing und romantischer Bordatmosphäre, die schon in zahllosen Filmen und Romanen ihren Ausdruck fand, hat nichts an Anziehungskraft verloren. Am einfachsten bucht man eine Schiffsreise auf dem Nil als

Passagiere einer Flussfähre auf dem Nil bei der Abfahrt

Teil eines Pauschalangebots. Flug und Transfer zu den Hotelschiffen sind dann bereits eingeschlossen, ebenso natürlich Übernachtung, Vollpension und ein ausgedehntes Besichtigungsprogramm.

Feluken mit weißen Segeln am Nilufer bei Assuan

Auf der sieben- bis zehntägigen Reise von Kairo nach Assuan stoppen die Schiffe in der Regel in Esna, Edfu und Kom Ombu *(siehe S. 200f)*. Ausflüge zu antiken Stätten wie Dendara *(siehe S. 174f)* und Philae *(siehe S. 208f)* sind in fast allen Angeboten inbegriffen. Den genauen Umfang und die im Preis enthaltenen Leistungen – Flughafentransfer, Eintrittsgebühren und touristisches Rahmenprogramm – einer Reise auf dem Nil sollte man allerdings bei der Buchung genau unter die Lupe nehmen, da die Leistungen deutlich differieren.

Buchung einer Nil-Kreuzfahrt in Ägypten

Tagesausflüge auf kleineren Schiffen zu den Nil-Schleusen bei Qanater *(siehe S. 165)* vermitteln einen ersten Eindruck von der Atmosphäre auf dem Nil. Wer allerdings die historischen Sehenswürdigkeiten des Niltals erleben möchte, ist mit einer Kreuzfahrt gut beraten. Alle Kairoer 5-Sterne-Hotels, so das Sheraton Oberoi und das Nile-Hilton, bieten Kreuzfahrten auf einem der zahlreichen Hotelschiffe an. Die günstigsten Angebote kommen jedoch von den Büros der Schiffslinien in Luxor oder Assuan. Die Preise hängen maßgeblich vom gebotenen Komfort und den im Preis enthaltenen Leistungen ab. Ein kurzer Rundgang über das in Frage kommende Schiff kann sicher nicht schaden. Danach sollte man nochmals über den Preis verhandeln. Eine Schiffsreise von Kairo nach Assuan dauert in der Regel zehn Tage, viele Passagiere fliegen oder fahren nach Luxor und treten von dort die viertägige Schifffahrt nach Assuan an.

Nilreisen auf einer Feluke

Ohne eine Fahrt auf einer Feluke wäre es kein richtiger Ägyptenbesuch. Die antiken Segelschiffe können stundenweise (z. B. für Sunset-Tours) aber auch tageweise gemietet werden. Die viertägige Segeltour zwischen Assuan und Luxor ist besonders beliebt. Man schifft sich in Assuan auf einer der Feluken ein und segelt bis Kom Ombo *(siehe S. 201)* oder Edfu *(siehe S. 200)*. Der Rest der Strecke bis Luxor wird dann auf dem Landweg zurückgelegt. Einige Feluken fahren sogar bis nach Esna *(siehe S. 200)* und Luxor. Die Sicherheitslage an diesem Flussabschnitt ist aber angespannt, manchmal verbietet die Polizei ab Kom Ombo die Weiter-

Nubischer Kapitän auf seiner Feluke nahe Luxor

fahrt. Die Reise nach Kom Ombo dauert zwei Tage, nach Edfu und Esna werden mindestens drei Tage eingeplant. Da eine Felukenfahrt flussaufwärts sehr vom Wind abhängt, beginnen die meisten Reisenden ihren Feluken-Ausflug in Assuan.

An einem längeren Feluken-Törn müssen sich mindestens fünf Leute beteiligen. Wenn man Mitreisende sucht, sollte man sich an die Tourismusbüros in Assuan oder Luxor wenden. Dort werden auch vertrauenswürdige Kapitäne empfohlen.

Hat man sich für ein Boot entschieden, sollten folgende Gegenstände und Vorräte an Bord sein: ein großer Trinkwassercontainer (100 Liter, pro Person täglich mindestens drei Liter Trinkwasser, das Wasser für die Zubereitung der Mahlzeiten wird extra gerechnet), eine Schatten spendende Plane, Campingkocher und Campinglampen, ausreichend Geschirr und Besteck und ein verschließbares Gepäckfach. Die Nächte auf dem Nil können sehr kalt werden, deshalb sind genügend saubere Decken, besser ein eigener Schlafsack unabdingbar.

Die Touristenbüros wissen, was eine All-inclusive-Tour (je nach Jahreszeit und Nachfrage) auf einer Feluke kosten darf. Nehmen Sie diesen Preis als Verhandlungsgrundlage. Oft sind weder Trinkwasser noch Essen im Preis inbegriffen, deshalb muss das Angebot des Kapitäns genau spezifiziert werden.

Hygiene an Bord einer Feluke ist ein Problem. Das zum Abwaschen benutzte Flusswasser muss mit Desinfektionstabletten vorbehandelt werden. Um eine Schiffsreise ein ungetrübtes Erlebnis werden zu lassen, sind breitrandige Kopfbedeckungen, Sonnencreme und Mückenspray unerlässlich. Ein Bad im Nil ist wegen der Bilharziose-Bakterien nicht zu empfehlen.

Beste Reisezeit

In der Hochsaison zwischen Dezember und Februar sind die Hotels in Luxor und Assuan meist voll besetzt. In den Monaten März/April und Oktober/November sind die Besucherzahlen nicht so hoch und die Temperaturen angenehm. Von Mai bis Oktober kann der Wasserstand des Nils durch den Assuan-Staudamm merklich abgesenkt werden. Für Kreuzfahrtschiffe wird das Navigieren schwierig, manchmal kommt der Schiffsverkehr mehrere Tage zum Erliegen.

Auf einen Blick

Veranstalter von Nilkreuzfahrten

In Ägypten

Abercrombie and Kent
Bustan Commercial Centre,
10. Stock, Sharia al-Bustan, Kairo.
Karte 1 C5.
(02) 393 62 72.
www.abercrombiekent.com

Thomas Cook
17 Sharia Mahmoud Bassiouni,
Kairo. **Karte** 3 B3.
(02) 574 39 55.
tcintlsales@attmail.com

Five Star Travel Group
49 Sharia Moheyel Dine Abul Ezz,
Mohandiseen, Kairo.
(02) 336 02 55.
www.fivestar-egypt.com

Spring Tours
3 Sharia al-Sayed al-Bakry,
Zamalek, Kairo.
Karte 1 A3.
(02) 736 59 72.
springtours.com

In Deutschland

OFT Reisen
Siemensstraße 6,
71254 Ditzingen.
(07156) 161 10.
www.oft-reisen.de

TC Touristic
www.neckermann-reisen.de

TUI Reisecenter
www.tui-reisecenter.com

Im Internet
www.fun-touristik.de/nilkreuzfahrt.htm
www.kreuzfahrtwelt.com/nil

Reisegruppe einer Nilkreuzfahrt vor den Tempeln von Abu Simbel

Textregister

Seitenzahlen in **fetter** Schrift verweisen auf Haupteinträge.

B

H

I

J

K

L

M

N

O

P

Q

R

S

T

U

V

W

X

Y

Z

Danksagung und Bildnachweis

DORLING KINDERSLEY bedankt sich bei allen Personen, durch deren Mitarbeit und Unterstützung dieses Buch ermöglicht wurde.

PUBLISHING MANAGER
Jane Ewart.

MANAGING EDITOR
Anna Streiffert.

DIRECTOR OF PUBLISHING – TRAVEL GUIDES
Gillian Allan.

PUBLISHER
Douglas Amrine.

PRODUKTION
Joanna Bull, Sarah Dodd.

HAUPTAUTOREN
Jane Dunford, Dr Joann Fletcher, Andrew Humphreys.

BILDREDAKTION
Jo Doran.

REDAKTIONSLEITUNG
Hugh Thompson, Claire Folkard.

REDAKTION
Liz Atherton, Irene Lyford, Ferdie McDonald, Marianne Petrou, Martin Redfern.

GRAFIK
Emma Rose, Rebecca Milner, Ian Midson, Sue Megginson, Anthony Limerick.

BILDRECHERCHE
Monica Allende, Cynthia Frazer, Katherine Mesquita.

KARTEN-KOORDINATION
David Pugh, Casper Morris

DTP
Maite Lantaron.

ZUSÄTZLICHE TEXTE UND BERATUNG
Robin Gauldie, Kyle Pakka, David Stone.

ZUSÄTZLICHE ILLUSTRATIONEN
Rebecca Milner.

ZUSÄTZLICHE FOTOGRAFIEN
Jo Doran, Clive Streeter.

ASSISTENZ GRAFIK UND REDAKTION
Samira Mahmoud, Dale Harris.

KORREKTUR
Stewart J Wild.

REGISTER
Hilary Bird.

ZUSÄTZLICHE UNTERSTÜTZUNG
Ben Faulks, Gamal, Peter Sheehan, Shehad, Hisham Youssif.

ZUSÄTZLICHE BILDRECHERCHE
Nicole Kaczynski.

FOTORECHTE
DORLING KINDERSLEY bedankt sich bei allen Personen und Institutionen, die uns freundlicherweise mit Fotografien aus ihrem Besitz und ihren Archiven unterstützt haben und die hier nicht alle namentlich aufgeführt werden können.

BILDNACHWEIS

o=oben; ol=oben links; olm=oben links Mitte; om=oben Mitte; or=oben rechts; mlo=Mitte links oben; mo=Mitte oben; mro=Mitte rechts oben; ml=Mitte links; m=Mitte; mr=Mitte rechts; mlu=Mitte links unten; mu=Mitte unten; mru=Mitte rechts unten; ul=unten links; u=unten; um=unten Mitte; uml=unten Mitte links; ur=unten rechts; (a)=Ausschnitt.

Des Weiteren bedankt sich der Verlag bei allen Personen und Institutionen, die uns die Wiedergabe ihrer Fotografien gestattet haben. Unser Dank richtet sich an:

AFP, London:
Amr Mammoud-STR 299mr; AMR NABEEL-STR 42o; Manoocher Deghati-STF 39mlu; Marwan Naamani-STF 38mr; Mohammed al-Sihiti-STR 40ul, 38o, 41o, 303or; Narwan Naamani-STR 40u; Patrick Hertzog-STF 42u; STR 39or; STR-STR 41u.

AKG London:
55om; 179o, 236ul, 241mo; François Guenet 170u; Erich Lessing 24ol, 83ml, 171or, 179o, 193ul, 234or; Gilles Mermet 110ul.

Ancient Art & Architecture Collection:
22or, 24ml, 26–27, 26ur, 28or, 29ml, 31ol, 45mo, 48ur, 49u, 50mru, 51u, 52mlu, 52um, 56um, 70mu, 77ol, 105ol, 132ur, 164mr, 170or, 171ml, 186ur, 189mr, 189ur, 191ur;
Dr. S. Coyne 207or, 207ml, 207ur;
Muhammed al-Agsarai 56mru;
R. Sheridan 20ol, 22ur, 34ur, 242u.

The Ancient Egypt Picture Library:
30ul, 74ml, 170mr, 171ur, 173or, 174ul, 190mro, 190ul, 235ml.

Jon Arnold: 1m.

The Art Archive:
Mander & Miomheson Theatre Col/ Eileen Tweedy 61mo; Museo Civico Revoltella Trieste/Dagli Orti 60–61m; Museum Correr, Venice/Dagli Orti 58mu, 211mro; Dagli Orti 58o; Ägyptisches Museum, Kairo/Dagli Orti 3m, 27or, 74mlu, 76ol, 76ur, 77um.

Axiom:
Heidi Grassley 211ul, James Morris 31mru, 160ur, 173mu, 173ul, 211om, 235ur, 256mu.

Bildarchiv Preußischer Kulturbesitz:
Johannes Laurentius 54ml.

Bridgeman Art Library, London/New York:
30or, 30mr, 32mo, 55or, 57ur, 59um, *Flucht nach Ägypten* von Jean-Léon Gérôme 123o, 128or; Bargello, Florenz 57um; Magdelen College, Oxford 57ur; Musée des Beaux-Arts, Beziers 54–55m; Musée du Louvre 22ml, 22–23, 26ul, 174ur; Stapleton Collection 24u, 65inset, 132ul, 210or, 299ul; The British Library, London 58um; The British Museum, London 46ul; Whitford & Hughes 1230.

Jean-Loup Charmet:
53ul.

Bruce Coleman Ltd:
Franco Banfi 37ul; Charles und Sandra Hood 223ur, 306ur.

Thomas Cook Archive:
187mr.

Corbis:
60or; Bettman 55mo; Bettmann 18m; Galen Rowell 257mur; Hulton Deutsch Collection 20ur; Julia Waterlow/Eye Ubiquitous 18u; KM Westermann 64–65, 304ml; Reuters New Media Inc, 54m, 253ml; Sandro Vannini 258–259; Stephane Compoint/Sygma 19o; Sygma 20/21m; Vanni Archive 118–119; Yann Arthus-Bertrand 15u.

G. Dagli Orti:
110ml; Griechisch-römisches Museum, Alexandria 55ol, 238ol, 238mlu, 239mro; Griechisch-römisches Museum, Alexandria.

CM Dixon:
24or.

DK Picture Library:
60u, 296or, 296ur; Alan Hills 296ul; Alistair Dunmon 21o, 25u, 25mro; British Museum 23mu, 31ur; British Museum/Peter Hayman 122o, 122or; Dave King 297ur; Frank Greenaway 55mu; Geoff Brightling 21ur, 31mlu; Peter Hayman 30mul; Philip Dowell 297ur; Philip Enticknap 187ml.

DK Picture Library/British Museum, London:
28mlo, 28ml, 28mr, 28mru, 28ur, 28uml, 29ol, 29or, 29mlo, 29mo, 29mru, 29ul, 48o, 55ul.

Jo Doran:
115u, 197o.

Edimedia, France:
34m.

Mary Evans Picture Library:
56om, 57ol, 59or, 59mr, 59mlu, 59ur, 60ml, 187mru, 187ur, 299mul.

Werner Forman Archive:
51mo, 134mr, 159om, 160ml, 188or, 191mu, 195mru;
British Museum London 26ol, 30mo;
Dr. E. Strouhal 31ul, 31m, 194ul, 194ol, 195ol, 199ol;

Griechisch-römisches Museum, Alexandria 53om, 238ml, 238ul, 239ul; J. Paul Getty Museum, Malibu 165um; Metropolitan Museum of Art, New York 77m, Musée du Louvre 31mlo; Schimmel Collection New York 23ol, 122ml; Ägyptisches Museum, Kairo 20mlu, 50mo, 51mu, 74ol, 74um, 75or, 75mro, 75mr, 75mu, 76mr, 76mlo.

Kenneth Garrett:
190u.

Genesis Space Photo Library:
10ul.

© **J. Paul Getty Trust:**
Guillermo Aldana 195ur.

Patrick Godeau, Ägypten:
14fp, 114b.

Ronald Grant Archive:
55b.

© **Michael Holford:**
23or, 25mru, 117om, 193ur, 202–203.

Angelo Hornak Library:
34ol, 35mo, 93mr.

Hulton Getty:
Hulton Getty 54or.

Hutchison Library:
Liba Taylor 162–163.

Jürgen Liepe:
5ul, 45ul, 46ol, 47om, 47mru, 47ul, 49mu, 122ul, 132om, 299mlo.

Magnum:
Bruno Barbey 63um.

Richard T. Nowitz:
110or, 114mo, 116ul, 125m, 180u, 181u, 183mr, 183ur, 306m.

Oronoz Archivo Fotográfico:
British Museum 22ul.

Lesley Orsen:
233mlo.

Christine Osborne:
25ol, 31mro, 35mu, 92ul, 103ur, 106or, 106ml, 107o, 111ul, 114mu, 120ul, 121ul, 123u, 172ol, 172m.

Oxford Scientific Films:
Mark Webster 212; Mike Brown 257om.

Pa Photos:
61ur; EPA European Press Agency 63mu, 63o.

Popperfoto:
20or, 20mlo, 20ml, 21mr, 60ol, 61ul, 62ol, 62mu, 63ur, 122ur, 125ur, 135um; Donald McLeish 73or.

Retrograph Archive Ltd:
187ul.

Scala Group S.p.A.:
30ol, 116mr; Archäologisches Museum, Palästina 44o; Koptisches Museum, Kairo 114o, 116o; Ägyptisches Museum, Kairo 15o, 45um, 66mru.

Topham Picturepoint:
20ul.

Art Directors & TRIP:
D. Saunders 222ol.

Wawson Wood:
223o, 223mro, 223mlu, 223ul.

Umschlag:
VORDERSEITE – DK PICTURE LIBRARY: British Museum/Peter Hayman um, mru; Peter Wilson mlu; GETTY IMAGES: Hugh Sitton Hauptbild.
RÜCKSEITE – DK PICTURE LIBRARY: Jon Spaull o; OXFORD SCIENTIFIC FILMS: Mark Webster u.
BUCHRÜCKEN – GETTY IMAGES: Hugh Sitton.

Alle anderen Bilder:
© Dorling Kindersley.
Weitere Informationen finden Sie unter: **www.dkimages.com**

Sprachführer

Die Landessprache Ägyptens ist Arabisch. Die Sprache ist nicht einfach zu erlernen, aber es kann lohnend sein, sich einige arabische Grußformeln und Begriffe lautsprachlich anzueignen. In den Städten spricht fast jeder Ägypter etwas Englisch, in Kairo und Luxor hin und wieder sogar ein wenig Deutsch. Trotzdem wird jeder Versuch, arabische Grußformeln oder Zahlen zu benutzen, erfreut zur Kenntnis genommen.

Das in diesem Buch benutzte Arabisch ist das moderne Arabisch des Nahen Ostens, das heute auch in den Medien und in den Moscheen gesprochen wird. Auf den Straßen Ägyptens werden verschiedene Dialekte gesprochen, die sich in den nördlichen und südlichen Landesteilen nochmals signifikant unterscheiden.

Die Übertragung von arabischen Schriftzeichen in die deutsche Schrift und Lautsprache ist äußerst schwierig. Die vereinfachte Phonetik in diesem Reiseführer soll vor allem zweckdienlich sein und Ihnen den Reisealltag erleichtern.

Im Notfall

Hilfe!	an-nadschat!
Stopp!	qif!
Ich suche einen Arzt.	uried al-tabieb
Ich suche eine Apotheke.	uried as-sajdalija
Wo ist das nächste Telefon?	ejne aqrab telefun
Wo ist ein Krankenhaus?	ejne al-musteschfa
Ich habe mich verletzt.	dscherhet nafsie

Wichtige Grundbegriffe

Ja/Nein	na'am/lä
Danke	s hukran
Nein danke	lä s hukran
Bitte *(als Bitte um etwas)*	min fadlika
Bitte *(als Antwort)*	tafadall
Guten Morgen	seba al-chäir
Guten Nachmittag	as-sellām 'alejkum
Guten Abend	mesä al-chäir
Gute Nacht	tushih 'ala chäir
Gute Reise	sefere saiden
Auf Wiedersehen	ma'a as-selläme
Entschuldigen Sie bitte	min fadlika
Heute	al-jaum
Gestern	ems
Morgen	bukra
Heute Morgen	häze as-sabah
Heute Nachmittag	al-jaum b'ad az-zuhr
Heute Abend	häze al-mesä
Hier	hune
Dort	hunäk
Was?	ma?
Welches?	äj?
Wann?	metä?
Wer?	men?
Wo?	ejne?
Wohin?	ile ejne?
Warum	li mäzä
Wie ?	kejfe?

Aussprache

a	wie in »Rabe«
'a	gepresster, ganz hinten in der Kehle gebildeter Reibelaut
ä	wie in »Bäder«
ch	wie in »lachen«
dsch	wie in engl. »Jim«
e	wie in »Held«
gh	ungerolltes Gaumen-r wie in »Karin«
i	wie in »Lied«
q	stimmloser Verschlusslaut, im Hals gesprochen, tiefer als »k«
th	wie in engl. »three«
w	wie in engl. »wine«
z	stimmhaftes s, wie in »Reise«

Wenn zwei Vokale aufeinander folgen, z.B. *ai* oder *ia*, werden beide einzeln ausgeprochen.

Nützliche Redewendungen

Ich verstehe nicht.	lä efhem
Sprechen Sie Deutsch/Englisch?	hel tetekellem älmänie/ingliezie?
Ich spreche nicht Arabisch.	lä ätekellem 'arabie
Ich weiß nicht.	lä 'arif
Bitte sprechen Sie langsamer.	tekellem bischeklin 'abtän min fadlika
Bitte schreiben Sie es auf.	äktubuhe lie min fadlika
Ich heiße ...	ismie ...
Buchstabieren Sie bitte.	heschihe min fadlika
Wie geht's?	kejfe haluke
Das tut mir Leid!	äsif
Das tut mir sehr Leid.	äsif dschiddän
Lassen Sie mich in Ruhe!	utruknie wä schänie
Können Sie mir helfen ...?	tastati 'a musä'adatie?
Ich möchte ...?	uried ...
Gibt es ...?	fie ... hune?
Wo bekomme ich ...?	ejne juged ...?
Wie viel kostet es?	bikem?
Wie spät ist es?	käm as-sä'at
Um wie viel Uhr?	fie äjet sä'at
Nehmen Sie Kreditkarten?	hel taqbal Visa/Access?
Wo ist die Toilette?	ejne al-tuwalet?
Das ist nett von Ihnen!	lutfun minke
Ausgezeichnet!	mumtaz!
Links	jesar
Rechts	jemien
Oben	fauq
Unten	esfel

Unterwegs

Ich möchte nach ...	uried li ...
Wie kommt man nach ...	hel turschiduni ile ...?
Ich möchte ein Auto mieten.	uried estedschar sajara
Führerschein	ruchsit al-qijada
Wie weit ist das?	käm al-mesäfe?
Wo ist die nächste Garage?	ejne aqrab dscherädsch?
Werkstätte	werschat taslih
Benzin	benzien
Tankstelle	mehattat al-wequd
Wann gibt es einen Flug nach ...?	metätuqlie at-taira ile ...?
Was kostet die Fahrt nach ...?	bikem as-sefere ile ...?
Ein Ticket nach ... bitte.	tazkeret ile ... min fadlike
Flughafen	matar
Ticket	tazkere
Pass	dschawäz sefer